蘋果果密碼

性別社會學

張苙/著

作者參加「新中國60年優秀女性人才社會影響力論壇」
（中國人才研究會、中國人才研究會婦女人才專業委員會主辦）。

作者參加「中國精神座談會」

作者參加「新世紀國際教育論壇暨成就頒獎大會」

作者發表演說「從美學角度看女性的智慧、美麗和魅力」

儘管上帝擁有整個伊甸園，

我卻只願擁有一個蘋果

——性別和諧社會的智慧果。

——作者題記——

開卷｜小引（代序）

我種一棵蘋果
　　──蘋果情結・性別和諧的智慧果・雅典娜的金蘋果

「果實呀，你離我多遠呢？」
　　──泰戈爾

一樹一菩提。這裡的蘋果樹，其玄機盡在綴滿枝頭的人類社會實踐的理論之果：

人類社會學之果：夏娃的蘋果、上帝的禁果、雅典娜的智慧果；

哲學社會學之果：哲學家的蘋果與「蘋果哲學家」意念中的香格里拉；

政治社會學之果：「法倫斯泰爾」、「紐哈蒙尼公社」……烏托邦之果；

經濟社會學之果：傅立葉的蘋果與「100：1」價格比奧秘的社會學之解；

科學社會學之果：牛頓的蘋果與「$F = G_0 \dfrac{m_1 \times m_2}{r^2}$」的解秘；

文化社會學之果：詩人和作家「蘋果」的「性別萬有引力」；

生態社會學之果：大地之子「喬尼蘋果種子先生」；

信息社會學之果：喬布斯「種蘋果」與蓋茨「啃蘋果」的啟示；

馬克思主義社會學之果：國內外諸多社會學的研究成果；

性別社會學之果：「S／Z」與性別和諧社會的理論探求……

將以上凡此種種「十合一」為我種的蘋果——科際整合研究的《蘋果密碼——性別社會學》，才是我所企盼的智慧女神的金蘋果。此種比附可能有點誇張，其實不過借用蘋果的「符號」、「代碼」作用。良苦用心旨在說明本課題研究是「站在巨人肩膀上」，雖眼力不濟也能登高探究「性別社會學」的獨特視角，透析「性別和諧」的社會真諦。儘管作為「後學者」，探求的腳步幼稚而蹣跚，但辨識前賢先師的足跡奮力前行，路總要自己走；邁進社會學理論園地，樹總要自己栽；果總要自己培育……故而筆名為耕夫。

「我種一棵蘋果」，因為對蘋果的喜愛近乎癡迷，源於兒時懵懂的「蘋果情結」——少不更事時偶讀柏拉圖詩：「我給你一只蘋果……我是一只蘋果」，頗覺費解。蘋果、最平常的水果，怎能與人類社會最早、最高的聖哲相提並論？後來，歷經三十多年的社會實踐和理論求索，才解悟「若果是也，我果非也」——從上帝的禁果到人類社會的智慧果，蘋的符號、代碼乃至解碼作用，始於人類社會實踐，貫穿人類社會發展始終。泰戈爾的《園丁集》、《採果集》啟迪我們：春華秋實，先有耕種，才有果實。理論工作者的神聖職責就是墾植自己的理論園地、栽種人類社會生命之樹、剪除莠枝病果，培育兩性和諧發展的智慧之果，並將累累碩果奉獻於世。在神話世界，智慧女神是實踐這一神聖使命的集大成者。她的金蘋果，則是濃縮了人類社會發展理論智慧結晶的形象代碼或曰特殊符號（sign）。

生態社會學常識告訴我們，植物是生態文化鏈上最重要的一環。作為喜光耐寒、生命力頗強的果木，蘋果並非上帝專擅的禁果，而是大地饋贈的生命果。早在人類自覺栽種之前，野生蘋果樹已幾乎遍及地球陸地，所以稱地球樹。因其與早期人類社會生活息息相關，又稱

生命樹、智慧樹。

從人類社會學角度看，由於直立從而揖別動物的人類先祖，歷經「狩獵——採集——農耕經濟」漫長而艱辛的史前進化歷程。「小兒時節」的原始初民自然是「以食為天」。但是，面對無從把握的自然條件和險惡的生存環境、難以抵禦的天災人禍，還有現代人所謂的「厄爾尼諾」……原始人成活率極低。他們櫛風沐雨、戰天鬥地、狩獵採集……最直接的目的是為「填飽肚皮」。野生植物、特別是蘋果，簡直與人的生死存亡攸關。「果腹」才能活命，這便是「人之初」的最高「社會學」，也是「果腹」一詞產生的語境特徵和語義內涵。難怪最初蘋果樹叫生命樹。而波斯人堅信：上帝造女人用了玫瑰花、百合花……「還有死海蘋果和粘土」。蘋果是女人生命的一部分、靈智的「原始基因」，最終成為女性靈智社會化的「符號」代碼。北海四村的《無標題雕塑》，對此作了絕佳詮釋：一絕美裸女側身屈膝於地，前伸的手臂牽引著人們的審美聚焦點——手中赫然在握一隻蘋果，是始祖夏娃最先採擷的禁果，也是世世代代的夏娃和亞當們共同鑄造的生命果、智慧果——其難以窮盡的社會內涵濃縮了一部人類社會發展史，結晶出人類社會男女兩性創造智慧的精魂。

對這一漫長艱辛的社會發展進程進行理論檢索，伊萊恩·摩根的《女性與人類進化》曾記載，在原始狩獵採集時代，「植物食物占食物總量的60-80%，而採集需要每個女人每週花上兩三天時間。男人是認真的追獵者，但並不是很成功。所以女人所提供的食物從重量上看，要比男人多一到兩倍」[1]，故爾，手持金蘋果的是智慧女神而不是「男神」。「神話」的「人話」實質、「人化自然」和「自然人化」的社會實踐，決定了女性元祖地位的唯物主義社會史觀本質特徵。很顯然，蘋果作為符號、解碼，不僅是「人之初」時代的生命

果，還是啟迪蒙昧指歸進化（由採集到栽培果樹）、開創原始性別和諧時代的智慧果。它聚焦了人類原始性別和諧社會創造智慧的精魂。

　　作為人類社會實踐的理論之果，一部社會發展史昭告世人，歷經億萬斯年的進化歷程，人類社會是男女兩性在戰天鬥地的社會實踐中共同創造的。雅典娜及其智慧果，最初不過原始性別和諧社會意義聚焦、符號指代的絕妙表徵（後來濃縮為人類社會全部創造智慧的結晶）。足證智慧女神的「慧根」是深植於人類社會實踐土壤中的。而她的「原始真身」則是開創人類社會的始祖──夏娃（夏娃的希伯來語義是「人類之母」、亦即人類社會之祖）。而在古代漢語中，「社會」的本義是土地神或曰地母、皇天后土的「后土」，乃母親之意。中國古方言即稱母親為「社」，「社會」為母之群族的意思。在這裡，社會與母親、母族劃了等號，凝聚著母系氏族社會兩性和諧發展「創世紀」的歷史功績。可以毫不誇張地說，「后土」滋養的雅典娜及其金蘋果，幾乎凝聚了人類社會進化的全部營養基。全人類──從先賢聖哲到平民百姓，從革命導師到農夫、學者……不論男女，都從中吸取了各自需要的社會乳汁。故而時至今日，盡人皆知智慧女神的「蘋果」，已成了智能崇拜的普適性社會符號。

　　遺憾的是，文明社會以來，男權觀念假借上帝之口隱匿事實真相，篡改了真實的社會史實，把夏娃說成是亞當（亞當的古希伯來語義為「被造者」）的一條肋骨變成的──人類之母變成了男人的附件、附屬品……但是，比亞當早慧五千多年的夏娃帶領亞當造了上帝的反──偷摘了老伊甸的蘋果……

　　顯然，最早對蘋果情有獨鍾的是先祖夏娃。夏娃採擷的智慧果借助古希臘神話解惑性別奧秘：人類原是男女連體的「圓球形動物」，強大無比的智慧和體力勝過神仙。宙斯（古希臘神話中的男性主神）

為了破壞人類「性別和合」特徵，「用刀切蘋果」的方法，將人類強行切割成男女兩半。「形而上」的神話體現「形而下」的社會性別關係嬗變──自此，人類不再是同心協力的整體，而是分裂成性別尊卑的兩大性類群體──性溝社會形成。藉蘋果啟迪蒙昧，最早揭示性別隱秘的夏娃，被男權上帝屈判為千古罪人，受到永世詛咒⋯⋯儘管如此，蘋果不再是上帝專擅的禁果，它與智識的人類結下了不解之緣。這便是人類社會學之果：夏娃的蘋果、上帝的禁果、雅典娜的智慧果之間，斬不斷、理還亂的難解之緣。

再看哲學社會學之果──哲學家的蘋果和「蘋果哲學家」的性別觀念及其矛盾複雜性。

古希臘聖哲「阿里斯托克勒」素秉「蘋果情結」。因其學識淵博，被世人譽為智慧之海──柏拉圖（古希臘文「寬闊、壯偉」之意）。自稱「我是一只蘋果」的柏拉圖奉獻給人類的「蘋果」，更是一個「希罕」果──他首創「理想國」，第一個在《理想國》中闡發「男女平等思想」。他還創辦了「博學園」，第一個強調女人也應和男人一樣在博學園中受教育⋯⋯為男女平等的觀念和行為撒播了最初的社會種子，為性別和諧提供了最早的精神啟示。

偉大的無神論哲學家斯賓諾莎一生執著於社會內涵無限的蘋果。他用蘋果闡發自己的哲學理論，自成一家之說，斯賓諾莎與蘋果合二而一，被稱作「蘋果哲學家」。本來哲學家（「愛智者」）與智慧果就是一家，都是智慧女神之子。斯賓諾莎和柏拉圖一樣，陶醉於思想超邁、「靈魂滿足」的「理想之果」，卻無奈沒有適宜生長的社會土壤⋯⋯

總之，先賢聖哲性別平等的「理想國」，大多是其哲學社會學意念中的「香格里拉」，並無社會存在的土壤。

　　問題驚人地相似，路徑選擇卻獨具個性。但殊途同歸——智慧果總是指歸社會發展創新的。

　　請看科學社會學中的「蘋果」——先天孱弱的遺腹子牛頓後來成為世界級的科學巨人，蘋果與之結下不解之緣。牛頓四歲時母親改嫁後，蘋果園成了他的家。蘋果像媽媽一樣給予他生命的乳汁，又像老師一樣賦予他智慧的瓊漿，不僅伴隨他度過了孤寂的童年，還引發他對科學的遐思和聯想。在一般孩童只知吃蘋果的童年時代，牛頓已面對蘋果樹畫寫生畫了，還別出心裁用兩個蘋果測量順風而跳與逆風而跳間的距離……長大後，牛頓入劍橋大學學習。

　　1665這一年，整個劍橋大學幾乎被「黑死病」吞噬。因學校停課放假回家的牛頓坐在蘋果樹下，仰望頭上的累累碩果冥思苦想……正是蘋果成熟的季節，突然，一個熟透的蘋果從樹上自由落地，使牛頓怦然心動、豁然靈犀奔湧——「萬有引力定律」已「珠胎暗結」，歷經多年艱辛努力才「果熟蒂落」：萬有引力定律「$F = G_0 \dfrac{m_1 \times m_2}{r^2}$」最終由牛頓確立。直至今日，人造地球衛星、宇宙火箭、宇宙飛船等運行軌道的計算，依然以它為依據。儘管牛頓是在「開普勒定律」基礎上確立「萬有引力定律」的，但畢竟是那只落下的蘋果使牛頓茅塞頓開、靈犀頓豁，豐碑鑄就的。牛頓奠造了經典力學聖殿，蘋果功不可沒。

　　之後，那只熟透落地的蘋果早已成為種子、又繁衍出新的蘋果。滄海桑田的變化，已無跡可尋。但基於特殊的社會價值，落下那只蘋果的那棵蘋果樹，卻成了至尊的「聖物」，一直被當作重點保護對象。1820年，這棵蘋果樹遭受雷劈倒地後，還被英國皇家學院分割成幾段朽木作為「聖樹」保留下來，成為不朽的蘋果樹。與蘋果共命運的牛頓直至八十五歲壽終正寢，卻一輩子未婚。有人說他畢生情有

獨鍾於金蘋果的主人——智慧女神。也許正是智慧女神的金蘋果的啟迪，才最終使牛頓力學定律「F＝MD」的「物理空筐」裝滿了奉獻給人類社會的智慧果，成就了功德圓滿的科學巨人牛頓。

再看文化社會學中的「蘋果」。基於對性別壓迫世事的無奈，文學家們則用紙筆規劃著「性別和諧」的海市蜃樓。英國作家高爾斯華綏的《蘋果樹》、肖伯納的《蘋果車》、克羅地亞詩人弗拉茲的《紅蘋果》、印度詩聖的《採果集》，還有日本當代著名女星石原真理子揭露演藝圈性暴力等潛規則的《不和諧的蘋果》……講的不是物理學中的「萬有引力」，而是社會學中男人和女人間相離相斥、又相吸相依、相親相愛的性別「萬有引力」，用紙筆「暢想」性別和合之甘果。這並非望梅止渴，亦不等於科學發現，只是面對人類社會自產自銷的性別壓迫酸果、苦果，寄託對性別和合甘果的熱切企望。

經濟社會學中的「蘋果」如同石破天驚的社會響雷。法國空想社會主義者傅立葉試圖從經濟規律、價值法則入手，論證階級、性別壓迫的經濟隱秘。在「價格問題」探討過程中，蘋果成了舉足輕重的法碼。他以蘋果為例進行具體考察，發出了理性質疑：「這枚蘋果……在巴黎費弗里葉餐廳進餐時花了十四個蘇。而在外省，只要半個里阿爾，十四蘇可買一百多個蘋果。我很詫異，同一地和同一氣候的產品，在價格上竟如此懸殊。於是我開始懷疑工業體制中存有基本缺陷，並從此著手探索。」[2]歷經四年多的調查研究，傅立葉終於發現了「外省蘋果與巴黎蘋果」之間「1：100」價格——利潤比關係的奧秘，形成了自己的「價格思想理論」，得出「資本主義是奴隸制復活」的結論，並探索改造資本主義社會的途徑。

由蘋果價格引發的經濟問題導致社會政治制度變革思想。1803年，傅立葉在其〈全社會和諧〉一文中，主張實現社會變革，建立以

「法倫斯泰爾」為基層組織的社會主義。這是一種消除階級、性別對立的「和諧制度」。他特別提出：婦女解放的程度是人民是否徹底解放的準繩的觀點。很顯然，這個由蘋果引發出的傅立葉的「法倫斯泰爾」與柏拉圖的「理想國」、培根的「新大西島」、托馬斯・穆爾的新月形島國、羅伯特・歐文的新和諧社會「紐哈蒙尼公社」……都是「創新」的果實，具有超現實的社會品位，卻沒有現實的政治、經濟社會基礎。儘管無奈「烏托邦」實質，卻發出了構建性別和諧社會的先聲和企盼……

　　從政治社會學角度看，原始共有向私有制轉化後，社會母體產出個血淋淋的雙胞孽胎──階級壓迫和性別壓迫，從社會制度、觀念行為的方方面面，顛覆原始性別和諧社會。特別是資本主義社會，性別壓迫更是變本加厲。不僅男權對女性、在男人之間也有屠戮，目的是一個：專權。早在古羅馬，曾使整個地球在其腳下發抖的尤利烏斯・凱撒，被朋友和同僚們戮了二十三刀，仍是蓋世英雄；末代凱撒死於朋友送上的半個蘋果（一個蘋果切成兩半，切蘋果的刀一面抹了毒藥）──半個蘋果葬送了不可一世的羅馬皇帝和羅馬帝國，「羅馬狼們」覺得值得，卻在不知不覺中喪失了自己人的本性。至於對待女人，在男權專制時代，「女人不算人」。「蘋果政治社會學」啟迪我們認知性別壓迫的奧秘旨在私有制社會及其婦女觀念法則中。

　　馬克思經過艱辛探索，揭示了人類社會發展規律和資本主義社會發展規律，同時使性別關係的隱秘大白於天下。在《共產黨宣言》中，馬克思借用希臘神話中阿塔蘭塔三次拾起希波米尼斯拋出的金蘋果的典故，揭露資產階級為一己私利可以背叛一切的非理性行徑，指出階級性別壓迫的「非人性」本質，提出「關於未來社會的積極主張」──「提倡社會和諧」。

　　基於社會性別關係的對立統一原則，馬克思特別強調，人類的男女兩性，男人是「勇敢的一半」，女性是「美好的一半兒」，任何「一半兒」被毀損，都不成其為人類整體。恩格斯則在《家庭、私有制和國家的起源》中這樣強調；「正如吃了半個蘋果以後就再不能有一個整蘋果一樣，沒有矛盾的另一面，就不能有矛盾的這一面。」[3] 就像人類男女兩性相輔相成，缺一不可。革命導師也借用蘋果，闡發自己的哲學社會學思想，教人認識男女兩性關係的矛盾對立統一法則，啟迪我們經過衝撞、整合，融突與超越的解構與重構，取道性別和諧社會的理論構想和行動指歸。

　　正是通過對性別壓迫社會「性別關係」本質的揭示、對改變「現實關係」出路的探尋，馬克思和恩格斯為人類社會貢獻了消解性別對立、指歸性別和諧的智慧果：「只有在廢除了資本對男女雙方的剝削，並把私人的家務勞動變成公共的行業以後，男女的真正平等才能實現」[4]，「性溝社會」才能變革成男女平等的性別和諧社會。這不僅為解決兩性現實衝突問題提供了理性的抉擇，還為兩性關係發展的未來，做出了「和合」的社會之解，奉獻人類開創「性別和合社會」的新智慧果。點悟我們破解性別壓迫的「歷史之謎」，認清性別關係問題的社會實質，是構建和諧社會之要務。

　　不僅革命導師，普通農夫也身體力行，將和諧之果奉獻社會。美國拓荒時期有個傳奇人物叫喬尼‧查普照曼。這個樸實的農夫確信這樣一個生活哲理：只要你不停地播撒種子，總能收穫果實，儘管收穫者可能是後人；他遵奉這樣一個人生社會道德準則：每個人對大地、對人類，都應心存善意恭行善舉，人與自然必須和睦相處，何況人與人、特別是男人和女人……於是，喬尼用自己的一生走遍美國大地播撒蘋果種子，人稱他為「喬尼蘋果種子」先生。如是，「喬尼的蘋果

種子」變成了美國人須臾不可或缺的蘋果汁、蘋果酒、蘋果醬、蘋果乾、蘋果凍⋯⋯特別是加利福尼亞蘋果馳名世界，喬尼功不可沒。

如果說喬尼的奉獻是種蘋果，那麼女孩的創造是切蘋果——打破常規橫切蘋果，被譽為「切蘋果的創造」：一個三歲女孩自己動手切蘋果後，對爸爸高喊：「蘋果裡面有個五角星！」三十歲的父親愕然而視，原來女孩打破常規（豎切蘋果）「首創橫切蘋果」，發現了父親三十年未發現的「五角星」。對此，帕金斯曾激動地說：「是的，如果你想知道什麼是創造力，往小處說就是蘋果、切『錯』蘋果」，不僅啟迪人們認識論、方法論上的變革，還結晶出人類打破常規變革的精魂。是蘋果的魔力？抑或是人的、女孩的創造力⋯⋯

號稱「蘋果之父」的俄羅斯著名植物生物學家米丘林，具有魔術師般的創造力。他以「萊茵特・別爾加摩特蘋果」為母本，培育出創世紀的新水果，一生創造了三百多個果樹品種奉獻人類。前幾年，日本人用元帥蘋果與金冠蘋果嫁接，創造出譽滿全球的富士蘋果。時至今日，中國農民培植出「帶字的蘋果」，韓國培育出便於包裝運輸的「方形蘋果」，澳大利亞則發明了切開不會變色的「魔法蘋果」⋯⋯它們都是人類社會發展、創新的智慧之果。

在文化社會學領域，關涉蘋果的佳話也層出不窮。香港有份名聞遐邇的《蘋果日報》，顧名思義：蘋果是每日必食之佳果，正如日報為每日必需的精神食糧一樣⋯⋯電影《戀愛世紀》中有一隻水晶蘋果令人眩目⋯⋯而倫敦英迪卡畫廊「前衛藝術展」中，世界著名藝術家大野洋子展出了自己「非常有詩意的作品《纏繞》，那是一個放在展臺上的新鮮蘋果」。更加著名的約翰・列儂抓過這只蘋果咬了一口⋯⋯蘋果為媒，自此開始了二人長達十四年的傳奇性的「和合」關係。洋子對列儂創作的影響和幫助是巨大的，列儂由是風靡全球，洋

子卻備受謾謗。也是「兩性和合」的一類特殊典型。

中國的「蒙娜‧麗莎」宋慶齡也對蘋果一往情深。1913年，留學美國的宋慶齡畢業返歸，乘風破浪橫跨太平洋萬頃波濤直抵孫中山所在的日本，深情奉上「加利福尼亞蘋果」託物言志，蘋果成了宋慶齡愛情與事業抉擇的「信物」。從1915年與孫中山結婚到1925年孫中山去世，二人「十年攜手共艱危」，宋慶齡以自己「輝煌的頭腦，充實了丈夫的頭腦……」成就了輝煌的業績，「蘋果」功不可沒。它是宋慶齡人生、社會抉擇的生命果和獻身孫中山事業的智慧果，乃至二人琴瑟和諧的「性別和合果」，堪稱性別和諧楷模。

凡此種種，不一而足，「蘋果現象」與人類社會的生存狀態、生存發展乃至生存觀念的變革息息相關的實例，確實不勝枚舉。2000年8月，中國某省廳局級幹部素質考核，其中有一道題是「畫一棵蘋果樹」。很顯然，因為不是考畫家，所以關鍵不在蘋果樹畫得像不像，主要考核思維特點、創造性才能等綜合素質和個性特徵。蘋果與人才選拔接軌，是人類社會的觀念創新，同時也是行為方式的創新。

率先進入信息時代的「IT界巨人」，對蘋果更是情有獨鍾。計算機王國「蘋果公司」的首席執行官史蒂夫‧喬布斯（「JOBS」英文意為「工作」）也被稱為「種蘋果的人」。他二十二歲時在車庫中組裝出「蘋果計算機」，後使之至臻完美。喬布斯成為信息產業界登上《時代》雜誌封面的第一人；「蘋果」成了「高質量、高性能」計算機品牌乃至計算機王國的智慧之果。2008年10月，蘋果公司「最綠色」的手提電腦「Mac Book」面世。新款計算機的LED顯示器比液晶的更省電、微處理器的速度比Intel公司的快五倍，更重要的是，它以鋁和玻璃而不是塑料為生產材料，是最環保的。還有新款的蘋果手機等，都堪稱業內的新智慧果。

　　由此引發信息社會學中的「蘋果時尚」：在紐約第五大道「蘋果旗艦店」之後，二十一世紀的男人和女人們，身著「蘋果牌牛仔服」，在「金蘋果娛樂城」品嚐「蘋果派」、「蘋果汁」、蘋果酒，暢談著「蘋果屋法則」或者敲擊著「蘋果『Mac Book』新款環保計算機」時，人們津津樂道著「蘋果公司」為代表的高科技產業，如何把一片蘋果園谷地「果谷」，魔術般地變成了美國的「矽谷」；或凝神沉思著軟件之王比爾・蓋茨「創世紀」時的鏗鏘誓言，面對「打不開的窗口」他振臂高呼：「我發誓要啃一口『蘋果』，嚐嚐究竟是酸是甜。」……於是，「Window 95」、「Window 98」、Window……接連打開向世界微笑。「微軟小子」嚐到了「蘋果」的甜頭成了頂天立地的網路時代巨人。他將信息科學的成果和五十億個人私財奉獻社會，更是信息時代的「大蘋果」……

　　前不久，名不見經傳的丹・布朗憑《達・芬奇的密碼》風靡全球，正因此書顛覆了西方社會千百年來「上帝神統」的至尊地位，回歸「人本」創世的社會真諦。我的蘋果密碼，旨在解構男權本位，奉獻性別和諧的智慧果。而法國「後結構主義的旗幟」羅蘭・巴爾特的代表作《S／Z》一書中的「S／Z」，有多種指代涵義，其中最重要指代內涵就是性別關係，對我們建構性別和諧理論不無啟迪。特別是現當代諸多國內外社會學專家學者，已經奉獻出、有的正在奉獻著新時期的「構建和諧社會」最新理論成果，令人刮目相看。這才是人類社會千百萬年來，孜孜以求的最新智慧果，也是我想種的「蘋果」……

　　如前所言，古往今來的社會精英和普通勞動者們不約而同，借蘋果詮釋自己的哲學社會學、文化社會學、科學社會學、經濟社會學等和諧社會思想理論，或實踐和諧社會理念。特別是馬克思、恩

格斯借蘋果闡釋社會性別關係的對立統一規律，乃至男女平等和諧社會發展理論……筆者也正是借「蘋果」為因由：從生命果、到性別關係苦果乃至性別「和諧之智慧果」，論證自己的男女平等、兩性和諧的「性別社會學」。這「一的一切、一切的一」歸結為我的「蘋果」……從原始性別和諧的絕妙象徵到性別和諧社會理想的「符號代碼」，我的蘋果聚焦了東西方哲學社會學家所謂的「蘋果性」（appleness）三一律的「四維創境」，牽引出螺旋上升的人類社會發展的哲學社會學、經濟社會學、文化社會學、科學社會學「四葉玫瑰」金螺線，構織信息時代的大網路結構、民族特色的太極圓體系，完成《蘋果密碼──性別社會學》的創構。──儘管上帝曾經權傾世界，我卻只要這只蘋果。

　　一樹一菩提。懷特的《人類之樹》澤被世界，我的蘋果樹尚在成長期，所以不敢妄稱「我是一只蘋果」，卻可坦然推心置腹「我送你一只蘋果」──《蘋果密碼──性別社會學》──將嘔心瀝血的文字化作披肝瀝膽的渴求。是當代夏娃對朝夕相處、休戚與共的亞當心對心地呼喚與傾吐──奉獻性別和諧的智慧果。詩聖泰戈爾的獻詩曰：「我的生命如同一個果子……只等著完完全全帶著她的充實的甜美的負擔，貢獻她自己」。對於筆者而言，「甜美」就不敢妄言了，奉獻卻是由衷的。儘管內心忐忑著「果實呀，你離成熟多遠呢？」但還是斗膽請諸位品鑒酸還是甜……我確信，常綠的生命之樹結出的理論之果，不僅是固態物質的，更是鮮活的精神的，正如詩人楓子所言：「果子要長翅膀，果子要飛／愛將在泥土裡復活……」

　　性別和諧社會之果，才是我樹之菩提。

| 註釋 |

1. 〔英〕伊萊恩·摩根：《女性與人類進化》，湖南人民出版社，1989年，第169頁。
2. 張柟：《存在與超越》，中國社會科學出版社，2005年，第8頁。
3. 《馬克思恩格斯選集》第4卷，人民出版社，1976年，第63頁。
4. 《馬克思恩格斯選集》第4卷，人民出版社，1976年，第452-453頁。

目 次

概　論

性別視角中的和諧社會：
中國特色的性別社會學理論構想

> 「道可道，非常道；名可名，非常名。」
> ──老聃

　　社會是人創造的，也是為了人而創造的，其主體當然是人。一部人類社會發展史完全可以用「人為」和「為人」來概括。

　　社會學以人類社會及其發展為研究對象，也是「人為」和「為人」的。作為人類社會性狀特徵、發展演進、變革規律之認識的概括總結和理論昇華，社會學有其「形之上」的學科理論體系，但更主要的是與人類「形之下」的社會生活實際共著血脈的、根植於人類社會實踐營養基上的理論之樹，才能結出常綠常新的理論之果。與社會生活血肉相連，特別關注並科學解答社會現實問題，是社會學理論之要務，也是社會學者的神聖職責和學術使命。

　　從社會學本體論出發，既然人類社會、社會學研究的主體都是人，既然男人、女人同屬人類社會，那麼男人和女人的關係問題，不僅是人類社會永恆母題，也是社會學研究的永恆主題。同時也正是構建和諧社會的社會學研究工作者無法迴避、必須解答的現實課題。

　　從當代社會學語義的世界性變革來看，眾口一詞「挑戰傳統社會學理論」。如：英國著名社會學家安東尼‧吉登斯的《批判的社會學導論》（郭忠華譯，譯林出版社2007年版）、法國著名社會學家達尼洛‧馬爾圖切利的《現代性社會學》（姜志輝譯，譯林出版社

2007年版），德國著名社會學家尼克拉斯・魯曼的「當代社會系統理論」，還有被西方學界譽為「二十一世紀社會學之父」的美國著名社會學家查爾斯・蒂利的《身份、邊界與社會聯繫》（上海人民出版社，2008年版）等論著，多層次、多角度地展示了社會發展進程中，諸多因素、諸多個體間的互動關係、相互影響過程中產生的誤區，以及校正誤區所產生的社會結果和作用。凡此種種，啟迪我們從性別視角透析社會發展進程中兩性關係的方方面面，通過社會實踐的反饋校正誤區，也是二十一世紀社會學工作者義不容辭的社會責任和學術使命。

較之美、英、法、德等國諸位社會學大家，當代中國社會學大家，陸學藝先生等的《社會學》、鄭杭生先生等的《轉型中的中國社會和中國社會的轉型》，還有宋林飛先生的《構建和諧社會讀本》、鄧偉志先生的《和諧社會散議》等著作，更切近中國國情，更貼近中國社會的現實問題。學習了他們的社會學理論著述，使後學者站在了巨人的肩膀上，憑藉科學發展觀高瞻遠矚——

從傳統社會學的理論缺失來看，把性別觀念納入社會學的「人本」主題，我們必然發現：傳統的社會學大多用「人」籠統地涵括了男人和女人，從而有意無意地忽略了、甚至省略了女人，進而隱蔽社會性別關係不平等的秘密，結果是女性主體地位的缺席。長期以來，社會性別觀念和性別視角成了傳統社會學界內普遍的理論缺失，同時這也是當今世界急待科學解決的社會實際問題。

從當下中國社會學研究發展趨勢看，2009年《學術月刊》載文強調：「理論總結、學術深化與視野擴展」，是2009年中國社會學研究的主要趨勢。從構建和諧社會的實際需要出發，針對傳統社會學的理論缺失，我們特別強調把性別意識、性別觀念納入社會學研究主題。

「性別社會學」正是通過對「社會性別關係問題」系統的理論總結、學術深化，來拓展社會學研究的大視野。其理論聚焦點正是人、特別是男人和女人關係這一最難解的「司芬克斯之謎」。

聚焦社會性別問題，首先有個問題要說明，那就是兩個互相關聯又有差異的關鍵詞：性別（sen）：指自然人與生俱來的生理性別──無可選擇的命由天定（「變性人」和「複製人」除外，非自然生成）；與之相關的社會性別（gendr）：具體指社會化了的人類男女兩性間的社會性別及其關係，這裡問題的重點是討論與自然性別相關的社會性別關係問題。它具有全球普遍性特徵。

西方學者曾論斷，除經濟外，性與政治是當今世界關注的熱點。其實不獨學界、政界，「社會性別關係問題」如今已成世界性話語，特別是在文化藝術界，頗有蔚為社會「大觀」、奇觀之勢。事實上，儘管性別視角一直難登傳統社會學研究的大雅之堂，但在當代社會生活中，卻突顯為浪漫主義的社會文化藝術景觀，演繹出令人震撼的社會圖解，分外奪人眼球。

請看2008年在巴黎舉辦的「菲亞克」──「第34屆國際現代藝術博覽會」（FIAC）。它代表當今世界最高藝術水平，被奉為藝術界的「納斯達克指數」，其表現手法頗具後現代特色，特別突出性別觀念主題。反映在展品上：一幅畫，一女人光腳走在鐵絲叢中，鮮血淋漓；一幅組畫由女性生殖器的多種變型構成導彈、埃菲爾鐵塔、蝙蝠等；還有多幅攝影圖片組合，是戴著面具的裸體男女作愛系列組合，面具是達賴和釋迦牟尼，還有布什、普京、斯大林、毛澤東、賴斯、希拉里等……最令人震驚的是盧浮宮廣場上這個博覽會的巨型廣告，竟是個被捆綁著橫提到半空中的自由女神像！自由女神尚且如此不自由、被褻瀆，何談社會中的女性、兩性關係中的女性……

　　確實，性別關係是人類一直探求卻始終未竟的「伊甸園」裡的禁果。

　　第一探求者夏娃，並非為蘋果而吃蘋果，只因它是（上帝的）禁果。

　　探索者之於問題，猶如夏娃之於禁果。

　　馬克思主義是階級、性別壓迫社會最懼恨的禁果，也是人類社會破舊立新的智慧果，他幫我們解決了社會觀、婦女觀的認識論、方法論問題。但立足於二十一世紀的神州大地，它確實存在著發展創新、與時俱進和中國化問題。指歸性別和諧、社會和諧，才是性別社會學的理論訴求。

　　可以這樣說，性別關係和諧理論是男權觀念最忌恨的禁果，也是和諧社會的智慧果——是新時期社會學中國特色理論拓展的新探求。尋尋覓覓，也許這裡的《蘋果密碼：性別社會學》並非成熟之果，所以更需要當代夏娃以十倍的汗水、百倍的心血去灌溉她。較之備受千年詛咒的先祖夏娃幸運的是，今天的夏娃承受著新時代陽光雨露的普照和滋潤……

　　當今世界和平發展主題，中國社會和諧發展主題。人與自然、人與社會、人與人和諧發展，是信息時代暢響全球的宏大交響樂。而構建中國特色的社會主義和諧社會是這交響樂的華采樂章。作為人類社會變革、科學發展、和諧發展實踐的概括總結和理論昇華，社會學理論的發展創新、中國特色的性別社會學理論創構適逢其時。胡錦濤在中央政治局集體學習「努力建構社會主義和諧社會」專題後，曾語重心長地說：「現在提出構建社會主義和諧社會，是社會學發展的一個很好時機，也可以說是社會學的春天吧！」中共國家主席胡錦濤高屋建瓴提出這一社會學研究的理論命題，更是個

實踐課題。春種秋收。置身改革開放沃土上的中國社會學工作者，莫負大好春光，莫忘神聖使命，辛勤耕耘、科學種植、培育碩果、奉獻社會，恰如柏氏所言：「送你一只蘋果」——從性別視角論證性別和諧社會、創構中國特色的性別社會學，正是本課題的理論求索。

從理論視角來看本書的中國特色。性別社會學的獨特視角：選擇傳統社會學缺失的性別視角作為社會學理論視域的新切入點，聚焦為「性別社會學」創新的理論觀點，從而也就確立了本書的邏輯起點。其理論鋒芒所向，經由性別關係問題的多層次、多角度的全方位考證和評析，直指傳統性別觀念的社會遺毒所在。為不使其惡化和擴散，必須實施破舊立新的理論變革，創構性別和諧之社會學理論，以適應和諧社會構建的需要。

從指導思想來看本書的中國特色。「性別社會學」創構的理論基礎是辯證唯物主義和歷史唯物主義的社會發展觀、馬克思主義婦女觀與二十一世紀時代精神相結合，突出胡錦濤提出的科學發展觀指導下，中國特色社會主義和諧社會性別和諧理論，決定了本文認識論、方法論和價值判斷的取捨。

從核心概念來看本書的中國特色。本研究學術出新的核心概念或曰理論命題就是「正值負化及其全面矯正」。記得美國著名社會學家弗蘭克·道賓在其《經濟社會學》中直言不諱：以往的社會學對市場問題缺乏研究，進而提出重構經濟社會學理論。與市場經濟息息相關的「正值負化及其全面矯正」，則是筆者在學術發現中自創的專用名詞，也是世界上任何社會學者從未如此「正名」的理論命題（見1994年3月8日《光明日報》載文：張椤：〈衝絕「正值負化」怪圈〉），是中國社會學理論工作者的首創。它借助市場經濟、價值規律法則，

高度概括了求解性別和諧的問題與對策的方方面面，書中有大量具體闡發，這裡只用一句話概括其學術出新價值：如果說馬克思的「剩餘價值」揭示了階級剝削的秘密的話，那麼，與之相關的本書提出的「正值負化」則揭示了性別壓迫的秘密。

　　從結構特點來看本書的中國特色。圍繞著這一核心概念，「性別社會學」的邏輯結構並非僅僅是社會發展史的單一線性、平面式結構，而是國別民族、歷史現實、共性解讀與個案剖示縱橫經緯、時空交織、理論實踐、問題對策有機結合，獨闢蹊徑地自創信息時代、體現中國特色的、由多重「4×4」學術網路系統構織而成的立體複合式的「大網路結構、太極圓體系」。

　　總之，定位社會性別的獨特視角，聚焦社會性別關係「正值負化」的核心理論視點、經緯社會學理論視域的大網路結構，確立中國特色社會主義核心價值體系的理論視界取向，透析視角、視點、視域、視界「四合一建構」獨特的邏輯內涵，突顯性別社會學的中國特色，集中體現在它的語境特徵和語義內涵上。

　　從本書的**語境**特徵看中國特色。首先它是華夏大地、華夏兒女社會實踐的產物，同時也是和諧世界、和諧社會全球語境中的社會產兒。所以不僅具有全球共性多元色彩的普遍時代特徵，更突顯神州大地獨具的民族特色。

　　從本書的**語義**特徵看中國特色。「性別社會學」是繼承源遠流長的中華民族優秀傳統文化中的哲學社會學營養基，融入信息時代社會新潮的中國特色的性別和諧理論的創構。

　　如眾所知，和合思想的中國特色基因最早可追溯到中國古代的原初哲學——易學。作為研究宇宙萬物矛盾對立統一原理和法則、指歸和諧的最早的中國哲學，見諸典籍的商代「易書」名為《坤乾》（後

改為《乾坤》）；殷周時代的《易經》就是在坤、乾基礎上提出的「陰陽說」和「陰陽互補」思想。這裡廣義的「陰陽」意義觸角延伸四面八方，概括了自然、社會、宇宙中兩兩相對、相互消長共存的、矛盾對立統一的諸多現象和運動法則。我們這裡強調，「陰陽」最重要的語義內涵就是代表男女兩性及其矛盾對立統一關係。《易經》強調「有陰必有陽，二者均不可偏廢」的陰陽互補、和合思想，綜彙出「一陰一陽之謂道」的對立統一和諧的發展規律，是我們創構「性別社會學」之中國特色的理論起點和基點。

易學理論中國特色最鮮明的標誌符號就是太極圓圖解的太極學體系。這是世界上任何國家、任何民族都沒有的、僅為中華民族所獨創的哲學社會學原初理論體系。其符號表徵「太極圖」是由「黑白陰陽魚」結合成的一個最古老的中華民族獨創的「中國圓」。它與希臘神話中男女各占一半結合成的圓不同，中國特色的太極圓沒有中分的直線，而是一條等分的曲線，把圓分成兩個一樣大的「陰陽魚」，陰中有個白色圓點、陽中有個黑色圓點，意謂陰中有陽、陽中有陰，二者相輔相承、對立統一為一個圓──「對立造成和諧」……正是這中國獨有的「太極（圓）圖」，形象地表述了陰陽（女男）性別和諧的深邃思想和無盡內涵。

被譽為東方魔經的《易經》和它的太極（圓）圖，為我們創構性別和諧的社會學理論提供了最初的思想營養基（儒學的「仁」「和」思想，也有中國特色的啟迪）。所以後人讚許：「易與天地準，故能彌綸天地萬物之道」；宇宙魂由陰陽托著，人類魂由男女捧著──這就是太極圓的「陰陽和合之道」。而由太極圓升發出「龍鳳呈祥」、「鸞鳳和鳴」等圓形圖案，都有中國特色的性別和諧的象徵和寓義，啟迪我們創構性別和諧的新社會學。

　　總之，從系統論研究出發，我們創構的「性別社會學」「總天地萬物人事之理」熔於一爐的「太極圓體系」，突出的是神州大地的男人女人攜手並肩再創乾坤、重塑自身、實現「不和諧到和諧」變革的千熔百煉過程，確有太上老君「八卦爐」的「熔鑄」之意，但其融通宇宙社會人生之浩大、化解陰陽裂變聚變之深邃內涵，又是「熔鑄」向融熔──「性別和合」的理性昇華。故而，性別社會學的「太極圓體系」正是中國特色的男女平等、性別和諧、社會和諧實踐及其理論熔鑄、淬火、提純的社會大熔爐──我們的大中華。它定位在信息空間（Cyberspace）新時代、網路社會新世紀、改革開放的神州大地。奮發有為的中華女兒掬華夏五色土、攬東母（太陽）七色光、撷女媧五彩石──千熔萬煉地再造乾坤、重塑自身，鑄一粒「丹」──不是太上老君的長壽金丹，而是中華女兒赤誠的心，是男女平等、社會和諧的性別社會學創造──自由的精魂。無疑聚焦的是中國特色的風骨和神韻。

　　還要說明的是，本書突出女性視角、視點、視域、視界，聚焦、重鑄的是女性主體價值的精魂，卻不以女性社會學命名，原因很簡單：女人的問題實在是男人的母親、妻子、女兒、姐妹們的問題，與男人密不可分，實質是性別關係問題，所以冠名以「性別社會學」恰如其分。

　　《蘋果密碼──性別社會學》借助夏娃的智慧果破譯性別關係的隧古之謎、文明之誤、現代之惑和科學之解，論證性別關係的社會連續劇歷經神話時代、悲劇時代、史詩時代，最後一幕是人類社會男女平等性別和諧的喜劇時代───切未可名，在此完成！

| 註釋 |

1. 《中華兒女》，2006年3月刊，第23頁。

第一章 | 社會實踐檢討：「正值負化」及其全方位社會矯正

> 道通天地有形外，思入風雲變幻中。
>
> ——程顥

　　社會生活在本質上是實踐的，社會實踐是理論創構的基礎。所以任何社會學理論的創構，都應從人的社會實踐起步並接受實踐的檢驗。其理由很明確。第一，實踐是人與自然關係的基礎。誰都知道，人是通過實踐同自然界發生關係的，實踐既是人類藉以從自然界獨立出來的根本途徑，也是人與自然統一的基礎和過程。人類正是通過認識、利用自然的生產實踐才使自己從動物界提升出來，認知人與自然的和諧發展。第二，實踐也是人與社會關係的基礎。因為作為「一切社會關係的總和」的人們首先通過實踐的方式進行物質生產。事實上，人類的各種社會活動、社會關係乃至全部社會生活，都是建立在物質生產實踐基礎之上的。離開了物質生產實踐，人類社會就不能存在下去，更談不上發展。因此，實踐不僅是人與社會關係形成的基礎，同樣也是人與社會關係發展的決定性力量，進而認知並完成人與社會的和諧發展。第三，實踐還是認知人與自身關係的基礎。人們正是通過實踐逐漸認識客觀世界，同時也不斷提升了人類自身，鑄造了區別於其他動物的「人的創造本質」。我們這裡強調認知並實踐「社會性別關係」的平等和諧發展。

　　總之，社會實踐是人與自然、人與社會、人與自身矛盾對立統

一、和諧發展的必然途徑，也是社會學性別關係理論發展創新的基點和動因。

回眸人類社會實踐的運動軌跡，思接千載，感慨萬端。在其起點上的母系氏族社會，從性別視角來看，曾是個「思無邪」的原始性別和諧社會。但是，基於社會經濟基礎的變革，人類從弱意識的原始性別和諧向強意識的社會性別衝突狀態演進，特別是進入文明社會以來，不平等的社會性別觀念將原始性別和諧一筆勾銷，女性主體價值慘遭「正值負化」屠戮，最早的個案典型，便是最先擷取智慧果的女人夏娃，非但無功，反而有罪，成為「千古無赦、萬世詛咒」的罪人──這是人類社會最大的一樁冤假錯案，至今未得徹底昭雪平反。特別是株連之久之廣，曠古未見──千百年來吞嚥性別壓迫的苦果，所有的女性無一例外被屈判成罪人、禍水……其「多米諾效應」至今未絕於世。……

檢點文明社會性別關係嬗變的歷史曲線，上面浸漬和膠著著太多壓迫、殺戮的淚痕和血污。於是在西方演義出「劍與聖杯」的性別關係：男性是象徵雄蠻與強悍的寶劍，女性是盛血獻祭的聖杯；在古老的中國則有「高山與黃土地」的性別關係：男是擎天拄地、雄視百代的高山，女為任人踐踏的黃土地……於是，強權成了強權者的特許證，奉獻成了奉獻者的墓誌銘……何談性別和諧！

今天，我們重新檢討性別壓迫的社會史實，這是不能重新實踐卻又鐵證如山的史實，只能借助社會發展史的座座碑碣解讀「奉獻者」的「墓誌銘」，那就是書中作為「典型個案」解讀和剖析的女性悲劇。她們無一例外，在男權專制的煉獄中被熬煮成「社會犧牲」……

現代社會，性別關係雖然變革巨大，但男權觀念的潛規則往往假「正值負化」暗行其道。一般女性受「暗害」自不待言，就連最最

傑出的世界女傑也難逃其「暗算」和貶損。如桃色事件對居里夫人的茶毒；吳健雄的科研成果公然兩次被忽略不記；波伏娃的存在與超越震聾發聵，卻仍然被屈判為「第二性」等等，都是殺人不見血的「暗殺」。就連手握大權的女性也難免被「正值負化」。如對撒切爾夫人「老巫婆」的謾罵、對貝‧布托的暗殺……幾乎無所不用其極……

事實上，社會性別關係「損女奉男」的馬太效應遺毒，至今尚未根除。2006年，中國最有名的B大學在高考招生中，外語專業小語種女比男要高十二分才錄取。雖是個案，但從性別視角看，不管什麼理由都掩蓋不住「性別幾率差異」對女性的貶抑。

總之，對社會性別關係問題社會實踐的檢討，特別是回顧文明時代以來「原始性別和諧裂變」的社會史實，儘管逝者如斯，卻給我們留下太多反思和變革、奮進的課題，那就是對性別和諧關係的不懈追求，和性別和諧社會理論的創構。

「道通天地有形外，思入風雲變幻中」。曾幾何時，面對人類社會曾經存在、似乎無法解構的種族、階級、性別關係三大矛盾衝突，如今已經發生變化。社會實踐曉喻世人，種族衝突似乎可以緩解。請看種族歧視較嚴重的M國，如今黑人運動健將、歌星影帝……風頭之盛蓋過白人，特別是政界，不僅曾有個黑種人國務卿，2008年底還躍出個領導白種人的黑人總統……再看階級矛盾似乎也可緩和，階級地位說變就變：街頭小子轉眼成了至高無上的大國總統，現總統夫人本是奴隸後裔；窮姑娘嫁個百萬富翁搖身一變身價百倍者，大有人在──兩種階級身份的人握手言歡之例比比皆是。可是性別關係就很難說了。

現實地看，如今，男權壓迫女性的絕對優勢正在全球範圍內逐漸瓦解，原先「陰卑不得自專」的女奴竟然挺直了腰板自立自強要與

男人平起平坐，甚至「爭權奪利」，性別衝突不僅公開化，而且似乎社會普遍化……在中國，儘管男女平等已作為基本國策提出，但是，男尊女卑觀念老而未死、朽而未僵，時時以各種變體時態「詐屍還魂」，成為當前嚴重障礙社會和諧發展的一些現實問題。諸如因重男輕女導致性別比例嚴重失調超過最高警戒線問題、繁榮「娼盛」的文明悖論問題、「美女經濟」狂潮靡泛問題、貧困女童失學比例過高問題、拐賣婦女和家庭暴力問題、陰陽裂變離婚率居高不下問題、網路色情屢禁不止問題……直接間接源於男尊女卑觀念及其遺毒對女性的「正值負化」。這是建構和諧社會無法迴避、必須解決的現實問題。建構男女平等、兩性和諧發展的「性別社會學」理論及其「正值負化矯正」的對策研究，對於化解上述不和諧問題，對於兩性乃至社會和諧發展，具有相應的理論出新和現實指導作用。

　　從經濟社會學角度看，我們所謂的「正值負化」是指主要由女性從事的家務勞動和人類再生產兩項勞動的創造價值，占國民經濟年總收入的33%－38%左右。經奧地利等國權威經濟研究所確證，這兩項勞動的創造價值占國民經濟年總收入三分之一左右的各國平均比值是科學的，也是真實可信的，確實是女性較之男性多創造的社會價值，不僅無償奉獻，還被「指鹿為馬」倒置為女性因生育和家務「誤工耗時」的負值——「正值負化」，這是筆者自創的專用名詞，高度概括了男權觀念「損女奉男」的馬太效應之經濟社會學成因，及其「多米諾效應」。文明社會以來，「正值負化」不僅是異化女性主體價值的經濟怪圈，更有甚者，還泛化為社會政治文化觀念及其理論舛謬，氾濫成「一切社會關係」的汪洋大海，陷女性於滅頂之災——

　　男權觀念假「正值負化」為貶損女性的「公理」：經濟學家用「數理邏輯」來暗算她；政治家用權杖來鞭撻她；哲學家用價值法則

36

來屈判她；歷史學家用悲劇命運來詮釋她；「精神分析」用陽具崇拜來強姦她；音樂家用宿命音符譜寫她；畫家用曖昧的色彩將她「帕洛代」；文學家用血淚浸泡的文字書寫女性悲劇；社會學家莫衷一是，「顧左右而言他」……這一的一切、一切的一，由認識論、方法論歸結於價值論，概源於否定女性主體價值的「正值負化」這個孽根。看似經濟問題，其實泛化到經濟、社會、文化、觀念各個領域；不僅是現實問題，根源是歷史遺毒；不僅中國存在，世界各國幾無例外；不僅是社會實際的問題，也是社會學需要科學解答的理論問題。

「正值負化」的要害是假「經濟效益」之名顛倒是非，行女性主體價值貶損之實，從而為男尊女卑觀念提供了「代償機制」的權柄，為損（女）不足、奉（男）有餘的「馬太效應」和「一就是一切」的多米諾效應——為判定女性全體均為「第二性」，提供了「指鹿為馬」的偽證。如果說馬克思的「剩餘價值」揭示了階級剝削的秘密的話，與之相關的、我們提出的「正值負化」，揭示了性別壓迫的隱秘。

當下，「正值負化」已成盡人皆知的歪理邪說，卻以「利維坦式男女平等」的變體時態招搖於市，企圖掩人耳目、以假亂真。簡單來說，所謂「利維坦式男女平等」就是理論上承認男女平等，骨子裡是男尊女卑；口頭宣言肯定女性主體價值，行為方式上將其「正值負化」的虛偽的口是心非的男女平等。前述種種社會現實問題的存在，都是「正值負化」的各種變體時態，也正是女人「第二性」的現代變種。

實踐證明，「正值負化」是男女平等、性別和諧社會肌體的惡性瘤，是性別衝突的聚焦點，是構建和諧社會無法迴避的關鍵問題。對於筆者而言，正值負化問題是本文的邏輯起點、論證的焦點，理論創

構的突破點、對策研究的關節點、實踐指歸的集結點。結論是重點強調：必須對「正值負化」實施全方位的社會矯正（概論部分對此概要點擊，全書將深入研討、具體求解這個重點、難點問題）。當下，實施「矯正」的社會語境、語義和視界條件已基本形成。

首先從社會語境條件的變革來看，歷經數千年的農業革命、數百年的工業革命時代，二十一世紀的人類已經進入信息革命時代。「道，可道，非常道」。信息技術（IT）、現代通訊網路將人們推進了一個全球一體化的「多維信息空間」，即「賽博空間」（「Cyberspace」的音譯和意譯的結合）時代。前不久，人稱「數字化教父」的尼葛洛龐蒂在其《數字化生存》中宣稱，2000年底，全世界有十億多互聯網用戶，這意味著每五位地球村民中就有一人使用互聯網。在互聯網上沒有空間──地域阻隔，更無性別差異，無論哪個國家、哪個民族、哪種性別的人，都可以是互聯網的網民。到二十一世紀末，機器人可以從事多種職業，人的工作則是製造並操縱計算機……不言而喻，即將邁進「SMI」（全自動社會）的人類中，僅有體力優勢的男性，將不再是天然的強者。

再從社會語義和視界取向的變革來看，面對「信息時代」的社會選擇，體力優勢讓位於腦力優勢，「網路」已經成為計算機世界的普遍景觀。令人深思的是，前不久，比爾・蓋茨將微軟的二十一世紀信息產業發展戰略定名為「女性審美價值最典型的代表」──維納斯，是否意味著古典女神的「現代崛起」？與之驚人相似的是，中科院的凱思軟件集團把自己的新世紀發展戰略規劃定名為「女性社會創造本質的最典型代表」──女媧，是否意味著「現代女媧」在網路時代將再造乾坤？有一個事實勿庸置疑，從體能到智能、從「手文化時代」到「腦文化時代」，女性的社會競爭優勢已現端倪。傳統的「第二

性」社會定位正在受到顛覆。男女平等發展的未來也許並不遙遠，它曾經遠在天邊，有時也會近在眼前，關鍵要用現代眼光──性別視角去解讀她。

二十一世紀，女性網路精英的現代崛起，已成世界潮流。失卻「草帽」的女性群體正在找回自身主體價值的「冠冕」。其個案典型在中國的崛起，令人刮目相看。

吳士宏逆風飛揚的現代傳奇正是信息時代女性精英崛起的典型代表。在其自傳體著述《逆風飛揚──微軟、IBM和我》中，吳士宏再現了一個網路時代艱辛拼搏、縱橫捭闔的女強人奮鬥歷程。更令人刮目相看的是，曾為身患白血病的小護士，吳士宏死裡求生迎戰命運挑戰、戰勝天災人禍，躍升為CEO後，並不止步。身為微軟（中國）公司總經理的吳士宏毅然炒了微軟這個「大魷魚」，加盟國企「TCL集團」。現任「TCL信息產業集團公司總裁」的吳總，懷著一顆拳拳情深的「中國心」。她發誓「要把國企（指「TCL」）做到國際」，難道不是網路時代的「現代女媧」再創偉業、再造乾坤嗎！

事實證明吳士宏是敢於對「男權本位觀念」說「不」的女人；一個不靠男人靠自己的單身女人；一個出身低微、自學成才，成為當今時代最卓越的「男性白領集團軍」的女CEO。同時她還是敢對洋人說「不」的中國女人；敢於對國際跨國公司說「不」的中國女經理人。真是大長了中國女人（應該說是所有女人）的志氣，滅了真洋鬼子、假洋鬼子的威風。總之吳士宏是女性「正值負化」成功的挑戰者，但卻是以「單身女人」為代價的，這種成功裡不無幾絲酸楚。

從性別視角看，微觀個體的崛起，不等於宏觀群體的超越。女性群體全方位的「正值負化矯正」，首先有待於自身主體素質的提高和能力鑄造。這是實現從傳統弱勢向現代強勢提升、由「第二性」向價

值人超越的基本功。只有每個女人都修煉好自身的基本功，才有群體的超越。因為「每個人的自由發展，是一切人的自由發展的條件」[1]；只有每個女人都修煉好「自律」這一基本功，才有可能衝出外因條件困扼的「馬太效應怪圈」和自困自囿的「約拿效應怪圈」；才能戰勝客觀條件中的「奧古斯都惡魔」和主觀弱勢的「摩尼教惡魔」。只有實現這雙重超越，才有能力衝絕「正值負化」的社會怪圈，實現對社會、對自身傳統觀念遺毒「正值負化」的總清算。

　　總之，從女性主體社會存在來看，只有憑藉自身素質、能力的基本功，才能確立自己的社會立腳點、實現市場經濟社會座標體系中的價值定位，才有能力對「正值負化」問題進行專項突破變革、綜合治理矯正。從客觀語境特徵而言，在實踐論範疇內，則要完成對社會經濟政治和文化觀念形態領域內一系列有關性別關係問題的「正值負化矯正」。這是性別觀念的變革，更是社會發展觀變革、社會學理論拓展、創新之要務。

　　當前，揭示「正值負化」的各種現代變體時態，實施「正值負化及其矯正」的社會實踐，必須立足中國特色社會主義市場經濟域內。在此基礎上，以HDI、GDI、GEM和HPI等人類（特別是女性）發展指數測評為尺度，實施社會經濟文化觀念全方位的「正值負化矯正」，確立女性「人」的社會主體價值，在以人為本的科學發展觀指導下，確證男女平等發展的「主體間性理論」：「以人為本」不僅以男人為「本」，同時以女人為「本」。

　　在具體操作層面上，構建「正值負化矯正」的社會保障體系是關涉制度建設、組織管理、運行機制和觀念形態「四合一」的綜合系統工程。要緊的是這一綜合治理工程不應僅僅是紙上規劃的「行動綱領」。實施「正值負化矯正」，「一步行動勝過一打綱領」。

　　試看今人社會實踐的場域，置身信息時代，以人──社會主體的眼光來看信息技術中的「網路」，不過電路、至多不過「集成電路」而已。較之人類實踐集成的社會「大網路結構」，前者不過後者中的一個「網上結點」、一個碎碼。置身信息時代「網路空間」社會，傳統觀念認定社會發展呈「線性結構」，而蘋果密碼所揭示的　　性別社會學所要建構的，則是經天緯地、涵括物質、精神「兩個宇宙」的人類社會「大網路結構」。它不僅有恩格斯的「平行四邊形理論」為立論依據，更有無數史實為佐證。此二者是一而二、二而一關係：正是這無數社會史實的運動發展，形成「無數個互相交錯的力量」，結構成「無數個力的平行四邊行」……就是這無數相互交錯的力的集束、無數個力的平行四邊形的集成，縱橫經緯交織成性別社會學的「大網路結構」及其中國特色。它經過種種社會實踐的檢點，條分縷析、時空經緯、縱橫交織的多維論證，特別是歷經社會實踐大熔爐千熔百鑄的鍛煉和淬火，基本確立性別和諧社會理論與實踐相結合的、中國特色的「太極圓體系」。

　　用系統論觀點綜彙我的「性別社會學」的實踐理性體系：時間為經、空間為緯，上下億萬斯年，縱橫大千世界，人類社會活動的實踐之梭，織就了地球村肥田沃野、錦繡山川的生態社會，同時也織造了社會組織形態和觀念形態之網。人類正是在不斷衝破舊網、構造新網路的社會實踐的同時提升自身，實現二十一世紀社會學理論的拓展和創新……於是，無數螺旋式上升的社會實踐發展的金螺線和不斷變化、縱橫交錯的「力的平行四邊形……結構成經天緯地、涵括宇宙、碩大無朋的人類社會及其性別社會學的大網路結構。定位在網路上的每個「結點」（節點）──本書中選用的每一個案典型，都是人類社會實踐的創造品，更是人本身創造價值的結晶。就像太上老君玄而又

玄的八卦爐千熔百煉出的救人濟世的金丹——這「創造品」、這「結晶」——我們的性別社會學，正是社會實踐大熔爐千熔百煉的成果——

它們是圖騰陶偶和現代維納斯，是原始神話和《命運》交響樂、是古埃及圖特摩斯法老手中的「生命結」和現代DNA基因、是鱷魚女神和東方巨龍、是古秘魯的戈迪烏斯繩結和現代光纖通訊、是腓尼基的「細長牛皮條」和現代太空城、是史前維納斯和現代機器人，是「河圖洛書」和信息網路……從無極、太極、兩儀、四象到黑客、紅客、閃客、博克……這一切的一切，堪稱人類社會實踐和人類創造本質的「吉尼斯大全」。它破譯著神秘「以太」造化之功的玄妙密碼；傳遞著開天闢地的歷史回聲；揭示生命起源的奧秘；還有染色體、細胞核的排列組合，基本粒子和光波的運動規律和速度，質量與能量的相互制約和轉化規律，原子的裂變和聚變，特別是男人和女人之間的陰陽裂變和聚變、融突與和合……

這一的一切、一切的一，不僅是男人女人攜手並肩共創的社會成果，也是人類不斷認識客觀世界、不斷熔鑄主觀世界、特別是實現傳統性別觀念變革千熔百煉的過程，更是百折不撓實現「正值負化矯正」的過程、構建性別和諧社會的過程。這個過程必須在中國特色的社會主義建設實踐活動的大熔爐裡完成，也必須有社會實踐保障體系的支撐和確保才能實現。這正體現我們創構的性別社會學的實踐品格和中國特色。它既是世界的，又是中國所獨有的。

| 註釋 |

1. 《馬克思恩格斯全集》第1卷，人民出版社，1995年，第294頁。

第二章 | 系統理論構想：性別社會學及其 大網路結構、太極圓體系的創構

道行之而成，物謂之而然。

——老聃

學科理論建設的性質特點，決定學術理論研究觀點和方法的選擇。

「性別社會學」及其「大網路結構」、「太極圓體系」的創構確實是一項系統工程，我們選擇系統論的觀點和方法去設計、規劃和創構之。其理由和做法如下：

所謂「系統」，是指互相聯繫依賴、相互影響制約的具有整體功能和綜合行為意義的集合體或曰統一體。系統理論研究和方法具有整體綜合性、複雜動態性的優化選擇特徵，二十世紀後半葉，由自然科學擴展到社會科學領域，成為現代社會科學研究的新寵。

從系統論觀點看，社會本身就是由眾多互相關聯影響制約、卻又相對獨立的子系統構成的一個綜合大系統。社會學研究社會變革發展、性質特點規律及其發展取向，本身就是一個綜合大系統。我們創構的性別社會學的大網路結構體系，正是由諸多縱橫交織、時空經緯的「4×4」的子系統構成的綜合系統。事實上，運用系統理論觀點，採取系統研究方法和手段，正是我們創構「性別社會學」的理性選擇。

我們首先對社會學形成發展過程、成就缺憾，進行系統的理論檢索：

　　若從1839年孔德為「社會學」正名並沿用至今算起，社會學理論之樹不過一百七十年多「學齡」。但其生命之樹年輪的密度，卻遠遠超越其「學術年齡」而難以計數。因其以人類億萬斯年的社會實踐為生命營養基，儘管歲月滄桑、生命榮枯、社會興衰，它卻長成根深葉茂的社會學理論之樹；雖然碩果紛呈，但也有幾許枯枝敗葉、衰花莠果，特別是傳統社會性別理論的苦果……

　　可以這樣說，迄今為止，人類社會最有用而又最不完備的知識、也是傳統社會學最大的理論缺憾，就是對「一切社會關係總和」的人自身的認識，特別是對女人的認識、對社會性別關係的認識誤區……

　　從哲學社會學角度看，先賢聖哲探究人的本質和性別關係，往往顧此（男）失彼（女）。

　　中國古代儒家崇尚「仁」、「和」為特色的道德哲學，堪稱天下至理，但對女人則是不仁、不和、不道德的男尊女卑的封建社會男權觀念準則。記得斯坦福大學前校長查理・萊曼曾強調社會科學應啟迪個人和社會如何闡釋並建設道德生活。我以為最具普遍性、最起碼的道德生活和道德社會，就是男女平等社會和道德。捨此奢談的一切「道德」，不過「皇帝的新衣」。因為摒斥女人的道德生活、道德觀念和道德社會，都是不存在的。還有「易學」其靈魂是「易——變」、變革創新，但對性別關係，既有對立統一的肯定，又規範了「陰卑不得自專、必須就陽而成」的不變鐵律。

　　古代希臘廣播「理性哲學」，但對女性則是非理性的貶損。亞里士多德等大哲曾經主動解放奴隸卻不許解放婦女……千百年來，信奉基督教「神統哲學」的西方社會，其無上至尊乃是男權上帝，女性則是千古不赦的罪人……但赫拉克里特的「對立造成和諧」，又頗具辯證思維基因。事實上，以古希臘為起點，「邏各斯——神學——邏

輯」三位一體的「形而上」的哲學傳統綿延西方社會兩千多年，直到十九世紀才受到馬克思主義的嚴峻挑戰。

馬克思主義認為，研究社會學基本理論命題，必須從「人」（男人和女人）開始。其中，主體與客體（對象）關係問題，是人與人、人與社會本質關係的普遍概括。此之謂，直達人的社會性別關係問題屬性的理論焦點。

從性別視角看人與人、這裡具指男人與女人的關係。其間不證自明的真理是男女同屬人類、生而平等。但是，男權社會判定男人和女人之間的關係：男人是絕對的社會主體，女人僅僅成為物化的對象。對此，馬克思一語中的，這其中「主體——對象的關係樣式是全部問題的核心」[1]，他在《1844年經濟學哲學手稿》中，正是抓住這種「關係樣式」論證自己的「主客體辯證統一觀」的，從而為我們兩性融突，取道對立統一、指歸「和合」的構想，奠定了理論基礎。

確實，男人和女人的關係問題是人類永恆的社會母題，也是社會學研究的重要主題。它是隨著社會和人自身的變革發展而變革發展的。所以相關的社會學理論也應不斷地變革和發展。具體到本課題，就是實現性別壓迫關係到性別和諧關係的社會和理論變革。

馬克思的社會變革理論揭示，文明社會以來，相依相伴、休戚與共的男女兩性分裂成你死我活的兩大性派。其實質：階級性別壓迫使然，男權觀念是陰陽裂變社會悲劇的總導演。自此至今，人類社會男女兩性從未真正完全平等過；對男女平等、兩性和諧發展的實踐和理論探求，也從未停止過。從《女權的辯護》到《第二性》，西方女權主義理論兩百多年的曲折探索；二十世紀末，第三世界《女權主義譜系・殖民遺產與民主未來》問世，特別是《內羅畢宣言》的發佈，性別關係變革的社會呼聲較普遍，但並未納入學術理論研究主流。在中

國，從黨的「二大」發佈《關於婦女運動的決議》到1995年確立「男女平等基本國策」至今，確實決心不小，但在貫徹實施過程中，現象形態的個案剖析較多，理論深化、學術創新研究較少。

談到社會性別關係理論和觀念的變革，事實上，任何社會學家都是在自己哲學思想體系內闡釋自己社會學觀點的。從世界範圍內看，二十世紀以來，西方學者對傳統哲學的質疑和解構之聲此起彼伏。德國解釋學的本體論學派認為，西方傳統哲學執著的「邏輯」分析，往往無視事物本體的「存在」，是丟掉了「根」的「懸虛」，難達事物的極終本質。分析哲學的開山祖師維特根斯坦也強調把它從邏輯迷宮「形而上」的懸虛中解救出來，精研、解析其「社會存在」的本質。我們這裡的社會學研究則注意解析性別關係社會存在的本質。

法國符號學家羅蘭·巴爾特被稱作「後結構主義的一面旗幟」。他的代表作《S／Z》一書堪稱結構主義與解構主義的混合體，又頗具後現代特徵。該書的書名具有多重含義，「S」與「Z」既是語義素符碼、象徵性符號，又是闡釋性解碼。其中寓義之一：S隱指（柔婉的）女性；Z象徵（剛直的）男性；「S／Z」指代性別關係問題；寓含社會性別關係固有的「結構」不應受傳統規則限制，闡發具有顛覆意味的解構思想。而法國哲學家德里達的「解構主義」也竭力主張解構「邏各斯中心主義」，回到「存在」的支點上。以上各家之說雖不無各自的理論偏頗，但其共同之點是解構「傳統霸權觀念」，建構「存在本體」的哲學社會學理論體系，對傳統婦女觀的「解構—重構」不無認識論和方法論上的啟迪作用。

薩特的存在主義則一言以蔽之，「有存在就有荒誕」。文明時代以來的男尊女卑社會觀念及其理論，不正是人類社會一個最大的「荒誕存在」嗎！讓我們穿透男權本位社會觀念的「邏輯」法則對男尊女

卑的「社會存在」進行「本體直觀」，必然得出「有荒誕就有反叛」的結論：解構「荒誕」，重構「存在」的社會性別理論創新已呼之欲出。

再看現代社會異軍突起的後現代（postmodern）脫胎於現代又反叛現代（工業社會），二者間的連續性和差異性毋庸置疑；後現代主義（postmodernism）是在挑戰現代西方工業文明中生成的一種新興社會理論思潮，兼具解構和建構的雙重使命和兩重意義。就其複雜性而論，三言兩語很難完成面面俱到的解讀，這裡僅汲取後現代主義解構傳統社會性別觀念的積極意義。

在後現代主義理論中，還有一種批判資本主義的新興思潮，自稱後馬克思主義（post-Marxism）。如果說後現代主義力圖解構、超越現代性的話，後馬克思主義則自詡要在解構中發展馬克思主義。早在1973年，丹尼爾·貝爾的《後工業社會的來臨》中，已經從社會學視角對後馬克思主義概念進行了簡單的概括。到二十世紀九〇年代已跨越社會學學科出現諸多流派，形成了形態各異的後馬克思主義流派，稱之曰「千面馬克思主義」，其共同理論特徵是批判精神。儘管他們貼上了「馬克思主義」的標籤。但究其實質，只是他們自身理論哈哈鏡照出來的「馬克思主義」——後馬克思主義並非真正的馬克思主義。

我們在堅持馬克思主義基本原理的前提下，認識後馬克思主義的性質特點，大膽汲取後馬克思主義對當代資本主義解構、超越的批判精神，對我們構建中國特色社會主義乃至當代性別社會學理論創構，不無啟迪意義。

從全球語境概觀，時至二十一世紀，男女平等理論與實踐呈多元發展態勢，但對傳統性別關係批判的共性特徵中，不無「去中心」

（男權中心）的後現代色彩。對此，聯合國發佈的最新《人類發展報告》中，對女性社會發展作了特別的專項界定，並規劃了國際統一的評估指標體系。但從社會性別關係的現狀看，仍普遍存在著理論與實際、觀念與行為的落差甚至悖反以及地域性差異等，特別是「利維坦式」的虛假男女平等問題依然存在。面對新時期新問題、新發展新對策的需要，急需以科學發展觀為指導建構中國特色的男女平等、兩性和諧發展的「性別社會學」理論，以期理論創新、服務於社會變革實踐。

　　目前中國的社會發展理論，一方面要超越自身的傳統積弊，另一方面又在確立不同於資本主義的中國特色的發展路徑，那就是堅持以馬克思主義、毛澤東思想、鄧小平理論、三個代表和科學發展觀為指導，融入二十一世紀世界發展新潮，構建中國特色的社會主義和諧社會及其社會發展理論。其間重要的實踐與理論創新特點，就是將馬克思主義與中國社會發展實際相結合，以與時俱進的精神堅持和發展中國特色的馬克思主義及其社會學發展理論，這正是構建性別社會學的指導思想。

　　應當強調的是，中國共產黨中央的十六屆四中全會、五中全會、十七屆三中全會都提出了構建社會主義和諧社會問題。諸多社會學理論工作者積極實踐、深入探討，陸學藝先生的《社會學》、費孝通先生的《試談擴展社會學的傳統界限》、鄭杭生先生的《和諧社會與社會學》、朱力先生《對和諧社會的社會學解讀》等，都作出了許多頗具見地的理論創新。著名社會學家鄭杭生、李培林提出了「社會轉型理論」，論證當下影響中國社會發展的力量一是「有形的手——政府干預」、二是「無形的手——市場調節」，還有一隻看不見的手「第三隻手——社會轉型」，存在著大量的社會結構、利益關係（包括群

體和個體）轉型和變化、變革問題（我們這裡強調社會性別關係變革問題），都與構建和諧社會息息相關，必須認真學習研究。

　　胡錦濤高屋建瓴提出構建社會主義和諧社會，為中國社會學生機勃發的理論創新提供了大好契機，「可以說是社會科學的春天吧」。他還對李培林、景天魁等社會學家、也是所有社會學家下達了任務：「你們應當更加深入地進行對社會結構和利益關係的調查研究，加強對社會建設和社會管理思想的研究」[2]，殷切希望每個社會學理論研究和實際工作者都能真正履行服務「和諧社會構建」的神聖職責。

　　站在巨人肩膀上，認真學習諸多專家的新觀點、新理論，擷英咀華，啟迪我們在社會轉型期，從性別視角獨闢蹊徑，探索社會學理論視域中「性別和諧──社會和諧──性別社會學」的創構。實踐昭告理論，時逢「社會科學的春天」，「性別社會學」創構的語境、語義、視界和主體條件都已日臻成熟了。而作為傳統社會學的理論缺失，性別和諧理論創構，正是當前社會學發展創新的需要，也是構建和諧社會的實際需要，無疑是當前中國社會發展中具有全局性、戰略性的重要理論和實踐課題。

　　以上，對社會學理論變革實踐的系統研究可證：「性別社會學」理論創構是當下社會學理論變革、拓展的優化選擇。秉持系統理論觀點和研究方法創構的性別社會學，整體上採取系統理論研究方法，強調女性主體新視角，突出「以人為本」的基本理論觀點，既是建構男女平等、兩性和諧發展的「性別社會學」的結構重心，又是貫穿全書的基本邏輯觀念的聚焦點。以此為出發點，解構傳統的男權本位社會性別觀念，創構「主體間性」的性別社會學，正是社會學研究領域的拓展和學科理論的出新。它立足於全球經濟一體化的新世紀、網路社會新時代、中國特色社會主義建設新時期，揭示性別關係社會變革的

深層次理論內涵；破析其現實悖論的實質；闡釋其發展的規律性特徵和未來取向，實現男女平等、兩性和諧的性別社會學及其「4×4」的多維「大網路結構」和「太極圓體系」的創構。是其整體性狀貌特徵。

從邏輯結構形式和內涵的系統分析理論來看，「性別社會學」獨特的理論構想、它的邏輯形式和結構內涵，是由「S是P」的邏輯公設和「AEIO」邏輯方陣「4×4」結構而成：

其一、邏輯形式（S是P）的四維邏輯公設結構是：

S1理論視角：p1選擇社會性別視角，解構傳統社會性別關係，重構平等和諧的社會性別關係；

S2理論視點：p2聚焦性別和諧理論構建的關節點和突破點「正值負化及其矯正」；

S3理論視域：p3經緯社會學視域中「經濟社會學」（SHM）、「文化社會學」（SHJ）、「科學社會學」（SHL）、「發展社會學」（SHS）等學科理論的科際整合，完成性別社會學的創構。

S4理論視界：p4指歸中國特色核心價值體系中，性別平等的「人本核心」價值取向。

以上四個概念分析判斷的具體語義不同，但其邏輯結構特點都是「S是P」的形式，「四合一」為性別社會學獨特的邏輯形式結構。

其二、邏輯內涵的四維邏輯方陣（AEIO）結構是：

一維：認識論─關係論：解構「我」（男性）──「它」（女性）性別尊卑關係，構建我（男性）──妳（女性）的性別平等關係；

二維：方法論─對話論：解構「男性主體話語（獨白）、女性對象（失語）」關係，構建兩性話語權對等的「主體間性」

（Intersubjectivity）關係；

三維：過程論—融突論：解構「正值負化」傳統性別關係的悖
　　　　謬，構建性別平等和諧的社會保障體系；

四維：價值論—意義論：解構男權唯一價值主體，選擇男人女人
　　　　等價值的「格式塔—優格式塔」構建，指歸中國特色的性
　　　　別和諧社會。

其二的「四維合一」，體現了邏輯方陣（AEIO）中的四項「對當關係」相輔相成、互溶互滲的邏輯結構內涵。

從哲學社會學角度看，將其一、邏輯形式「S是P」的四維邏輯公設與其二、邏輯內涵「AEIO」的四維邏輯方陣經緯成4×4的性別社會學的理論創構，體現其符合邏輯規律的系統理論觀點和研究方法。

以系統研究的總體論及其邏輯結構分析為綜述，下面具體從性質論、本體論、價值論和實踐論四個緊密關聯又相對獨立的子系統研究，多層次、多角度地系統論證性別社會學的大網路結構和太極圓體系。

子系統之一：性質論範疇的性別社會學是縱橫交織、時空經緯的4×4網路結構。

全書立足特定經濟基礎之上，交織著不同時段、不同國別、區域、民族典型社會性別關係的個案比較和範例整合，縱論兩性關係發展的①邃古之謎，②「文明」之誤，③現實之惑和④科學之解，確證社會性別關係的性質、特徵、變異和衝突的原因，變革、重構及和諧發展的社會取向。

與縱論相交織的「橫析」要點可概括為：①正題：重點的重點：建構性別和諧社會的實踐和理論選擇——性別社會學；②悖論：難點中的難點：正值負化及其泛化對女性主體價值的貶損——男女不平

等、兩性不和諧；③解構與創構：關鍵的關鍵：正值負化全面矯正的社會變革和對策研究；④結論：男女平等、性別和諧社會「性別社會學」的創構。

子系統之二：本體論範疇的性別社會學四維創構。

將社會學理論視域內的經濟社會學、文化社會學、科學社會學、發展社會學進行「科際整合」研究為性別社會學。其特色是突出性別視角，具體闡發如下：①科學社會學（SHL）新觀點：既體現傳統的「科學社會學」科技專業領域的社會學觀點，更突出科學發展觀的「人本」觀念：女人（與男人一樣）是一種自然存在、精神存在，在其「現實性」上又是一切社會關係的總和。故而性別平等和諧發展研究必須納入科際整合的社會學研究系統，從女人也是「一切社會關係的總和」的社會實際出發，確立女人與男人和諧發展，最終推動社會和諧發展的本質意義上的科學社會學的「人本」主題，是本課題理論創新的起點和歸宿。②經濟社會學（SHM）市場經濟價值規律法則觀點：兩性不平等的經濟成因是「正值負化」對女性主體價值的社會貶棄，必須重構價值評估體系對「正值負化」實施全面矯正。③文化社會學（SHJ）新觀點：信息社會「腦的文化」超越了「手的文化」、體力優勢讓位於智力優勢，為女性主體價值的實現帶來了空前的機遇和挑戰。「現代女媧」將在網路時代再造乾坤，女性發揮自身優勢的時代已到來。④發展社會學（SHS）對立統一的社會發展觀。兩性關係矛盾對立統一發展，即從「衝撞到和合」的變革、從「融突到超越」的昇華、從「必然到自由」的飛躍，實現人類兩性自身並推動社會和諧發展——「性別社會學」理論創構，正是發展社會學的必然發展指向。以上是性別社會學基於社會學本體論的「科際整合」四維創構。

子系統之三：價值論範疇的性別社會學四維創構。

主要從四方面闡發：①「價值」是觀念問題的核心，也是婦女觀的核心問題。解構男權至上的傳統社會價值觀念，重構男女等價值的社會觀、婦女觀，是構建性別社會學的核心問題。②價值的根本屬性是人的主體性。女性主體地位的缺失，源於男尊女卑觀念導致的「正值負化」對女性主體價值的社會貶棄。必須實施「正值負化矯正」。這是性別關係全方位的社會變革，急需社會學「主體價值」理論變革為先導。③價值評估準則是「人的內在尺度」與外在尺度的辯證統一。以此為準繩，女性在改造外在客觀環境的同時，必須注重主觀條件——主體素質的修煉。因為只有將內在價值尺度與社會價值尺度統一起來，女性才能從「第二性」躍升為價值主體。④「價值的全部秘密就在於人」。價值的考量與確證，源於人的社會實踐，取決於人與人、人與社會的關係特別是人的觀念；女性主體價值的考量與確證，還取決於性別觀念和社會性別關係。故而，男權觀念的解構與女性主體地位的重構同一視界取道——科學發展觀的「人本」實質：男女兩性同樣保有「人」的生命尊嚴和主體價值，實現從「衝撞到和合」的變革、從「融突到超越」的昇華、從「必然到自由」的飛躍，才能真正實現性別和諧乃至社會和諧。以上是性別社會學「價值論」的四維建構。

子系統之四：實踐論範疇的性別社會學四維創構。

在觀念行為和具體的創構方式方法上，以馬克思主義、毛澤東思想、鄧小平理論、「三個代表」重要思想和科學發展觀為指導，整體上採用「科際整合」的系統研究方法。在具體論證過程中，運用馬克思的「主體—對象理論」、恩格斯的「平行四邊形理論」、借鑒巴赫金的「主體間性理論」、借助「性別機率差異分析」方法，包括最新評估體系中與GDP相匹配的人類發展指數HDI、性別發展指數GDI、

性別賦權指數GEM和人類貧困指數HPI（70%以上的窮人是女性）的「SD法」比對，特別是體現市場經濟價值規律法則的「正值負化矯正」方法，通過古今中外諸多典型的個案剖示、類列比較研究論證法，確立與男性平等的女性「人本」價值觀，強調性別和諧社會構建的對策性研究和社會保障體系的建構。在可操作的具體層面上，完成制度建設、組織管理、運行機制和社會文化體系「四合一」系統工程，謂之實踐論範疇的性別社會學四維創構。

　　將性質論、本體論、價值論、實踐論四個子系統四維創構的「4×4」多重網路結構層層夯實，整合為《蘋果密碼：性別社會學》的基本框架。在系統論及其邏輯結構分析基礎上確立的系統理論框架中，突出社會性別視角，進行社會學理論拓展的科際整合的系統研究：

　　把縱向序時性子系統：不同時期、不同性質特徵的不同社會發展階段，與橫向共時性子系統：同一社會時段不同民族國別社會存在個體特徵，進行交叉比較研究、綜合分析和系統概括，總結出「性別社會學」的系統理論觀點和規律性認識，最終實現「認識論三一律命題——性別關係論」、「方法論三一律命題——兩性對話論」、過程論三一律命題——兩性融突論、「價值論三一律命題——性別意義論」四維結構的理論昇華，與層層夯實的基礎理論縱橫交織成「性別社會學」及其「大網路結構」和太極圓體系，無疑是社會學理論的拓展和學術創新的探索。

　　應當強調的是，建構這個理論體系的結構重心、亦即「性別社會學」的理論聚焦點和突破點，正是馬克思一再強調的「主體與對象關係」這個元命題。從性別視角來看，文明時代的兩性關係，所謂「主體與對象的關係」，是「我（男性）——它（女性）」關係。它以女性「非人化」為前提，顯然是個「荒誕的存在」，是我們所要解構的

54

「關係」。必須重構「主體間性」關係，即「我（男人＝人）──你（女人＝人）」關係──平等價值的男人女人「夥伴關係」。在此基礎上，《蘋果密碼：性別社會學》將鄭重宣告：男權社會獨霸的「主體性」已是「偶像的黃昏」，「主體間性」──性別平等和諧社會的朝暾即將破曉。

「道行之而成，物謂之而然」。

總之，性別社會學結合二十一世紀和諧發展的全球化時代精神，不無西方社會學理論科際交叉大系統「多元性」的後現代特色，更主要的是必須突出了中國特色的和諧社會構建。其融熔鑄造過程、結構原理乃至最後的「正名」，直接或間接受益於如前所述古今中外各家理論學說觀點的啟迪，也直接受惠於中國古代哲學社會學優秀傳統的鑒借。尤其是在其起點上的「中國古代哲學社會學魔方」──《易經》，特別是它那結構簡約、整飭有序、內涵無涯的「網狀結構方陣」（還有西方哲學社會學「AEIO邏輯方陣」），都給我的「大網路結構」以直觀的啟迪和由表及裡的深層次的理性體悟。對於人類社會而言，宇宙是永恆的超時空存在，又是有限時空的多維連續運動和發展的物質存在。除「孤雌繁殖」外，宇宙萬事萬物均為陰陽和合之結果。此之謂，不獨道家「陰陽說」之根本，也是辯證唯物主義宇宙觀的要義，同時也正是我們性別關係陰（女）、陽（男）兩性「對立統一」歸於和合發展規律性的真諦。當然還有儒家學說的「中和」「和為貴」思想等等，在「和」這一點上，與道家殊途同歸。必須承認，中國傳統文化的辯證思維特徵、直覺思維特徵和中和思維特徵，無一不是我們鑄造「太極圓體系」、融鑄「社會性別和合理論」的中國特色。

以上，是本書概論部分，通過第一章實踐檢討和第二章理論探求相結合，概論「性別社會學」及其中國特色的大網路結構、太極圓體

系。還要補充說明的是，我們闡述「性別社會學」的系統理論，遵循歷史唯物主義和辯證唯物主義關於社會發展規律的「歷史連續性」和「對立統一性」兩個基本原則。

其一，遵循「原始共有社會──階級社會──共產主義社會」人類社會發展「三一律」的歷史連續性原則，來論證創構「性別關係」的緣起、變革過程和和諧發展的理想社會取向。

如眾所知，人類社會的歷史就是從必然王國向自由王國曲折連續發展的過程。

從社會變革實際出發，今天的現實社會是歷史的變革和延續，我們孜孜以求的未來理想社會，又是今天的延續和發展。所以我們不能割斷歷史，不談原始社會和階級社會，就不能瞭解現實社會的來龍去脈，也不清楚為什麼和怎樣有的放矢地變革傳統社會、創構理想社會。

從馬克思主義社會發展原理出發，「馬克思主義的全部精神，它的整個體系，要求對每一種情況（一）只是歷史地；（二）只是聯繫著其他情況；（三）只是聯繫著具體的歷史經驗，去加以考察。」[3]所以我們理論性別關係變革問題，通過不同社會時段、不同類型個案典型的剖析，具體地、歷史地、連續地考察了原始社會乃至文明社會以來「社會性別關係」問題的現象和本質，認識其與現實社會、未來理想社會間必然聯繫和發展變革的因果關係，在此基礎上，確定創構性別和諧社會的性質、任務、特點、途徑和目標。不敢稍加穿鑿附會、俱是按跡尋蹤，確實是歷史地、聯繫著其他情況、聯繫著具體的歷史經驗加以考察分析、論證的。因為「只有具體地、歷史地考察社會現象，才能認識社會發展的內在必然聯繫即規律性」[4]才能完成符合社會發展規律的「性別社會學」理論創構。

其二，遵循「肯定──否定──否定之否定」的哲學社會學發展「三一律」的對立統一規律發展原則，具體論證社會性別關係變革「對立統一」指歸和諧的發展規律。

所謂「性別關係」，指男人和女人在不同時期的社會活動和相互交往過程中，形成不同性質狀態的社會性別關係，歷經原始性別和諧社會（肯定）──性別壓迫社會（否定）──性別和諧社會（否定之否定）的變革和演進過程。時至當下，性別社會學的總主題是和諧。和諧是一種「關係範疇」，我們這裡具指性別關係，是男人與女人之間的對立統一關係。回答為什麼和怎樣創構性別和諧社會，首先必須明確何為「不和諧」、還存在著哪些不和諧問題。只有徹底解構不和諧的性別對立，才能實現性別和諧社會及其理論創構。「破字當頭，立在其中」，這是性別關係由對抗性向非對抗性轉化的辯證統一發展過程。本質上是「對立統一造成的和諧」。

總之，基於社會性別關係問題的歷史連續性和對立統一兩項基本原則，完成性別和諧社會的「性別社會學」理論創構，其特點「恰恰就在於我們不想教條式地預料未來，而只是希望在批判舊世界中發現新世界」[5]，即實現社會性別關係「正值負化矯正」──達‧芬奇秘碼顛覆上帝神統至尊，蘋果密碼解構男權本位，奉獻性別和諧的智慧果。

| 註釋 |

1. 《馬克思恩格斯全集》第42卷，人民出版社，1979年，第77頁。
2. 《中華兒女》，2006年3月刊，第23頁。
3. 《列寧全集》俄文第四版第35卷，人民出版社，1995年，第200頁。
4. 康斯坦丁諾夫主編：《歷史唯物主義》，人民出版社，1957年，第20-21頁。
5. 《馬克思恩格斯全集》第1卷，人民出版社，1995年，第46頁。

史前社會性別關係的原始和諧

邃古之謎　存在與符號　神話時代
原始和諧社會

> 部落文化是一種穩定的、令人滿意的、生態健全的存在……。
> ──鮑得樂

「從哪裡來？向何處去？怎麼走？」這是每個人都曾反覆追問的社會存在之謎，也是哲學社會學應當揭示的人類社會運動發展的軌跡和科學發展之「道」。

叩問原點，我們回溯原始社會，首先是母系氏族社會。儘管它長達人類社會歷程99%以上時段，卻基本處於性別平等、社會和諧狀態。美國人類社會學家鮑得樂高度評價母系氏族社會「是人類歷史上最成功、最持久的適應方式」、「……是一種穩定的、令人滿意的、生態健全的存在」，其奧秘旨在人與自然、人與社會、人與人（特別是男人與女人）的原始和諧。而彰顯這一特徵的全部人類社會文本，在沒有文字記載的原始社會，皆由符號（sign）指代和說明。當然這裡具指廣義的符號，它具有特定時空的社會內涵，是特殊意義的社會解碼。德國學者恩斯特·卡西爾曾強調：人具有「符號系統」是人與動物的主要區別；「符號作用」是人類社會意識的基本功能。

研討人類社會草昧初開的童年時代、即史前社會，她的「女性本位」特徵的符號化存在特點和女神崇拜特色十分鮮明。但是，傳統的人類社會發展史往往有意無意把這個開闢鴻蒙的肇始階段一筆帶過，有的甚至故意抹煞其女性本位特徵。故而，文明社會以來（即階級社

會，亦即男權本位社會）的人類社會、男權本位觀念下的社會學理論體系——一種「沒商量」的社會觀念和價值定位，確立了男權獨尊的主體地位，並將女性元祖的奠基作用一筆勾銷，同時也就消解了原始性別和諧社會女性本位的認知特徵。

　　從性別視角概觀，一部人類社會文明史，成了男權觀念的歷史。而長過它千百倍的原初女性本位社會階段，常常被傳統社會史典籍蒙上似有似無、亦幻亦真的神秘色彩。為了給「數典忘祖」者找到「生身之母」，必須把長長的歷史透鏡伸入幽遠的邃古，透視「人之初」時代形形色色的女裸偶「sign」的奧秘——看是原始渾沌氛圍包裹著的神秘迷團，其實並非歷史盲點，只是被文明史葬入遺忘的逝川，冷凝成生殖特色的「歷史琥珀」——具有「符號」能指特徵的女裸偶。當它作為史前化石發掘出來時，這些所謂的「混沌迷團」恰恰成為女性元祖社會存在及其本質特徵的考古學解碼。這些歷經幾十萬年、幾百萬年滄海桑田巨變「依然故我」客觀存在的、具有特殊能指作用的物質實體——女裸偶考古化石，作為「具相」的符號解碼，正是元初女性本位社會存在的唯物鐵證，也是原始母系氏族社會性別和諧的獨特表徵。

　　系統研究人類史前社會史，由「女裸偶—女始祖—女神」共同譜寫的人類童年謠曲的三重奏：之一，女裸偶符號存在的社會語境特徵：原始性別和諧自然存在的社會形態；之二，女始祖符號存在的社會語義特徵：原始性別和諧的社會本質內涵；之三，女神符號存在的社會視界特徵：原始性別和諧的社會價值取向，這三重奏其實質是母系氏族社會部族首領率男女兩性開天闢地，開闢人類社會的「史前英雄史詩」，也是原始性別和諧的社會主旋律。

　　邃古之謎，符號解碼。什麼是真實的？埋在土裡的和埋在心裡的。

第三章 「女裸偶」符號存在的社會語境特徵：原始性別和諧自然存在的社會形態

女人如一輪旭日。

——安塔拉

　　母系氏族社會的原始性別和諧首先表現在男人和女人自然存在的性別關係上。其典型例證就是考古發現出土的、具有符號（sign）能指作用的女裸偶。請看最新考古發現的女裸偶實例：

　　2009年，〔美聯社柏林5月13日電〕報導：蒂賓根大學的考古學家尼古拉斯‧科納爾率領的團隊，在德國的霍爾菲爾斯洞穴發掘出一象牙雕女裸偶。其造型「非常性感」，即極具女性生殖特徵。用碳定年法測定，此女裸偶大約三萬五千年到四萬年的高齡。而更多的早已發掘出土的同類女裸偶，比之還要「高齡」得多……

　　叩問史前社會原點，人類「揖別動物」直立為人的第一步，他們生存、發展的首要前提、第一要義，就是人類自身的繁衍、人種的延續。

　　那是月朦朧、鳥朦朧，霧朦朧、人懵懂的蒙昧時代，原始先民尚未解悟人類性慾勃發、兩性交媾、繁衍後代的生理機能特點，卻親眼目睹了女性生殖後代——再造男人、女人的「直接現實」。處於性蒙昧狀態的男性將之視為一種己所不及的神力、魔力而自愧不如。於是，他們把繁衍人類的功勞——「最活躍的社會生產力」的再生產

的功績，完全歸於女性，由此而產生了熱烈的欽慕之情和由衷的敬畏之感，進而由生殖崇拜泛化成女始祖崇拜的虔誠莊嚴信念。於是，在「民知有母，不知有父」的原始社會經濟土壤上，綻放出女性崇拜的原始意念之華，結出了原始性別和諧的生命之果。它的物質符號代碼，就是考古發掘出土的全裸女偶化石「sign」。

先看兩河流域古巴比倫文化發掘出上的史前時代烏姆・達巴吉亞文化遺址的「烏姆・達巴吉亞泥像」、哈孫納文化遺址的「哈孫納泥像」、歐貝德尼文化遺址中的「歐貝德尼泥像」等，其共同特徵都是女性裸像。這些女裸偶四肢不分，臉部形態不明顯，只是對女性的三大性特徵——巨乳、豐臀、豪腹，作了誇張的表現。

印度河流域的古代文明，經二十世紀的考古發現，出土了大量史前文物群，被學界稱作「哈拉帕文化」，其中考古發掘出的代表性文物——「地母神塑像」，也是突出生殖崇拜特徵的女裸偶。

歐洲的女裸偶，較早出現在歐洲舊石器時代晚期的「奧瑞納—索留特文化」時代，大約與中國山頂洞人處於同一時期。因最早發現於法國奧瑞納，故以之命名。在奧瑞納文化考古發現的歐洲諸洞穴中，弗雷爾洞穴、尼奧洞穴、特別是法國洛塞爾洞穴出土的、雕刻在石灰岩上的十八吋浮雕「洛塞爾維納斯」女偶，以及法國格里馬底、萊斯皮洛出土的女裸像，還有奧地利維也納附近出土的石雕「溫林多夫」女偶，雖然僅高十一釐米，卻最為典型；前蘇聯古林出土的猛獁象牙雕女偶和木偶雕像、捷克斯洛伐克多尼維斯托尼斯出土的用黃色粘土和長毛象骨混合燒焙製成的女裸像，還有最近在德國霍爾菲爾斯洞穴發掘出的象牙雕女裸偶等，都突出女性「三大」「sign」特徵。

頗有創意的是人類「最健康的童年」——愛琴海域的古希臘。從「米諾斯遺址」發掘出的壁畫、神龕、浮雕，甚至小印章、小指環上

的「袖珍雕刻」等物質實體，已超越了「土偶」範疇，但共具女裸偶的符號能指作用，都在溢美誇張女性的「三大」生殖特徵。還有地跨歐亞非三洲的土耳其凱托‧胡約克遺址發掘出土的女裸偶，也是巨乳豪腹，突出生殖崇拜特徵。

特別是黃河流域的華夏古文明，更具典型意義。我們首先看「仰韶文化遺址」發掘出的女裸陶偶，是西北大學考古工作者在陝西扶風案板首次發現的。這些女陶偶頭部、四肢模糊，但體態清晰：「身軀豐腴、乳房飽滿、腹部隆起、臍部圓凹」──凸顯女性生殖特徵。二十世紀末又相繼出土不少「史前女偶雕像」，其中河北灤平縣出土的六件屬「趙寶溝文化」類型。還有甘肅「馬家窯文化」遺址出土的彩陶女偶，遼寧喀左、建平「紅山文化遺址」發掘出的陶質、泥塑女裸像和「牛河梁女神廟」供奉的女神像，以及納西族的「那帝女神」像等等，都有與女性生殖特徵攸關的膨大的乳房、肥大的臀部、碩大的腹部，甚至還有顯著的生殖器部位「特寫」……所有這些女裸偶的形象能指特徵，都聚焦在女性自然存在的生殖特徵上。

與中國一衣帶水的日本，早在十多萬年前就有人居住，當時日本群島與亞洲大陸相連接。公元前八十世紀至前三世紀，日本從舊石器時代進入新石器時代的「繩紋文化」時期，是因考古遺址發掘出的大量陶器，多具草繩樣的花紋，所以後命名為「繩紋式陶器」。這些土陶偶有乳兒之母、有勞作之婦，也有祭祀之女、巫師等形象，均為女性，都特別突出與生殖有關的女性人體「三大」特徵，那是豐滿的乳房、便便的隆腹和醒目的女性生殖器官，象徵著女性的「神祇」地位和自然存在的神秘的創造力。

應當強調的是，這些「女裸偶」分佈之廣，遍佈中國、亞細亞沿海諸國、日本群島、法蘭西、奧地利、巴爾幹半島、比利牛斯半島，

乃至北歐、甚至北非、中南美等地，其跨越幾大洲的地理存在被學界命名為「史前維納斯環帶」。儘管這一「環帶」發掘出的女裸偶出自於不同的民族、地域、國家，卻共有一個語境特徵：原始母系氏族社會；共有一個「母種」的符號語義特徵：女性生殖崇拜。儘管這些「女裸偶」有的是粘土烘焙而成的，有的是飾物上的「微雕」，有的是石雕、壁雕甚至猛獁巨象牙雕……但都因了考古科學的功績，從史前洞穴的塵封中脫穎而出，展露女始祖的特異風采，學界賦予其「共名」是史前維納斯。

有目共睹的是，這些史前維納斯並無柳眉杏眼、櫻口桃腮，也無纖手秀足、蓬鬆美髮。她們通體滾圓、五官朦朧、四肢混沌，毫無現代「感官享受」意義上的女色「美感」可言。但認真考究，其古樸的狀貌、稚拙的體態、豐厚的內蘊，尤其是不加任何贅飾、坦然相示的「三大」性特徵、呈「蛤蟆形」的「母種」體態，給人一種至真至純、至樸至拙、至豐至厚的獨特社會審美效應。它彷彿大荒無稽中的一個渾然天成、一個返樸歸真的未鑿之靈，蘊含著無法言喻的、震撼心靈的女性「自然存在」的社會功能價值。

「天地之大德曰生」。作為原始社會語境中的特殊造物，鼓脹著生殖特徵的全裸女偶被昇華成一種特殊的「母種符號」，受到神聖崇拜。時至今日，透過貌似粗陋的外表，人們彷彿感受到女裸偶強勁躍動的脈搏和鼓脹著勃勃生機的生命律動，傳遞著遙遠的「第四冰河期」人類生命創造的信息與性別和諧的最初韻律。與其說它們是埋在土裡的化石，不如說它們是埋在人心中的偶像，故被溢美為「史前維納斯」。

目前，從考古發現的史前文化遺址中，已發掘出百多具舊石器——新石器時期的女裸偶，至使不同種族、地域的眾多史前維納斯連

成一系群體，形成「維納斯環帶」。可以毫不誇張地說，那是人類開天闢地創造自身和社會的「生命圈」。更令人深思的是，這些體現原始性別和諧特殊社會審美意蘊的女裸偶不僅榮膺「史前維納斯」的美神桂冠，而且至今風韻猶存，風光尤盛，甚至在現代社會「返老還童」，獲得全新的審美詮釋。請看乘坐現代高級轎車的奧尼盧酋長在尼日利亞首都拉各斯維多利亞興建了一座現代宮殿，正門最顯貴的地位上安放著乳房碩大的女裸雕像；非洲撒哈拉大沙漠中心地帶的「圖阿累格人」，至今確認「三大」特徵的肥圓女人為美；現代派大師的繪畫、雕塑中，具有「三大」特徵的「史前維納斯」也頻頻再現信息時代……這些有生命的、無生命的古代、現代仿古維納斯，體現了對女始祖「內在自然存在」——生殖崇拜的超時空社會影響，彰顯著男女兩性原始性別和諧的社會創造功能價值。

母系氏族社會的原始性別和諧不僅表現在男人和女人的關係上，還表現在人與自然的關係上。其特色是將男性對女性的崇拜與對自然的崇拜融為一體。

生物學常識告訴我們，在地球上五百多萬種生屬動植構成的龐大生物圈中，人被稱為「萬物之靈」，而在人類肇始階段，女性至少比男性早成熟五千多年。所以女性為人類社會的首創者、先導者，必然是不爭的事實。索福克勒斯早有明鑒：「自然界中有許多奇異的力量，可是沒有比人更強大的。」在母系氏族社會，確切的說法是：沒有比女人更強大——更令人尊崇敬畏的了。於是，女性成了至高無尚者——高就高在她的創造本質，她那開闢鴻蒙，開創人類自身和人類社會的主體價值。

很顯然，女性的創造本質得到整個社會、特別是男性的由衷認同和特別推崇，是原始性別和諧延續幾十萬年的重要原因之一。在原始

先民山朦朧、水朦朧的懵懂意識中，將對太陽、土地、大海……由衷敬畏的自然崇拜，九九歸一為「女性崇拜」，實為對女人的崇拜。於是大海、土地、太陽……這些與人類生存發展息息相關的自然形象，一一被擬化為女性崇拜的象徵物，從而使大海、土地、太陽……成為女性崇拜「外在自然存在物」的代碼「sign」。而連結女性內在自然存在和外在自然存在的能指符號，當首推為「蛇」，這說來話長。

如眾所知，生命起源於大海。由「水生命」到「陸地生命」乃至最終衍進成人，是人類生命進化之常識。原始農耕時期，土地是人（也是生物）的命根；水是人類（也是生物）的生命之源。蛇那水陸兩棲特徵使它成為人類與大海相連的紐帶；蛇又是土地及其生產能力的象徵。作為繁殖、收穫的意象能指符號，蛇身的黑褐、赭色、茶色，代表土地；青綠色代表植物、黃橙色代表成熟的糧食，果實……總之，蛇的「符號能指」集地母的創造功能價值於一身，是抽象的地母神「具相」為女性柔軟體態特徵的「中介」符號。

如果說「女裸偶」最初是女性「內在自然」崇拜的符號的話，那麼蛇的「中介」作用擴展成了女性「外在自然」崇拜的「具相」能指符號。

「認識源於實踐」。在原始初民外在自然活動中，親眼目睹蛇類家族種類之繁多。它們小到寸尺、大到龐然巨蟒，盤踞或蜿蜒在平原、山地、丘陵、江河、湖泊、海洋、淺灘、深潭，它們陸居、樹居、穴居、水居皆能，且蜿蜒盤纏、游曳有餘。總之，凡人類目力所及之處，它們無所不在；人之目力不及之處，它們神出鬼沒，防不勝防，悄無聲息，吮血奪命；它們或卵生或卵胎生的巨大繁殖能力……都使草昧初開的原始人產生驚悸、敬畏之感。於是蛇由「中介」上升為具有女性特徵的「聖物」，成為早期人類普遍性認知特徵。

　　首先看生發於黃河、黃土地上的遠古華夏文明，一直把蛇作為「水的意象」符號，曾為早期黃土文化須臾不可或缺的「聖物」，並與女始祖創造本性脈脈相通、息息相連。《韓非子‧土過》篇中的「騰蛇伏地」說，就將蛇與「地母」始祖連在了一起。筆者在《女性人才論稿》（江蘇人民出版社，1990年）中曾從文字學、語義學和女性文化學角度，論及上古時代圖騰崇拜中的「鱷魚女神」與古代神話中人面蛇身的「女媧始祖」的同質共系因由──因為鱷魚女神和女媧始祖，也是由水陸兩棲的蛇作為「中介」連成一系的。對女始祖的自然崇拜，也正是由蛇牽引出來的。

　　再看古印度，在三億多神祇龐大的「神」的譜系中，這個一直苦於乾旱的民族特別崇拜的銀河女神、瑪夏那女神、濕婆大神等，都是以對「蛇」的崇拜為象徵物的。而「吉祥天女神」乾脆被說成是「蟒蛇攪乳海」誕生的。可見在印度古文明中，同樣存在著蛇的「中介」符號的能指作用，乃至成為女始祖神外在自然存在的化身。

　　在古希臘，蛇是土地的象徵，是海洋文化休養生息繁殖的「具相能指」，是連結農耕文化和海洋文化的橋樑和紐帶。後來又上升為智慧的象徵。

　　古代埃及也以「蛇」為聖物，為女始祖神。鼎鼎大名的埃及女王克列奧佩特拉，就被說成是最大聖物──尼羅河花蛇的化身。鐵證如山的古老的「金字塔銘文」曾以「造物主」自詡的口吻這樣推崇蛇（女始祖神）的：「我出自浩浩巨浸所匯成之太古洪流，萬物萬匯之性情皆稟自我透迤盤虯；天書之恢恢，古今均由我執筆記錄……」她到底記錄些什麼呢？

　　她記錄並以此昭告後世，在史前社會語境中，女性元祖內在自然存在的「人化」表徵──女裸偶等、外在自然存在的「化人」表

徵——蛇等自然存在物，它們「符號」特徵的語義內涵，便是女性崇拜。女性的至尊至聖地位源於她的創造本質：她那開闢鴻蒙，開創人類自身和人類社會的主體能動作用，首先表現在人類自身的創造上。人的內在自然創造本性——「人類自身的創造」，無疑是原始性別和諧、社會發展的第一「要義」。

很顯然，生殖崇拜緣於原始先民的性蒙昧意識，其實質是女始祖崇拜的原始性別和諧語義，推敬女性是人類童年——黎明的太陽，是代表一切生命美質的原母（Vrmnttey）。但對原始初民來說，「原母」實在是個抽象得無法思議的概念。在他們的蒙昧意識中，真正創造著生物原生質的天上的太陽，才是具體而又神聖不可及的感知物。生活實踐的感性認識告訴他們：「沒有太陽就沒有生命」；生活的常識同時又告訴他們：「沒有母親便沒有生命」。我們的遠祖實在夠聰明的，竟然會活用「等於第三個量（生命）的兩個量（太陽、母親）相等」的數理邏輯定律。於是「女人是太陽」的原始真理得到了原始社會的認同。難怪日出東方的華夏古文明中，將太陽稱作「東母」。

但是，社會實踐曉諭原始先民，天上的太陽雖然神聖，卻遠在天邊，可望不可及；日出日落，任其自然，不以人的意志為轉移。地上的太陽——女人，卻近在身邊，時時可感受到她的溫馨和創造成果。於是，原始人把一切生的欲求、愛的朦朧，創造的渴望……都賦予了至尊至聖的女性。在他們的意念中：

其一，作為自然存在，女性是「自然界」。作為自然存在的天驕，女人是生命之源。這個認識與「人類最早起源於大海」的生命演進信息攸關，也體現了人與自然的原始和諧。直接的來源卻是生殖崇拜——自以為是的原始妊娠科學：女性象海洋，她那充滿羊水的子宮是溫馨、靜謐的安全島——孕育生命的天然搖籃；她的胎盤、臍帶，

是維繫滋養生命的天然營養基。女性是大海。

其二，作為社會存在，女性是與自然界相對應的社會存在之母。她們不僅是開天闢地、再造乾坤的人類社會創造者，還是最神聖的創造──人的再生產──「萬物之靈」的創造者。一個新生兒大約是兩萬億個細胞的聚合體[1]。孕育其生命原生質的母液、滋養細胞核的乳漿、繁衍新生兒的生命營養基……全由母體供給，最終實現自然人──社會人的創造。女性是地母、是土地。

其三，作為精神存在，女性是神聖者。生命在她的體內孕育、萬物之靈在她哺育下成長，與原始人生息繁殖息息相關的動植物在她手下繁衍，整個世界普照著女性的神聖光華，她是與太陽一樣的恒星。這種原始意念把女性自然存在的「內在自然」（生殖崇拜）與客觀世界的「外在自然」（太陽崇拜）水乳交融在一起了。在人與自然的原始和諧中，體現了原始性別和諧的偉大創造力。女性是太陽。

以上「三合一」為原始性別和諧的女性崇拜要義。其語境範疇主要指原始母系氏族社會，其語義內涵是「女性主體」特徵。究其「視界取向」，是立足於母系氏族社會原始共有經濟基礎之上的、以女始祖為代表的（男女兩性共同創造的）、體現女性主體特徵的原始性別和諧。它的結構圖式主要是女性自然存在、社會存在、精神存在三個層面，相交互滲、逐層上升、動態組合的「金三角」結構形態。其中女性社會存在居中。它上端是女性精神存在；底層，或曰底座，是立足於原始共有經濟基礎之上的女性自然存在層面，合構為原始性別和諧的「金三角」結構。其「結構重心」正是人的主體價值。

總之，實踐是檢驗真理的標準。不同民族、不同地域的原始先民，在自己生成、發展的社會實踐中對女性生殖優勢產生了一致的原始共識，產生相同的認知特徵，即把女人當成女神崇拜。不僅古代

中國、古希臘、古印度、古埃及四大文明古國，在古巴比倫和整個近東神話中，亦如此。如今，每個現代人都知道，人類是男女兩性共同的造物、缺一不可（單性繁殖的試管嬰兒和「複製人」除外）。問題在於：究竟是先有男還是先有女？《聖經》就說先有男人，再用男人的一根肋骨造女人……畢德哥拉斯認為人是男性的精子變成的……人類社會直到十九世紀才承認比精子大八千四百倍的卵子的存在，這是後話。

　　事實是，在「人之初」的原始狩獵階段，男性是一往無前的追獵（動物）者，久而久之，固定眼界視角為三十度，而女性身兼生養哺育後代、飼養動物、採集種植、管理族群吃、住的多種角色，可謂眼觀六路耳聽八方，所以進化成固定眼界視角一百八十度，是男性的六倍，比男人早成熟五千年左右。誰先誰後，事實勝於雄辯。最有力的「雄辯」是物種起源的科學進化論和「DNA基因論」。如果說達爾文的生物進化論實現了物種起源的「宏觀概括」的話，那麼現代基因派完成了人類起源的「微觀測定」，確立了人類起源於一個「女始祖說」。

　　作為科學社會學最重要成果之一，二十世紀以來，基因派為確立「女始祖說」進行了艱苦卓絕的工作。最先是美國化學家萊文發現「DNA」基因首建奇功。到四十年代，另一位美國化學家艾弗裡已從理論上確認作為遺傳基因的DAN是生命之源。二十世紀中葉，英國X射線衍射結晶專家弗蘭克斯確證了「DNA」螺旋形、多股鏈的結構形態。不久，美國生化學家華生和英國物理學家克裡克，已設計出「雙螺旋結構」的DNA分子模型……顯然這是個跨國共事共識的科學研究，而美國「現代基因派」最終確立了權威性的科學結論。

　　以威爾遜先生為首的美國現代基因派從「分子生物學」入手，對基因和變異進行了突破性研究。在實際操作過程中，他們把不同國

別、民族、人種的五十名產婦的胎盤，統統放進高功率的「攪拌式離心器」中進行分離，並放入「染色螢光劑」加快粉碎，從中取得純淨的DNA基因──線粒體基因。這基因有兩個突出的特徵：①絕對普遍性特徵：「DNA」是人人必備的基因；②相對獨立性特徵：「DNA」只通過母體遺傳。這個特徵對於確定人類生殖繁衍「女始祖」說，具有決定性意義。二十世紀七十年代，科學家們借助「概率論」進行邏輯分析、確證，因為這個人人必備的基因只能由其母遺傳。所以得出的必然結論是：①「人類源於一個女始祖」的概率是一；②「源於一個男始祖」的概率是零。

歷經反覆試驗、面對客觀存在的事實和數理邏輯法則論證的結果，威爾遜先生終於自豪地向全世界宣佈：人類「源於一個婦女，這是概率法則的必然結果。」哈佛大學的基因派學者斯蒂芬・傑・戈先生也興奮地強調這一結論的正確性：「我願意為它與每一位打賭……」：夏娃──人類生命之源，並非神話而是科學結論、是事實。為此，「DNA」研究榮膺了著名的「麥克阿瑟天才獎」。如果說單性繁殖的試管嬰兒和二十一世紀的「複製人」可視為例外的話，至少目前，「DNA基因說」概括了人類生殖科學的普遍性規律。

從科學社會學角度看，這個千呼萬喚始出來的「DNA」直接提純於基因派的「攪拌式離心器」，實際上，它確證的是人類社會實踐大熔爐億萬斯年熔鑄的認識結晶。儘管人類的祖先並不曉得什麼基因、概率……但親歷和親見的諸多自然、社會現象，尤其女性在的生殖活動以及其它社會活動中的「存在優勢」，使人類逐漸悟出趨近事物本質的「價值判斷和社會認同」：夏娃──生命之源；亞當──被造者（「亞當」的古希伯來語意為「被造者」）。難怪古斯巴達女王聲稱：「女人把男人給了這世界」；孫中山先生曾慨歎：「男人在女

人面前永遠是孩子」……此類說法雖然不無「絕對化」之嫌，但也滲透著幾分「人類起源」的認知真諦。

　　時至二十一世紀，基因派的「夏娃女始祖說」依然無懈可擊。也許將來會有一種更新的學說取代它，我們並不否認這種「或然性」的存在。但現在，至少是在目前，面對概率法則，我們應當承認已經確證了的科學真理。它確證原初女性生殖崇拜是以女性生殖特點為核心，她的生殖本能為磁力線，生殖優勢的原始奧秘為磁場，形成的女性內在「自然存在優勢」的生殖魔力——引力圈。它連結外在自然存在、社會存在、精神存在，吸附了早期人類活動的幾乎全部內容，成為原始社會人類再生產和生活資料生產的運作軸心，甚至成為早期人類其他一切自然活動、社會活動乃至原始審美活動的必然前提。從「生物物理學」上升到人類生殖文化角度看，這是生殖熱能產生生命的熱流合乎自然規律的運動，成為人類性別和合產生的「熱學動力」，推演出原始性別和諧社會創造本質的「熱學定律」，實為人類社會生命科學的真理。

　　「天地之大德曰生」。從人類社會發展史角度看，人類生命科學的「女始祖說」堪稱人類社會生命「熱能」轉化為社會發展「動能」的「第一定律」，可謂「天經地義」。那就是以女裸偶為唯物鐵證，以DNA為科學真理確證的「夏娃女始祖說」，即因為有人、首先是女人，才有人類社會——女性是人類之母，從而也是人類社會之母。筆者將其定名為「3S定律」。表面看來，「3S」代表女裸偶三大曲線形體特徵，但是探研其深層次語義內涵：1S：「SUN」（太陽）；2S：SEA（海洋）；3S：SEX（性）；三合一為「3S定律」，堪稱「人類社會學第一定律」。它昭示立足於原始共有社會經濟基礎上的母系氏族社會的原始形態和本質特徵，那就是人與人（特別是男人與女

人）、人與自然乃至人與社會的原始和諧特徵。

總之，借助女裸偶「母種」符號的社會譯碼作用，我們解析了「女性生殖崇拜」原始性別和諧的社會語義特徵，也就確立了「人類社會學的第一定律」。從哲學社會學角度看，它不是「性膨脹」的「唯性史觀」，恰恰是最早的唯物史觀，是母系氏族社會「政治經濟學」的核心，是原始性別和諧的「DNA」基因。如是，人類社會性別關係的邃古之謎：古埃及法老「圖特摩斯三世」手中最神秘的「生命結」，古希臘最難解的「俄狄浦斯戀母情結」，還有古秘魯那永遠解不開的「戈迪烏斯繩結」……在「DNA基因」面前、在「女始祖說」面前、在一切人之母──「基因科學中的夏娃」面前，全都迎刃而解了。就此而論，「DNA」成了女性社會主體價值自然存在的科學能指符號，而女裸偶們則是女性原初生殖崇拜和性別和諧的第一解碼。它破解了人類社會學的第一母題：人類──生命／社會──發展「3S定律」的原始和諧社會女性本位特徵。

可以一言以蔽之，「3S定律」的精魂就是「女性＝太陽」。對此，人類社會升發出無法數計的七彩虹般的「太陽頌」絢麗華章，不勝枚舉：阿拉伯詩人安塔拉一再吟唱「女人如一輪旭日」，意大利詩人圭尼澤利、中國古代的曹植詩、特別是英國的莎士比亞還有雪萊、拜倫、普希金、萊蒙托夫、易卜生……都曾把女性比作「精神太陽」，而十九世紀的馬克思在給燕妮的詩中，形容燕妮「把太陽未能記錄的東西完善了……」二十世紀日本平塚雷鳥創辦的《青鞜》雜誌更是開宗明義：「女人，原先是太陽……」

叩問原點：「原先」所強調的社會語境：具指原始母系氏族社會，其社會語義：原始性別和諧時代，其視界特徵：女性是一輪旭日＝人類童年的太陽。這便是原始性別和諧的社會形態特徵。時光荏苒

至二十一世紀，其古風尚存。美國亞利桑那州的印第安阿帕奇族人，至今仍把女孩成年叫作「日出」，把慶祝女孩成年的慶典，叫作「日出舞盛典」。

　　回眸悠遠的邃古時代，就人類社會發展的時間向度及其承載的社會語義內涵來看，人類童年在原始和諧社會中走過了（迄今為止）人類自身99%以上的生命歷程，孕育了女性元祖「自在風流」的精神太陽；從空間向度的語境特徵和語義內涵來看，女始祖的開創性貢獻，借助形形色色的「符號」（特別是女裸偶）跨越亞、歐、非幾大洲的普遍性存在，真實具相地破譯出不同部族、不同地域民族的肇始階段，即「史前社會階段」，符號語義的社會形態特徵——女性崇拜特色的原始性別和諧社會。

| 註釋 |

1. 李蔭蓁：《細胞》，人民教育出版社，1983年，第46頁。

第四章 | 女始祖符號存在的社會語義特徵 ：原始性別和諧的社會本質內涵

> 一個種的全部特徵、種的類特徵，就在生命活動的性質。
>
> ──馬克思

　　諾貝爾獎得主克利克有個力鼎千鈞、振聾發聵的名言警句令人深思，那就是「沒有什麼科學研究對人的重要性能夠超過對人自己的研究」[1]。正因如此，自從人類誕生之日起，古今中外的哲人志士們就努力通過實踐探索、理論訴求來認知自己，求解著「我是誰？怎麼辦？向何處去？」這一關乎人類存在本質和社會發展取向的哲學社會學基本母題。

　　人類社會學正是從人的社會存在意義上揭示：人的本質就是植根於人類存在結構必然性的「人的創造」；女性的本質就是植根於女性存在結構必然性上的女性獨特的創造──女性人的社會主體性創造。在原始社會中，毫無疑義，它決定著人類自身和整個社會的存在和發展，拓展出人類原始性別和諧創造本質的社會存在內涵。這是本章的重點。

　　從人類發生學的起點來看，如前所述，我們透過女裸偶物質存在的特點及其符號語義的社會內涵，解析其人類生命「母種」的社會譯碼功能，揭示女性社會存在的本質內涵和原始社會性別和諧的真諦。由於當時尚未發明文字，所以很難見諸有文字可考的史籍，使這段本來神秘幽遠的歷史，顯得愈加撲朔迷離。但是，逝去的「存在」──

女裸偶就像冬眠的種子，「解凍復甦」（被發掘出來）後，展現「埋在土裡」的歷史真實，令人歎為觀止。

從文化社會學角度看，這些被埋在土裡的「歷史琥珀」得見天日，歸功於考古科學發掘出來的「舊石器——新石器時代」古文化遺址。在各色考古發現的出土文物中，「女裸偶」顯然並非一地一時的偶然存在。著名的英國考古學家甘布爾通過對古遺址的實地發掘和系統考證，令人信服地提出了「維納斯環帶」存在的理論。這個「環帶」經由中國、日本、印度、阿拉伯、埃及、土耳其貫串法國、德國、西班牙、奧地利、希臘、烏克蘭、俄羅斯……其社會存在語境之廣，橫亙歐、亞、非三大洲，延展至世界各地，聯成一系，蔚為大觀。

從「母種」個案典型所體現的普遍性——人的本質特徵來看，旨在其「生命活動的性質」。一般地說，人體是力量與和諧的象徵，而女偶符號存在「三大」的曲線性狀，則具有更深層的本質內涵。它鼓脹著人類內在的無限創造潛能，又是一種超越內在自然的「人類創造本質」的外在能指符號。這符號的雙重語義是，不僅宣告了有生命的「自然存在」的人的創造，還昭示著有無限創造潛能的「社會人」的出現。唯物史觀從來認為，人的創造本質體現在他的社會實踐活動中；而有生命的人的存在，則是一切活動的前提。但是，創造生命只是人的自然存在功能，鍛造生命的主體價值才是人的社會存在的本質屬性。女性人本質屬性的雙重價值，是其它任何有生命的動物所無法比擬的。

再看「社會」的原初語義內涵。漢語文字構成的「會意」特點告訴我們，「社」的古義是土神，因動植物在（地）上生長繁衍，所以土神（即「社」）又有地母、母親之意；「會」在此處是集合、彙聚

之意，故而「社會」的古意義是「母之群族」。很顯然，人的社會存在生發於原始母系氏族社會中，原始初民認識自然、鍛造自身的社會實踐──創造活動中。確切地說，應當是存在於以女性為先導的男女兩性共同的原始社會實踐──創造活動中，體現人的「社會存在」本質。而作為「一切社會關係的總和」的人，在具體社會實踐活動中，必須與自然、與人、與社會的方方面面協調發展。事實上，男女兩性原始性別和諧之蕾，確實是綻放在原始共有經濟「社會存在」的土壤中。

回眸原始人早期經濟社會活動的組織形態，主要是以女性為部族首領的人類群體活動。時值原始畜牧社會階段，原始人的自然──社會活動主要是狩獵。其自然存在、社會存在最直接的「現實聯繫」、最密切的關係對象，應該是動物。而其中最先與人類發生「親善」關係的動物，自然不是兇殘的虎豹豺狼……，而是生性較溫順且易於獵取的野羊（山羊）。這時，男性多為勇敢的追獵者。他們俘獲的活的獵物多由女性飼養、培育成家畜。事實上，原始人類最早實現由野生──俘獲──飼養成家畜的動物，正是羊（羊肉可以果腹、羊皮可以禦寒──羊成了原始人衣食之源，從而與之生命攸關）。由此，羊與原始人的社會存在，結下了不解之緣，較早成為與人類社會存在息息相關的動物。這並非僅是一國一地的特殊現象，而是具有普遍性的「社會存在」特徵。

先看古埃及。在古老的尼羅河畔、在神秘的「米茲拉伊姆（Mizraim：埃及的古稱）迷宮裡，在多如牛毛的眾神祇中，羊首人身的「羊頭神」是最受尊崇的一位。其實作為女性社會存在與外在自然和諧關係的造物，它體現了女性與外在自然、與社會的關係的基本特徵，即生態平衡的原始和諧關係和狀態。

　　古埃及社會組織形態的基本模式是女性本位社會。正如摩勒的《尼羅河與埃及文明》所記載，在古代埃及的母系氏族社會裡，女首領主管原始政務。希羅多德的《歷史》也曾記載：古埃及女主外，管理部族群體，還要養家、挑擔、上市場、作買賣……並且全都站著小便。而男人主內，坐在家裡紡織、帶小孩，用頭頂水罐……而且蹲著小便。當時所生子女，全都隨母性。這一切告訴我們，古代埃及社會，最初是與後來的男權本位社會完全顛倒的女性本位社會。

　　正是這女性本位的史前社會創造了震懾全球的古埃及文明。美國的埃及文化專家萊昂內爾·卡森盛讚古埃及史前社會中女性創造本性的特殊社會價值：「在克里特島上的米諾斯人於諾薩斯建造宮殿之前的一千年前，在以色列人追隨摩西擺脫奴隸身份之前的幾百年……當意大利半島的部落民族還在台伯河畔結草為廬的時候，埃及已經繁榮昌盛。」[2]而這一使整個世界望其項背的最偉大的史前文明，正是女性社會存在和原始性別和諧最輝煌的表徵。

　　據法國作家克里斯蒂娜·德·皮桑的《婦女城》記載[3]，是母系氏族部落首領伊西斯開創了古埃及的農耕時代。她發明並指導古埃及人種植莊稼、開闢菜園、培育果木，甚至發明果樹枝幹嫁接……她統一分散的部落為女王之後，還創立了「法律」、「法規」，使分散的埃及人根據法律原則開始了有序的生活，伊西斯女王被奉為「女神」。伊西斯的開創性貢獻不僅是「人和自然之間的現實聯繫」的和諧發展，更是「當時『個人力量』和『社會群體』和諧」、包括男人和女人性別和諧的「社會存在」的締造者。這種「現實聯繫」，這種「和諧關係」，在埃及女始祖的社會活動中，得到了充分的、健康的發展。順便說一句，《婦女城》是當今美國大學的必讀書目。

　　作為真實的社會存在典型者，當屬古埃及最早的女法老姿荷普淑

（公元前1503－公元前1482年執政）。她統一埃及後執政二十多年，生民樂業、國家昌盛，較之後來的幾位男法老，政績十分卓著。但是，埃及正史硬是把這位女法老連同她的政治才幹、社會功勳一筆勾銷，埋進歷史沉積層，充當後來登基的男法老的墊腳石，免得留在史冊中反襯出男法老的無能。所以，被葬入遺忘逝川的姿荷普淑女皇的大名，至今鮮為人知。是後來的文明社會性別對立使之然也。

再看迦太基女王狄多。狄多原名艾莉薩，是菲尼基國王貝呂的女兒。貝呂臨死之前把王位傳給了兒子皮格馬里昂，將艾莉薩嫁給了富可敵國的敘卡烏斯公爵。但是艾莉薩的親兄弟圖財害命，殘酷地謀殺了她的丈夫，並準備謀殺艾莉薩以佔有財產。在這命懸一線的危難時刻，悲憤交集的艾莉薩公主巧用「金蟬脫殼」計保住了財產，率眾流亡海上，歷盡千難萬險登陸非洲。作為「腳下無半寸立足之地」的外來逃亡者，何處是艾莉薩的安身立命之所呢？

智勇雙全、才華蓋世的艾莉薩先是誇讚此地如何人傑地靈，自己是慕名而來，請求原地主賣給她海邊一塊牛皮大的土地暫且安身等等。一俟買賣協議商定，艾莉薩拿出一張最大的牛皮，將它剪成盡可能細的長條連成一條長帶子，沿著港口的海岸線鋪展開來向陸地深處圈佔，一片大得驚人的非洲土地沒用三兩個小錢，轉眼成了「外來妹」艾莉薩公主的合法領地。她親自設計並帶領工匠在此建築了一座異常美麗堅固龐大的城市「卡爾特哈格施特」（「新城市」之意）。其塔樓和城堡稱之曰「百薩」（「牛皮」的意思），「新城市」被命名為迦太基。人們尊崇艾莉薩死裡求生的勇氣、無中創有的才幹和無所不能的聰明才智，擁戴她為女王。

艾莉薩劈荊斬棘、死裡逃生，足智多謀、定鼎迦太基，只是「萬里長征」的第一步。緊接著是組織民眾休養生息、繁榮經濟、創造新

生活。她最早創建了法律、法規，有效地管理自己的臣民，顯示了多方面的才能。她治下的臣民十分崇拜她，萬眾公推她為「狄多」（拉丁語為Virago），意思是：「擁有男人的力量和魄力的女子」。至此，艾莉薩公主成了萬眾頂禮膜拜的「狄多女王」，體現了女始祖社會存在的創造本質。

創建迦太基的社會使命完成了，但狄多的故事並未結束。話說歷時十年，掃穴犁庭、流血飄櫓的「特洛亞之戰」終於結束了。戰敗的特洛亞王子之一埃溫阿斯死裡逃生如喪家之犬，跨海飄零至非洲。善良多情的狄多女王使他絕處逢生，並給他以國賓的待遇。無能自救的埃溫阿斯從此「樂不思蜀」。女王給了他新的生命、新的生活、王子的尊嚴和神聖的愛情。好了傷疤忘了疼的埃溫阿斯恩將仇報背叛了女王。羅馬詩人維吉爾的《埃溫阿斯》、貝克爾的《狄多之死》都一唱三歎地再現了女王的悲慘結局：狄多，這個「擁有男人力量和能力」的女王，沒有成為自己親兄弟的刀下之鬼，最終還是成為自己最親愛的男人劍下的冤魂。時值母系氏族社會向父系氏族社會轉化時代，狄多的悲劇實屬歷史必然的社會性別悲劇。

再看如詩似畫的古巴比倫和它那亦人亦神的示巴女王。在幼發拉底河和底格裡斯河流域的美索不達米亞平原上，距今五千多年前，神話般地崛起了巴比倫城（位於現伊拉克巴格達南部，曾為古巴比倫王國和新巴比倫王國的首都）。邁進這「神之門」（「巴比倫」在阿卡德語中意為「神之門」），那恍如仙山瓊閣的巴比倫空中花園（又稱「懸苑」）、那與神靈對話的「巴別——通天塔」和創建它們的女主人示巴女王一樣，令人魂牽夢縈……

十九世紀美索不達米亞的考古專家們成功地發掘出巴比倫等神殿般的古城遺址，還有刻滿楔形文字的泥版。用科學檢索的方法解讀泥

版的楔形文字，喬治·史密斯和詹姆士·普里查德成功地破譯了「楔形文字」這古巴倫時代的社會解碼。其中有一幾乎完整的巴比倫「創世故事」的長詩。詩的整體構架、事件發展和情節內容均與《聖經·創世紀》相似，但「主體」不同。在後的《聖經》突出男性上帝「創世紀」，在前的楔形泥板記載了女性「創世紀」的社會史實。是示巴女王及其社會創造本質的唯物鐵證。

　　無獨有偶，另據古巴比倫廢墟挖掘出來的考古文獻記載，在美索不達米亞「蘇麥爾人」的神話傳說中有這樣的內容：恩基神的肋骨疼痛不止，百治無效，只好請最高明的女神寧姬來治病。寧姬妙手回春，使垂死的男神獲得新生。在古蘇麥爾語中，「寧姬」引伸意義為「賦予生命的女人」。與之有異曲同工之妙的是，「夏娃」在希伯來文中是「生命之源」的意思。二者表述同一「語義」——都在強調女性「社會存在」的主體地位和作用，事實如此，不容偷天換日。

　　再看古羅馬的締造者，妮科斯拉塔公主，她確立了拉丁文的字母和語法，創立了拼寫規則和完整的語言文字，成為羅馬城和羅馬文化的創始人。意大利稱她為卡芒提斯，在拉丁語中，詩歌被稱作「卡芒」（carmen），就源於卡芒提斯的名字。而羅馬城的一個城門至今仍被稱為「卡芒塔利斯（carmentalis），正是為了紀念古羅馬文化的創造者妮科斯拉塔——卡芒提斯公主。「卡芒塔利斯」之門，堪稱女性社會主體價值的不朽豐碑。

　　不僅古羅馬，整個古歐羅巴，在母系氏族社會狩獵向農耕階段過渡時期，西西里女王克瑞斯被奉為「穀神」。她第一個發明了耕種技藝和耕作器具；她還發明了犁，教臣民馴服公牛，戴上牛軛，向臣民演示用牛拉犁耕地、播種乃至穀物成熟後收割、篩選、研磨成粉加上各種配料製作麵包；她最早在西西里發明造屋，使西西里先民擺脫林

居、穴居，在土地上定居，直至發展為城邦，克瑞斯女王開創性的貢獻，也是女性「社會存在」創造本質的實證。

不僅歐洲，亞洲的島國日本，在其社會史發端階段，女性的主體地位也十分顯著。當代一些著名學者曾論定，在伊奘諾尊、伊奘冉尊創造的日本神話中，對女性推崇備至的特點，可為此說之佐證。另外，整個大和民族對最初為女性的「天照大神」極端崇拜，形成至今萬眾頂禮膜拜的民族傳統「之最」，也可略窺一斑（「天照大神」由女性變成男性神，是後來的男權觀念使然）。

日本著名文化社會學家家永三郎先生在他的《日本文化史》中曾論證，日本新石器時代出土的具有繩紋圖案的文物，包括「裸女土偶」，誇張地表現了與生殖有關的女性形體特徵，表達對女性承擔生命再生產的能力的敬畏之情。由此決定了她們在社會組織、生產中的地位、作用和影響之大。到了金石器並用的農耕時期，在以稻作為主的日本，女性自身的生產條件優於男性，在物質生產、經濟生活中占主要地位，所以女性社會崇拜更甚，女性本位社會存在特徵的原初歷史烙印更深。

在諸多個案實例中，我們重點探討古希臘女性社會存在的創造本質，更具典型意義。

從文化社會學角度看，史前希臘文化即為「愛琴文化」（包括克里特文化和邁錫尼文化）。對希臘史前社會的研究，以往，人們大都求助於「俄林卑斯仙山迷霧」和「愛琴海的驚濤駭浪」。他們孕育、滋養出撲朔迷離的古希臘神話和閃著刀光劍影的《荷馬史詩》：流血飄杵的《伊里亞特》和劈風斬浪的《奧德賽》。因為自馬克思以來的歷史唯物主義者，都確信它們是希臘文化的土壤、武庫；是歐洲乃至西方社會文化的源頭。這也是「言必稱希臘」的理由。而如今，考古

研究成果的實證，使「神話源頭」的特殊社會語境（母系氏族社會）中的特殊社會語義特徵──「女性社會本位特徵」的理論得到了科學的歷史確證。

其中最有說服力的是阿瑟‧伊文斯的考古研究。他成功地發掘出「克里特」遺址，可為佐證。除卻至今仍未破譯的線形文字泥版外，最具代表性的就是大量的「米諾斯的建築」如前所述。另外，在許多出土的壁畫、瓶畫上，大量出現「女郎抓住奮力奔跑的野牛之角」的亢奮場面；在瓦普赫諾發掘出來的「瓦普赫諾金杯」杯面雕飾上，拼命抱住牛角、俘獲野牛的也是一女性。伊文斯的研究指明，這牛不是作為男性崇拜的象徵，而只是「供奉女神的獻祭之物」。「獻祭之角」實物標本的出土，讓代表男性蠻力和野性的雄牛受縛於女性之手，並跪伏於女性雙膝之下，成為女性的獻祭──諸如此類考古發掘出土文物的基本主題，顯然是突出原始狩獵時期的「女鬥牛士」──母系氏族首領降伏雄牛的「颯爽英姿」，可謂女性崇拜的原始社會圖解。

總之，「克里特遺址」考古實物的發掘，撩開了罩在神話表面上撲朔迷離的面紗，露出了包裹著的社會物質實體，成為女性本位「社會存在」的確鑿證據，也是遠古女性創造本質的社會實證。及至父權崛起的邁錫尼文化興盛時代，克里特文化衰落。見諸《荷馬史詩》中的《伊里亞特》、《奧德賽》所頌揚的就是邁錫尼時代的英雄業績。海因利希‧施里曼博士在其考古研究中，驚人地發掘出「邁錫尼文化」的一個古城遺址。這個龐大的古城堡（遺址）有一個巨型的方正大門，門上傲然雄踞著兩隻大石獅（注意：獅子在古希臘是母性的象徵），支撐著古城堡上方的中心柱石。這石獅不獨是人類，而且被尊為世界上一切生命之源。我們知道，雖然邁錫尼文化比克里特文化晚

一千多年，但克里特文化中的「女性崇拜」在邁錫尼文化中「古風猶存」，彰顯女始祖曾經創世紀的社會功勳。

由於母系氏族社會發端於沒有文字記載的邃古時代，女部族首領們的開創性貢獻大多淹沒在時間的長河裡無從稽考，只好借助考古發現和口口相傳的神話傳說去分析判斷。這是許許多多女部族首領們，也有許多勞動婦女，和男性群體共同創造的人類童年時代的社會英雄史詩。但有幸能留下真名實績、傳諸後世典籍者，鳳毛麟角，更顯彌足珍貴。

在現存的古希臘社會史典籍中，最直接體現女性創造本質「社會存在」的真實歷史人物，就是姓帕拉斯、名密涅瓦的希臘少女，她被尊為古希臘文明的創始人。

據史實記載，作為原始部族首領的密涅瓦，開創原始母系氏族農耕經濟時代。她首創用植物果實種子培植出各種農作物和棕櫚油。她第一個剪下羊毛，創造了紡錘梳毛、繞杆紡織技法、圖案設計，直至紡織為成品的全部製作工序。她發明了手推車、馬車、馬具的製造和使用。她還發明了進攻的武器和防衛的盾牌，是第一個發明使用進攻防衛武器者。她還統帥男兵，並訓練戰士如何排兵佈陣、組織隊列進行戰鬥等。她最早組織騎馬戰鬥，被奉為武器之神和騎士之神，甚至被奉為「智慧女神」。後來，智慧女神身著盔甲、手持盾牌和劍的形象，正是以密涅瓦為原型的。

密涅瓦在社會文化領域的開創性貢獻也是巨大的。她還發明了希臘文的速寫方法；發明了數字和快速計算法；第一個發明了豎笛、橫笛、器樂和喇叭⋯⋯被譽為文字、數學、音樂、藝術和知識女神。總之，其文韜武略蓋世才華，堪稱遠古人類當之無愧的社會文化巨人。密涅瓦去世後，人們在雅典給她建了神廟，奉她為智慧女神。其社會

真身是母系氏族社會的部落首領。請看米隆的《雅典娜》塑造了一個赤足的清純少女形象。她那充溢著青春活力的身姿，飽貯著女性人的創造潛能。作為智慧女神雅典娜的社會原型之一。密涅瓦彰顯的是女性社會存在的創造本質。

智慧女神的另一社會存在典型就是古希臘的真實歷史人物阿斯帕西亞。

阿斯帕西亞出身平凡，長於古希臘原始社會向奴隸製社會轉折、女性崇拜已現衰落、父權興起時期。最初在雅典的酒館裡做「女招待」。因其品貌端莊、才華出眾，機敏善辯，很快蜚聲雅典，被當時的最高政治、軍事首腦伯利克里納為寵姿，極受寵愛。不久，伯利克里為她與正妻離婚。才識過人、文韜武略冠蓋鬚眉的阿斯帕西亞，開始以第一夫人身份參與家政、國事，彰顯其運籌幃幄、決策千里之外的非凡才幹。從古希臘奴隸主民主制確立初期的政治、經濟、文化諸多方面的社會變革來看，就某種特殊意義來講，阿斯帕西亞參與決策並推進了人類社會的首次改革「梭論改革」和古希臘奴隸主民主制的確立，對於肇建「伯利克里斯黃金時代」貢獻卓著。

在社會文化建設方面，阿斯巴西亞堪稱古典希臘「文化沙龍」中的女王。她培養了許多智者、辯才，其中包括蜚聲世界的哲學泰斗，最有智慧和辯才的古希臘社會精英蘇格拉底。他經常和古希臘著名哲學家普羅塔哥拉、普羅第柯等智者、名流辯論哲學問題。深黯個中隱祕的普羅塔哥拉十分推崇阿斯帕西亞的能言善辯，他直言蘇格拉底的哲學辯才是受業於阿斯帕西亞。事實上，是阿斯帕西亞培養、教誨了蘇格拉底等一大批莘莘學子的哲思和辯才，她是智者之師、之母，是活的智慧女神。

再從軍事外交文化的組織管理和創新來看，阿斯巴西亞在內政

外交的殺伐決斷、縱橫捭闔中，建立了卓越功勳。據史書記載，古希臘史上最著名的「伯羅奔尼撒戰爭」、遠征薩摩島的行動，都是阿斯帕西亞決策實施，並一再出謀劃策、推進戰爭的。據柏拉圖說，伯利克裡那篇流芳百世的追悼「伯羅奔尼撒戰爭」死難烈士的演說稿，其實是阿斯帕西亞寫的，足見其文韜武略，確為尋常男人所不及。歷史如此，阿斯帕西亞以其全智多能的女性開創性功勳，為肇建古希臘奴隸主民主制社會政治、經濟、軍事、文化繁榮，為「伯利克里黃金盛世」做出了巨大的貢獻，享有巨大的社會聲譽，並飲譽千載。

　　奴隸主民主制確立後伯利克里過世。在當時女性地位極低的雅典，阿斯帕西亞憑藉自己的才智，依然發揮著對希臘社會經濟、政治、軍事、文化生活的重大影響。她的形象被古希臘著名雕刻家菲狄亞斯塑為黃金的聖像，供奉於舉世聞名的雅典娜神廟的正殿之上，這就是萬眾頂禮膜拜了兩千多年的智慧女神像──她的形象外貌以阿斯帕西亞為模特兒，內涵實質取材於真實的歷史人物，其社會真身正是阿斯帕西亞，還有更早的密涅瓦。她們以智慧女神之共名，彰顯著女性社會存在的創造本質。

　　馬克思曾盛讚古希臘是人類「最正常的童年」時代，「是不可迄及的」……正因密涅瓦等女性社會精英開創的人類早期女性崇拜社會存在，體現了人與人、人與社會、人與自然原始和諧的「現實聯繫」和「實際關係」。表現在古希臘神話中，聚焦原始狩獵時期女部族首領創造本質精魂的最早女神形象，正是「狩獵女神」。半人半畜的畜牧之神「潘」，則是人面人身、羊角羊腿羊蹄羊尾的羊人合一形象。希臘文化「酒神精神」（悲劇精神）的起點就是「山羊歌」。男性主神宙斯，是母羊餵大的，隱喻羊的「神祖」地位。但在《聖經》中，耶穌多次自稱是「牧羊人」（《聖經・約翰福音》裡，主說：「我是

好牧人」；後來的神職人員稱「牧師」），而作為信徒的芸芸眾生，則是羔羊。儘管「羊」的地位被倒置，但「羊」與古希臘社會血肉相連的關係沒變。

這種人與自然、社會間的「現實聯繫」、「實際關係」我中有你、你中有我的原始性別和諧特徵在華夏女始祖的社會存在活動中，也表現得十分突出。

從距今一百七十萬年前舊石器時代的「元謀猿人」開始，我們的祖先大致經歷了「猿人」－「古人」－「新人」三部曲的「人化」發展階段，而這裡所謂的「新人」是以「北京猿人」為典型代表。儘管他們的頭蓋骨、腦容量與猿類相近，但他們的體質及形體結構形態與華夏子民基本相同，所以又叫「中國猿人」。從社會語境來看，這時期的華夏先祖已經進入舊石器時代；從社會組織的結構來看，正是以血緣關係為紐帶的原始氏族部落時期，具體而言，是母系氏族部落形成、發展階段。從舊石器時代到新石器時代的進化，母系氏族社會的原始初民歷經大約數百萬年的櫛風沐雨、戰天鬥地的艱苦卓絕的拼搏，開啟了華夏民族社會存在鴻篇巨製的第一篇章──女性本位的原始和諧社會。

華夏民族的「人之初」時代，被譽為「早熟的童年」。迄今為止，考古發掘面世的七千多處舊石器──新石器時代古文化遺址，充分證明華夏古文明在其起點上的「女性本位」特徵。以史實為依據，最早的河洛地區古羌人文化，體現了原始畜牧經濟時期的部族社會向農耕經濟轉化時期（大約相當於舊石器時代及其向新石器時代過渡階段）女性本位社會特徵。眾所周知的仰韶文化半坡村、姜寨遺址，代表了最典型的母系氏族社會女性本位特徵。而在其後的「大汶口文化」，則體現了母系氏族向父系氏族社會轉化的歷史特徵。這一歷史

轉化由女性本位的母系氏族社會逐漸過渡到男權本位的父系氏族社會，實現了人類社會的重要歷史跨越，體現了人類社會合規律的歷史變革。

馬克思主義從來認為：要按照事物的本來面目及其產生的根源去理解事物。對原始蒙昧到草昧初開時期人類社會存在的探求，也必須按其本來的面貌、究其產生的根源，深入考察其變革的實質，以期正確結論之。有一學者曾斷言：「從大汶口陶器可以看到中國古代文化的黎明。」我們對此說不敢苟同。因為「大汶口文化」可視為父系氏族發端的標誌。在前的古羌人文化、仰韶小米文化、姜寨遺址等母系氏族文化，才是華夏古文明的肇始階段。若以「大汶口文化」為發端，不僅將原始母系氏族社會一筆勾銷，也將華夏民族的社會發祥史，後置了何止幾十萬年。所以不敢苟同。

從人類社會學角度分析、求解發祥於中國古代河洛地區的古羌人文化，乃至「仰韶文化」、特別是「姜寨」遺址的發掘，都是原初女性本位「社會存在」的唯物鐵證。

首先，據考古科學鑒定，最早見諸甲骨卜辭的「𦍩」，即「羌」字。它會意「戴羊頭的人」，指代中國最早的古族──羌族。她發祥於崑崙山走向區域、敦煌以西的甘肅、青海一帶，古稱「河洛地帶」（也是後來「河圖洛書」艱難玉成的搖籃）。羌族以遊牧（牧羊）為主，故俗稱「西戎牧羊人」，形成最早的母系氏族部落組織形態。其部族元祖為姜源，意謂「姜氏之源」。「姜源」後又作「姜嫄」，意謂姜氏之源是女性。

再從文化社會學漢字起源、構成的「會意」特點可解析：「羊＋人＝羌，羊＋女＝姜」體現出的漢字的語義特徵，如同「羌」會意「戴羊頭的人」，而「姜」則會意「戴羊頭的女人」。所以姜嫄之稱謂用雙重含義強調，羌族之祖、古羌族最早的部族首領是女性。其語

義內涵可用一連立等式表達,即:姜源=姜氏之源=羌族之祖=女人姜嫄;所以,「源」為「嫄」;所以,羌族之祖為女性,即最初部族女首領。

特別是考古發現的「姜寨」遺址,「唯物」無聲而雄辯地證明「戴羊頭的女人」姜嫄,即為「戴羊頭的人們」羌族的始祖,亦是母系氏族部落的最高代表。這是女性本位「社會存在」最早的歷史定位,它濃縮了中國最古老的一個部族──羌族的發祥史。

從社會存在的語境特徵來看,那是西戎牧羊人──古羌人由自然群落向部族社會發展階段「社會存在」的時空定位;就其社會存在的語義內涵來看,「姜寨」的考古實跡則蘊含著原始群體和諧、特別是人與自然(如羊)的和諧、男人與女人的性別和諧,從自然存在層次向社會存在層次延展的根由、過程和歷史真蹟。隨著時間的推移、歷史的演進、自然地理條件的變遷和部族休養生息、繁衍發展的需要,羌族逐漸移居中原內地,經過漫長的歲月,與當地人融為一體……這正是華夏先祖草昧初開時代,社會生成發展史金螺線的起點──母系氏族社會發端、發展的歷史真蹟。

在中國古代史話中,稱姜嫄為「聖處女神」。她履神跡而生「聖處女」之子為後稷(他即是神話中的穀神──父權社會以後,稱之為農耕文化的開創者)。中國古代典藉《大戴禮‧帝系》、《史記‧五帝紀》等,都記載姜嫄為后稷之母,而后稷就是周的始祖「棄」,顯然姜嫄為周始祖之始祖。如此這般,姜嫄這位古羌族始祖亦是周始祖之始祖,即為華夏元祖。《詩‧大雅‧生民》鄭重強調:「厥初生民,時維姜嫄」──白紙黑字,鐵證如山。

總之,這段客觀存在、無可爭議的史實,不僅記錄了羌族,而且濃縮了整個華夏民族的發祥史。其中雖不無神話色彩鋪金點翠,但更

主要的還是歷史真跡的純正底色。迄今為止，由舊石器時代的原始畜牧經濟發展到姜寨文化階段，已開始逐漸演進到原始農耕經濟的「仰韶小米文化」階段。主要在黃河流域，考古學家已發現五千多處新舊石器演進時代文化遺址，進一步確證華夏元初社會女性本位特徵。「厥初生民，時維姜嫄」，不僅彪炳女始祖的創世功勳，更是對原始和諧的姜嫄部族開創性貢獻的歷史肯定──羌族是炎黃子孫的始祖。

我們中華民族素稱華夏兒女、炎黃子孫，排在前面的「炎」即指炎帝「神農氏」。作為推進原始遊牧社會向原始農耕社會衍進的第一功臣，他就是姜嫄部族之後的羌人。在遊牧經濟向農耕經濟轉化進程中，羌人中的大部分由西川、甘肅移居陝西，挺進中原，進入農耕社會以後，以女始祖姜嫄之「姜」為族姓，在千百年間的生息繁衍中，主要與黃帝麾下的姬姓部族融合、通婚。姜、姬兩部族眾男女之後代就是所謂的炎黃子孫，也正是如今漢族的先祖。到農耕經濟鼎盛時代，則稱華夏民族，其主體是漢族。這就是「厥初生民」，「時維」也是「實為」姜嫄的歷史內涵體現的社會創造本質。

還有一小部分羌民移至西川生根發芽，是為當今羌族，治水的大禹也是羌人……直至1949年中華人民共和國成立才確定羌族為五十六個民族大家庭中的一個成員。儘管人數不過三十多萬，但其悠久的歷史和特殊貢獻，其他民族只能望其項背。單說一個「羌」字之古老，現已發掘出土的甲骨文就有九種寫法。

確證華夏民族這一社會發祥史的科學例證，還有與甘肅毗鄰的陝西省地處西安市城東六公里處的半坡村遺址。這是中國考古發現的最大的、最典型、保存最好的新石器時代遺址（現已成為博物館）。

考古發現中的半坡村傍河就坡而成，是由四十多處泥草茅舍聚群而成的「村落」。中間一大屋，據考是氏族部落公共集體居所或儲物

之室，裡面有小米、石鋤、古鐮等農具，還有魚鉤等，都與近代的頗為相似。其中以泥沙燒窯、製成取水用的瓦罐頭大底尖，水流入則傾斜，水注滿即直立，可以說頗有創意。考古發現還表明，此時除燒烤外，已懂得煮食、蒸食，還懂得以野生植物編織作席等。上述發明創造，主要由留在聚居地的女性完成並使用。照顧老少群族繁衍生息等部族一應大小事物，也由女部族首領管理。體力較強的男性主要從事野外奔襲狩獵。

在年深日久的生產實踐中，野生植物採集也多由女性從事。具有偶然性中的必然性發現，使她們悟出了植物可以以播種、萌發、再生的特點，甚至悟出了植物繁衍的週期，遂以石塊掘坑，後創造石鋤、木鋤掘地種植。以此為起點經過千百年的實踐，最終是實現了舊石器時代向新石器時代的衍進、實現了從原始狩獵經濟向農耕經濟演進的巨大社會變革。在這一變革中，身兼數職、耳聽六路、眼觀八方的女性，固定視角的眼界寬度達一百八十度，而作為認真追獵者的男性，固定眼界視角只有三十度，是女性的六分之一……整體來看，女性比男性早成熟五千年。物競天擇的結果，使女性成為當時社會活動的天然──必然的組織者和領導者，此之謂母系氏族社會語境的主要語義特徵。

不僅半坡村，黃河沿岸大多數舊石器──新石器時代遺址的發掘實證，當時婦女居於領導地位是普遍現象。由於沒有文字記載，確認這種女性為主導的社會組織形態特徵，大多是以考古發掘的實物為佐證。就已發掘出的墓葬文化遺址來看，當時男女並不同葬，說明固定意義上的配偶並沒形成。墓穴中為女性遺體的，大多有許多陪葬物品，而男性墓穴極少或乾脆沒有任何陪葬物，足見女子生前的社會地位高於男性，但性別關係和諧。

　　從性別關係來看，母系氏族是男人去女家（部落），後稱之為「嫁」。部族以女人為始祖世代相延續，子女後代隨母而居，知其母而不知其父。男人死後，遺體要送回母族安葬。時至現代社會，在中國黔東南名曰「母寨」的苗鄉，可謂是一塊母系部族的歷史「飛地」。現居住著的是苗族支系「空申苗人」。這裡雖然開始面對現代文明，但始終保持著部族社會「女人為一族之祖」的生活方式，是原初女性本位「社會存在」鮮活的現存鐵證。

　　從文化社會學角度看，如果說考古發掘出的「姜寨遺址」以「羊」為部族生活「重心」；以「羊人：羌（部族）、羊女：姜、姜嫄（女始祖）」為部族首領的女始祖崇拜具有「準圖騰」色彩的話，那麼，漢字的「會意」特點使之從原始宗教的神秘歷史氛圍中脫穎而出，以民族社會發端的認識價值，鐫刻於華夏民族社會發展史的扉頁。由「部族圖騰」到「家族姓氏」的演進、形成過程，也突出華夏子民初始階段「女始祖」崇拜的社會存在特徵。

　　從漢語文字學角度來看，「姓」是一個「會意字」，從「女」從「生」，會意：「一女衍生之一系為一姓」，顯然是以女性為部族（後來是氏族）之源、之根本、之至尊。再看《通志‧氏族略序》注疏：「婦人稱姓」。中國最古老的八大姓氏，諸如前邊提到的姜、姬，自不待言，還有姚（據考證是帝祖顓頊之後）、姒、嬀、姞、娥、嬴等，首旁或中心、重心處皆為「女」字，強調女性為一族之首，是凝聚一族的核心，是維繫一族的紐帶。「存在決定意識」，其精髓和要義，顯然旨在原始性別和諧特徵下的女性社會崇拜。

　　隨著歷史的發展、社會語境的轉換，到了仰韶文化的晚期，「大汶口」等遺址的發掘證明，原始農耕經濟後期，母系氏族社會已漸進至父系氏族社會乃至後來的奴隸制社會，但女性崇拜古風尚存。特別

是安陽殷墟遺址的發掘，早在1928-1937年，就發掘了十五次。特別是第十三次發掘出土的「H127甲骨坑」發掘出一萬多片甲骨，婦好大名赫然在目，後因抗日戰爭全面爆發而終止研究。

四十年後，1976年，中國社會科學院安陽考古工作隊在河南安陽殷墟遺址發掘出從未被盜掘過的「婦好墓」，出土青銅器四百六十八件、玉器七百多件、大量兵器和女人用品……清理後的文物上大都刻有「婦好」的大名。考古實物發現告訴我們，作為一個真實的歷史人物，婦好雖為武丁之妻，卻是當時最傑出的政治家、軍事家、社會活動家和文化活動家，是女性創建社會功勳的真實典型。而眾多出土文物就是「最雄辯的唯物鐵證」！請看考古學家從「婦好墓」中發掘出兩把重十七、八斤的銅鉞，象徵著商王朝最高的王權和軍權，上面「婦好」的大名赫然在目。眾多的甲骨卜辭上記載著婦好率眾征戰的條文，褒獎她艱苦征伐的赫赫戰功，標誌著她在當時，無論是政治上、軍事上，都功勳卓著，故而握有至高無上的權柄。

婦好並非僅僅一介「武婦」，她還長於「文治」。在發掘出的甲骨文中，婦好的名字出現得最多，標明為「婦好整治」的龜甲和獸骨也最多。出土的各類器具上，刻著頌贊「婦好」的銘文也最多。說明婦好在社會政治、文化方面的建樹也十分巨大。所以，此女名為「婦好」，固名思義，即為「婦人好」或曰「女人好」，名副其實的「女性社會崇拜」。另外，從婦好不為男性陪葬而獨享墓穴的特權和穴內陪葬的眾多高檔器具可知，婦好在經濟上享有獨立地位和政治社會權柄。考古實證婦好的社會主體地位，體現了原初女性社會存在的創造本質，但作為個案典型，「婦好現象」的本質內涵及其社會認識價值，遠不止此。

體現原始性別和諧和女性社會存在創造本質的女性崇拜，不僅存

在於古代墓穴中，也存在於人的社會生活裡；不僅出現在李汝珍《鏡花緣》的「女兒國」中，還復甦在社會學者的研究課題裡。她們不僅曾高居於母系氏族部落的首領之位，還在現代社會版圖上佔有一席特殊地位，那就是保留至今的母系氏族社會形態的歷史「飛地」——「女兒國」。非洲、澳洲自不待言，亞洲也不少見。印度的比哈爾邦西北部的昌帕蘭縣，至今仍有一個實行母權制的「塔魯部落」，約有二十五萬人。在部落中，女性居社會主體地位。這種母權制部落有些保留至今，成為歷史的「活化石」，予我們重要的社會認識價值。

在中國，除了前面所說「空申苗人」的「母寨」外，四川、雲南交界的永寧，有一納西族居住的股地更為典型。這裡現存的摩梭人的「摩梭社會」是建立在小範圍內的特定經濟基礎上的一種古樸的社會結構。它是以女性為根苗、以血緣為紐帶、由能幹的、聰明的女性為首領（稱「達布」）所組成的母系親族群體，號稱「女兒國」或「太陽國」。女研究員嚴汝嫻五十多萬字的實地考查研究資料，揭開了這「股地」——母系氏族社會歷史「飛地」的秘密。

在二十一世紀，摩梭人的這個「女兒國」，仍實行男方到女家的「走婚」制。在社會生活中，女性具有至高無上的地位。在意識形態上，男人女人共同崇拜「格母」女神。據說格母（納西語：女神的意思）是遠古洪荒時期戰勝洪水、繁衍了人類的一位摩梭女。摩梭人的母系血緣家族即以其為女始祖神。前幾年，眾說紛紜的現代摩梭女「楊二車娜姆」跨國走婚頗具後現代色彩，令人感慨萬端。看如今，摩梭人接受現代社會信息，享受現代物質文明和精神文化，但在信仰層面，卻依然執著於女性本位特徵。摩梭男子虔誠崇敬女性。在現代摩梭人的「太陽國」裡，隨便問到哪個男人，他們都會發自內心地吐

出由衷的讚美之辭：「女人是太陽」，女性崇拜、性別和諧之情溢於言表。

為釋放「埋在心裡的情結」，特地造訪「瀘沽湖」。終於置身現代摩梭人的「女兒國」——「太陽國」，面對「格母女神山」冉冉升起的驕陽，暉灑「瀘沽湖」的瀲灩波光，破譯「女性崇拜」的現代解碼，著名的「女神之舟」在碧波中蕩漾，摩梭女執槳舟上輕歌嘹繞亦人亦仙，瀰漫著幾多紗霧、幾許神秘——山、水之秀與女人之靈渾然一體，情景如詩似畫。可歎《鏡花緣》中的女兒國，不過文學作品中的「太虛幻境」，摩梭女的瀘沽湖才是至聖童貞的人間「仙境」。它將時光流年、社會人心的和諧發展，都定格成流逝中的永恆……

如果說這「流逝中的永恆」再現了人類社會童年的歷史真實，那麼什麼是歷史的真實？不僅是埋在土裡的文物，更是埋在心裡的偶像：密涅瓦、阿斯帕西亞、婦好……她們不過「共名」，代表著許許多多的無名的阿斯帕西亞、婦好……集中體現女性的創造本質。作為原始和諧社會、性別和諧的歷史驕子和社會甯馨兒，她們「埋在土裡的」歷史琥珀已凝鑄成女性「社會創造本質」的不朽碑碣，「埋在心裡的」女性崇拜情結，聚焦了女性人種「生命活動」的「全部特徵、種的類特徵」——「女性創造本質的精魂」，其現代解碼無疑是性別和諧與和諧社會的「創造和永恆」！

| 註釋 |

1. 車文博：《意識與無意識》，遼寧人民出版社，1987年，第72頁。
2. 萊昂內爾・卡森：《古代埃及》，時代出版社，1989年，第11頁。
3. 克里斯蒂娜・德・皮桑：《婦女城》，李霞譯，學林出版社，2002年，第71頁。

第五章 ｜ 「女神」符號存在的社會視界特徵：原始性別和諧的社會價值取向

人必須探索他自己——他的目標和價值。

——D・L・Meadows

　　哲學社會學中的所謂價值，並非單純的理論思辯之果，更是人類社會實踐千熔百煉的結晶。所以社會學研究中的價值論必然以人和人的社會實踐為起點，以社會實踐檢驗為標準，以人的主體地位和創造本質為根本。一言以蔽之，價值的全部秘密就在於人和人的社會實踐考量。確證原始部族女性社會創造價值，亦應以此為圭臬。

　　唯物主義社會史觀從來認為存在決定意識：女性主體的「社會存在」決定其「精神存在」的視界取向——確證原初女性的社會主體價值，從「女裸偶」的自然存在、「女始祖」的社會存在層面，躍升到「女神崇拜」的精神存在層面，確定原始性別和諧社會的價值取向，是本章的重點。為此我們追索人類童年時代的實踐活動軌跡，鳥瞰原始部族社會組織最初的結構圖式，確定「人之初」時代女性主體價值社會發展取向的精神視界，首先應當引入「圖騰」（totem）的概念。

　　從宗教社會學角度看，舊石器時代早期的原始人並無宗教觀念，中期史前宗教已見端倪，與圖騰崇拜意識攸關。「圖騰崇拜」（totemism）的意識成因始於原始初民狩獵階段對某種特殊動物的神

聖禁忌，不無某種「準宗教」意識。因不同部族有不同的崇拜對象，所以圖騰崇拜的物質實體造相，具有氏族徽號的區別和標誌之功用。就其意義內涵來看，「圖騰」最早為印第安人「阿爾工欽部落」用語，意為「他的親族」。就其社會組織功效來看，它將分散的原始人組合、凝聚為一個個部族，具有最初的「社會群體組織」的結構功能和部族標誌、代碼的「指事」、「會意」作用。人類最早的社會組織單位正是由某種圖騰標誌紐結在一起的「圖騰群」，所以至今，圖騰仍被看作部族首領乃至部族群體的象徵。在原始母系氏族社會，所謂的圖騰，宗教崇拜意識是其次的，它主要是部族組織和女首領崇拜的符號和代碼。

必須說明的兩點是，其一，儘管不同部族有不同的「圖騰崇拜物」，但其共性的符號能指作用、其整合部族的巨大凝聚力，夯實了原始性別和諧、社會和諧的底蘊。另一共性特徵是「圖騰意蘊」突顯女始祖的社會創造價值，使之由自然──社會存在層面躍升到精神存在「女神崇拜」的最高層次。故而，這時的「圖騰崇拜」已突破撲朔迷離的原始宗教迷信氛圍，以民族發端的認識價值出現在社會發展史研究中，成為母系氏族女性本位主體價值及其社會──精神存在的重要歷史佐證，並具有跨民族存在的普遍性特徵。所以我們這裡所謂「圖騰」，不是圖騰本意的「全等」，只是具有「準圖騰」意蘊的一種比附或曰借代，成為具有特殊能指作用的符號（sign）和解碼，指代女性社會創造本質昇華到精神存在層面的價值取向。一言以蔽之，那就是把人，確切地說，是把部族女首領當成女神來崇拜。

從文化社會學角度看，文化的核心問題是價值問題。如眾所知，馬克思主義從來認為，高度評價古希臘文化是歐洲文化的土壤、西方文化的搖籃，進而堪稱人類認識的源頭之一（據最新考古科學發現報

導，1992年在希臘本土上挖掘出一個大約一千多萬年以前的類人猿式的「人科動物」化石，一下子把人類的起源推進了更為悠遠的邃古。而與此相連的古希臘女性崇拜由社會存在上升到審美價值高度之濫觴，可到包括克里特文化和邁錫尼文化的「愛琴文化」中去探尋，其「準圖騰式」的「sign」標誌──「美神」，正是源於愛琴海的神奇造物。

展目人類社會發展史的長幅巨製，如前所述，以「蛇」為中介，「藍色文明」將海洋之驕子──魚──優美動人、光照千古的美人魚（注意，是女性）當做人類的始祖來謳歌。這時的原始人以己度物、以物類己，正如費爾巴哈所說，是把自然存在物「人化」了。這時的「她」似魚又是人：千嬌百媚的女性面容、婀娜窈窕的女性體態，下面是一條輕靈、柔婉的魚尾巴……時至今日，丹麥、波蘭等國仍把「美人魚」作為國家或城市的象徵。特別是古希臘美人魚幻化出的美神，更是令人歎為觀止。其準圖騰意義已上升到社會審美價值高度。

從性別視角來看，如果說雲霧繚繞的「奧林帕斯仙山」演衍出「神的譜系」已現「男權話語」之端倪的話，那麼，撲朔迷離的愛琴海浪花推舉出舉世頂禮、萬眾垂愛的美神「阿芙洛狄特」，才是女性崇拜的「藝術圖騰」。在古希臘神話中，她是陽光、大海、浪花和神血「四合一」的神奇造物──是人與自然和諧的產物。她有著海水般蔚藍的大眼睛、浪花般雪白瑩潤的肌膚、陽光般明豔照人的面龐，尤其是那具冰清玉潔的全裸女體，令觀者不禁魂搖神蕩──借助「形而下」的女性自然存在實體，表達「形而上」的女性崇拜社會審美價值，阿芙洛狄特實現了「具相美」的精神昇華。她不僅是女性「物質存在」最精妙的具相表徵，還是女姓「精神存在」的絕妙象徵，歸根

結柢，是人與自然和諧的社會產物，其本質內涵是對「女人」的價值崇拜。

借助白紙黑字的古希臘史典籍，我們追尋「這個女人」自然活動、社會活動的蹤跡，歷史面面觀地精研她的社會發展軌跡可知，最早見諸文字記載的「美神社會檔案」是赫希俄德的《神統紀》。它指出阿芙洛狄特誕生在宙斯（奧林帕斯「神的譜系」中的萬神之神，指代父系氏族之首）之前的母系氏族社會。據《神的譜系》記載，她是遠古時代地母蓋婭（宙斯的祖母）大海、陽光、先神精血「四合一」造化的女性美神，至少長宙斯一輩兒，而絕非後來所說「是宙斯的女兒」。

誕生在原始狩獵時期（母系氏族社會）的阿芙洛狄特，最初是以執弓持箭，腰圍樹葉或獸皮的女性形象，活躍在大地上的。實際上，這位「美神」的歷史真身，應該是原始狩獵時期一位能跑善獵的女部族首領。後來，阿芙洛狄特與特洛亞英雄安基塞斯所生之子「埃涅阿斯」，被尊為羅馬人的先祖。由此可見，阿芙洛狄特（在羅馬神話中，稱作「維納斯」）必然是羅馬人的元祖——祖奶奶。確切地說，阿芙洛狄特產生、活動的社會語境，應該始於原始狩獵經濟階段，發展於母系氏族社會，延及向父系氏族社會制過度時期。父系向母系奪權，母系反奪權的爭鬥，已見端倪。但女性崇拜遺風尚健，宙斯祖母戰勝宙斯祖父，才有阿芙洛狄特的誕生，體現女性元祖自然存在、社會存在的優勢——女神實際是女人；美神先是蘊含著「準圖騰崇拜意識」的女性社會存在，後來昇華為審美價值的符號。

由狩獵女神形象昇華成女性審美價值崇拜偶像——「阿芙洛狄特誕生於愛琴海」是基於生命起源於大海的意念：當她被潔白的浪花托舉冉冉出水時，清純得一塵不染、晶瑩得一絲不掛，盡展女性人體自

然美之極至，動人心弦，攝人魂魄。她還有一頭金燦燦的美髮在流華溢采，眩人眼目——物質美和精神美在同時噴金流翠的美神——作為人與自然和諧的結晶，她是以大海為魂魄的自由的元素，是宇宙滄桑造化的萬物之靈之靈——她其實是女人、是女性價值崇拜的象徵，是人類社會至美至聖的「至尊寶」。作為女性社會崇拜向精神審美價值層面昇華的「藝術圖騰」，美神符號存在的視界特徵無疑是原始性別和諧社會價值取向的「形而上」的極至推崇。

　　探尋美神形之下的社會運動軌跡，隨著原始社會語境特徵和語義內涵的轉化，美神逐漸由半掩下體的原始部族女首領形象，演進成全裸的標準希臘美女形象。這顯然與她的出生、籍貫相關，同時又與「美神原始檔案」中最早的「生身之母」——女裸偶，一脈相承。美神是生命起源於大海，形成於人類社會實踐，誕生於人對自然、對自身、對社會、對美的創造和認識的特殊產物。在人類童年時代，赤裸的「如同真理一樣透明」的美神，其至真至純、至聖至潔的童貞視界，承襲的是其母——史前維納斯「女裸偶」的遺傳基因。很顯然，由「母種」到「美神誕生」，美神是對女性自然、社會崇拜上升到精神崇拜的價值實體。

　　深諳其中奧妙的丹納在其《藝術哲學》中，強調美神形之下的「具相美」向形之上的精神審美價值昇華過程，是把女人自然、社會存在昇華到精神存在的審美價值層面「變作了神……」，於是，不論你舉目凝視還是心馳神往「阿芙洛狄特的誕生」，都會不由自主地「被醉人心脾的美包圍了、滲透了。想表達這個美感，你就會想到生自於浪花……跨出波濤，使凡人和神明全都為之神搖魂蕩的女神的名字。」[1]至此，神話中的美神，成了女性審美價值崇拜至貞至聖的偶像。

我們審視現存的「美神系列」雕塑的物質實體，即可一目了然。她們之中，無論是「赫沃辛的阿芙洛狄特」、「那不勒斯的阿芙洛狄特」、「貝殼中的阿芙洛狄特」、「尼多斯的阿芙洛狄特」，還是「昔勒尼的阿芙洛狄特」……基本都是全裸式的，卻無絲毫現代人所謂的「色情」之嫌。正因為它是基於人類童年時代對女人的崇拜，借助於「形之下」的女性物質實體，表達「形之上」的女性崇拜社會審美價值和原始性別和諧社會觀念。

及至原始社會逐漸向奴隸制社會演進時，人們在審美創作中給美神穿上了衣服，或掩上「最隱秘」的部位。如公元前五世紀左右，古希臘雕塑家卡利馬霍斯創作的《阿芙洛狄特》就披著長袍；幾乎同時的《阿芙洛狄特乘鵝圖》中，美神也衣著完整；公元前四世紀前後，古希臘雕塑家阿海山納的美神雕像──女神右臂手托袍衿，左臂高舉過頭，手中托著那只金蘋果；法國人發掘出的斷臂美神、令人歎為觀止的「米洛的阿芙洛狄特」，也自然端莊地遮掩著下體。以上凡此種種，說明「女性崇拜」視界取向由「神性」更貼近了現實的「人性」，這是後話。

總之，由（美人）魚到女人再昇華為美神的神話源於社會實踐，那就是由共性的「女裸偶」指代的女始祖，到個性化的部族符號「圖騰」指代的女首領，九九歸一昇華為美神。其衍進過程，體現了女性「自然－社會－精神崇拜」規律性發展的普遍性特徵。那就是先由準圖騰意識的動物（自然存在物）去指代女部族首領及其統帥的部族群體（社會存在）昇華為精神存在──把部族女首領當作「神」來崇拜；標誌著原初女性主體價值由自然存在經由社會存在、昇華至精神存在層面的共性視界取向特徵。但不同民族國家的女神崇拜，又有各自的民族特色。

　　在古巴比倫和整個近東神話中，最受崇敬的女性神是萬物之母
——伊師塔天後。她使人類、動物具有繁殖能力，使大地繁榮昌盛，
使社會富饒興旺；她是創世神，又是性慾和性愛之神，對她的至高無
上的崇拜，在沒有文字記載的時代，藉口口相傳的神話傳說播佈至
今，成為文化社會學中的典型個案。此類個案典型，遍及各民族史前
社會，可供我們一一點評。

　　在北歐神話中的女神崇拜是處於高寒地帶、冰原雪海中的斯堪地
那維亞女神弗萊雅。儘管弗萊雅是個金髮碧眼、美豔絕倫的美女，但
她並非僅僅是纖纖弱質的性感女神形象，更是頗具陽剛之盛的女戰神
形象。她喜歡穿盔甲戰袍，馳騁冰原雪海，鏖戰廝殺，所向披靡……
在人們的意念中，她的眼淚落地就變成金子、落在海裡變成珍珠；她
嫣然一笑如豔陽高照冰川雪野，於是大地便春水融融、百花競放……
於是，她的一顰一笑，喜怒哀樂，都成了世人的福音。顯然，這是個
人造的女神：在女性自然存在特徵的基礎上，烙印上社會存在——對
社會有益的功利色彩，創造出一個超越現實存在的女性的精神偶像，
本質上是民族社會創造價值之母。

　　在尼羅河滋養的古埃及，有著神話與宗教血肉相聯的龐大的神的
譜系。在多如牛毛的眾神祇中，據馮柞民的《西洋全史》論證，最受
崇拜的是「尼費塞斯」——婦女之神，還有愛西斯女神，也是神通廣
大、專門撫弱濟困的，最受愛戴的女神。她與農神所生之子，全都隨
母姓。如果將許許多多地上的女神九九歸一為「天上的女神」她就是
埃及神話中的「母親神萊斯」（Neith），她以神鳥兀鷹為「形象代
碼」。普魯塔克曾具體闡述兀鷹指代「母親神」的語義內涵，也是由
「圖騰崇拜」昭示的女性主體價值崇拜。

　　在古代埃及的原始社會語境中，確信兀鷹只有雌性，它們無需雄

性而僅靠風力就能受孕並繁殖後代──顯然基於女性「自然存在」的生殖崇拜。另外，兀鷹那所向披靡、戰天鬥地，頑強拼搏的生存競爭能力令人敬畏，顯然基於對女性社會存在創造本質的肯定。還有兀鷹獨有的「撕裂自己的胸膛餵養小鷹」的母性奉獻精神，使古埃及人把它奉為母親神的象徵來尊重，已上升到精神存在層面。所以在古文字中，埃及母親神的名字萊斯（Neith）是以兀鷹和母親的第一個字母作指代性「標示的」。

　　時至今日，在母親神的雕像上依然鐫刻著這樣大氣磅礴的銘文：「我是過去、現在和將來存在的一切；誰都不能掀起我的外衣；太陽是我所生的果實……」，很顯然，埃及神話中的女神不僅是人類社會的創造者，更是宇宙萬物之母──太陽，其深層社會內涵則是帶有母性崇拜的人與自然、社會、男人與女人的原始和諧。

　　再看西亞神話中的女神「阿希塔爾特」雖具西亞的地域、民族特色，但源於女性自然、社會、精神存在金三角結構形態及其審美價值的視界取向，與其它民族的「同質共性」特點，正是在女性元祖存在結構「金三角」的頂點，女性精神存在認知意識的形成和發展，導致後來所謂「價值觀念」的視界取向，就總是在精神層面頂點上，幻生出一個亦人亦神的女性「精神存在」的偶像。這並非一個民族、國家獨有的個別現象，而是具有全球性普遍特徵的。在民族神話中，借助中介符號將「女人」昇華為「女神」，將女性從自然、社會存在層面提升到精神存在頂點──價值視界的制高點的女神崇拜特徵，不僅反映在西亞，同樣也體現在中亞。

　　古代中亞恒河流域的印度，民族宗教與神話枝纏蔓繞、盤根錯節，雖異彩紛呈，卻有共同的民族文化基因──其間流貫著泛神論的哲學血脈。所以印度神話對印度來說，是至聖的精神存在，其間的

女性崇拜「動物解碼」的「類圖騰」現象也十分突出。主要有這麼幾種：

　　對女神卡爾尼瑪的崇拜，以對老鼠的崇拜為象徵，體現對女性小巧玲瓏的體態和極強的生殖能力的崇拜；對女神瑪那夏（代表人類最高智慧）的崇拜以對蛇的崇拜為象徵，體現對女性卓越的才智和柔曼、優美的體態的崇拜；對銀河女神的崇拜是以恒河聖水為象徵物，這是一種把女性作人類「生命之源」的自然－社會－精神存在的「崇拜」；在印度神話中，愛與美之神最初名曰「欲天」，是基於女性自然存在和社會存在價值，後來改稱「無形」，則上升到精神存在的高度，它已無形象存在於世，而只活在「形而上」的超驗審美價值意念中……充分體現了人與自然的原始和諧和對女性崇拜的原始性別和諧。

　　在印度神話龐大的神的譜系中，「三億多神祇」中最重要的是「宇宙大神」濕婆，實為半男半女兩性和合之神。但濕婆女性崇拜的具相符號特徵表明，它崇拜渾圓的乳房、婀娜的腰肢、豐滿的肌體……充滿了女性曲線美的魅力；狀如磨盤的「伏尼」，即子宮，象徵著女性的「謝格蒂」即「性力崇拜」，體現古印度人對生命奧秘之謎的探尋、把握和表現。作為印度文化中最富超驗哲學意蘊和「具相」意味的「女性崇拜」符號，「謝格蒂」鼓脹著女性「自然存在」的創造衝動。透過這無聲的喧囂、凝固的沸騰，彷彿看到女人生命之火的躍動、社會創造熱流的奔湧、升騰……乃至成為女性精神存在和性別和諧的特殊符號譯碼。

　　所有這些已道未道之女神「合而為一」是印度的母親神阿蒂迪。古印度文化源頭的《吠陀》中，曾一唱三歎地反覆讚美其無所不能的創造偉力：「阿蒂迪是天空；阿蒂迪是空氣、母親；她是父親；她是

兒子。阿蒂迪是所有的神和五種生物。阿蒂迪是已出生的一切；阿蒂迪是將要出生的一切。」與古埃及對母親神萊斯的崇拜何其相似。很顯然，「女神符號」存在的社會價值取向，不僅體現了人與自然的和諧，更體現了對女性尊崇有加的原始性別和諧與社會和諧。

記得亞斯貝爾斯在其《歷史的起源與目標》中曾論定：各種民族文化都有自己的特殊精神，他點評了：美索不達米亞有剛強堅定的充滿活力的戲劇性，早期的吉爾加美什史詩有點悲劇性。在埃及，是對生活方面的寧靜享受和對莊嚴宏偉之風格的崇高感情……中國有神話的雛型……等。研究各種民族文化的特殊精神，對我們具體論證各民族原初社會女性本位特徵和民族特色不無啟迪。但其共性的「視界取向」則聚焦在社會發展必然性的「人的創造本質」的結構重心上。人類的本質，其實就是人的本質；女性「人」的本質就是植根於女性存在結構必然性上的、女性存在優勢的創造價值中。在原始社會中，毫無疑義，它決定著人類的社會發展，拓展出女性創造本質的社會內涵，昇華為社會主體價值的精神內涵。

古代中國，在其民族社會化的起點上，也具全球普遍存在的「準圖騰」符號社會共性特徵，但獨具民族個性色彩。表現在不論是鱷魚女神、還是西王母神話等，都極少宗教烙印、大多充溢著健康的神話色彩。特別是女媧神話，更以鮮活的民族特色永遠地鑴刻在華夏民族社會發展史的扉頁。

從生態社會學角度反思原始社會人與自然和諧的不同民族之共性特點，都是以「蛇」為中介符號，「藍色文明」就將「海洋驕子」──美人魚，當作女性崇拜神祇，與此異曲同工的是「黃色文明」推崇大地之寵兒──遠古洪荒時代得天獨厚的爬行動物鱷魚──以其兇猛頑強的意志力和拼搏精神被當做人類的始祖來膜拜。在中國古代神

話中，「女始祖」有多種變體時態，但萬變不離其宗。其圖騰造相，歸根到底還是「鱷魚女神」。作為「人化自然」和「自然人化」的產物；她是基於女始祖自然存在、社會存在，上升到精神存在的女性崇拜的「sign」，是女性社會存在的視界取向或曰價值昇華的「特色圖騰」。

「鱷魚女神」是最早、也是最具華夏民族特色的圖騰崇拜意識的產物。較之西方濃重的宗教色彩，其民族特色旨在深厚的「社會存在」底蘊。這些「女神的故事」較少宗教迷信色彩，更多的是人類社會活動的現實主義底色和「神話」的浪漫主義華采。所以諸如此類「女神神話」的本質是「人話」，是「人化自然」和「自然人化」的「圖騰」表徵，體現了人與自然的原始和諧。這種民族特色體現在中國上古神話中，最引人注目的是「鱷魚女神」演化的一個典型變體時態——住在西方崑崙山上的瑤池（大致相當於姜嫄發軔、早期活動的地域）的西王母。

西王母的形象曾有幾個歷史演變階段，但萬變不離其宗，其「圖騰造相」的原始真身卻是「鱷魚女神」：「她」頭上是鱷魚獨有的硬挺的角質物，還有咄咄逼人的硬齒，長而大的身軀上佈滿硬殼式的革質鱗皮，還有彎而長的硬尾巴。乍看起來，「鱷魚女神」不無「龍的」形態特徵。不過，與其說她是一條怪異的龍，不如說是鱷魚更正確。用唯物主義觀點考察，遠古時代從未存在過生物學意義上的龍，曾經有過的恐龍也只是歷史沉積層中的動物化石。而鱷魚家族恰在此時此地繁榮昌盛並經久不衰。這是生物學意義上的鱷魚客觀存在的唯物鐵證。

周、秦以後，鱷魚日漸稀少但仍綿延不絕（時至今日，「揚子鱷」已作為稀有的珍奇動物保護），此時已進入男權專制社會，特別

是後來進入皇權統治時期，鱷魚的性狀以「似中有變」的龍的狀貌出現了。作為一種子虛烏有的動物，龍並不具備生物學意義的動物屬性，本質上已蛻變為皇權統治象徵的政治性動物（這是後話）。儘管社會語境、語義變化如此，女性本位「風韻」猶存，女權崇拜的遺風仍舊在起作用。過去居於崑崙瑤池的鱷魚女神西王母因了龍的「騰達」已升遷到天上的瑤池。這時西王母的鱷魚形狀特徵已被風姿綽約的貴婦形象取代，成了王母娘娘。不要說人世的各色帝王，就連天上的玉皇大帝也要尊其為王母。儘管王母娘娘沒有啟迪智慧的「伊甸園的蘋果」，卻有給人生命並使之長命百歲的蟠桃，濡染著人與自然原始和諧的社會底色。

眾所周知，在上古神話中，西王母被尊為天國之母、萬神之母，但很少有人知道其「女神形象」的社會存在基礎：西王母的另一稱謂是顓頊。做為華夏民族帝祖的顓頊，曾被誤解為男性神，也許是故意的篡改。但中國神話源流史志可證，顓頊的原始真身是女部落首領，後來被尊為女性神。從古文字學角度考證，也可以證實這個論點。

有古文字常識的人都知道，顓頊的顓字中的「耑」即為古「髟」字，同現代「髮」（fǎ）字；而「頁」則是現代漢語中的「頭」的意思。合為「顓」，是為現代漢語中的「長（cháng）髮之頭」的意思。而「頊」中的「𤣩」則為美玉，「頁」相當於現代漢語的「頭」，合為頊，意為「戴玉佩的頭」。所以「顓頊」之意用現代漢語來表述，就是「長（zhǎng）長（cháng）頭髮、佩戴玉飾的頭」，其指代意義顯然為「女性」。在文言文中，則作「蓬髮戴勝」（「勝」即首飾）意為蓬鬆（豐潤）的頭髮戴著首飾，也代指女人。據《山海經》記載，西王母居玉山（即崑崙山）「蓬髮戴勝」與顓頊（亦意「蓬髮戴勝」）是指代同一女人，即原型為「鱷魚女神」的西王母。而所謂西

王母其人又稱帝祖顓頊，在人類史上的本來面目是遠古崑崙山一帶的西羌人之祖，母系氏族之首領，使人聯想到實有其人的姜嫄。

總之，將「人之初」史話衍變成神話、將女人昇華為女神，「鱷魚女神」則是尊她為首領的部族的圖騰造相，也是她作為部族首領的形象的表徵。西王母也好、顓頊也好……都是女部族首領的「別名」。如今，其社會存在的真實性已得世界公認：2007年，《西王母神話和傳說》已被列入非物質文化遺產名錄，足見其「神話－史話－人話」的社會本質內涵。

再看「鱷魚女神」演進出的另一變體時態——上古神話中的「黃帝」，這位「原始天尊」形象的社會語義內涵和符號視界之價值取向。

以史實為依據，黃帝即軒轅氏，是上古神話中的無敵巨神。當我們撥開神話的歷史迷霧，透視其「人話」的社會實質時，我們都知道，作為「炎黃子孫」，自然是以炎帝黃帝為始祖。但很少有人細考「炎黃二帝」中，排在前面的「炎帝」即姜氏（姜嫄）一系部族首領，黃帝則是號軒轅的姬氏部族首領。炎黃部落聯盟後，兩部族男女共同繁衍出「炎黃子孫」，二者最初都是女性部族首領，他們通過艱苦征戰統一中原，還在原始曆法、養蠶、舟車、音律等眾多領域作出開創性貢獻。成為中國原始部族社會初期最傑出的部族聯盟首領。對於這樣一些空前偉大的史前人物，男權本位觀念一直將他說成是男性，或者含糊其辭，不說明是男是女，以免洩露「男尊女卑」的天機。我們前面已論證了炎帝（與姜嫄為一系）之「女性本色」，下面看黃帝：

事實上，黃帝原型也是黃土地上土生土長的女性部族首領。據古文字學者確證，中國古代「帝」同「地」，黃帝即黃地。而黃地，

最初意謂皇天后土中的「后土」、黃色文明中的黃土地。而后土即地。楊泉在其《物理論》中曾指出：「地者，卦曰坤，其德曰母」，強調其女性特徵：不僅是人類繁衍後代的生命基地，又是人類社會發展最基本的生存空間、建功立業的大舞臺。而後土的締造者和主宰者地母，其社會存在正是母系氏族各部落聯盟的首領，這裡具指黃帝，被推尊為中華民族的始祖。也就是如前所說的以鱷魚女神為「圖騰崇拜」的華夏民族的女始祖。

本來，「鱷魚女神形象」是中國上古時期「圖騰崇拜意識」的產物；是原初意義上的女始祖「圖騰化」了的社會表徵。至於後來，女始祖變成了男性部族首領，「鱷魚崇拜」嬗變為所謂「龍的圖騰」——男性神──皇權專制的象徵，則是父權制社會以後女性本位社會變化的產物。「三皇五帝神聖事，騙了無涯過客」，這是後話。不過有一個命題我們現在就可以論定。通過對古代神話的刨根問底，進行深層次內涵的文化社會學探討，我們已經發現，上古神話中的眾多「始祖神」，只是一個圖騰造相衍演出不同時空語境的諸多變體時態。黃帝也好，顓頊也好，西王母也罷，王母娘娘也罷……雖各具形態特徵，卻萬變不離其宗──她們共有一個原始真身──「鱷魚女神造相」；共同表徵一個語義特徵──「鱷魚女神崇拜」的原始符號語義。其語義內涵則是女始祖崇拜，其視界取向則是人與人、人與自然的原始和諧。

從文化社會學角度看，論證鱷魚崇拜是原初意義上的女性崇拜，也可從古漢語、古文字、古代文學研究中找到根據。請看《詩經》中的「美髮如薑，項如蝤蠐」，是用來描寫美女形象特有的比喻。其中的「蝤蠐」在古代漢語中曾為鱷魚、蜥蜴等多環節動物的共名，在詩中明喻美女之項頸。類似這種以鱷魚比擬美女（或以美女指代鱷魚女神）的例證，在中國古代文化典籍中俯拾皆是。其中最常見的以「嬋

娟」指代美女，其實也是以鱷魚代美女。這要從兩種形象的形體特徵的共性談起。

鱷魚作為一種爬行動物，整體呈軀長蔓延之狀貌，故而鱷魚還曾有另一古稱為「蔓延」。而美女也正因其體態婀娜娟修，故而以「嬋娟」代稱。這也是漢語中具有大量「會意字」、同義詞和近義詞的特點所決定的。這裡，嬋娟代美女、蔓延代鱷魚，正是由其外在形態——形象特徵的類比，牽引成為可以相互替代的對象的。另外，古詞書還告訴我們，蔓延和嬋娟是具有共同語源的近義連綿詞，在時空變換的特定歷史條件和語言環境中可以互相替代。於是，鱷魚、蔓延與女性、嬋娟劃了「連等號」，遂使鱷魚、美女連成一體為「鱷魚女神」。這不僅僅是文字、語言的物質外殼的表層功能作用的結果，透視其深層意義內涵，無論是蔓延、嬋娟，還是鱷魚、美女，都與「鱷魚女神崇拜」一脈相承。其間流貫的都是遠古社會女性本位特徵的血脈和女性崇拜的視界取向。

與神話異曲同工的是中國古代的精怪故事、傳說，也可論證史前社會人與自然和諧、原始性別和諧的女性本位特徵。

眾所周知，在古人意念中，狐是個神秘的精靈。及至自蒲松齡《聊齋志異》問世後，狐仙為主人公的精怪故事不脛而走，以至家喻戶曉。尋根問源，精怪故事之奇葩，植根於神話故事之株；狐精神怪故事，源於鱷魚女神神話。進而言之，狐狸精怪傳說，是鱷魚女神神話在變化了的社會經濟文化歷史條件下所產生的另一變體時態。而我們最常見的精怪佚事，就是狐狸成精化作美女的系列故事。這類故事雖名目繁多，卻時常共有一個非佛非聖、卻又超俗脫凡的女主人公，即狐狸精變成的美女。除少數為惡者外，她們多為才智過人、魅力超群、法力無邊的超人——儼然「鱷魚女神」再世。

　　狐女與鱷魚女神「一而二、二而一」的同質共性因由，不僅可以從「形象內涵」的類比研究中得到理論，還可以從漢語古今詞義發展、演變的特點中尋到佐證。古人云，「狐為地裡仙」，但《韓詩外傳》曾謂：「狐，水神也」。不知「狐」之古義的現代人，很難將「地仙」「水神」二意統一於狐的特徵上。但如果瞭解在古漢語中，「狐」也曾是鱷魚的古稱，那麼稱「狐」既「地仙」又「水神」的兼有特徵，就統一在鱷魚這水陸兩棲動物特徵上。顯然，從稱謂可知，這裡的狐與鱷名二意一，似嫡親姐妹；從意義內涵來看，如上所述，狐女精怪故事簡直是「鱷魚女神崇拜」遠古神話的姊妹篇。

　　至於後來，隨著社會語境、語義的衍演，有些狐精被當作邪惡形象描寫，還有狐精故事取代鱷魚女神神話的變異現象，除與當時鱷魚物種日漸衰竭、狐狸「家族」日益興旺的生態變化有關外，更主要的是，父系氏族社會取代母系氏族的社會變革和社會觀念嬗變的結果。眾所周知「妲己（狐狸精）誤國」之說，卻不知「鮌姬」是鱷魚女神的另一個古稱。後來的男權社會妖化「鱷魚女神」為「狐狸精」，將「鮌姬」和「妲己」等同起來，是顛覆女性社會崇拜的產物。正好反證，狐狸精怪故事也大多起源於鱷魚女神神話，曾與鱷魚女神同質共性，是「鱷魚崇拜」的變體時態，後為男權觀念訴病。

　　在鱷魚女神崇拜眾多變體時態的同質共性特徵中，最具典型意義的是「女媧神話」。女媧的圖騰造相是女人面孔蛇身體。對此我們借助漢字詞義辨析可知，鱷又稱鱷蜥；蜥則為蛇的一種。所以女媧和鱷，由蛇和女性柔曼的形體特徵連成一體，足見女媧始祖的圖騰崇拜，也是源於鱷魚女神的女性崇拜。

　　總之，從哲學社會學和文化社會學角度研究人類史前（文明史以前）社會，不能不談「圖騰」，也不能不談原始宗教意識。與西方社

會圖騰崇拜及民族史話等的顯著宗教特色相比，應當承認，中國史前文化在最原始的「形而上」的構著點上，與西方有相同之處，呈現出原始宗教與原始神話渾然不分的社會歷史圖式。但在其「基礎構件」上，則與西方有很大的差異性。如果說對宗教神話的研究可以把握到西方原初文化的血脈的話，那麼，對遠古神話的把握，可以觸到中華民族文化社會學的脈根。具體來講，在西方，先有原始宗教、原始文化膠著混融、共體孿生的文化胚胎的滋養，之後才有「人文化」、「俗文化」的脫胎而出。而地處東方的中國，也許因為是「太陽最早升起的地方」，所以較少「宗教陰影」，多的是神話色彩。故而，恰如亞斯貝爾斯所論，遠古神話堪稱中華民族原始文化的社會精粹。

　　事實上，遍覽華夏民族遠古神話，我們必然發現其精髓和要義大多不在宗教膜拜而是借「神話」表達「女性崇拜」的社會視界取向。其中最具典型意義的是有關「女媧」的神話傳說。她將神話的斑斕色彩與歷史真實的社會底色和諧交融，將「鱷魚女神神話」、「西王母神話」等諸多「變體時態」熔於一爐，創造出人與自然和諧、原始性別和諧，體現女性社會開創者主體價值的最高典型，盡展華夏民族開天闢地、開創人類社會的獨特風采，突顯女性社會發展的「人本」精魂。

　　女媧的創世功勳體現在戰天鬥地的社會實踐活動中。《淮南子‧覽冥訓》對此有生動的記載：「往古之時，四極廢，九州裂，天不兼覆，地不周載，火爁炎而不滅，水浩洋而不息，猛獸食顓民，鷙鳥攫老弱」，活脫脫「世界末日」的到來。「滄海橫流，方顯英雄本色」。正是在這天崩地摧的危難時刻，女媧挺身而出，「煉五色石以補蒼天，斷鼇足以立四極，殺黑龍以濟冀州，積蘆灰以止淫水」……終於，「蒼天補、四極正，淫水涸，冀州平。狡蟲死，顓民生……」

112

總之，「日出東方」——在神州大地上，以無可匹敵的智慧和膽識開天闢地、再造乾坤的是女媧。

女媧的開創性社會功績，突出表現在「造人」——女性的自然存在（創造主體價值）上。見諸於《風俗通義》的記載：「天地開闢，未有人民。女媧搏黃土作人」。此之謂，與「上帝造人說」頗為相近。如眾所知，《聖經》記載上帝「創世紀」用了六天時間，第七天休息。可女媧「造化之功」的玄妙，遠非上帝能及。她一天之內就變化七十次，創造了天地間的萬事萬物。不獨《淮南子》，《太平御覽》中也有如是記載。而中西方不同者在於，在後的上帝是《聖經》中的至聖，作為基督教信奉的男性神，他是男權本位觀念的神聖代表。而在先的女媧則是華夏民族「童年謠曲」中的女性造物主，是女性創造本質的偉大象徵。另外，上帝造人，用的是「紅色粘土」；女媧造人，用的是黃土，顯然這是神州大地、華夏子民「女始祖」獨具的民族特色。

再與中國古代神話中的男性諸神相比，女媧的開創性社會貢獻也是無可比擬的。作為女媧始祖的嫡親子孫，無論是能征善戰的炎、黃二帝，彎弓擅射的後羿，還是防洪治水的大禹，與女媧相比，他們大多是有「一技之長」的「一介武夫」（正統史料把他們一概說成是男性）。而女媧的開創性貢獻則是全方位、全智全能型的，是冠蓋群雄的——她體現了女性元祖的創造本質、女始祖率男女兩性共同的創世功勳。許慎的《說文解字》（第十二卷）言簡意賅：「媧，古之神聖女，化萬物者也」，高度概括了華夏女始祖的開天闢地創世紀的社會主體價值。

在浩如煙海的古典文獻中、在二十多處相關的完整的考古遺址實證下，無聲而雄辯地確證「女媧神話」的「人話」語境：陝西臨潼堦

稱華夏古文明的脈根，華夏子民的發祥地。而其中最古老的、最具女性社會首創精神的「女媧煉石補天」史實，據專家考證，就發生在陝西臨潼東南──「造化鍾靈毓秀」的驪山，從而與西王母連成一系。另外，在山西壺口也發現了「女媧洞」，洞中的壁畫再現了「女媧補天」的景況。離女媧洞兩百里遠，還有「女媧墓」……，須知只有活人死後才修墓埋葬，說明女媧實有其人。

　　總之，從女人到女部族首領再到女神，女媧神話「自然、社會──精神存在」的昇華，決定其社會語境語義的視界取向，主要並不在其光彩奪目的浪漫主義華彩，而在其雄渾、深沉的現實主義底色──女媧形象的產生並膾炙人口，是有其深厚的社會基礎的。換句話說，她是遠古華夏無數女傑創造本質的社會聚焦。其社會角色應定位應為母系氏族社會部族首領。她們的歷史真身則根植於「人化」和「化人」的社會實踐土壤中。所以「女媧神話」是一種特殊意義上的「人話」。它藝術地展示出草昧初開之時，神州大地的原始人開天闢地的社會實踐和對宇宙萬事萬物的認識。它既是立足於當時經濟基礎之上的社會生活的現實主義的反映──是「人話」，又是超越實際的社會理想的浪漫主義表現──是「神話」。

　　從文化社會學角度來看，將「人化」與「化人」的社會發展和變革，合二而一為開創世界和人類社會的史前英雄史詩──「女媧神話」是中國特色的女性本位童年謠曲；是女始祖開天闢地、再造乾坤的「神曲」。它在人類社會發展史長卷的扉頁，拓展出濃墨重彩的華夏女始祖形象畫卷，女媧便是其中最為光彩照人，並且光耀千古的開創者典型形象。「她」試煉出女性創造社會主體價值的精魂，結晶出炎黃子孫民族精神的魂魄。不論是在陝西還是山西，總之是神州大地的造物。

　　從性別視角回眸人類社會發生學扉頁，在沒有文字記載的遠古時代，有幸流傳至今的不同民族特色的古代神話告訴我們，東西方民族文化在其起點上，有著共同的社會學基因，形式上是「女神崇拜」——本質上是女始祖崇拜。她們鑴刻在世界各民族社會史的發端。如同「女媧神話」是華夏民族的創世紀英雄史詩一樣，雅典娜則是古希臘人創世紀的最高代表，她以實有真人的「密涅瓦」和「阿斯巴西婭」等女性精英為原型，其價值定位正如後世所公認的：雅典——希臘的心臟；雅典娜——希臘民族的魂魄。事實上，女神的創造，昇華的是女人社會實踐中的創造。女神的人本內涵，聚焦的是女始祖創造本質的精魂。故而「女神神話」——「人話」的實質，便是原始社會女性崇拜，其深層語義內涵便是人與自然、社會，人與人、特別是男人與女人的原始和諧。萬流歸宗，體現人類創造力巔峰和創造本質精魂的「共名」便是智慧女神雅典娜和她手中的金蘋果。

　　從肇建至今的兩千五百多年來，雅典娜女神廟（又稱帕特嫩神殿）高聳在雅典衛城山巔，頷首笑對八方湧來的頂禮膜拜者……也許有人會說，在奧林卑斯仙山迷霧的繚繞中，有座「奧林匹亞神殿」，這是用一百零四根科林斯圓柱支撐的輝煌奐盛的宮殿。希臘神話中的最高男性神宙斯，就居住於斯。那麼，雅典娜與宙斯之間，又有著怎樣剪不斷、理還亂的因由呢？

　　認真考察，宙斯雖然號稱「萬神之神」，但是這個龐然大物其實是在父權制社會的文化典籍《神的譜系》中逐漸膨脹起來的。而在遠古神話中，他不過是四肢發達、頭腦簡單的「一介武夫」。據史實記載，遠古希臘部族社會時期的男子，雖稟陽剛之盛卻無智力優勢。智慧超拔的男子，到奴隸主民主制時才逐漸出現。而在此之前，名為主神的宙斯是母羊阿瑪依泰婭的乳汁哺育他成人的（這使我們聯想到華

夏古文化中的姜嫄女始祖）。

　　進入父系氏族社會後，雄霸奧林卑斯山的宙斯依然靠眾女神輔佐。實事求是地說，宙斯是個徒有虛名、不能主宰自己命運的庸才懦夫。他身體膚髮，受之於地母瑞婭——是女性的再造之物；他一舉一動，受制於妻子赫拉；每臨大事自己一籌莫展，只能求助於雅典娜；一遇難題束手無策，只好聽天由命，活脫脫臣服命運女神的「兒皇帝」。總之，面對眾女神，庸碌無能、剛愎自用的宙斯每每相形見絀。

　　從性別視角來看，作為男性神，宙斯放縱情慾、求歡於感性女神，是個不如凡夫俗子的淫亂之徒；他濫施淫威殘害「伊娥」等無辜之女；他嫉賢妒能殘酷迫害普羅米修斯……顯然並非有功於人類的大神，幾成作惡之本源。故而，宙斯這個號稱「萬神之神」的龐然大物，其實是父系氏族以後作為男權觀念的代表，人為地膨脹起來的。與之相比，在希臘神話和人類諸民族的諸多社會典籍中，真正受尊崇的，大多是真、善、美、慧的女神，首先是美神阿芙洛狄特蒂，而最受尊崇的則是手持金蘋果的智慧女神雅典娜。

　　作為聖潔的處女神，雅典娜有宙斯並不具備的養生繁殖能力。作為大海的女兒，她用生命的甘霖使世界上的一切生、屬、動、植生機勃發、繁茂昌盛。作為技藝之神，雅典娜還長於創造、精於技藝。她教人冶煉、紡織、製車、造船、做犁耙，甚至鍛造武器……是萬能的工藝技作之神。其超人的智慧和無比的創造力，為宙斯等諸多男神所不及。平日裡，智勇雙全、德才兼備的雅典娜經常幫宙斯出謀劃策，解決疑難；戰爭時期，她多謀略、善征戰，為和平而戰所向無敵。連戰神阿瑞斯，都是她的手下敗將。

　　雅典娜還縱橫捭闔、睥睨群雄於政界，是當時政治、法律和新秩序的建立者。著名的「阿雷奧帕格」法庭就是由她確立、並賴有

她的威名才得以行使權力的。僅此一點，足令庸碌不才的宙斯望塵莫及。作為智慧女神，雅典娜不僅「善武」，而且「精文」，是文學、藝術、科學多學科「全知全能」的文化巨匠。她發明的「二重笛」並親自吹奏出兩性和諧「二重奏」的社會主旋律，如今已響遍全世界。

雅典娜不僅是締造和諧世界的「和平使者」，還是營造生態和諧社會的「綠色女神」。她親自培植出的橄欖樹，一直被希臘人奉為「生命之樹」，不僅因為它象徵著和平，也因為它全身是寶。橄欖果不僅美味雋永、生津止渴，還能降低膽固醇；橄欖油是營養價值頗高的綠色保健油，不僅口感好，還治口臭；橄欖枝葉富含的「芳香烴」可提煉極佳的香水原料，又是各種美容護膚、洗潔除臭用品的最佳原料……

時至二十一世紀，雅典娜培育的橄欖樹及其研製出的各種相關產品，不僅與希臘人的生活息息相關，而且一直風靡全世界，使古希臘「生意興隆通四海」，如今更是「財源茂盛達五洲」，連遠在東方的中國三毛都念念不忘自己「夢中的橄欖樹……」，僅此一項，已對希臘經濟社會發展做出了無與倫比的貢獻。時至今日，「膾炙人口」的「蘇格拉底早餐」，橄欖果是必不可少的一味佳餚；雅典娜的雕像上，手中的橄欖枝也是必不可少的，就像中國古代觀音菩薩手中的楊柳枝一樣，揮灑著人世和平、社會和諧的生命甘霖……

總之，作為女性社會創造主體價值全智全能的最高代表，可以毫不誇張地說：「雅典娜的光輝無處不在……燦爛的天色中有她，輝煌的陽光中有她，輕靈純淨的空氣中有她」……時至今日，她依然高居於雅典衛城海拔一百五十六米的山巔「雅典娜神殿」之上。作為舉世矚目的世界文化七大奇觀之一，神殿是由四十六根高達十點四三米的

那多立斯式圓柱托舉著，雖歷經兩千五百多年的風風雨雨，其創造光輝依然充溢全宇宙，其影響超越時空局限，成為無所不在的「流逝中的永恆」。時至現代社會，每年9月24日的世界「女神節」，汲取金蘋果智慧營養基的現代人仍以各種方式紀念智慧女神，其實祭奠的是開創人類社會的女始祖——禮贊的是人類童年的太陽！

　　但是，宇宙社會的運行規律告訴我們，物質的太陽總有一天會化作別的什麼東西，精神的太陽卻是永恆的。當莫奈省悟到這一點時，為了免受浮光掠影的誘惑，他弄瞎了自己的雙眼。是的，人類社會的太陽只在我們心上——它是華夏古文明中的「東母」；它是印度古文明中的太陽神之母阿蒂迪；它是埃及古文明中的「金字塔的太陽」；它是希臘古文明中美倫美奐的精神太陽雅典娜……歸根到底，這一的一切、一切的一，體現了女性創造本質——社會主體價值的精魂。那就是人類自然活動、社會活動的造化滄桑，決定著人類的意識活動，才使原始人初識陰與陽、女與男、生與死、靈與肉、自然與創造的無窮奧妙，漸省了個中奧秘，並試圖破譯始於「女性崇拜情結」原始迷團的解碼ABC。

　　A：原始性別和諧的女性自然存在特徵：以女裸偶為主要標識的生殖崇拜，顯示女性最基本的自然存在優勢。其宗教色彩已逐漸淺淡，顯露出「女性崇拜」的社會原色。

　　B：原始性別和諧的女性社會存在特徵：以女部族首領為代表的女始祖崇拜，顯示出女始祖的社會存在優勢。其宗教色彩愈加寡淡，呈現出世俗的女人崇拜的社會基色。

　　C：原始性別和諧的女性精神存在特徵：以智慧女神為偶像的女神崇拜，顯示女性的精神存在優勢。其宗教色彩漸逝，取而代之的是女性主體創造價值的社會本色。

　　而這原始性別和諧三合一的社會結構重心，便是人與自然、社會，人與人、特別是男人與女人原始性別和諧創造本質的精魂。

　　這種以原始性別和諧的自然、社會、精神存在的原始實踐活動為先導的，突出女性本位特徵，並體現人類群體（男、女兩性）共同創造的「原初社會形態」，我們稱之為「原始和諧社會」。在其二合一結構的頂點上，原初意義上的「和諧社會」綻開了朝霞般的笑靨。

　　且不可小瞧這女性原初崇拜之「Ａ、Ｂ、Ｃ」，千真萬確是人類社會之始、是部族社會血脈的源頭活水。它點點滴滴地滋潤、曲曲折折地滲透、絲絲縷縷地浸漬……終於催生出女性崇拜之華的朝暾，初綻人類社會性別和諧的童貞笑靨，濡染著人類社會發展的曙色：那是「真」的血滴，潤飾著「夏娃生命」為起點的希伯來民族社會傳統；那是「善」的汗滴，滋養著「女媧創造」為起點的華夏民族社會傳統；那是「美」的淚滴，浸潤著「維納斯」為起點的古羅馬民族社會傳統；那是「慧」的精魂，燭照著「雅典娜」為起點的古希臘民族社會傳統……

　　「真善美慧」四合一為人類社會發生學的千古迷團：她珠胎暗結於母系氏族社會、原初女性本位時代，並非「莫名的混沌」，而是艱辛玉成的歷史琥珀——真善美慧凝鑄的結晶體。在人類社會的起點上，閃爍著不可磨滅的光輝，啟迪我們進行相關規律的檢索。隨著對原初時代人類社會實踐軌跡認真、全面、深入的探索、特別是個案典型的剖析，人類社會生成發展的規律也剝離「混沌」，逐漸明晰地顯露出來。

　　確實，在社會變革、發展的征程中，人必須認識他自己：起點、路徑、行程、目標……

　　今天，我們解析著看似蒙昧、混沌，實為內涵深邃的原始社會迷團，是為了探求人類社會學的史前圖式、原始真髓和本質內涵。借助

遠古部族光怪陸離的圖騰造相和女裸偶的考古研究，我們找到了人類社會的原始胚胎和孕育它的經濟土壤及其社會負載物：

其一：經濟社會學三一律的起點。那是「原始共有經濟－私有經濟－公有經濟」的「經濟社會學三一律」金螺線的起點：原始共有經濟土壤上的原始性別和諧社會蓓蕾初綻芳華。

其二：政治社會學三一律的起點。借助考古發掘，檢點歷史沉積層裡的遺址化石，我們確定了女性社會主體地位嬗變的政治制度成因和性別關係實質，那是「女神時代」──男權時代──人（女人）時代的「政治社會學三一律」金螺線的起點：「女神」時代。其精髓和要義旨在原始社會的「女性崇拜」。

其三：文化社會學三一律的起點。通過遠古神話深層內涵的研討，掀開看似浪漫實為「唯物」的神話紗幔，那是社會性別關係的「史詩時期－悲劇時期－喜劇時期」的「文化社會學三一律」金螺線的起點：女性社會創造的「史前英雄史詩」時代。其本質內涵即是女人的創造本質。

其四：哲學社會學三一律的起點。運用現代「DNA」研究成果折射《聖經》中的宗教神話靈光，是用科學之炬洞燭唯心觀念的認識陰影，確證「女性是人類社會之母」的哲學社會學母題。那是「肯定－否定－否定之否定」「哲學社會學三一律」社會金螺線的起點：肯定女性是人類社會之母的價值定位。

由上述四維命題紐結而成的史前社會發展金螺線，在其起點上，纏結成令人眼花繚亂的原始迷團；它其實是人類社會的「創世紀」之果──以女性崇拜為特色的原始性別和諧的朝暾。

　　精研這些「女神神話」，確證其「人話」實質──這些「女神」的歷史真身，都植根於社會實踐的土壤中。這些人類社會的首創者、開拓者、體現者被奉為女始祖神，其實是人類遠古時代女部族首領形象的歷史昇華。夏娃、女媧、雅典娜等稱謂，則是頗具代表性的「共名」。她們「英雄史詩」般的輝煌業績和昇華了的「超人」形象，依託「神話傳說」形式流傳至今，雖有浪漫色彩鋪金點翠，但更主要的，還是社會實踐的純正底色。這些充溢著「女性主體價值」張力的「創世史詩」，是高於社會生活的理想主義的「神曲」，更是立足於當時社會經濟基礎之上的社會實踐的真實歷史投影，是人類社會的「童年謠曲」。

　　這謠曲大而化之為人類的「史前英雄史詩」，展示出噴金流翠的浪漫主義華彩，迴旋著雄渾深沉的現實主義主旋律。它形式上是「神曲」，本質上是人曲；形式上是神話，本質上是人話；形式上是女神，實質上是女人、是人類社會之母。而人類及其社會的諦造，不是上天的恩賜，而是大地的饋贈；不是上帝隨意拋擲的骰子，而是人類獨特的創造，是開闢鴻蒙之初，以女性為先導的人類群體男女兩性共同的創造和社會結晶。它就是美國人類社會學家鮑得樂曾一再稱道的原始社會：「一種穩定的、令人滿意的、生態健全的存在……一種人類最成功與最持久的適應方式」，關鍵在其社會和諧、性別和諧。

　　今天，以全新的性別視角回眸人類社會開篇，解析原始母系氏族社會開天闢地，開創人類社會的「女神神話」的「人本」內涵，我們確立了女性──人類之祖、人類社會之母的主體地位；我們破譯了原始社會「歷史琥珀」──「存在與符號」的神奇密碼：

　　其一，女裸偶符號存在的社會語境特徵：原始性別和諧自然存在的社會形態；

其二，女始祖符號存在的社會語義特徵：原始性別和諧的社會本質內涵；

其三，女神符號存在的社會視界特徵：原始性別和諧的社會價值取向。

至此，人類社會學開篇的原始迷團——悠遠的邃古之謎豁然開朗：「人之初」時代，以女始祖為先導，男女兩性攜手並肩、力鼎乾坤，共同開創人類社會並創造了輝煌的史前文明，譜寫了遠古人類開天闢地、開創人類社會的英雄史詩，其主旋律是原始和諧社會、男人和女人的原始性別和諧的交響曲。從而為我們確立了「性別社會學」的邏輯起點和性質特徵。

對於人類社會而言，這是最早的、也是最寶貴的社會發展啟示錄。

| 註釋 |

1. H・丹納：《藝術哲學》，北京出版社，2004年，第322-323頁。

文明社會性別關係的衝撞悖謬

文明之誤　存在與荒誕　悲劇時代
性別壓迫社會

> 文明每前進一步，不平等也同時前進一步。
> 隨著文明產生的社會為自己建立的一切機構，
> 都轉變為它們原來目的的反面。
> ——恩格斯

　　將社會關係性別問題納入社會學研究視域，對人類社會性別關係變革的金螺線按跡尋蹤，我們必然發現，人類在原始性別和諧社會、女性崇拜的「神曲」中，走過迄今為止人類社會99%以上的史前歷程，終於跨越蒙昧的門檻進入文明社會。

　　應當說明的是，辯證唯物主義的社會發展史觀從來認為，文明社會較之茹毛飲血、混沌蒙昧的史前社會，是一個輝煌奐盛的時代，無疑是人類社會發展的一大進步，同時它又是夯在階級和性別壓迫這兩座碑碣上的「負文明」社會。這輝煌壯麗而又塗滿血腥的社會碑碣，是由被壓迫者、特別是其中女性的血肉之軀奠基的。所以較之原始和諧社會這又是一個血腥暴虐的時代，是文明的悖謬。從性別視角看，這是兩性關係衝撞悖謬時期。在此基礎上產生的傳統社會學是一座輝煌壯麗的聖殿，又是女性捐軀殞命的理論祭壇。本書就社會學本體論精研這一社會巨變的方方面面：

　　從「經濟社會學三一律」來看，由原始共有社會進入「私有制社會」；

　　從「政治社會學三一律」來看，由原始平等社會進入「男權專制

社會」；

　　從「文化社會學三一律」來看，由性別和諧的神曲時期進入性別壓迫的「悲劇時期」；

　　從「哲學社會學三一律」來看，由性別關係的肯定階段進入「否定階段」。

　　目睹人類社會這一滄桑巨變，「端坐野蠻到文明門檻上」的司芬克斯，獅子滾繡球一樣將性別衝突的社會迷團擲進人類文明史，撕扯出一條閃閃爍爍、若明若暗、愈理愈亂的社會發展螺線。它纏纏繞繞、糾糾絆絆，使人眼花繚亂，不由自主地踅進了男權本位時代的「米諾斯迷宮」──它是失落女性本質內涵的「百慕達」；是吞噬女性主體價值的「黑洞」；是毀損女性「人」的「煉獄」⋯⋯

　　自此，人類的史前「化石」──原始性別和諧的社會表徵、原初女性主體價值的唯物鐵證，就被野蠻而又智識地異化為性別壓迫的產物，女人成了非人之物和「社會之罪」，她們是──

　　捲曲盤纏的怪蟒花蛇、僵硬怪誕的鱷魚圖騰，蒙塵戴垢的女土偶、永受詛咒的夏娃，跪地哭泣的美人魚、泣血嘶鳴的貓頭鷹，「萬惡之源」的潘朵拉、恥辱柱上的海蒂拉⋯⋯尋尋覓覓⋯⋯戚戚慘慘淒淒──女性朝暾時逢日蝕，女性崇拜的「神曲」產生「悲劇」的變奏，「女神」蛻變為女奴。這便是文明時代不文明的社會內涵。原始和諧社會「最穩定、最令人滿意的」性別和諧關係，嬗變成衝撞悖謬的性別壓迫關係。其主要表現在：

　　經濟社會學場域：原始共有社會經濟基礎的顛覆，女性社會主體地位倒置；

　　政治社會學場域：社會制度組織系統的桎梏，女性社會本質失落；

　　文化社會學場域：傳統性別觀念系統的絞殺，女性社會價值毀損。

第六章 | 經濟社會學場域之變
社會經濟基礎的巔覆
女性社會主體地位倒置

只有死亡和掩埋我們骨骼的一抔黃土才可以算是屬於我們自己的。

──莎士比亞

　　經濟社會學常識告訴我們，任何時代社會經濟基礎的變革，必然引起人類社會存在及諸多社會關係的變革，影響甚至決定著人的社會地位的變化。原始共有經濟被私有制顛覆、文明社會開始，從性別視角看，女性社會主體地位倒置，由「女神」嬗變為「女奴」。自此，開啟了文明時代不文明、不和諧的性別壓迫社會。這是經濟基礎變革的社會產物。

　　從經濟社會學角度看，原始共有經濟社會後期，單純的狩獵經濟向畜牧、飼養、種植的農耕經濟發展；「犁」的發明代替了「鋤頭」的使用，生產力的推進使農耕經濟獲得了長足發展，也決定了生產關係的變革。日久年深，男性體力壯碩的「物質存在優勢」在社會生活和生產活動中逞能而化之，成為畜類和農產品類盈餘部分（從無意發展成有意）的佔有者，隨即嚐到了「物質私有、私自享用」的甜頭，於是千方百計無償地將原始共有之物化為一己私有。年深日久，導致社會經濟基礎生產關係的變革，原始共有經濟解體，私有經濟產生；導致社會形態嬗變，母系氏族社會被父權制社會取而代之。

　　從政治社會學角度看，任何一種社會政治形態的演進，社會制度的變革，都是特定經濟基礎上的負載物。剛剛跨越蒙昧時代，「私有制」社會的母體就產出了「階級、性別壓迫」孿生怪胎。自此，原始性別和諧的兩性關係消解，兩性角色的自然分工被人為地塗上了性別壓迫的血污。於是，奴隸社會把女人物化成會說話的工具；資本社會把女人物化為不同等第的商品；社會主義的理想是使物化了的女性回歸為人……但在理想成為現實之前，女性依然沒有真正成其為人。究其實質，原始共有社會經濟基礎的巔覆，引起社會政治制度變革乃至性別關係嬗變。性別壓迫社會的逐漸形成至使女性社會主體地位倒置，從「女神」降為一無所有的「女奴」。正如莎士比亞所言：只有死亡和掩埋她們骨骼的一抔黃土，才是屬於女人自己的。

　　從文化社會學角度看，因為經濟基礎變革導致諸多社會關係變革，產生女性社會主體失落的悲劇，應該從古希臘命運悲劇說起。其產生的社會背景，正是私有制產生、社會經濟基礎變革導致上層建築的變革，特別是性別觀念和性別關係的嬗變，體現在由「山羊歌」到「酒神頌」的演化上。如果說「山羊歌」是母系氏族社會性別和諧讚歌的餘響，那「酒神頌」則是男權社會性別衝突的奏鳴。

　　酒神狄俄尼索斯又名巴克科斯，從小受山林女神和牧神撫養、教育，掌握了無人知曉的種植葡萄和釀造葡萄酒的技術，被奉為「酒神」崇拜。於是到處都修建他的宙宇，紛紛舉行各種各樣的盛典祭祀，原來對女神崇拜的「山羊歌」變成了對男性崇拜的「酒神頌」。保留至今的一種慶典活動，就是酒神狂歡節，參加者狂舞、豪飲、縱欲……特別是酒神的女祭司——狄俄尼索斯的信女們，瘋狂地崇拜酒神，瘋狂推崇「陽具崇拜」（令人聯想到弗洛伊德的觀點），因而被稱作「邁那德狂女」（邁那德，即「發狂」的意思），對不肯信奉酒

神推崇陽具崇拜者，如對海神之子彌尼阿斯的女兒們進行喪心病狂地迫害。

由母系氏族的女性生殖崇拜陡轉為對男性瘋狂的「陽具崇拜」，是社會經濟基礎變革導致性別觀念的嬗變。正是因了男權觀念鴆酒的毒化，「狂女幽靈」至今陰魂不散，至使女性的悲劇演衍了整個文明社會。而古希臘悲劇確實產生於「酒神頌」。「酒神頌」取代「山羊歌」，推崇狂狷的酒神精神，體現性別關係的嬗變、特別是女性主體地位的倒置。真實而深刻地反映這一社會性別關係劇變的世界名典，公推古希臘悲劇之父埃斯庫羅斯的代表作《俄瑞斯特斯》。文學作為「人學」的本色，表現在人類社會性別關係嬗變主題上，此劇被學界視為經典。

《俄瑞斯特斯》三部曲包括《阿加曼農》、《奠酒人》和《報仇神》。戲劇的表層，展示的是一個家庭內部血淋淋的仇殺悲劇，傳統的文學批評將其定名為「命運悲劇」。從性別視角探析，其深層內涵則是社會性別悲劇。它是由「埃里尼斯的失敗」、「俄瑞斯特斯的得救」和「狂女幽靈的出現」三個連續劇牽引出來的社會經濟基礎變革時期，女性「神曲」到「悲劇」的社會變奏。

作為社會性別悲劇衝突矛盾雙方的代表，復仇女神埃里尼斯是古希臘神話中不屈不撓與邪惡勢力抗爭的女性形象，而俄瑞斯特斯則是《荷馬史詩》中大名鼎鼎的英雄阿加曼農的兒子。「悲劇」三部曲的第一部寫掃穴犁庭的「特洛亞之戰」結束了，阿加曼農班師凱旋，回到了闊別十載的家園。因在「特洛亞戰爭」中，阿加曼農曾殺死自己的親生女兒祭神，又強佔了英雄阿喀琉斯的女奴，所以阿加曼農的妻子「克呂泰墨斯特拉」為替女兒報仇，謀殺了阿加曼農，成為復仇女神埃里尼斯全力贊助的一方，體現了父權制社會初期，女性不甘屈

辱、踐踏，維護女性尊嚴的強烈抗爭精神。男權專制是性別衝突悲劇的成因。

悲劇的第二部，寫阿加曼農之子俄瑞斯特斯回家，殺死生身之母，為其父報仇，其行動的社會意義已突破了單純的「血親復仇」觀念，而是自覺捍衛私有制初期的父權──男權專制的暴烈行動，是對女性抗爭兇殘的報復和鎮壓行為。實質是男權屠戮女性的性別鎮壓。

悲劇的第三部，寫俄瑞斯特斯血刃生身之母之後，復仇女神奮力追捕他。俄瑞斯特斯狼狽出逃，躲進了太陽神阿波羅（男性神）的神廟。復仇女神追至，聲色俱厲，控告血刃生身之母的逆子。阿波羅則振振有辭，為俄瑞斯特斯的行為辯護。這場唇槍舌箭、針鋒相對的論辯無異於各自觀點的「宣言」。埃里尼斯是站在母權立場上，控告俄瑞斯特斯弒殺「血親」──生母，逆人情、悖天理，十惡不赦。她還認為，父、母二人原非血親，俄瑞斯特斯之母殺死他的父親事出有因，應無「弒殺血親」之罪。顯然是維護「母權尊嚴」，並以此為評斷是非的標準；阿波羅抑「母權」振「父權」，認為殺母無罪，弒殺丈夫罪該萬死！阿波羅的邏輯，純粹是男權本位的邏輯。

在雙方各執己見，爭辯不已的情況下，請智慧女神出面裁奪（請女神仲裁，仍帶有女性崇拜社會的遺風），雅典娜竟然判定俄瑞斯特斯弒母無罪釋放，完全變成男權觀念的代言人。眾所周知，古希臘神話中的雅典娜，是女性本位社會的最高代表；又是女性觀念意識的最權威代言人。而「悲劇」中的雅典娜已今非昔比。她成了男權專制法律秩序的執行者；男權觀念的代言人。她所創立的「阿雷奧帕格法庭」，成了維護男權專制的法律工具。這裡，男權專制初期，利用「古代女神」的威望，假女神之口販賣男權本位觀念，人為地「異化」智慧女神形象，是問題的一個方面；另一方面，「雅典娜」的歷

史蛻變，更多地是反映了社會經濟變革時期，女性社會主體地位被顛覆，連智慧女神也無法倖免。

總之，「俄瑞斯特斯的勝利」有恃無恐、雄蠻地向世人宣佈，男性的特權地位，凌駕於女性之上的男性意志，甚至殺戮親生母親的暴虐行為，都得到社會政治法律、道德習俗、善惡觀念的認同。而「埃里尼斯的失敗」表明，母親的權威、女性天經地義的榮耀和尊嚴業已沉淪，「男性至尊」已取而代之。女性已由母系氏族社會的首領淪為男性隨意宰割的奴僕。總之，原始公有制解體了，私有制產生了，男性成為社會至尊──殺人弒母者人無罪獲釋，男人們踏著「母親」的屍骨，威風凜凜地高居於私有經濟社會大舞臺的至尊寶座，以男權專制社會為背景，導演出一幕又一幕的女性社會主體淪喪的悲劇。

瑞士人類社會學家巴霍芬（J・Bachofen）對《俄瑞斯特斯》（三部曲）做出卓有見地的深刻分析。他強調，「俄瑞斯特斯的得救」「埃里尼斯的失敗」，代表著父權制對母權制的勝利、男權專制法權觀念對母權血親復仇觀念的勝利，是表現了男、女各為一方的觀念、行為衝突的社會性別悲劇。那麼，這悲劇衝突的實質是什麼呢？

恩格斯肯定巴霍芬觀點「完全正確」，並進一步運用歷史唯物主義觀點和方法考察人類遠古時代重大的社會變革，科學地分析這部悲劇的歷史內涵，一語道破悲劇衝突的實質，即「歷史的必然要求」：公有制基礎上的男女平等要求；「要求的無法實現」：私有制基礎上的性別壓迫的社會現實，兩者無法調和，必然衝突，結果產生悲劇。傳統觀念把這叫作「命運悲劇」。我認為，性別衝突導致女性命運悲劇，實質是性別壓迫社會的悲劇。

什麼是社會歷史的真實？埋在土裡的。德國考古學家海因利希・施里曼博士的考古研究，成功地發掘到古邁錫尼城堡的遺址，《俄瑞

斯特斯》悲劇的社會歷史真實性，已得到考古科學的實證。面對該劇的社會發展史認識價值，我們沒有理由僅僅把《俄瑞斯特斯》當成悲劇故事來聽，而應把它作為私有經濟產生後，男權專制社會確立，原始性別和諧消解，女性主體地位顛覆時期的生動的社會歷史文獻來解讀之，才能透視「命運」悲劇衝突表層，揭示性別衝突社會悲劇的實質。

這裡，我們的社會學研究，借助悲劇女神波爾波美尼的匕首，挑開了《俄瑞斯特斯》的戲劇幃幕，揭示出人類社會大舞臺上性別壓迫的大悲劇；歷史女神「克里奧」的雕刀，如實地鐫刻出人類由原始共有經濟向私有經濟社會轉變時期，社會性別觀念的嬗變；恩格斯的經典論述撥開歷史迷霧，露出了高懸於女性頭上性別壓迫的「達摩克利斯」之劍。刀光劍影、淚痕血色之下，人們看到男權勝利是以女性失敗的社會悲劇為歷史基調的；狂女幽靈的男性崇拜，是父權制社會實體上的意識附著物；逐漸發展、形成的男權本位觀念，是私有制經濟土壤上的社會性別觀念之果；男權對女性居高臨下的專制壓迫，是階級壓迫的孿生兄弟。社會經濟基礎演變，才是人類社會性別角色「陰陽易位」的根本原因。

總之，男權專制賴以安身立命的私有制經濟基礎，全面顛覆了女性社會存在主體，使之結構形態倒置、本質內涵嬗變的同時，宿命必然地產生價值取向的倒錯。正是文明時代負文明的性別壓迫，跟女人開了一個野蠻、醜惡的玩笑，結果，正如恩格斯所強調的：「一切都被弄得頭足倒置了……」首先是女性生殖主體的倒置。其典型社會學解碼，便是「狸貓換太子」式的「庫瓦達」。

作為一種社會習俗，「庫瓦達」反手取劍，從生殖主體倒錯開刀，兵不血刃的對女性生殖優勢巧取豪奪，貪天功為己有。日本女性

學專家富士谷篤子曾考證，這種荒誕習俗肇始於母系向父系氏族社會轉化時期，一直綿延不絕。在世界各國的許多地區，「庫瓦達習俗」延襲至今。

「庫瓦達」的具體作法是：俟胎兒剛剛脫離母腹落地，便偷偷地把產婦搬走，迅速將其丈夫安置在新生兒旁邊……一切裝扮停當，再打開緊閉的房門放人進來，向新生的嬰兒和男扮女妝的「冒牌媽媽」祝賀。而躺在床上的男人則作出痛苦難耐的樣子，進行模擬生殖過程的裝腔作勢的表演。就這樣，男人以偷樑換柱的手法，劫奪女性生殖本能獨特的貢獻和榮譽，充填自己精神上的空虛和肚子裡的空白。在現代人看來，這幕自欺欺人、掩耳盜鈴式的「滑稽戲」簡直令人啼笑皆非，不可理喻。但是，認真透析其實質，作為社會經濟變革時期的產物，「庫瓦達」以假亂真、貪天功為己有，並非「原始蒙昧意識」導演的令捧腹的「滑稽喜劇」，而是處心積慮以假亂真的生殖主體倒錯行為。

從性別視角透視「滑稽戲」的浮面進行深層次的理性思考，不難看出由男性自編自導、自演的「庫瓦達」之戲，不再是男性欽羨女性生殖本能單純、幼稚的生殖崇拜，而是經濟變革時期社會觀念行為嬗變的混合物：自欺莫能的蒙昧中拌合著瞞天過海的狡黠；「畫餅充饑」的傻氣中混合著以假亂真的詭譎；「望梅止渴」的熱望換成不擇手段的「劫掠」──原始共有制向私有制過渡時期，強烈的競爭意識竟被「掠人之美」的搶劫行為所代替。結果「假作真時真亦假，無為有時有亦無」的主體倒錯產生。「庫瓦達」的「指鹿為馬」，將男女兩性的生殖角色倒錯，預告著源於「生殖崇拜」的「女神時代」，已至「偶像的黃昏」。接下去，將是女奴社會「悲劇的誕生」──那是綿延了千百年的、形形色色、不勝枚舉的女性社會主體倒錯的悲劇。

前述「酒神崇拜──陽具崇拜」乃至「庫瓦達之戲」，實為一系。

荒誕的行為以荒誕的理論為指導。最早可追溯至畢達哥拉斯。這位古希臘百科全書派領袖在數學、哲學、天文學、音樂學和醫學等諸多學科領域均有建樹。他在公元前六世紀就獨樹一幟地提出了奇數、偶數、質數的區別方法，在西方首次確立「勾股定理」，並將此應用於音律學研究，確立了跨學科應用的「黃金分割律」，使他飲譽千載。但他創立的「生殖假說」卻為女性生殖主體的倒錯提供了「理論依據」，故而遺患萬年。

不知是基於唯心理念還是據一次偶然的發現，畢達哥拉斯確信精子在動物繁殖中的作用，這並不錯，錯在基於唯心主義的認識論、方法論和男權本位觀念，他提出：男性的精子裡有「微型小人」，女人的肚子不過是使「小人」長大的容器，於是他得出：男性是人類的獨創者，女人不過提供了「住所」──這便是畢達哥拉斯的「生殖假說」──現代人都知道，這是貨真價實的「假」說（偽科學）。但男權觀念存心以假作真。

此之謂，正應了波普在科學研究實踐中曾發現的某種「倒錯現象」：真理有時被當成謬誤，比如哥白尼的「日心說」；而偽科學有時會被當成真理，比如畢氏的「生殖假學」。它從理論上指鹿為馬顛倒是非，與「庫瓦達」從行動上偷樑換柱、以假亂真異曲同工，都為男權專制將女性生殖主體倒置立下了汗馬功勞，至使荒謬「假」說成了男權本位的「真理」。就像人類一直在呼吸，直到十九世紀才知道空氣為何物一樣，人類一直在生生不息地繁殖後代，直到十九世紀才肯認知比精子大八千五百倍的卵子的存在。其實早在十六世紀生物科學就確證了卵子的存在，但害怕因此巔覆「男性為生殖主體」的社會地位，所以寧願將錯就錯、將計就計，以確保男權本位偷樑換柱、指

鹿為馬的荒誕理論，千百年來一直在男權社會大行其道……時至現代
社會，影響更為廣泛的是奧地利神經科醫生弗洛伊德（1856-1939）
的「陽具中心說」，也是典型的男權觀念荒誕理論。

　　還應該提前說明的是，西方世界曾把馬克思、愛因斯坦和弗洛伊
德這三位猶太人稱作人類社會最偉大的奇蹟。馬克思和愛因斯坦，以
全新的歷史觀、宇宙觀分別揭示了人類社會和自然界運動、發展規律
的壯舉，早已舉世公認。弗洛伊德則是第二宇宙——人類精神世界探
索者的先驅，不無篳路藍縷的開拓性貢獻。但他們的不同在於：從性
別視角看，馬克思是跨時代的社會巨人，是超越傳統性別觀念的新
人，而弗洛伊德骨子裡還是個「傳統人」，沒有超脫男權專制的社
會局限，也沒有超越自身的男權本位觀念的局限（對愛因斯坦另有
專論）。

　　事實上，作為醫生的弗洛伊德主要通過生理病理臨床實驗研究，
以對「病態個案」分析的結果為依據，論證了存在於潛意識中的所謂
人的性本能（里比多）受壓抑後，鬱集為「情結」（男為俄狄甫斯戀
母情結；女為埃勒克特拉戀父情結）；釋放時，則產生驅動力。他把
這種由所謂性本能產生的性驅動力看成是決定個人命運和社會發展的
永恆的力量。這裡先不談其中的「性慾決定論」、「泛性慾主義」、
「唯性史觀」，也並非專論弗氏理論的學術價值和哲學觀的全部得失
功過，只想對其貶損女性社會主體地位的歪理邪說部分進行檢討。

　　弗洛伊德以其哲學觀、婦女觀為經緯，以「里比多運動」理論
為梭，以個體偶然性代共性必然，別出心裁地構織了女性先天「性缺
陷」的理論蜘蛛網。在其間恣肆遊走的「黑煞星」就是「陽具」——
「陽具中心論」。他煞費苦心地從心理、生理甚至病理研究角度，想
方設法借助臨床實驗等實證科學手段，濫彈女性生理、病理缺陷。還

搬出「拿手好戲」──「釋夢」精神分析法，不遺餘力地向社會兜售「陽物中心」論調。

　　從性別視角看，弗洛伊德自說自話地把自己對女性精神分析的「大膽假設」（其實是主觀臆斷）強加與女性，說成是女性的自我意識，即：女性自認為自己凹進去的生殖器官是一大傷口──是男性生殖器官被挖掉所致。所以女性是被閹割了的、殘缺的男性的變種。由是，男為主體、女為變體的主從關係就這樣鬼使神差地為弗氏的「生理科學」所論定了。借此，弗洛依德振振有辭道：「男女在解剖學上的差距是命運所至」。關鍵在於女性缺少陽具──先天虧損。而男人呢，則借助一性獨有的「陽具」、憑藉「里比多」的驅使，主動地、不可抗禦地、為所欲為地佔有並主宰女性。想想也很可悲，這樣的男人簡直變成了動力學中，由「里比多」驅動的一架機器；而那個「陽具」，顯然成了侵佔女性的進攻性武器。可想而知，這種可怕的以強凌弱的性行為沒有絲毫性愛可言。在兩性關係上，僅僅靠「里比多」驅動的男性性本能，簡直類乎喪失了人本性的「機器」和「進攻武器」。

　　在此基礎上，弗氏論定女性由於沒有陽具，自愧不如男性，產生「自卑情結」，以及與此相關的「陽具崇拜」病態意識，從而鑄成了女性生理、心理以至人格特徵「命定」為弱者和「被動性受體」的局限性。弗洛伊德把它歸結為三點：一曰被動性（性交時被戳的對象）；二曰受虐性（不厭惡男性的強暴行為、生育欲是自討苦吃）；三曰自戀性（「納西斯」式的顧影自憐、弱者自我保護的強烈意識），歸根結柢是「第二性」。

　　「此地無銀三百兩」的是，弗洛伊德一再聲稱他的研究是心理分析，不是社會分析。但字裡行間總是掩蓋不住男權本位的社會烙印，

其結果是欲蓋彌彰，本質上還是男尊女卑傳統觀念，但塗上性生理、性心理科學的金箔招搖於世，委實遺毒不淺。弗洛伊德的學生海倫·多伊奇「發展」了他的觀點，把「第二性」特徵濃縮為「女性核」。這「女性核」集中了女性宿命的病態特徵，成了女性自然存在的「惡性瘤」，並「癌擴散」至女性的社會——精神存在層面。實為對女性人的全面否定。

就算從生理科學和精神分析研究的角度來看，弗洛依德的「性生理決定人的命運、從而決定女性先天低能的悲劇命運」理論，也缺乏起碼的立論基礎和必要的理論支柱。何況從哲學社會學的角度來進行探討，我們不會忘記馬克思、恩格斯在《德意志意識形態》中提出過一個具有普遍意義的社會研究命題：「精神從一開始就很倒楣，它註定要受物質的糾纏」。弗洛伊德的「精神分析」毫不例外，要受物質社會的影響和制約。可弗洛伊德執意要把自己獨創的「女性理論」之樹拔離客觀物質世界的社會土壤，懸置在形而上的「精神分析王國」的半空中，結果，脫離社會土壤的「無本之木」，必然枯萎、壞死。從認識論角度來看，其致命弱點是丟卻唯物主義「真魂」的唯心假說。從方法論的角度來看，是躋入形而上之「道」之誤。從性別視角看，是典型的男權觀念的學術變種。

馬克思主義從來認為，確證人的屬性，只矚目於「自然人」性心理的病態特徵，置「社會人」的本質屬性於不顧，這種以「個別」代全體的方法失之於「以偏概全」。因為「人的本質並不是單個人所固有的抽象物。在其現實性上，它是一切社會關係的總和」[1]。而弗洛伊德偏偏對這「一切社會關係的總和」、特別是女性作為「一切社會關係的總和」視而不見，盯住「神經病患者」的性心理、生理變態不放，並企圖以此為「範式」說教人們：人的本質最根本是他的性別。

人的意識、行為，他的生活和創造，「全部而且唯一地取決於他的性慾的命運。其餘的東西僅僅是性慾雄壯的基本旋律的泛音」[2]。不打自招，弗氏「性慾決定論」的核心問題，正是貶損女性的「陽物中心論」。

除卻病態個體的特殊醫學範例，弗氏的「陽物中心論」不具備普遍科學意義上的「合理內核」。它是將歷史上的蒙昧認識和現實中的病態意識畸形生發、惡性膨脹後，取代正常人對兩性性生理、心理衝撞、融突、和合的本質形態科學認識的結果，是男權觀念的醫學翻版，是「妖言惑眾」。

事實上，在男權專制社會中，女性對男性在政治、經濟、社會、家庭中，享有充分自由和特權的地位是羨慕的。她們一千遍、一萬遍地在內心向自己、向社會發問：這是為什麼？男人和女人究竟有什麼不同？這種朦朧的覺醒、探求意識是可貴的，也是十分自然的。正確回答這個問題的理論，應當包容著的深刻的經濟、文化、歷史、思想、科學等涵括人的一切「社會關係」的複雜、深邃內涵。弗洛伊德把如此複雜、深刻，多角度多層次的社會人認知行為活動，一言以蔽之為源於陽具崇拜，真是自說自話地自釋自夢，自作聰明地以為給男尊女卑的傳統觀念找到了生理、心理「科學」的理論支柱，其實只是兜了個形而上學的邏輯怪圈，又回到了原來的「男權觀念」的起點。

從社會性別視角透析弗氏之論，聲稱不是社會分析、只是心理分析的「女性低能理論」以個別代一般，起點是男權觀念，立腳點也是男權本位觀念，論證過程只是個形而上的邏輯怪圈。怪就怪在把「一切社會關係的總和」的女人，用脫離經濟基礎、社會環境的「純生物人」來代替；把複雜的「社會主體」用病態的抽象物──弗氏的「病理性神經模特」來置換。總之，是把「物質」的部分，全部用「精

神」來代替；把經濟基礎的決定作用全部用「本能」來置換；把社會屬性完全用生物屬性來替代……結果全部「女性低能」的精神分析理論，只剩下「先天生理虧損的自卑情結」作理論支柱。

可惜這「支柱」是脫離社會物質土壤的蘆葦棒，無法支撐弗氏的「理論大廈」，使弗洛伊德女性低能的「自然——社會存在功能缺陷分析」成了違背客觀實際的、反科學的謬論。而半是鬼話、半是謗辭的「陽物中心」——那個「決定一切」的「性慾雄壯的旋律」，也只能是男權專制的荒誕之聲。儘管弗洛伊德頭戴精神分析研究鼻祖的桂冠，身著現代科學的時髦燕尾服，振振有辭「陽具崇拜」看上去冠冕堂皇，骨子裡卻是男權本位的「科學」代言人，拖著條反動婦女觀的尾巴難邁正路，纏纏絆絆地跌入了社會性別關係問題的「病理誤區」，那是人類社會性別關係的沼澤地，不能自拔者，將陷滅頂之災。

與弗氏恰恰相反，馬克思主義者從來注重把個體存在與其存在的客觀社會物質基礎聯繫起來，在進行「自然性」的主體研究的同時，進行「社會性」的客觀分析；在進行經濟形態研究的基礎上進行社會分析。我們社會性別關係的分析如此；對弗洛伊德問題的研究也如此。唯有如此，才能洞悉學術研究中的形形色色的理論誤區；才能診視出弗洛伊德精神分析學說關於女人問題理論誤區的病灶，檢討並挖掘病根，以糾正其失誤和偏頗，根除其貶損女性社會主體地位的社會流毒。

還應說明的是，我們這樣結論並不等於全部否定「精神分析」的學術價值。正如宗教是一種信仰形態又是一種精神迷信，我們並不否認他的歷史文化價值；煉金術中既有自然科學知識，又有幻術迷信，我們並不否定它誘發了化合分解的化學研究作用一樣。另一方面，我

們也不會因為宗教學說的歷史文化價值和煉金術的自然科學知識，就去認同他們的迷信觀點一樣，我們不能認同弗洛伊德「女性性生理低能」說，聽任弗氏用「陽具崇拜說」巔覆女性自然存在的主體地位。因為這是女性主體存在的第一張「多米諾骨牌」。接下去是「自然－社會－精神」主體存在全面巔覆的第二性悲劇。

　　總之，社會經濟基礎變革，導致社會性別觀念嬗變、致使女性主體地位倒置，本來女性作為自己「自然本體」、「自然活動」的主體，以其生殖主體優勢的創造價值，高居「人類之母」之尊，卻被「庫瓦達」行為從社會實踐活動中偷樑換柱、巧取豪奪而去；又被畢達哥拉斯的「生殖假說」從理論、觀念上「以假亂真」、「指鹿為馬」。還有弗洛伊德「女性先天生理低能」的詆謗，判定在「性」關係活動中洪水猛獸般恣肆氾濫的，只是男性「里比多」。女性在「受動律」挾迫下，異化成「被動承受的洩慾口」。很顯然，這時，女性生命個體的存在——人類社會再生產的天然主體，已成了單純的生物存在和性役工具。失卻了人的尊嚴和生命意義，從而失落了社會主體地位的女人，只能充任男權專制社會祭壇上的犧牲。

　　反映在社會生活實踐中，即使在最能體現兩性和諧、水乳交融的性生活中，男性的專橫凶蠻，也一直使女性心悸神顫：陰森森地威懾、惡狠狠地佔有、肆無忌憚地褻瀆和踐踏，使最崇高的人性之愛、最神聖的兩性之交的和諧美完全喪失殆盡。在把女性當作「物」一樣摧殘的同時，這類男性自己也墮落得禽獸不如。生物學常識告訴我們，除人類以外的靈長類，都只能在有限週期內與雌性性交。而人類卻不然，男性隨時可以，甚至在女性拒斥情況下強行交媾。卡贊吉耶夫據此斷言大部分男性都是「強姦犯」，雖有危言聳聽之嫌，也不無幾分歷史真實。難怪傳統觀念總把「性」作為談虎色變的禁區，原來

裡面藏著他們的惡魔行徑和野獸嘴臉。

　　儘管長期以來，傳統社會經典理論一直煞費苦心地用「非性化」的莊嚴假面掩蓋「性役化」的醜惡嘴臉，但掩耳盜鈴的結果，卻是不打自招地撕卻了金玉其外的華麗包裝，洩露出「性役」的負面──原始性別和諧被性別壓迫取代。這種基於經濟基礎變革導致社會性別關係的嬗變具有全球普遍性特徵。西方如此，中國也不例外。

　　勿庸諱言，在私有經濟基礎上，雄霸中國幾千年的儒家正統社會性別觀念和思想體系，是以「男尊女卑」為價值核心的，通體浸透了男權本位的功利色彩。如眾所知，儒家的人倫價值觀強調「飲食男女，人之大欲」（《禮記‧禮運》）；「男女居室，人之大倫」（《孟子‧萬章上》），這並不錯。但在男尊女卑的封建社會、夫為婦綱的封建家庭中，這人，只是男性的代名詞，而「欲」，則專指女性──為男人所欲者，是男人洩慾的工具；而「繁衍子嗣」的人之大倫，也僅僅是為男權服務的倫理綱常。「不肖有三，無後為大」，判定女性為男氏家族的生殖機器。這種建立在私有制經濟基礎上的、儒家正統規範的、封建社會家庭中的男女性別關係，決定了女性家庭角色之「物化」地位。誰都知道，家庭是社會的細胞，男女兩性間最普遍、最密切的關係是婚姻家庭關係，女性在家庭中的地位是社會地位的縮影。但很少有男人承認，最普遍的性別壓迫形式恰恰正是家庭奴役。這時女性的家庭角色，是為丈夫把玩的尤物、洩慾的工具、生殖的機器和永久的家奴。她們被剝奪了社會參與的權力和社會創造活動的能力，完全斥絕於社會大舞臺，捲縮在家庭囚牢中作牛作馬。女性家務勞動和人類再生產的創造價值被無償侵吞不算，還被屈判為「白吃飯的」靠男人養活的豬、狗一般，沒有絲毫經濟地位，也就沒了作「人」的權力……誰都知道，女性的社會主體地位並非無意間失

落，而是被有意地倒錯、侵吞，對女人來說，則是被迫捐奉。而且是家庭、社會角色的雙重捐奉。恩格斯一語中的：家庭是私有制的產物——社會經濟基礎之變，導致女性家庭、社會地位的雙重倒置。

儘管男性中的有識之士深知女性地位如此低下是不合理的，但他們深深地懂得，沒有女性低下的墊底，就沒有男人的「高上」地位。索取者總是以奉獻者的犧牲為生存之源的；壓迫者總是以被壓迫者的血肉之軀為墊腳石的。對此，東西方智慧的亞當具有相同的性別共識。柏拉圖等諸位先哲由衷地感謝上蒼對他的恩寵：第一，他是自由人不是奴隸；第二他是男人不是女人。因為女人的地位只能與奴隸劃等號。一些男性教徒，在每天祈禱時，往往不忘感謝上蒼把他造成男人而不是女人。足見在性別壓迫的社會悲劇中，亞當並不困惑。他自覺地維護著作為既得利益者攫取的種種特權，把女性踐踏於自己的腳下。

從性別視角看文明社會，年深日久，男人們習慣用不合理去論證合理；女人們蟄伏於不合理的社會荊棘中蜷縮著，舔舐自己的傷痕。人們不必擔憂因男女地位不等無法共撐天下而引起的天塌地陷，女媧始祖早已煉好了補天的五彩石，女媧的後代們一直默默無言、忍辱負重地繼續煉石補天。文明的巨廈建立在奴隸的白骨之上，肆虐於私有制經濟基礎上的男權專制，將女性自然、社會、精神存在的主體性全面顛覆！這便是文明社會以來的普遍的性別關係，古今中外概莫例外。

封建中國男權觀念奉男體為「七寶真身」，視女身為「五漏之體」。謗議女性自然存在本體——「芙蓉白面，須知帶肉骷髏；美貌紅妝，不過蒙衣漏廁」……古希臘「悲劇之父」埃斯庫羅斯曾指控當時社會「女人不過男人的一條狗」；古羅馬法律確定：「女人是愚蠢

的」；教會長老們曾煞有介事地討論「女性有沒有心智──精神」；托馬斯・阿奎那斯則一言以蔽之：女性是「不完全的人類」、是沒有心智的「雜草」；魏寧格則斷言「女性是肉體生物」……凡此種種貶損女性的男權觀念，還披上了神聖的宗教外衣：《古蘭經》認為「女人是男人的一塊耕地」；《摩奴法典》論定「陋俗所以存在的根源是婦女」；儒家則有「禍水論」、佛家則有「不淨觀」、道家則有「鼎器說」，還有盡人皆知的基督教「原罪說」……眾口一辭，將女性主體地位倒錯為「性役」之物。

　　事實上，矗立在私有制經濟基礎上的文明社會，是以被壓迫者，特別是女性的屍骨奠基的。文明社會的性別交響樂不是和諧的「二重奏」，而是男權高音奏鳴、女奴低音詠歎之不平之聲。男人的名字是一連串雄健的音符，交彙成人類社會的最強音──那是輝煌的「太陽頌」。高音奏鳴中，男性像拔地擎天的大山一樣聳立於世，鎮壓著腳下的黃土地。女人的名字卻是一連串血淚交迸的音符，愁腸百結地迴旋著悲愴的顫音──那是悽楚的「月亮祭」。低音詠歎中，女性社會主體異化成隨風飄搖的衰花弱草、枯枝敗葉，零落成灰碾作塵，回歸於黃土地：「女人是男人的一塊耕地」──那是屢遭踐踏、慘遭蹂躪的黃土地；是築滿女性屍骨奠基的「烈女祠」、「貞節牌坊」的黃土地；是女性創造智慧和著鮮血澆灌的黃土地……這便是文明時代以來男權社會的性別關係。

　　從學理角度講，對原始共有向私有制經濟轉化，引起社會上層建築全面變革的史實及其本質內涵，可由恩格斯的平行四邊形理論得以確證。筆者在《女性人才論稿》中，對私有制產生、社會經濟變革導致中國社會結構圖式變革、乃至社會關係、特別是性別關係嬗變的史實，用「平行四邊形理論」進行了客觀的闡釋。具體通過原始和諧社

會女性主體活動、發展特徵及其開創性的歷史功績，特別是對私有制產生後，女性社會主體地位失落的社會演化過程，按跡尋蹤地進行學理分析，匠心獨運地突出了中國特色，具相圖解了恩格斯在《致約·布洛赫》中所闡述的著名的「平行四邊形」理論。他強調：「歷史是這樣創造的：最終的結果總是從許多單個的意志的相互衝突中產生出來的，而其中每一個意志，又是由於許多特殊的生活條件，才成為它所成為的那樣。這樣就有無數互相交錯的力量，有無數個力的平行四邊形，而由此就產生出一個總的結果，即歷史事變」[3]。我們這裡具指「女神—女奴」的社會性別關係的「歷史事變」。

就文化社會學的世界普遍性特徵和民族個性特徵的辯證統一發展規律而言，華夏古文明中「女神」嬗變為「女奴」成因過程及實質和規律性，正可謂恩格斯「平行四邊形理論」的社會變革典型。就普遍的規律性特徵而言，「平行四邊形理論」概括了世界各民族社會在原始共有向私有制經濟演變進程的共性特徵，即「無數互相交錯的力量」、許許多多「相互衝突的意志」，在經濟變革的特殊條件下，產生了一系列的社會變革，都是借助特殊民族社會變革之特色「符號代碼」來解析、實證「平行四邊形理論」的。

中國特色的社會性別關係嬗變之個性「符號代碼」，那就是如前所述的：由鱷魚女神、女媧始祖到龍、真龍天子——皇帝等等。它們之間時空交織、縱橫經緯的「無數交錯的力量」、「互相衝突的意志」……在經濟變革的基礎上產生的一系列社會和觀念變革，從性別視角看，正好體現了由原始公有制的「女性崇拜」到私有制的男權本位的「歷史事變」，即女性社會主體地位、它的語境特徵、語義特徵和視界取向的社會嬗變，基本上呈現一個「平行四邊形」的結構形態。這是無數個時空交錯、互套延展的力的平行四邊形系列組合的網

狀結構，昭示了社會發展特殊時段「歷史事變」生成、運動、發展變革過程及其本質內涵和中國特色。具體見下圖：

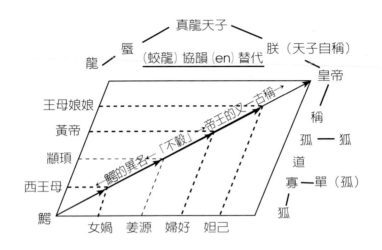

秉持系統論研究法，借助中國特色的符號代碼對社會變革特殊時段、即原始共有向私有制、原始和諧向性別衝突社會演進的運動軌跡按跡尋蹤，不難看出平行四邊形的兩條邊：「鱷─龍」與「鱷─狐」的雙向辯證組合構成了中國原初社會性別關係「歷史事變」運動發展過程的基本態勢。由鱷到龍和鱷到狐的歷史演變，是個辯證統一的雙向逆反運動過程。在這個過程中，分別出現了以下兩個系列的「個體形象典型」：

西王母─顓頊─王母娘娘─皇帝	女媧─姜源─婦好─妲己
鱷────────────龍	鱷────────狐

其中的任何一個個體形象的運動、發展、演進，都毫無例外是客觀存在的時空環境造成的，同時又是自身特點所決定的。它們先是

在運動中逐漸形成一種相對穩定勢態，一遇異質環境，則產生新的變體時態。兩個系列中，一個個個體看似「偶然」實為歷史必然性的變異，它們之間層巒疊嶂的複雜聯繫，導致了系列群體的必然性的、合規律性的變化，即以雙向逆反的勢態，螺旋式上升發展。正因為每個個體形象的典型形態都曾是一種相對穩定的時空存在，我們才有可能進行具體的考查和研究。也正因為每個「它」又呈現不停運動且互為條件、互相關聯的非穩定狀態，才能經過衝撞、變異、融突、統一，形成新的社會形態格局，而「平行四邊形」的對角線「鱷－皇帝」的發展指向，標誌著由原始共有向私有制轉變這一特定歷史階段社會結構形態的本質內涵和發展指歸──以皇帝為代表的中國封建男權社會形成。

　　具體如圖所示：「鱷－皇帝」的發展指向，是由「鱷－狐」、「鱷－龍」雙向逆反融突運動的對立統一，合成「歷史事變」的結果。這裡，「皇帝－狐」的關係，可以由「鱷－狐」的關係間接得出。另外，皇帝習慣「稱孤道寡」。其中「孤」古通「狐」；「寡」與「單、孤」意同，所以又與「狐」同，可為探尋「皇帝－狐」之間關係的蛛絲馬跡。至於「龍－皇帝」之間的關係可以由皇帝自稱「真龍天子」來說明。另外，天子自稱為朕。朕與蜃同韻，而蜃的古義則為蛟龍。由此可見龍與皇帝之間的「自然、社會關係」引伸出「政治等同關係」。到後來，龍一直是封建皇權的象徵，同時也是政治化了的男權專制象徵。這正是「女神」到「悲劇」之「歷史事變」的轉折點。因為它與「平行四邊形」合力運動的變革指向（鱷－皇帝）攸關，即與「男權本位社會」始於「女性本位社會」的理論觀點緊密相關。前邊我們已經講得很充分了。

　　此之謂，在「平行四邊形」上，還可用「不穀」來進一步論證。「不穀」在古漢語中，是古代帝王的又一稱謂。而「不穀」更早的詞

義則是鱷蜥的又一別稱。所以可為「鱷－皇帝」的關係之佐證。但「發展取向」不是單向運動，它是「平行四邊形」的合力運動指向的結果。所以，以「鱷」為起點，「鱷－龍」、「鱷－狐」對立衝突、矛盾統一的雙邊結構運動，發展取向為「鱷→皇帝」，其實是「無數個力的平行四邊形」合力運動的結果──產生始於鱷魚女神崇拜的原始性別和諧社會到「龍崇拜」的男權專制性別關係衝突社會這一「歷史事變」，這才是我們論證的重點。

何新先生在《「龍」神話與象徵》中，曾令人信服地論證了中國上古時代的諸多圖騰崇拜，特別是後來具有準圖騰特色的「龍崇拜」，最早始於「鱷魚女神崇拜」的社會理論命題。從而使「圖騰崇拜」從原始宗教迷信的神秘歷史氛圍中脫穎而出，以人類社會發端、發展變革的認識價值存在於母系氏族社會，鐫刻於華夏民族社會發展的扉頁之上，特別突顯的是原初女性本位社會及其歷史事變演進過程的中國特色。

應當說明的是，以經濟社會學中的經濟基礎變革，原始共有經濟巔覆的「歷史事變」為基礎，從文化社會學角度看，圖中所有稱謂既有民族本色特徵，又有符號代碼旨意。從性別視角看，更主要的是揭示社會性別關係、社會角色地位嬗變的內涵和實質。如圖所示是男權專制社會「歷史事變」形成的過程，也是女性主體社會地位失落的過程。

總而言之，「平行四邊形」中，無數個大大小小層疊互套的「力的四邊形」大網路結構之上，互相關聯、互為條件的各點各線矛盾衝突、對立統一運動，看似不無「偶然性」實為「必然性」的發展過程，就是實現若干個力的衝突、平衡和若干個矛盾統一的「平衡力」的集束合成過程，以形成若干個力的平行四邊形的總合力。它就是由

「鱷」發端的平行四邊形的對角線——女性本位社會的主軸線——原始社會發展的矢力線。它經過雙向逆反（鱷—龍；鱷—狐）的演變過程，整體上呈現出螺旋式上升的運動總趨勢，決定事物的發展方向。進而，如同恩格斯所強調的那樣：「產生出一個總的結果，即歷史事變」——伴隨著私有制的產生，中國封建專制的男權社會逐漸形成。一方面，這歷史事變即社會經濟基礎變革導致社會形態、制度觀念方方面面的變革，無疑是原始社會發展的歷史推動力。而女性群體毫無疑問，是這個推動力的主體成分。它曾與男性共同奠造了神州大地史前社會的獨特雄姿；彰顯著華夏民族創造本質的精魂。另一方面，私有制經濟的產生、男權本位社會的確立，宣告了女性本位「神曲」時代的結束、「悲劇時代」的到來。

從人類社會學角度看，史前社會長達人類社會歷程至今99%以上的里程，在對女性熱烈禮贊的「聖母頌」中，經由母系氏族向父系氏族社會歷史轉變，由原始共有制進入了私有制社會，女人由「女神」蛻變為「女奴」。從人類發生學和個體發生學的角度來看，女性群體和個體，均由母系氏族社會的「自在」階段轉入了父系氏族社會的「抑制」階段；就人類自身而言，父權制誕生，標誌著人類從弱意識的自然狀態演進成強意識的社會狀態，實現了由「自在」到「自為」的變革和發展，開啟了人類有意識的社會活動，乃至於精神活動的歷史新篇章，使人類跨越蒙昧野蠻時代、邁進文明社會的歷史門檻。父權制的「社會存在」顯然是個歷史的進步，有其充分的存在合理性，同時又具有與之相悖的不合理性。

事實上，這裡的文明是柄正負相嵌的雙刃劍，它挑開混沌、剔除蒙昧、指歸進化，是社會的驕子。同時，它也劈開了人類整體的巨大斷裂——性溝，砍削出男尊女卑性別分化的「絕對性差」，異化成文

明的悖謬。這是因為，男權本位在攫取了所有社會特權的同時，也攫獲了女性的主體地位。它們巔覆了原始性別和諧，營造起性別衝突的男權社會。它以「文明」浮面之冠冕堂皇，掩蔽「野蠻」負面之性別壓迫實質。自此，「性役」的層層血污浸漬著女人，塗汙了社會，開啟了「人類史上的動物時期」[4]，也開始了社會性別史上的「動物時期」。

　　總之，經濟社會學場域，原始共有被私有制取而代之，社會經濟基礎變革導致社會性別觀念、關係嬗變、女性社會主體地位失落，才是問題的根本；原始性別和諧社會被性別壓迫社會取代，才是問題的實質。

　　在經濟社會學場域之變的基礎上，下章我們剖析政治社會學場域之變：男權專制社會制度系統的桎梏下，女性「人」的社會本質失落。

| 註釋 |

1. 《馬克思恩格斯選集》第1卷，人民出版社，1976年，第18頁。
2. M・M・巴赫金、B・H・沃洛申諾夫：《弗洛伊德主義評述》，汪浩譯，遼寧人民出版社，1987年，第6頁。
3. 《馬克思恩格斯選集》第4卷，人民出版社，1976年，第478頁。
4. 《馬克思恩格斯全集》第1卷，人民出版社，1995年，第346頁。

第七章 政治社會學場域之變：
社會制度系統的桎梏
女性社會本質失落

> 從形象上看，文明制度是個不透明的物體，
> 是欺詐和罪行交織的漆黑一團，可是仍然具有一些和諧的反光。
> ——傅立葉

　　從政治社會學角度看，所謂制度，廣義而言，是指在特定經濟基礎和社會歷史條件下制定的政治、經濟、法律、文化等社會規範體系；具體而言，是指約束社會成員必須共同遵照執行的規程、規範和法度。從性別視角看，男權專制社會制度下，如同奴隸主和奴隸的關係一樣，「男女之間的關係也自然地存在著高低的分別，也就是統治和被統治的關係。這種原則在一切人類之間是普遍適用的」[1]，這種關係、這種原則，是靠男權專制制度法規桎梏的。

　　必須承認，一個社會（國家）的政治制度對人們社會關係的作用和影響是決定性的。我們這裡強調社會制度對社會性別關係的作用和影響。文明社會確立的男權本位制度，使原始性別和諧消解、性別壓迫橫行於世。曾經「兩小無猜」相依相伴、互敬互愛的男人、女人，分裂成男主、女奴的兩大性類群體……但誰都知道，綜觀迄今為止的人類社會文明史，就其真善美慧的物質和精神成果來看，是男女兩性在相互依存中共同創造的結晶品，堪稱性別和諧的文明反光；但就社會制度的性質特徵來看，是男權社會制度的鐵律強姦人的理性的雄蠻

時代。這是一部鐵與血的社會發展史。千百年來，女性的血淚流淌成河……難怪哲人慨歎：文明時代以來，歷史的理性權威已經被寵得過於驕橫，凡歷史文化建構的一切都是不可跨越的門檻，哪怕無數生靈捐盡了自己的鮮血和眼淚！但是，畢竟有人敢於指正這「鐵的理性權威」。

應當說明的是，我們所要指正的「理性權威」僅指男權社會傳統的「理性」權威；「鐵的理性權威」僅指男權社會制度的鐵律。它們縱橫經緯桎梏著社會生活和性別關係的方方面面。就像章魚的觸角，從四面八方，橫七豎八、層層交織成男權專制社會制度的羅網，將女人困厄於其中。

如此制度下的社會性別景觀令人心悸：「傳統的理性」精心構築、強行推進的男權專制社會制度，將人類的一半非理性地踐踏於腳下，並且雄蠻地宣告，這是命中註定的在劫難逃、無法改變的束手待斃──死路一條！這就是男權本位政治的「理性權威」為女性建構的不可跨越的「鐵門檻」。那是祥林嫂們無法用斧頭砍斷的社會制度鐵門檻。

毋庸諱言，正是私有經濟基礎上建構的男權社會制度組織系統的羅網，將女人死死困扼其中。而性別專制制度下的國家機器，又像巨大的絞肉機，將鮮活的女性血肉之軀作為充填物，強行殘酷絞殺……至使女性「人」的社會本質全面失落。下面我們將從婚姻家庭制度、宮廷制度、宗教制度、社會習俗不成文的制度、特別是娼妓制度等幾方面，進行具體剖視。

首先看傳統的婚姻家庭制度對女性的困扼和摧殘。

人類社會學無法迴避這樣的事實：男人與女人最普遍的關係是婚姻家庭關係；而家庭又是私有制的產物，所以男權專制鎮壓女性最直

接的途徑便是借助男尊女卑的婚姻家庭制度。

如果說群婚制是蒙昧時代、原始性別和諧的產物另當別論，那麼掠奪婚可謂是野蠻時代、性別衝突的產物。因為父權制將男女兩性生殖角色的倒錯、社會地位的倒置，使男性獲得了享有女性的特權，所以原有的「普那路亞婚」首先被男性享有「專利權」的掠奪婚代替⋯⋯以中國為例，請看《易・爻辭》中對掠奪婚的記載：「乘馬班如，泣血漣如，匪寇婚媾」。梁任公在其《中國文化史・社會組織篇・第二章》中，曾對掠奪婚作了具體說明：「夫寇與婚媾，截然二事，何至相混？得毋古代婚媾所取之手段與寇無大異耶，故聞馬蹄蹴踏，有女啜泣，謂是遇寇，細審乃知其為婚媾也。」此之謂，男性可有恃無恐，強掠別姓女子而獨據之，並相沿成習，是謂掠奪婚。

無獨有偶，在古希臘《荷馬史詩・伊里亞特》中，有許多通過戰爭劫掠女性據為己有的描寫，與掠奪婚頗相似。阿克琉斯的「憤怒」、阿加曼農隨心所欲的巧取豪奪，都反映了男性劫掠女性為一己享用，已如「探囊取物」般的輕而易舉。在男女兩性關係及結合手段上，掠奪婚起於父權制社會後期，盛於奴隸制社會。世界各民族大都經過這種掠奪婚的野蠻階段。雖有時間早晚、長短之差，卻大同小異，本質上都是男權暴力對女性的野蠻霸佔。

社會演進由野蠻漸次過渡到宗法制，掠奪婚逐漸被買賣婚代替。所謂「伏羲制儷皮為禮」，便是買賣婚的雛形。買賣婚是私有經濟社會婚姻家庭制度下的產物。其實質是以財、物換女人，與彩禮婚以彩禮聘女人本質上是一致的，都是把女人當成物、當成商品買賣。從詞源學角度看，中國彩禮一詞源於三千年前西周的「采擇之禮」。春秋戰國之後，「商品經濟」發展，彩禮隨經濟條件而「水漲船高」。西漢時期聘皇后要黃金二萬的彩禮。王莽迎皇后，則用了三萬黃金。這

種「高價彩禮」的古習俗，至今遺毒尚存。

由於封建社會講「男女之大防」——「男女授受不親」，故而男婚女嫁、在成婚之前多要有人從中撮合、穿針引線，所以出現了「媒妁婚」。《詩·齊風》中所言「析薪如之何，匪斧不克；取妻如之何，匪媒不得」，則是強調「媒妁之言」的媒妁婚。在中國長期的封建社會中，「父母之命、媒妁之言」是男婚女嫁的權威性仲裁，個人意願是毫無價值的。特別是女性，更無絲毫自我選擇的自由。

事實上，隨著私有制經濟的發展，男權惡性膨脹下的婚姻家庭制度，將女性人格基本「物化」。掠奪婚也好，買賣婚、彩禮婚也好，媒妁婚也好，都是剝奪女性獨立人格、並將其異化為男性隨意取捨之物的「合法手段」。這種「合法手段」是由不合理的婚姻制度賦予其社會存在的「合理性」的。究其實質，合的是男權對女性專制之「理」。

從性別視角理性地審視婚姻、家庭制度的建構和發展，人類社會由群婚制向對偶婚制的轉化是由女性積極努力完成的，但由血緣家庭向立法家庭的過渡，則是通過男權制度實現的。他們使自然的對偶婚姻在立法家庭取得穩定形態，最初還是一夫多妻制。由於女性的強烈反抗和積極鬥爭，迫使一夫多妻制向一夫一妻制轉化。恩格斯在其《家庭、私有制和國家的起源》中，曾明確指出，這種「一夫一妻制不是以自然條件為基礎，而是以經濟條件為基礎，即以私有制對原始的自然長成的公有制的勝利為基礎的第一個家庭形式。」其實質是私有制的產物，也是男權專制的產物。沙皇俄國頒佈的家庭婚姻制度法令就明文規定「丈夫有權痛打妻子」……顯然，這種通過男性實現的「立法家庭」，是建立在男權本位基礎上的婚姻家庭制度。千百年來，它借用「歷史的鞭子」——法律制度，恣肆無忌、橫行於世。

　　毋庸諱言，文明社會以來，男女兩性最密切的關係是婚姻家庭關係，最普遍的性別壓迫，恰恰是家庭奴役。因為文明社會伊始的姻婚家庭制度，確立了男性絕對權威的霸主地位。漢語中「威」字的「表意」功能，就體現了男權專制實質──它把女人困在裡面、壓在榗下還不算，還在頭上架起兵器（戈），以示武力鎮壓。這就是男權專制壓在女性頭上作威作福的權「威」，是男權鎮壓女性權威的「自供狀」。甲骨文中，「家」字會意「房蓋底下的豬」，是將足不出戶、厮守在家的女人比做豬一樣的家畜。它們活著只為了圈在豬欄裡生小豬或餵肥了供主人享用──這便是女性的家庭地位。而甲骨文中的女字「會意」一個「跪在地上的、長頭髮的人」，即女人。再看古代漢語詮釋的「奴」字有兩個重要釋義：一指女性；二指「喪失自由、受人役使者」，顯然將女性由家庭之母降黜為家庭之奴。如此性別壓迫的文字告白，在古漢語中觸目皆是。

　　其他國家語言文字中的例證也不勝枚舉。如英語中的「man是「男人」又是「人類」的意思──難道人類僅指男人？俄語中的人類直譯為「亞當（而不是夏娃）的宗族」──都是「男性本位」觀念的鐵證。語言、文字，作為人類文化的兩大「柱石」，它們托舉的這段「制度史」的「男尊女卑」實質，透過文字的歷史陰影，行行在目，字字鐵證。這時候，方方正正的漢字掩飾不住婚姻家庭制度「損女奉男」的不公不正；曲折優美的拼音文字狡黠地隱藏著婚姻家庭制度性別壓迫的實質。

　　請看一向以東方文明古國自詡的印度，存在著許多不文明的婚俗制度。這些制度環環相扣，都是為了保護男性壓迫女性的特權。婚前，且不說種姓、門第、金錢等重重阻隔，至今還有一個十分突出的「嫁妝」問題。即是女性出嫁必須帶給男家豐厚的嫁妝陪嫁，嫁妝取

代了女方的人格價值。一位「反嫁妝運動」成員一語道破個中秘密：「嫁妝使女性地位連牛都不如。如果誰家死了一條牛，得花錢另買一頭，但如果休掉或死了妻子，另一個新娘則會帶來更多的財物——「嫁妝」。

還有因襲著舊傳統的「加斯特」、「普魯達」制度規定，要把女人與外界、特別是與丈夫以外的男人隔離開來。她們無一絲一毫獨立人格，更談不到人身自由。儘管印度的婚姻法律制度明確規定為「一夫一妻制」，但法律同時規定：只要妻子不上訴，丈夫重婚就不受法律制裁。可見這「一夫一妻制」是何等的虛偽，它保障男子享有多妻的「法律許可的自由」。所以「一夫多妻」氾濫成災。據《報刊文摘》披露的一則消息報導，印度的一個六十三歲的男子，1987年4月娶了他的第九十位老婆叫雪妃。老婆的嫁妝，便是他的衣食之源。他揚言要娶到一百個老婆。這便是所謂「一夫一妻制」的現實內幕。

不獨印度，別國亦然。文明時代立法的「一夫一妻制」只是多妻事實的遮羞布，掩蓋不住「損女奉男」的實質。據2007年《國家人文地理》披露，蘇丹努爾人「男人可以娶五十個妻子」的規定，至今仍在暢行無阻。據《現代快報》國際新聞‧社會版報導：肯尼亞一位八十五歲的男人阿庫庫共娶過一百三十名妻子。問他何以能夠有這麼多妻子，他說因為制度允許男人「獨裁」……簡直是男權制度不打自招的「自供狀」。

被譽為印度「民族魂」的詩聖泰戈爾，有許多作品揭露婚姻家庭制度對女性的戕害。你看他操著滴血的筆，彷彿伸著血污的手，從男權專制社會的畸型子宮裡拽出一個個血淋淋的怪胎：他筆下的烏瑪、苦森、尼洛波瑪，尤其是摩訶摩耶，都是罪惡婚姻制度的犧牲品。出於人道同情，泰戈爾企圖用恒河、印度河的聖水給這些家庭婚姻制

度的「怪胎」重施洗禮，是無論如何也洗不掉男權專制制度罪惡的血污的。

更令人扼腕的是「以妻殉夫」的殉葬制度。千百年來，印度這個一直苦於乾旱、崇拜「濕婆大神」、「銀河女神」的文明古國，卻又對「火」特別崇拜，尤其崇尚女子火焚殉葬的「撒提（梵文「Suttee」的音譯）制度」。據繆勒利爾的《婚姻進化史》記載，這種社會習俗、或曰特殊婚姻家庭制度並非印度獨有，也曾見於伏爾加流域、裴濟、馬來西亞、柬埔寨等地，但尤以印度為最，流毒至今。究其實質，妻子火焚殉葬，以示對亡夫忠貞的「撒提制度」，是男權社會殘害婦女的一種極其野蠻的制度習俗。泰戈爾以此為題材創作的小說《摩訶摩耶》（1892），客觀地揭示了作為印度國粹標榜於世的「撒提制度」，「燒死一個活人，和燒稻草一般容易」。殘害女性的「撒提」制度，是印度紗麗包裹著的特殊孽胎；是吞噬女性的男權制度惡魔。

沒有殉葬的寡婦，過著非人的生活。據2009年12月28日《參考消息》報導，印度現有三千三百萬寡婦，很多被家庭和社會拋棄，靠乞討生活。她們唯一的「過錯」是比自己的丈夫活得更久。

不僅奴隸制、封建制社會，現代社會性別壓迫仍未根除。恩格斯有言在先：「現代家庭在萌芽時，不僅包含著奴隸制（servitus），而且也包含著農奴制……包含了一切後來在社會及其國家中廣泛發展起來的對立。」[2]這種性別對立關係表現在現代社會婚姻家庭制度下，如下幾個個案典型令人義憤填膺。

其一是前不久去世的烏干達暴君阿明。他的妻子凱伊美豔絕倫。當阿明不再寵愛她時，把無辜的凱伊活活絞殺。又滅絕人性地將凱伊美妙的屍體大解八塊，強迫凱伊的娘家親屬觀看，還把凱伊的殘肢斷

體各塊「異位」縫合成「怪物」──真是對女性慘絕人寰的摧殘！比
之更為令人髮指的是斐濟群島中的一個小島國王塔諾亞，曾一次絞殺
八十個年輕美豔的女人，為自己舉辦人肉的盛宴──說他是「嗜血的
野獸」並不過分。

　　還有享受現代西方物質文明卻野蠻愚頑且窮凶極奢的阿拉伯一酋
長阿默德，其妻維莉亞患急性闌尾炎，卻不准醫生治療（怕別人看到
妻子的身體）而親自操刀，割斷了妻子的動脈，血流如注。滿身是血
的阿默德狼狽逃竄。由於醫生及時有效的搶救，維莉亞得救，卻又剖
腹自殺──因身體被醫生看到，何等兇殘的愚昧、愚昧的兇殘，何等
滅絕人性的丈夫！屠宰場一樣的家庭，就是在現代社會，仍有部分女
性沒有擺脫家庭、丈夫的無辜屠宰的命運。

　　對此，恩格斯在《家庭、私有制和國家的起源》中曾直言不諱：
這種家庭「顯然是奴隸制度的產物」。作為以血緣關係為紐帶，由婚
姻制度固定下來的社會基礎單位的組織形式，這種家庭包涵著深刻的
性別壓迫的實質和內涵。拉丁文中的家為「Familia」，意為「屬於一
個人的全體奴隸」和「一個男人與眾妻妾們」。顯然，這家庭與私有
制的起源同步、同調。家庭中的丈夫與妻妾由婚姻形式固定下來的家
庭關係，與社會中奴隸主與奴隸的關係相等。男權對女性的性役，便
是男權專制社會婚姻家庭制度的本質性特徵。難怪恩格斯、列寧等都
曾多次強調：只有「擺脫家庭奴役」，才能實現男女平等。

　　再看全國第一家庭、最大的家庭──宮廷制度下的皇室婚姻
家庭。

　　中國古代的內廷（後宮）制度，不僅從制度規範、還從實施策
略、方法上，對女性全面顛覆，使女性社會存在本質失落，被歸於
「色相之物」、「禍國之災」……

　　請看《尚書・夏書》的「五子之歌」曾記：「內作色荒，外作禽荒」──把女人與禽獸相提並論，歸於男人嗜好的「聲色狗馬」一類，且強調女色是亡國之禍根。自此，「女色亡國論」在中國古代社會典籍中比比皆是。《國語・晉語》就曾記載：「昔夏桀伐有施，有施人以妹喜女焉。妹喜有寵，於是乎與伊尹比而亡夏」──把妹喜說成是夏桀亡國之罪魁。其實妹喜不過商湯「美人計」的政治誘餌，夏桀淫於酒色、政權腐敗而自取滅亡，是歷史必然。妹喜被迫充當夏桀淫欲的工具和商湯的政治犧牲品，有功於商湯反受其誣陷。正直的屈原曾在《天問》中憤激地為妹喜鳴不平：「妹喜何肆，湯何殛焉」？

　　還有眾所周知的蓋世英雄周武王伐紂，竟以「鑣女禍」為藉口，把殺戮征伐之責轉嫁女人之身。他將蘇姐己誣為狐妖，並懸其人頭於高臺示眾，上書赫赫大字：「禍商者，此女也」！至於周幽王失國，也罪咎於褒姒「女色誤國」。其實褒姒不過區區一宮女遺棄的私生女、周幽王隨手拿捏一玩物，斷無倒轉乾坤之力。《詩經・小雅・正月》卻正言厲色：「赫赫宗周，褒姒滅之」……指鹿為馬的結果，是「假作真時真亦假，無為有時有亦無」了！女人成為男權專制政治的犧牲品和替罪羊。

　　再看首創中央集權制封建大帝國的始皇帝，赫赫英名，萬代稱頌。但他為巴清寡婦創立「貞節碑」，卻遺患千載。作為「貞節」制度最權威的「首倡者」，始皇帝欽定的「貞節」只是捆綁女性的繩索。自己卻是「阿房宮幾千粉黛」，輪流供他片刻逍遙。自秦始皇起，貞節成了女人的「第一生命」，女人為男人守節，竟成社會時尚，並遺患千載，愈演愈烈……多到無法在此一一盡訴……

　　在漢代宮廷（後宮）制度的鐵牢中，身為後、妃的宮廷貴婦，表面上鮮花著錦、何等光耀，其實她們的生命、尊嚴和人格價值，幾乎

被毀損殆盡。據《資治通鑑》記載，西漢宣帝年間，廣川王劉去殘害女性的罪行實在令人髮指。劉去用燒紅的鐵條灼笞「修靡夫人」，喪心病狂地將木橛釘入她的陰部，再割下她的鼻子、嘴巴、舌頭，通身剁成肉塊後，放到大鍋裡拌和毒藥烹煮了一天一夜。可歎一如花似玉之女，成了一鍋肉糊。還是這位廣川王，用燒得通紅的牛耳刀刺爛另一美姬榮愛的雙眼，一塊塊地凌遲活人之肉，還將燒熔了的鉛汁硬灌到榮愛口中，直至斃命。最後還剁下四肢，使荊條裹埋……

　　據史料記載，將活人大卸八塊、著毒藥烈火烹煮，或鉛汁錫汁灌入五內將人塗毒的作法，是劉去慘害女性的一大發明。如此殘害「女性」的吃人惡魔，在「正史」中卻高居才藝雙全的帝王之尊。是男權專制制度使之有恃無恐。其他君王與之大同小異，有的甚至有過之而無不及。至於曹操無端殺妓，其子曹璋以愛姬換馬，均被視為尋常小事。石崇宴客，酒酣興至連殺三個無辜美姬只為打賭。如此人命關天大事，也被視作「區區小事」……

　　特別是延及隋朝，隋煬帝特造「迷樓」圈禁宮女六千之眾，供其一人享用。他色慾無度，淫蒸庶母陳氏、蔡氏的醜行令人作嘔。至於後來明武帝的淫樂窩，則號稱「豹房」……其它歷代好色昏君強暴女性的兇殘，簡直勝過豺狼虎豹。其獸性淫慾，無法一一盡訴。

　　漢唐以來延襲的性役制度，則是物質、精神雙管齊下。由於封建經濟的發展，促動了文化形態的勃興和相關制度的理論化，從精神上奴役女性的倫理規範制度紛紛問世，從社會──精神層面絞殺女性。影響較大的有劉向的《烈女傳》、班昭的《女誡》、長孫皇后的《女則》三十卷、陳鄭氏的《女孝經》十八章等。大多成為推行男權專制制度的行動準則。如唐名相房玄齡病重時，其妻盧氏自挖左眼，以誓守貞之志，竟傳為千古「佳話」、萬世楷模讓女性效法，流毒甚廣。

　　漢代封建宮廷摧殘女性的皇權制度，還有幾項小小的「創造發明」：一曰「對食制」：漢初立法強迫宮女嫁給宮廷宦官。而《後漢書・宦者傳序》謂「中興之初，宦官悉用閹人……」由此可知，「對食制」這種形式上的婚姻家庭只存在著「飲食」生活，無「男女」間的性生活，故曰「對食」。結果，男方不僅白得一僕婦，同時獲得了精神享受的滿足。而活鮮鮮的女性終生沒有性生活，這是一種「活女殉活夫」制度。二曰專為年輕貌美的宮女所設的「椓刑」。具體作法是用重器反覆捶打女性腹部的一個特殊部位，損壞其生殖能力，以免其被姦懷孕造成「宮廷醜聞」。連孕育生命的「子宮」都被毀損了，女性並非女人，異化成男人性慾的發洩器和排泄口！三曰「殉葬制度」──以活女殉死男，男權專制以來，歷朝歷代，「女子殉葬」悲劇比比皆是。尤其宮廷殉葬，並非一女，有時是幾十幾百，大批量的女子，與珍寶古玩、犬馬舟車等物一起陪葬，其生命尊嚴不如一抹塵土……

　　宋明以來，片面極端挾制女性的「節烈觀」導致毀損女性的男權專制罪行愈演愈烈。據《明史・列女傳》記載，載入典籍的貞烈女子「不下萬人」！還有朱元璋兵臨城下時，潘元紹令七個妻妾自刎為其守節，自己卻踏著妻妾的屍體轉身投降朱元璋，之後依舊新娶三妻四妾飽享豔福……

　　更酷烈的個案典型是宋遼時期契丹族女詩人、遼道宗的宣懿皇后蕭觀音的悲慘命運。作為罕見的少數民族才女，她精音律、長書法、善琵琶，有深厚的漢文化修養，在詩詞文賦等方面，也有高深的造詣，同時又是具有遠見卓識的政治精英。她經常進諫遼道宗經國治世之良策，避免奸佞讒言亂政，故而為圖謀篡國奪權的奸臣們切齒痛恨。奸佞們狼狽為奸、精心策劃了一起駭人聽聞的「文字冤案」，其

實是一場「政治大冤案」。他們假造宋朝皇后親筆御書的〈十香詞〉請蕭觀音和詩。蕭觀音才華橫溢，揮手即賦〈懷古詞〉附書其後。不料因施才用墨慘遭陰謀暗害。奸佞們以假亂真，栽贓陷害，一手製造了「宣懿皇后私通伶官趙惟一」的千古冤案。昏暴的遼道宗不辨真偽、輕信讒言，用鐵器猛擊蕭觀音，幾至殞命，後又逼令其白盡。

——尋尺白綾悠悠高懸，絕世才女魂歸離恨天。

據記載，凌遲至死後的蕭觀音，裸屍、捲以破爛葦蓆，棄之如草芥。宣懿皇后淒慘哀豔、悱惻動人的遭遇，字字血、聲聲淚——「天蒼蒼，野茫茫」，陰雲蔽月窺遼宮。滿腹經綸凝筆墨，鑄成錦繡華章。因才受害「斧光燭影」，真乃千古奇冤、曠古悲劇，讀之令人憤慨萬端……

再看清朝光緒帝視為紅顏知己的珍妃，世人只知她是枉死的冤魂，鮮聞她是曠世奇才。她不僅雙手擅寫梅花篆字，詩書琴棋字畫樣樣精通，還胸懷救國濟世之志，嚮往維新矢志改革，卻含憤被害，葬身枯井。時至今日，「寧壽宮井斷蒼苔。無人處，秋雨落宮槐，」點點滴滴、抽抽泣泣，彷彿傾訴著幽怨的「清宮秘史」。那黑洞洞的枯井，已無法再淤積末世才女的未圓殘夢，只能引頸空鳴著「女性社會價值毀損」的無聲喟歎。

總之，封建中國皇權與男權專制制度同流合污，從自然、社會、精神存在層面全面絞殺女性。憑藉環環相扣的制度習俗鎖鏈，還有三從四德、三綱五常的「女訓規範」……就像無形的繩索，將女性橫七豎八地捆綁在地，使之俯首貼耳，甘為男權的生殖機器和洩慾工具，無數女性無奈捐軀殞命的社會悲劇命運。就連貴為后妃的宮廷貴族婦女也不能倖免。

西方封建領主在男權專制制度的建構上，也有獨特的「發明專

利」，那就是「初夜權」。歐洲德、法等國的貴族領主，有權摘取自己轄區之內任何女子的「初穗」。換句話說，任何處女都有義務向貴族、領主奉獻自己的「處女寶」，並以制度法規形式強行實施。直到十八世紀，俄國和東歐還保留著「初夜權」制度。啟蒙文學的代表作之一、寫於法國大革命前夕的博馬舍喜劇《費加羅的婚禮》就是以反「初夜權」為主題的，表現了女性尊嚴的社會覺醒。延及資本主義社會，「金錢代替刀劍，成為社會權利的第一槓桿。初夜權從封建領主手中被轉到了資產階級工廠主手中。賣淫增加到了前所未聞的程度。」[3]恩格斯揭露並指控資本主義取代封建主義專制後，「初夜權制度」被「娼妓制度」取代，其覆蓋面從封建宮廷擴展到全社會，對女性的「性役」變本加厲。

　　從性別視角看，男權專制制度對女性「性役的悲劇」衍演了整個文明史。千百年來，儘管地域國別、民族習俗不同，但相同的是男權專制強力推行對女性專制的制度規範，都一如鐵箍般桎梏著女性婚姻家庭乃至社會規範的方方面面，甚至是個人生理、心理、生活習俗的每個細節。活鮮鮮的女人被男權制度的「奧卡姆剃刀」砍削成性役制度的標本。從人體生理形態特徵上將女人異化為「畸型玩物」，男權專制的「制度規範」有許多「發明創造」，甚至細化到女性生活、社會習俗的方方面面，形成了諸多不可違逆的「習俗制度」，將女性從頭到腳捆綁起來……

　　先從頭、臉說起。為了使女人頭髮金光燦燦，令男人賞心悅目，古阿拉伯女人被逼用駱駝尿洗髮、古威尼斯女人竟用獅子尿洗頭……再看臉上的濃妝，在沒有高級化妝品的古代，迫使女性外敷含鉛類粉妝外，還使其內服白堊、砒霜之類含坤毒之物──營造「芙蓉白面」之女色，只為男人賞心悅目，不顧女人死活。

　　再看女性的頭飾和耳環之類。佩戴它的初衷與現代審美觀念風馬牛不相及。據漢代學者劉熙的《釋名》釋義：耳環原稱「璫」，「興於蠻夷，盛於華夏」，遍於世界。《南史》直言其男權本位功能：為提防女性不守操守「私自外出」乃至「夜奔」，故墮上金屬圓璫（初始時，左右耳各二、共四枚），走路時「玎當」亂響，為男人「報警」……明代田藝蘅的《留青日札》中也認為，女子佩戴頭飾和耳環「乃賤者之事」──具有「耳提面命」警誡女子恪守「婦規」的男權本位效用。

　　還有脖子上的項鏈、項圈等頸飾，手鐲、腳鐲、戒指等飾品，都起於買賣婚──都是作為男方對女方的聘定（實為「圈住」「鎖住」「套牢」）之物。究其來源，它源於鎖鏈、手銬、腳鐐。戴上這些飾物意喻「名花有主」──標誌著她已為特定男人所屬，實際是鎖住了女人的人身自由如同戴鎖鏈的奴隸一樣沒有自主權了。所以最初的項圈、腳鏈之類，大多不是金質製品──沒多大經濟價值。

　　歷史記載馬其頓國王賜歌妓項鏈，只因其為己聲色犬馬之娛的玩偶，需要「鎖住」。那時候，項鏈是低賤女性的標誌。喜歡女性「項如蝤蠐」者，為把女人脖子拉長，從小就在女孩脖子上套上許多金屬圈。南亞克倫尼族婦女從五歲開始被套上銅項圈，數年後，增加到九公斤重。為儘量拉長脖子以為美，不斷加套項圈，直到三十歲換下第一批項圈、再換上更寬的一批……帶著它的痛苦不言而喻。一旦拿下，脖頸無法支撐，就會窒息而死，這種使女人終生痛苦、致女人於死命的裝飾，無異於勒命的絞索。

　　為了防止女性「窈窕體態」誘人，男權習俗還用丈二白布將女性胸部纏繞捆紮成扁平狀，嚴重損害女性的身心健康。甚至還發明了「裹身布」，將女性身體包裹起來。如烏爾都婦女的「杜帕塔」，是

遮掩婦女頭部和前胸的特大披巾，其作用是「掩蓋女性人體曲線對男性的誘惑」。特別是波斯婦女的「查多爾」：一塊碩大的黑布兜頭蓋腦，不分寒冬還酷暑的蒙蔽全身，只露出雙眼看路、鼻子呼吸。據說起因也是「女色誤國」：古代波斯有一蓋世英雄，被一佳麗美豔絕倫的體態所迷醉，以至貽誤戰機，吃了敗仗。此後，為「淨化視覺環境」，使男人免受「女色污染」，所以不僅發明「查多爾」、還動用立法規範為制度，用一襲黑袍將所有的女人都一一包裹起來，不包「查多爾」之違規者，至少刑罰七十四鞭笞。真是荒謬的「制度」。

　　更為荒謬絕倫的是，為防備女色「紅杏出牆」，男權專制的習俗在西方有一駭人聽聞的發明，那就是類似「外科手術」的「縫閉陰門」之刑：將女性陰部的兩片陰唇用一種特殊的草繩縫合，等結婚時才能打開陰門。婚後丈夫外出時要重新縫合，回來後再打開……男性要求女性為自己保持「貞操」之甚，已到無所不用其極的程度。

　　與此異曲同工的是早期商品經濟發達的威尼斯，也有一大「發明創造」，那就是遺患千載、遺臭萬年的「威尼斯之帶」——極端閉鎖女性的「貞操帶」，俗稱「柏爾加摩式的鎖」。作為家庭必備之物，市場上出售各式各樣的貞操帶，有金製銀製的，有鑲寶石珍珠的，也有鐵製的，買者視經濟條件選購，但共同特點是都配有牢固的鎖，鑰匙歸外出的丈夫保管，其功用是閉鎖女性陰門，以免丈夫外出時妻子與其他男人性交。一時間，「佛羅倫薩之帶」、「意大利之城」等各種名目的貞操帶紛紛出籠，統稱為「維納斯之帶」——男權專制對女性自然本體的禁錮，達到何等喪心病狂的地步。

　　更令人髮指的是「割禮」制度。據不完全統計，在現代非洲的二十六個國家中，已有八千多萬婦女受過陰部「割禮」。二十世紀八十年代中，移居法國的非洲移民，為保持女性「貞節」，仍然給稚

嫩的女孩做割禮。具體作法是：用剃刀把女孩的陰蒂割下，再沿著小陰唇把肌肉刮淨，然後用槐樹刺和馬鬃把大陰唇的皮膚縫合，只留一個小孔排尿。如此「手術」之後，抹上些黑糊。剛剛還在撕心裂肺般哭叫的小女孩，已經奄奄一息了。再用布條自胯到腳地把小女孩捆綁起來，木乃伊般地搬到床上——「手術」完成，不死已是萬幸！這哪是什麼手術，簡直是故意傷害罪，何況是對未成年女孩——如此喪心病狂的制度、習俗，令人心顫神悸。

　　除卻關鍵部位，從整體上異化女性自然存在本體的制度習俗也花樣百出。喜歡纖秀羸弱美的，千方百計把女人塑造成「病西施」——「楚靈王好細腰，宮女多餓死」的史實，即為此說最好的佐證；愛德華時代的英國崇尚女人窈窕體態，竟使女人冒死吞食絛蟲（靠它消耗體內食物，以抑制發胖）。男權本位異化出「燕瘦環肥」之各色「女性美體」，卻倒打一耙，誣其為「誤國害人」（指男人）的女色、禍水。真是欲加之罪，何患無辭。

　　再看女人的鞋。古代西方，鞋代表男權。結婚之日，岳父要把女兒的鞋轉交女婿，意謂女兒的一切行動已由父權監督轉為夫權監督，即不許隨意走動——失去行動自由。特別是「高跟鞋」，即為古代威尼斯商人的一大「發明創造」。因為他們經常外出做買賣，怕妻子外出拋頭露面，所以特製高跟鞋以「防患於未然」（威尼斯是著名水城，出門便要上下船，穿高跟鞋極不安全，容易落水，妻子為保命，自然不敢外出）。男權制度對女性的禁錮，用心何其「良苦」！簡直無所不至、無所不為。

　　特別是女人的腳。毀損女性自然存在本體，從人體生理形態特徵上將女人異化為「畸型玩物」，男權社會有個舉世矚目的獨創——裹腳。這個「獨創」習俗衍演成「制度」到底始於何時何世，今已難為

細考。最早見諸文字記載的《古今故事考》說妲己為纏足的始作俑者。她由狐變人後，爪未變，故以帛纏之。此說純係荒誕故事，不足為史料之據。但它是男權專制封建中國的一大發明，則是千真萬確的。

宋人張邦基認為纏足始於五代時期南唐的李後主。具體作法是將幼女之腳第二指以後的幾個腳指彎到腳底，用布纏緊，塞入小鞋中。天長日久折損成筍狀小腳，美其名曰：「三寸金蓮」。據其《墨莊漫錄》記載：「李後主宮嬪窈娘……以帛纏腳，令纖小屈作新月狀，著襪行舞蓮中」，舞者頗有飄仙凌雲之態，使李後主神癡魂迷，不能自己。《南史・東昏侯記》則謂：「鑿金（箔）為蓮花以貼地，令潘妃行其上，此曰：步步生蓮花也」……自此，被裹的小腳正名為「三寸金蓮」。

更可歎者，將女性「自然天足」人為捆綁成骨斷趾折的「小腳」之人禍，竟然不脛而走殃及所有女性，並相延成習遺患千載。但男權觀念以醜為美，對小腳推崇備至。最早見諸於文學典籍的是漢樂府詩《孔雀東南飛》中，對劉蘭芝的描寫：「纖纖作細步，驚妙世無雙」；曹植的《洛神賦》中，則有「凌波微步」之意態的描寫；唐代《霓裳羽衣舞》中的楊貴妃，則是「凌波步小月三寸，傾國貌嬌花一團」。據史料記載，趙飛燕、楊貴妃的腳，都捆裹成不到十公分，以迎合皇帝變態的審美需要。

真是上有好之，下必效尤。一時間，裹腳之風傳諸高門大院、遍及市井村民，蔚為時尚，甚至演進成百代不衰的社會習俗，且越演越烈。它標誌著對女性人體的限制已演變為觀念限制，並由制度規範泛化至審美標準，至使「三寸金蓮」成為美女必備的條件，甚至出嫁的必備條件。看似習俗風尚，實為男權專制制度規範下異化女性的畸形產物。

　　更有甚者，一些封建士大夫還著書立說，從理論上精研「纏腳學問」，甚而至於出現了「小腳專論」。如方絢的《香蓮品藻》，論證小腳為「香蓮」竟有五十八條、五式、十八種、三貴的諸多品類、等級，並分門別類地作出品評和介紹，簡直讓人瞠目結舌。稍有正常良知的人都知道，將自然瀟灑的天足人為地扭曲變形、纏裹得肢斷骨折、捆紮成尖削醜陋的畸形怪物，何美之有？女孩從四歲開始裹腳，直至長大成人。被摧殘得鮮血淋漓的雙腳，經年累月、沒日沒夜地用「丈二長」的裹腳布緊緊捆紮、密不透風，何香之有？卻叫香蓮；何貴之有，卻叫金蓮，並舉世趨之若狂。看是腳的變形，其實是人的變態。是男權制度摧殘女性的特殊「發明創造」。

　　平心而論，如果說纏足跳舞伊始，因標新立異聳動視聽，有一種新奇感的變態刺激的話，那麼久而久之變本加厲，成為一種摧殘女性人體的惡習甚至婚姻家庭制度重要規範，顯然非人道嗜好，本質上是「性役」的變態。難怪《金瓶梅》中的「金蓮」有那麼複雜的「性」寓義。據有資料可考的記載披露，中國封建典籍論及纏足的性愛技巧有十多種，足淫之法達二十二種之多。還有以繡花鞋載盞劃酒，謂之「金蓮杯」，曾為酒宴上的「一絕」。這便是「裹腳布」嗜好包裹的「性役」的深層隱秘。西方學者柯勒‧桑婭對此曾直言不諱：那時的中國人有兩種性器，其中「小腳」這種，是中國獨有的。我以為更準確的說法是男權專制所獨有的。

　　據說，人體生理力學結構理論認為，裹過腳的女人走路，僅蹠骨和一個腳姆趾支撐，很難成行，必須靠腰力支撐，因此將導致發達的臀部和括約肌收縮，使男性獲得刺激，在性生活中獲得更大的快感。難怪辜鴻銘曾腆顏自詡：一定要手握姨太太的三寸金蓮，才能文思泉湧、筆瀉華章⋯⋯

　　但從性別關係視角來看，稍微尊重一點事實的人都知道，「裹腳布習俗」把血肉模糊的、尖削醜陋的殘肢斷骨展覽給人看，對女性的人體摧殘裡，包涵著對女子人性的踐踏。於是產生陰柔無法自持的病態女人：扭捏謙卑的精神意態、纖弱依人的審美趣味、虛步躡太清的文化意蘊……造就了「陰卑不得自專，必須就陽而成」的女性弱勢的社會存在。纏足的必然後果——出現了「不能自立」的女人。她們站起來，纖足難支，必得倚人而立；走起來，金蓮寸步、扭捏難行，要人扶持……

　　曾記否，「人猿相揖別」的第一步、也是最關鍵的一步，就是手腳分工，人的直立。而今「裹足不前」的女人簡直無法自立，何談獨立人格和主體地位。很顯然，「裹腳布」性役審美的表層，包裹著男權專制政治統治的社會功利效應。

　　有存在，就有荒誕；有荒誕，必有反叛。我們扯掉裹腳布，解開「小腳」的隱秘，洞悉了辜鴻銘之流贊小腳為「春秋大義」的罪惡實質。男權制度推崇小腳的「春秋大義」，實在是損毀女性的「大不義之舉」，必然受到女性的頑強抵制。據史料記載，即使裹腳盛行之時，村野農婦拒不裹腳者，大有人在。袁枚的《隨園詩話》中有一小故事：杭州趙鈞台欲買妾蘇州李氏，李氏才貌俱佳，只是腳不夠小。趙以「弓鞋」命題賦詩戲之，李氏憤然作答：「三寸弓鞋自古無，觀音大士赤腳趺。不知裹腳從何起，起自人間賤丈夫。」罵得何等痛快淋漓。

　　男士中的有識之士，也有奮起聲援女性者，對纏足口誅筆伐。俞正燮的《癸巳類稿》、《存稿》，竭力反對纏足、守節等；李汝珍的《鏡花緣》巧妙設計「以其人之道還治其人之身」的請君入甕法，讓男人像女人一樣被迫纏足、穿耳……備嚐女性辛酸，以期男人反躬自

問，幡然醒悟：「己所不欲，勿施於人」。儘管這些無法觸動男權制度之分毫，但畢竟是仗義執言之聲，可謂難能可貴。

直至滿清入關後，馬背上得天下的清朝皇帝反對女子纏足。一言九鼎的康熙大帝曾下令禁止纏足，鬧了七年也未禁成，可見積習影響之深。及至清末，外寇入侵，義和團起義，西太后逃難西安，對纏足逃難之艱辛，感受頗深。返回北京後，推行改革新政，堅決禁止纏足。女性纏足的千年悲歌，竟在西太后手中畫了休止符。但在山西等省，直至1931年才廢除纏足的陋習。裹腳布捆綁的「畸形蓮」從反面實證，男權社會中的女性甚至已不再是自己自然存在的主人。她異化為男權專制的「性役之物」。

總之，男權專制社會習俗可謂不成條文的制度規範，對女性的桎梏無所不至、無所不為。

男權專制制度對女性的荼毒，不僅普遍存在於千家萬戶，也存在於宮廷後妃貴婦；不僅流毒市井鄉間社會習俗，也氾濫於神聖的宗教祭壇。

從宗教社會學角度看，文明社會以來，男權專制還與宗教合流，為絞殺女性的社會制度塗上詭秘的「神聖」偽飾，對女性的奴役更有欺騙性，也具有世界共性特徵。那些披著宗教神聖外衣，一貫標榜「禁慾」的基督聖徒們，面對上帝和聖母，竟然恬不知恥地宣講男女性交的「神聖方式」；古印度教中的謙謙教徒者流，腆顏宣講什麼「六十四內能」；口口聲聲叫嚷「男女之大防」的中國道學家們則振振有辭「採陰補陽」……凡此種種，都是講女人對男人的性要求的適應性技巧的。於是，連常人都視為「淫邪」的東西，竟然在佈道傳教的聖壇、聖殿、「夫子廟」等大雅之堂登堂入室了。主宰聖殿的男性們，面對祭壇上女性的「犧牲和供奉」垂涎欲滴，忘乎所以，情不自

禁地露出了聖袍下的那個「小」來。薄伽丘的《十日談》、阿拉伯的《一千零一夜》，還有村野鄉俗中的戲謔故事等，亦莊亦諧皆成文字，痛快淋漓地揭開了「淨修志」、「正史錄」等本本「正經」中，通篇的「宗教聖德」，其實字字血、聲聲淚，都是毀損女性的惡德醜行。

眾所周知，《聖經》開篇就判定「夏娃偷吃禁果罪」，把女性打入「贖罪」的人間地獄。還有《古蘭經》言之鑿鑿：「女人是男人的一塊耕地」，隨心所欲的踐踏之，是男人天經地義的權利。據《一千零一夜奇談》記載，公元十一世紀，在埃及的開羅有個名叫阿卜爾·哈桑·阿里的教主。他恭請了開羅年輕美貌、才華出眾的名門貴族之女共兩千六百六十人來到寺院，光豔照人的窈窕淑女們應邀前往，齊聚一堂……阿卜爾·哈桑·阿里突然下令封閉所有門窗，用磚和石灰堵死一切進出口，剎時間，兩千六百六十名虔誠的女教徒全被無辜地封死在「活棺材」裡。住在附近的居民們，耳邊長久迴盪二千多名女郎撕心裂膽的呼號。最後，一切歸於死寂，從中拖出兩千六百六十具慘不忍睹的女屍。沒有法律去制裁這殺人惡魔；沒有人去追問下此毒手的直接原因。但人們都知道，教主可以隨意處置教徒。

更令人髮指的是流行於歐洲的「魔女審判」制度，假宗教之名行迫害之實，殘酷鎮壓反男權專制者。特別是一些知識女性在男權專制高壓下，探索人性的追求和信仰，被反動當局與教會合謀誣為「魔女」，進行兇殘地捕殺。被抓到的「魔女」先剝得一絲不掛，再綁上拷問台，由拷問吏酷刑拷打、針刺全身……凡感痛楚者（都是血肉之軀，受此酷刑，誰能不痛）一律定為魔鬼附身的「魔女」，視情況，或烈火焚身，或油鍋烹煮……「魔女審判」對女性的毀損慘烈之極，但對有些男性來說，則像觀瞻色情馬戲團的表演，一有此機會，便爭

赴「盛典」一樣傾城出看。周圍還擁擠著各類叫賣小吃的攤販，人們邊吃邊玩邊看「全裸魔女之姿」，以大飽眼福，遠比看脫衣舞更刺激。

「魔女審判」假莫須有之罪名進行宗教審判，殘酷毀損女性，其罪行之酷烈令人髮指，樁樁件件，不勝枚舉。其中最典型的「聖女貞德」之血案，便是真實的歷史事件。

時置英法百年戰爭期間，在生靈塗炭的腥風血雨中，大半個法國淪喪。人民慘遭戰火浩劫，奧爾良重鎮又遭英軍圍困。在國難當頭、生死存亡的危難時刻，年僅十七歲的牧羊姑娘貞德一馬當先率軍馳援，重創英軍，收復了大片失地，扭轉了整個戰局。但是男權專制不容女性建功立業。那些在國難當頭貪生怕死、賣國求榮的貴族領主、宮廷顯貴們嫉恨貞德的豐功偉績，貶損貞德的英名，並妖言惑眾：十七歲的姑娘如何有統帥三軍之力，一定是行妖術、施魔法的魔女，必須對其進行「魔女審判」——何等荒誕的邏輯，多麼陰險的莫須有！

於是，貞德這個比羊羔還要純潔的牧羊姑娘——使侵略者亡魂喪膽的民族英雄，這個創造了奇蹟、挽救了法蘭西民族的聖女，被剃成了光頭，穿上黑色囚服押上刑場。一頂紙糊的高帽戴在她的頭上，上寫「女巫、罪人、魔女、異教徒」等莫須有的罪名。於是「魔女審判」開始：恐怖的火刑柱，兇殘的火舌……熊熊烈焰很快就吞沒了女英雄，聖女貞德化作一抹微塵……

這是人類社會最大的一樁冤假錯案——男權專制與宗教合力絞殺，使功高蓋世的女民族英雄化作血腥、恐怖殺戮的冤魂。但是，貞德捨身殉命的愛國主義精神是殺不死的，女英雄的忠勇神威轉化出強大的物質力量，將億萬民眾凝聚在一起，同心協力趕走了侵略者。法

蘭西自此才成為一個統一的民族國家，可貞德的「女巫」、「魔女」的帽子將近五百年後才摘掉。1920年，「女巫貞德」才昭雪平反為聖女貞德。但是，男權專制假宗教裁判制度之名絞殺女性的悲劇仍在世界各地不斷演衍……「宗教裁判所」「魔女的審判」──宗教的虛偽靈光，遮不住男權專制毀損女性罪惡制度的血污。去德國公幹之時特意去法國，在騎馬仗劍的貞德雕像前，默默獻上一束花……

　　時至現代社會，性役制度以「變體時態」毀損女性。比較而言，發展中國家主要是重男輕女觀念、行為、習俗對女性的毀損。據聯合國統計，全世界有一億多女性下落不明，其中亞洲占一半以上（六千萬），而這其中，中國又占了一半（三千萬）。主要包括被遺棄的女嬰，因營養不良、有病不治或拖延至死的女性，被拐騙、拐賣而下落不明的女性，乃至被墮胎的女胎兒和被溺死的女嬰等。據中國計劃生育委員會的一位官員強調，這三千萬下落不明的女性中，可能有許多人還活著。因為有些人生了女孩就不報戶口，把女孩藏匿在別處（以盼允許再生個男孩），所以產生了所謂「超生游擊隊」，是重男輕女觀念作梗。雖然是現代缺憾，卻是傳統觀念男尊女卑的餘毒。聯合國婦女發展基金會會長凱普林‧阿拉基加說：「成百萬婦女之所以死亡，只因為她們是女性。」

　　如果說「不發達地區」「割禮」、「縫閉陰門」等惡習保留至今，是經濟、觀念落後，導致極度愚昧、野蠻的習俗、制度的話，那「發達國家」則是燈紅酒綠下鬼影綽綽的色情活動、「紅燈區」的色慾瀰泛、「性騷擾」的社會公害……曾經長期逍遙法外。據德國事務部一官員實際調查結果披露，72%的女職員在公司裡受到來自男性上司的性騷擾。一些現代化公司企業氣派豪華的高雅廳堂內，往往高懸色魔淫慾的「鬼斧妖刀」，對女性虎視眈眈……最近，美國社會學

家阿尼塔・妮爾教授和法官魯克斯・托馬司向美國政府提出的報告強調：「性騷擾已經引起全球範圍內的喧囂和激忿」——女性被「色魔」糾纏、猥褻的窘困、尷尬、羞辱，仍是當今社會普遍「公」害。

還有演藝圈內的「潛規則」，已呈全球性氾濫之勢。經紀公司要挾女藝人陪酒陪睡已見怪不怪；被暴力毆打更是家常便飯。2008年的崔真實、2009年的張紫妍等韓國女藝人，便是不堪「潛規則」屈辱憤而自殺的。

再看日本一份著名的新聞畫報《FOCUS》（《焦點》）除披露政界要人的隱私（尤其桃色新聞）外，其審美「focus」主要在全裸女體上聚焦。該雜誌銷量甚高。再看日本新宿、銀座「紅燈區」的色情氾濫，自不待言。就連一般的服務行業，也多有「色情化服務」。二十世紀中期以來，公共浴室設有「湯女」服務，就是日本之「首創」。服務方式是以一名清雅稚嫩的全裸少女，通體塗滿浴皂作為「洗澡巾」，實是以女身在男浴客身上磨、擦、搓⋯⋯活脫脫的「肉搏浴」，對外則稱「土耳其浴」，受到土耳其駐日大使館的嚴重抗議。膽大妄為的日本色情商人乾脆把浴室命名為「大使館」，生意興隆空前絕後。還有前不久興起的「女體盛宴」，令人作惡，難以下嚥⋯⋯

在男權專制的性役壓迫中，娼妓制度也是其一大「發明創造」。

據有文字記載，娼妓制度作為一種「社會存在」確立於古希臘奴隸主民主制的「伯利克里黃金時代」。著名的大政治家梭倫（前638-約前599年）實施了人類史上的第一次改革。他廢除了債務奴隸（使之名垂千古），卻強化了性別奴隸（結果遺患千載）：在《梭倫改革・第六》中，居然明文規定設立「達克太里翁」（古希臘語，意為「國營妓院」）——「伯利克里黃金時代」的輝煌奧盛，原來是妓女的血肉之軀奠基的。自此，娼妓制度開始在西方大行其道。

　　認真思考，娼妓制度產生有其經濟的、社會的諸多根由，本質上是性別奴役。比較而言，如果說男權社會的婚姻制度把女性的家庭角色異化為丈夫獨霸的「洩慾工具」的話，那娼妓制度則從社會角色上把女性異化成公用的「洩慾工具」。很顯然，作為男權本位婚姻家庭制度的補充和輔助形式，娼妓制度與婚姻制度間有著相輔相承的統一關係，有時又以局部的對抗形式出現。它們連體並存於私有制經濟土壤上，是男權制度踩躪女性的社會「惡之華」。

　　問題的焦點在於，娼妓制度的確立是以把女性物化為商品為前提條件的，男性只要有錢，就可以通過「購買」的方式，獲得隨心所欲更換性交對象、與眾多女性進行性交的特權。這就是說，男權制度及其行為規範在用「從一而終」的、「貞節」的精神裹腳布捆綁女性的同時，用「一夫一妻制」的障眼法瞞天過海還不算，又創立了娼妓制度鼓勵男性情慾洪水猛獸般地氾濫，陷女性於滅頂之災的汪洋苦海。為了給這種醜惡行徑尋找理論上的遮羞布和實踐過程中的便利途徑以及種種社會制度保障，不僅借助理論支撐振振有辭，還創立制度法規保證其恣行無忌。

　　更可惡的是，在制定保證男人嫖娼、狎妓的「娼妓制度規範」同時，又在理論觀念法規中宣判「女色」是引誘男人犯淫的「罪魁禍首」，掛「黃牌警告」，人人側目，觀念上視之為「社會之羞」，行為上確認為「社會之罪」，往往賊喊捉賊地將妓女捉拿歸案，並訴諸法律制裁，將其殘酷地釘上「文明」的恥辱柱上，萬劫不復。自文明社會以來，作為文明的悖謬，娼妓制度盛行具有世界普遍性存在特徵。

　　華夏文明古國也曾有不文明的娼妓制度。早在殷代（約公元前1000多年前）就出現了妓女的前身——巫娼。而作為娼妓出現，約始

於周莊公19年（前685年），《尚書》、《呂氏春秋》等均有相關記載。「娼妓」作為官方欽定的制度出現，則始於漢武帝盛世。原來雄才大略的漢武帝及其盛世偉業，也靠女人的血肉之軀奠基。自此以後，各朝各代相沿成襲，愈演愈盛，官妓營妓、公妓私妓……名目甚繁，民眾深惡之曰：「萬惡淫為首」。其間雖有禁娼之記載，不過是封建統治階級掩耳盜鈴之把戲，是謂：滿口的仁義道德，掩不住滿肚子的男盜女娼。可歎被迫為娼者，她們奉獻了女性的極至，卻被打入了萬劫不復的人間地獄。

這並非一時一地一事，而是男權專制以來，世界各地共一主題的千年歷史連續劇──女人本質失落的社會悲劇。此類個案，比比皆是。

先看六朝時南齊名妓蘇小小，浙江錢塘（杭州）人（順便說一句，後來宋朝一名妓也叫蘇小小，也是浙江錢塘人）。現存的六朝江南民歌《玉台新詠‧錢塘蘇小小歌》中、話本《錢塘佳夢》、《西泠韻跡》中，均有蘇小小的故事。可唐代「詩鬼」李賀不寫活的蘇小小，偏寫死後從墳墓中掙脫出來的蘇小小鬼魂：在淒風苦雨嗚咽的暗夜、在粼粼鬼火幽幽明滅的墓地，蘇小小「蘭露啼眼、風裳水珮」，飄飄忽忽、若隱若現，在冥路遊蕩中傾訴自己的「一懷幽怨、百年遺恨」──李賀的《蘇小小墓》為含怨抱恨而死的蘇小小，也是為所有走上不歸路的妓女們，譜成了一首悲情繾綣、迴腸盪氣的悼亡詩，抒發著妓女們至死無法解脫的悲劇情懷。潛臺詞是：妓女們活著，身處人間地獄是死路一條，死後進了墳墓變成鬼魂才是靈魂的解脫。

再看唐代才女薛濤（字洪度），是被迫為娼的歌妓。薛濤八歲便通音律善管簫，吟詩作對、出口成章。十五六歲時，以其文采風華俊逸超拔而名噪一時，活躍在達官貴人、文人雅士的「文化沙龍」中。

白居易、裴度、張藉、杜牧、劉禹錫等二十多位才子名流傾慕其名，紛紛趨之若鶩。尤其元稹，與薛濤交情甚篤並為之傾倒。無奈結局是始亂終棄。據說先後十一任劍南節度使都對薛濤青睞敬重有加，特別是韋皋極贊「美人如詩折鬚眉」，奏報朝廷推舉薛濤為「校書郎」。這是男性才子才有資格擔承的職務。

薛濤一生賦詩五百多首，輯為《洪度集》。蘭心蕙質的薛濤發明用樂山松脂木和雲母搗成漿，加上「薛濤井」之水，和著自己的血淚，烘製成一張張精美的「薛濤箋」題詩作賦，美若鮮花著錦、眾口皆碑（友人嘗贈予「薛濤箋」一楨，珍藏至今）。《升庵詩話》極贊薛濤詩之妙：「李白見之，亦當叩首」，但並非承認女性主體價值，「歌妓」本質上只是封建士大夫把玩、消遣之尤物。最終，一襲道袍、一盞殘燈、一脈青煙，只有冷月蒼苔、苦井淚竹相伴詩魂，薛濤「淒淒慘慘戚戚」訣別人生，至死無法除掉「妓」的髒名。薛濤何其不幸！

但歷史無情卻又多情。2008年「5.12」地震前不久去成都，錦江岸畔有座專為薛濤而建的「望江樓」，上書主題楹聯令人頷首擊掌。其聯曰：「古井冷斜陽，問幾樹枇杷，何處是校書門巷？大江橫曲檻，占一樓煙雨，要平分工部草堂」──分明把薛濤和她的望江樓與杜工部和杜甫草堂相提並論。能得此殊榮，薛濤何其幸哉！

不獨晚唐薛濤，還有南宋台州軍營歌妓嚴蕊，也是名聞遐邇的風流才女。她詩詞文賦、書畫歌舞、撫琴對奕，無所不精，可謂多才多藝。謝元卿等諸多名士為其才情傾倒，台州太守唐仲友對其分外賞識，以其為「紅顏知己」。宋孝宗淳熙九年，道學家朱熹出巡台州。因與台州太守有宿怨，所以官報私仇，一連六次上告唐仲友「頻辱良吏、苛虐饑民、催稅緊急、戶口流移」等罪行。但與之相反，《金華

縣誌》白紙黑字卻分明記載唐仲友是個「政聲譁然」的好官、「興利除弊」的改革派。這在保守派宿敵朱熹來看，自然是必須拔掉的眼中釘。

「欲加之罪何欲無辭」。因與唐仲友交往密切，朱熹有意株連嚴蕊，以泄私憤。他羅織了「媟狎逾濫、招權納賂」的莫須有罪名，將嚴蕊投進大牢，嚴刑逼供。可憐如花似蕊的嚴蕊被拷打得血肉模糊、奄奄一息，卻神志愈堅，絕不低頭招供。有人勸她，既然身為妓女，與太守成奸也無甚大過，只要承認了，就可免遭皮肉之苦。但嚴蕊心裡明白，自己的解脫，意味著把唐仲友投入災難之中。她毅然捨己為人，其大義凜然寧死不屈的高標氣節令人感佩。膾炙人口的《如夢令・紅白桃花》，是嚴蕊出口成章之作，當時舉座為之傾倒。真個是，梨花之白，不比她詩情高潔；桃花之紅不比她才情似火。長於「即口吟」的嚴蕊曾在自己的〈卜算子〉中直抒胸臆：「不是愛風塵，似被前緣誤」，雖是社會地位低下的妓女，卻臨難不懼，捨己救人。只因受到宦海爭鬥中的政治牽連，成了無辜的犧牲品。難怪世人皆道：「造物嫉才，於閨閣更甚。」朱熹們不僅用「程朱理學」斯文地絞殺女人，還用非理性的大刑滅絕人性地殘害才女。嚴蕊詩品、人品，皆為血染的風采。可歎「揉碎桃花滿地紅」，一腔碧血祭詩魂。敢問世情何為？天理何在？嚴蕊何罪？

再看明末名妓「秦淮八豔」，首先想起膾炙人口的《桃花扇》──冰清玉潔李香君，才藝無雙，豔如桃花；氣節高標，冠蓋鬚眉。世人稱道其「巾幗卓識，獨立天壤」。無奈揉碎桃花滿地紅、斑斑駁駁，盡是女性的青春熱血。冠蓋鬚眉柳如是（人稱「儒士」），從一個青樓雛妓成為超越群芳的「俠女名姝」，柳如是人品才華的確超越尋常「儒士」。從青樓、文壇走上官場、戰場，且不說她絕代的文彩

韶華，單說晚明政治舞臺的台前幕後，都有她出沒的身影；抗清義軍的行列裡、鄭成功攻打金陵的血戰中，都有她颯爽英姿的形象。無奈出身下賤的妓女，難逃投繯殞命之厄運……

還有「聲甲天下之聲，色甲天下之色的陳圓圓」，實為色藝雙絕、志行高潔的才女。先是淪落風塵為妓，又遭政治風塵塗毒，枉擔「亂世佳人」的千古罵名。本意削髮為尼，無奈成了屠伯刀下的冤魂。其實只因姿才出眾，隨被攞作「聲色」之物，後又成為「亂世梟雄」們政治鬥爭的工具和可悲的犧牲品……再看絕世驚豔董小宛，如花欲語、似鳥依人。她苦戀風流才子冒辟疆，歷經磨難，看似如願以償，但從妓女到小妾，不過從玩物變成家奴。儘管她創制的「董糖」香甜至今，但她的人生際遇卻淒苦萬端——美的奉獻換來醜的貶抑，董小宛二十七歲抑鬱早逝。八方為之傾倒的卞玉京，才貌品識卓越超群。身為妓女，無奈「青山憔悴、紅粉飄零、心如死灰」的運命，早早做了「尼姑」，相伴青燈、古佛、紈衣、黃卷，了卻殘生……

號稱「秦淮八豔」之首的馬湘蘭，「姿首如常」、「資質」驚人，世人驚讚其「詩書琴字畫」品是「六代精英、鍾其慧性，三山靈秀，凝為麗情」的奇崛之作，足令「覽者心結」、「聞者神飛」。無數文人雅士為之叩首、傾倒。雖然馬湘蘭心比天高，但身為下賤妓女，雖是才藝精絕，也不過高級玩物。被把玩之後，棄若草介。「才枉精絕志徒高」的馬湘蘭，只能「死依僧院寄縹緲」。

總之，毀譽不一的「秦淮八豔」，一代才女、千古風流，無奈妓女身份。身處男尊女卑的封建社會，決定了這些女性的非人地位——她們只能被當作點綴封建文化的香囊、扇墜、小擺設之類的玩物，存在於男權本位社會中。她們的價值，不啻一抹輕塵。只有滔滔的秦淮河水嗚咽著，訴說著「女子有才便是災」的社會悲劇，為「秦淮八

豔」的文彩韻華被毀損，一灑同情之淚。

應當強調的是，娼妓制度鑄成的「女性社會悲劇」，絕非一時一事，簡直不勝枚舉。中國古代色藝雙全的歌妓們，大多是「詩書琴字畫歌舞笙管琵琶」，無不精擅的才女。但在男權社會高懸的性別壓迫屠刀下，這些女性沒有必需的經濟基礎賴以存身；沒有「人」的社會地位為立足點；沒有群體意識為精神依託……只有任人砍、削、宰割……男權專制借助「賣淫嫖娼制度」，將女性自然存在本體切割成零星的「性器官」切片。它從女性「人」的自然存在層面將女性異化為「人類之羞」；從社會存在層面將女性異化為「社會之罪」；在精神存在層面將女性異化為「惡之華」。古今中外，概莫例外。

如前所述，商品經濟發達的西方世界娼妓制度更為興盛。即使中世紀，明禁慾、暗縱慾，娼妓制度與東方形式有異，本質無二，都是私有制經濟土壤中滋蔓出來的毀損女性的「惡之華」。男權專制對它具有發明專利和獨享的使用特權。男人在行使這個特權時，由於錢這個惡魔在作祟，對女性兇神惡煞般地威懾，粗暴地佔有，瘋狂地發洩和滅絕人性地蹂躪。如眾所知，在兩性相交的生命世界裡，只有一種有毒的雄蜘蛛和男人，能在違背異性意願下強行交媾，無異於強姦。這種兩性交媾形式不僅踐踏了女性的人格尊嚴，也踐踏了男女兩性生理上、情感上如膠似漆、水乳交融的和諧美，使人類兩性本體交融的崇高靈性喪失殆盡，墮入禽獸不如之境。

盤點娼妓制度，記憶的碎碴把人心磕出了血。千百年來，娼妓制度磨盤般碾磨著女人的血肉之軀，碾磨著女性人的尊嚴，碾碎了女性的主體價值。使之成為「惡之華」──她被骯髒和血污擁抱；被醜惡和猙獰親吻；被野蠻和銅臭玷污；被無恥和罪惡毀損……羅丹的雕塑「歐米哀爾」（老妓）是其「活寫真」──

令人心顫神悸的憔悴面孔、枯萎僵涸的軀架、乾癟搭拉著的乳房……哪裡是女人的血肉之軀，活脫脫一具榨乾了的檸檬殼，觀之使人從頭到腳襲過一股冷嗖嗖的戰慄之情。這就是羅丹特異的「女性美」：如果說有什麼比美更美麗，那就是美麗的衰敗——受人間地獄——妓院的「硫黃之火」煎熬一生的老妓，失卻了女性的自然、社會存在特徵和人格價值尊嚴，已變成醜陋的骷髏，產生撼人心魄的悲劇美學效果，這就是畢加索所謂的「靈魂的震顫」，令人欲哭無淚、欲罷不能！羅丹以老妓「歐米哀爾」，對娼妓制度提出了強烈的控訴，建樹了一大批判功績。

還有許多良知未泯的作家以筆為刀，直戳娼妓制度的社會毒瘤。偉大的人道主義作家雨果在其《悲慘世界》中，借用「芳汀」的形象憤激抨擊娼妓制度，「它壓迫婦女，就是……壓迫美貌、壓迫母親。這在男子方面絕不是微不足道的恥辱。」巴黎聖母院作見證，吉普賽女郎愛絲米拉爾達之死——美之死，令人心顫神悸。悲戚而剛毅的哈代筆下，英格蘭的千古之謎——索爾茲伯平原上神秘的「石圓壇」（據考古學家論證，它是太陽神廟），親眼目睹了苔絲被毀滅的悲劇，積鬱著深沉的憤懣……她們的悲劇命運軌跡，正如波德萊爾在《惡之華》中所揭示的那樣：「下去、下去，可憐的犧牲者，下到這條通向永恆地獄的路途」——萬劫不復！……

特別是馬克思，曾批評歐仁·蘇的《巴黎的秘密》，卻肯定其中妓女瑪麗花保持著「人性的優美」，是「一朵含有詩意的花」……肯定女性精神存在的價值取向：被貶損為「惡之華」者，也如同暗夜中的星辰，閃爍著女性的特異光采。如前所述薛濤、嚴蕊、秦淮八艷……還有小仲馬筆下的「茶花女」、左拉筆下的「娜娜」、陀斯妥耶夫斯基筆下的「娜斯泰謝·費里波夫娜」……無一不是以其絕色技

藝、超眾才華、優雅風度、迷人氣質，使眾多男子傾倒於腳下。試想茶花女病魔纏身之際、奄奄待斃之時，未必是世界上最漂亮的女子；娜斯泰謝·費里波夫娜怒火中燒、哭叫笑罵地將百萬盧布投擲火中的歇斯底里之時，未必是人間最美的女子，卻仍以撼人心魄的魅力征服了男性世界、人類世界，靠的是怎樣一種神奇的魔力呢？當然是女性主體價值。

特別是希臘的「海蒂拉」（希臘語，原意為「藝妓」，後在西方泛指「高級妓女」）、日本的藝妓、印度的「嘉妮卡」（藝妓）、隨大篷車流浪表演的吉普賽女郎、以肚皮舞風靡世界的埃及、阿拉伯舞姬、巴裡奧西諾獻藝賣唱的西班牙女郎，以及各色各樣的「海蒂拉」們，大多是有一技專長、甚至是多才多藝的「表演藝術家」。這便是「惡之華」「華」的一面。在女性群體性抑制時代，唯有她們，以女性攝魂奪魄的特異風彩衝破「封閉」、面向「開放」，贏得男性的眷睞和社會的垂顧，客觀上實現了與社會男性生活、思想情感的密切交流或衝撞，成為有機會參與男權本位社會活動的特殊女性群體。

故而，波伏娃在其《第二性》中，縱情謳歌被毀損的「海蒂拉」。就某種特殊意義而言，我們說她們是詩人的「煙土披里純」（即「靈感」），是音樂家的「塔斯特列亞泉」，是畫家的七彩虹霓，是男性性愛的溫馨之夢，是哲人的直覺空靈，是美學家「悲劇美學」中的美神。但同時不要忘記：作為社會存在，她們又是「地獄之火」煎熬下的可憐羔羊。這裡的「地獄之聲」──「娼妓制度的悲愴奏鳴曲」，如同法裡雅的《火祭》用拉奏和撥奏產生的怪誕的音響效果，反映出地獄的陰森火光，為女性悲劇命運的社會主題烙上了最悲慘的音符。

總之，私有制確立後，人類進入男權專制社會。其制度組織系統

的全面桎梏，使女性社會存在的本質失落。而男性——原來「渾噩愚沌」、連蘋果都不敢吃的亞當們，竟搖身一變為人類社會的政治、經濟、法規……的全面主宰者。亞當們從「社會人」到「男性神」的歷史蛻變，使男權獲得了超人的表現形式；使現實的事物得到了超現實的認同；使男女兩性同樣的社會人異化為陰陽兩極、尊卑兩等。從而使社會生活中的男權專制主義者，成了女性面前的「鐵血暴君」。他們肆無忌憚地揮舞著「制度」的刀、劍、斧、鑿，對女性群體隨心所欲地削、剁、砍、殺，何況被貶為「社會之罪」的妓女。

　　拷貝歷史，觀注現實，從古代希臘的「達克太里翁」到現代西方的「海蒂拉」、特別是羅丹的「歐米哀爾」……「娼妓制度」這個與文明史一樣古老的「社會之羞」實在是太醜惡、太罪過了。它以蹂躪女性真、善、美的「自然存在本體」為前提，踐踏了女性人的社會尊嚴，毀損其精神魂魄，是文明時代最不文明的醜惡制度，是社會罪惡，同時也是女性自身「美與醜」的物質糾結和精神格鬥……

　　在現代乃至當代社會，對女人最醜惡的社會「異化」，還是「妓女」。《辭海》對妓女的解釋是「舊社會被迫賣淫的女子」。對女性個人而言，被迫為娼者多數是基於對貧困的無奈，賣淫成了失去生活來源的少女的唯一出路——歸根結底，是男權專制制度使然。歷史如此，現實亦然。時至二十一世紀，據一名印度修女對三千名妓女的調查材料披露，她們中66%是衣食無著的未婚女孩；越南河內市的童妓，成群地出沒於街頭；一個臺灣地區竟有五千多家色情營業場所，未滿十六歲的童妓達十萬之多。又據《北京法制報》報導：「一百萬泰國妓女中，十二到十六歲的少女有六十五萬之眾」，讀之令人毛骨聳然！而菲律賓的妓女人數，已高達五十多萬。有人揭露其前總統馬科斯，竟是賣淫行當的黑後臺。還有國際兒童SOS組織報導，目前，

僅巴黎街頭就有三千多名幼女淪落為娼妓……應當刮目相看的是神州大地。早在二十世紀中葉,她就自豪地向世界宣告:新中國成功地改造了舊中國留下的數十萬妓女,這裡根除了「惡之華」的繁殖土壤;1964年,已經根除了性病。據說有位「社會學家老外」,對此將信將疑,偷偷遍訪了大半個中國,結果空手而歸。

但是,再紅的太陽也有黑子、也有陰影。二十世紀八十年代以來,改革開放的大潮浩浩蕩蕩,衝擊著陳舊觀念的污泥濁水,「娼妓」之類的社會垃圾竟然偷偷「沉渣泛起」。在經濟繁榮的主潮中,一股黃色濁流蠢蠢欲動(特別是南方經濟特區),大有氾濫成災之勢。黑道上,拐賣婦女;黃道上,買「肉毯子」……「SID」(性病)也死灰復燃……據報載,目前「賣淫嫖娼活動已趨向社會化、公開化、職業化、團隊化、低齡化、多元化和多樣化」;又據《中國文化報》披露「國內性病發病率近幾年每年以300%的速度增長」──何等觸目驚心的數字!多麼驚心動魄的事實!難怪外國媒體借此渲染:中國沒有「紅燈區」,卻處處有「紅燈」……

以工業文明自詡的發達國家,「妓院經濟」更為發達。資本社會的經濟繁榮似乎離不開「妓院經濟」的惡性刺激。不久前辭世的希臘船王奧納西斯,就是靠經營賣淫嫖娼白手起家,由赤貧暴發為巨富的。當今土耳其最大納稅人之一便是妓院老闆……2003年筆者親眼所見阿姆斯特丹「紅燈區」妓女「櫥窗展覽商品一樣明碼標價」招徠嫖客的景觀。2009年,筆者實地考察,在號稱「妓女天堂」的日本新宿「地下紅燈區」燈火輝煌、生意空前興隆,內心的驚悸無以言表,答案其實很明顯:男權制度是娼妓制度盛行的社會支柱。馬克思早已揭開其中「性役」之謎。千真萬確,資本來到世上,從頭到腳每個毛孔都滲透著血和骯髒的東西──其中就有「買女人肉」這最野蠻、最骯

髒的行當，卻偏偏脫胎於文明社會——男權的強行施暴是精子，女性的被迫無奈或自輕自賤是卵子，文明社會的子宮中，孵化出「娼妓制度」這個血淋淋的怪胎。是「金錢這個上帝」在興妖作怪、作威作福。

從性別社會學角度看，娼妓制度的社會景觀令人心顫神悸。透過「現象曝光」的醜惡鏡頭，歷史的攝相機牽引出一長串社會膠片，浸漬著妓女們的血淚和嫖客們譫妄的放蕩。這其中，也許大仲馬算不得「嫖客之最」，卻自詡一生不知嫖過多少妓女，光私生子就有五百多個，不以為恥，反以為榮。小仲馬就是大仲馬的私生子之一，七歲時才被認領，其母卻被大仲馬棄之如草芥……童年領略過的人生悲劇烙印在小仲馬的心中。他的《茶花女》為被侮辱與被損害的女性譜寫了一闋綺靡哀慟的輓歌，並向娼妓制度發出了憤激的質問：

「到底什麼是賣淫？它是什麼東西？大城市放蕩的譫妄，還是永恆不變的歷史現象？它在什麼時候終結？也許只有整個人類死亡它才隨之死亡？」

從經濟社會學角度看，《簡明不列顛百科全書》曾斷言：賣淫基本是一種經濟現象。在私有經濟基礎上，性別關係用經濟紐帶捆綁、以社會制度為保障，娼妓制度無法徹底剷除。用馬克思主義婦女觀的慧眼靈瞳去審度古今中外的「歐米哀爾」，歷史的投影令人心顫神悸：貧困肆虐蹂躪女人，女人是貧困的犧牲品；現實的曝光令人痛心疾首：富裕猖獗強姦女人，娼妓成了經濟繁榮的特殊商品——被貧困和富裕輪姦的女人，何時才能解脫？

從馬克思主義社會學角度看，平地一聲春雷，1848年《共產黨宣言》問世，莊嚴宣告：私有制是階級性別壓迫、從而是娼妓制度產生的社會根源，從根本上回答了小仲馬（《茶花女》也是1848年問世）

提出的問題，也回答了我們的社會問題。恩格斯在其《家庭、私有制和國家的起源》中，曾具體說明：什麼時候，這一代男子一生中將永遠不會用金錢或其他的社會權力手段去買得婦女的獻身，而婦女除了愛情外，也永遠不會再出於其它某種考慮而委身於男子時，才能根絕娼妓制度。

正因如此，我們譴責厚顏無恥之嫖客的放蕩譫妄，更要詛咒製造嫖客和娼妓的男權制度。我們不象小仲馬那樣悲觀迷惘，真理用「看不見的手」為我們指路：雲飄著，總要呼風喚雨。了悟自然現象，正基於對自然規律的認識。當然，烏雲不會永遠遮蔽太陽。人活著，飲食男女，天經地義──正是基於對人性的尊嚴、人的本質的認同。但是賣淫嫖娼踐踏人性，將女人變成了隨意買賣的商品，是文明的悖謬、理性的痙攣、進化的抽搐，歸根結底是人性的毀滅，是對女性的姦污。娼妓制度作為私有制經濟基礎上的「惡之華」，「用錢去買女人肉」的嫖客，在女人和票子（金錢）之間劃了等號。馬克思一語道破其實質：「把人的尊嚴變成了交換價值」，女人非人！

比利時超現實主義畫家馬格裡特的油畫《姦污》，無聲而雄辯地道出其實質內涵。儘管此畫沒有對「姦污」的具體行為作現實主義的表現，卻別出心裁地進行了「超現實的創造」──畫面上只有一個女人的臉，她的眼睛畫成乳房、鼻子像是肚臍眼、而張開的嘴則是女性生殖器。這幅畫作並非展示「姦污」主題的物質圖解，而是詮釋「不可見的觀念」：姦污使女人沒了臉，沒了面子、沒了人的尊嚴，人將不人──女人僅僅成了「性器官」！

對此，哈姆雷特式的生命詰問言猶在耳：人，還是禽獸？生存，還是毀滅？這是個問題，必須作出理性的、正確的回答。嫖娼賣淫，一方面是惡狠狠地威懾、凶蠻殘忍地強暴，一方面是心顫神悸地厭惡

和仇恨，無論強行施暴者還是被動承受者，都變得禽獸不如——人類最大的悲哀就是男人對女人的「性役」，實質是人類社會的自殘、自戕、自掘墳墓埋自家，還自得其樂、渾然不覺。幸而，這只是一段「過程」，絕非歷史結局；人類最大光榮就在於，能夠自我反思、自我裁奪、自我解放和自我超越——根除「性役」，實現性別和諧——這也正是和諧社會的重要屬性。

正常地男人女人都要切記，人類兩性是世上唯一面對面相交的生靈。這不僅是性的交媾，還是情的交揉，精神的交融——靈與肉的全方位交彙。這也正是人之為「萬物之靈」、「地球驕子」的一個重要特徵。但人類還有自私、貪婪、脆弱的一面，有時會被自然天敵、甚至自己的弱點打敗：小到病原細菌、SARS病毒、大到毒蛇猛獸，七災八難、「厄爾尼諾……都可以毀滅人的生命和性靈。但一個無法抹煞的事實是：在廣袤的自然——社會生存空間裡，唯有男人和女人才是朝夕相處、休戚與共的永久夥伴，應該有一萬個理由攜手並肩，沒有半個理由互相作賤、自毀自身。須知，「一個種的全部特徵、種的類特性，就在生命活動的性質。」人類生命活動的基本特徵，不僅在於對自然規律的認識、把握、並與自然和諧相處，還在於對自身的認識、把握和超越——這裡具指對男權專制本質的認識和超越，指歸性別平等和諧社會的構建。

曾記否，《古蘭經》白紙黑字言之鑿鑿：「女人是男人的一塊兒耕地」，隨心所欲的蹂躪踐踏之，是天賦男權。這並非僅僅是宗教制度規範，從政治社會學角度看，男權制度是摧殘女性的特許證；殞命捐軀是女性犧牲的墓誌銘。從性別視角看，文明社會以來，陽剛之盛的男性直線上升聳入雲端，成了雄視百代的高山，鎮壓著腳下的黃土地——那是以血肉之軀奠基文明社會的大地母親，成了任人踐踏、備

受摧殘、蹂躪的黃土地……

　　從生態社會學角度生發，荀子曾謂：「積土成山，風雨興焉」，顯然，大地是高山的母親。本來是一家的高山黃土地，在男權專制制度下產生了巨大的社會斷裂，分別踏上了男尊女卑、上天入地的社會變異軌道。男人們循著直線上升的社會軌道騰雲駕霧，成為雄視百代的「巨靈神」──那是聳天拔地威嚴屹立的高山，牢牢地夯在多災多難的「黃土地」──女性的血肉之軀之上。而女性卻捨命捐軀地敞開胸膛哺育滋養人間萬物。在男權社會制度鐵律的困厄中，她們捐奉了自己的全部，往往犧牲了作為「物質實體」的本我，卻使奉獻者的「精神實體」自我昇華──這是大山壓不垮、蓋不盡、鎮不住的女性獨鍾的靈秀和血染的風采，只有清風白雲傳遞著她自我修煉、重塑的信息，在大山昂首仰天「唯我獨尊」的盲目陶然中，「水作的女人」將冰封的靈智化作了融融解凍的春水，不斷地沖決困厄努力脫穎而出……總有一天她會掀起摧枯拉朽的沖天巨浪，蕩滌男權專制社會的污泥濁水，重奏「高山流水」性別和諧之音……

　　當今世界，男權專制制度不斷土崩瓦解，但在正反頡頏、融突中的現代社會性別關係中，依然存在著諸多二律背反。

　　請看《南京晨報》2009年2月12日題為〈荷蘭十年內關閉一半色情場所〉的報導。如眾所知，早就「合法」存在的阿姆斯特丹紅燈區，不僅是旅遊者的一大看點，還創造了不少「就業」機會。據2008年2月《紐約時報》報導，「阿姆斯特丹的性交易，每年創造著超過一億美元的收入」，靠賣女人肉賺錢的業主們，怎肯放棄如此生財之道。所以，在全球金融危機中難逃其害的荷蘭，聲稱全面關閉色情買賣阻力太大，特別是「性交易」的經營業主們，絕不肯放棄這一生財之道，所以他們把性交易的櫥窗女郎「三點式」服飾稍加改變，說成

是「新時裝秀女郎」，卻依然保留櫥窗裡的床──真是欲蓋彌彰。雖然表面上改了，實質未變──「改而不革」的一些經濟發達國家的色情業，在金融危機肆虐中換湯不換藥，「理由」是經濟「繁榮」要靠「娼盛」支撐，「紅燈區」被視為城市經濟支柱。

儘管如此，如今這「支柱」已開始傾斜……至2008年12月，阿姆斯特丹已關閉以「三點式櫥窗女郎」招徠顧客的五十一個性交易櫥窗，占整個數量的三分之一。市政府宣佈的城市改造計劃，強調十年內關閉市內一半色情場所，而東部城市鹿特丹、阿納姆等，已開始徹底關閉「紅燈區」──優雅的鬱金香國度開始蕩滌「黃色污染」，對小仲馬的詰問，開始作出回答，但我們的質問才剛剛開始：T國的芭堤亞（妓女明碼標價）等其他各類色情污染的「紅燈區」、「性都」，何時才能徹底蕩滌黃色的污泥濁水……

問題的成因與問題的解決「二律背反」卻共一個答案：娼妓制度與男權制度共存亡。

| 註釋 |

1. 亞里士多德：《政治學》，1254bz。轉引至西方思想寶庫編委會編譯：《西方思想寶庫》，吉林人民出版社，1988年，第905頁。
2. 《馬克思恩格斯選集》第4卷，人民出版社，1976年，第53頁。
3. 《馬克思恩格斯選集》第3卷，人民出版社，1976年，第408頁。

第八章 | 文化社會學場域之變：
社會觀念形態系統的絞殺，
女性社會價值貶損

從婦女在社會上所處的地位，可以判斷出文化和文明的性質與水平。

——列寧

文明社會負文明的性別壓迫，使女人不僅蜷縮在男權社會制度鐵牢的桎梏中不能直立為「人」，更有鋪天蓋地的社會觀念潛網對其全面絞殺。女人「無往而不在枷鎖之中」。應當說明的是，我們這裡的社會觀念，具指男權觀念。

從哲學社會學角度看，觀念，不過人的看法、想法，卻又往往是人們行為的主宰。與認識論、方法論、價值觀相連的男權觀念，簡直是個無影無蹤卻又碩大無朋的社會潛網，將女性兜頭蓋腦一網打盡、逐個絞殺……如果說制度組織系統「鐵牢」的桎梏，使社會本質失落的女性成為社會死囚的話，與此配套的觀念形態系統「潛網」的絞殺，使女性主體價值失落，成為「喪魂失魄」、徒有軀殼的「死魂靈」。但是，靈魂是不死的！作為女人，她們生命有限，創造價值永恆。於是在人類社會檔案裡，有女人的十字架，也有碑碣。

從文化社會學場域之變看，文明時代以來，無論是黃色的鱷魚女神，還是藍色的美人魚；無論是埃及女王，還是希臘女神；一切女性崇拜的象徵，特別是在人類社會政治、經濟、科技文化、藝術文化領域的眾多女性傑出創造者，大多在男權專制的刀、鏟、斧、鑿之下，

被殘酷地削、砍、鑿、剁，一個個血肉模糊，成為男權觀念祭壇上的「犧牲」。號稱世界文明古國的**中國、埃及、希臘等國無一例外，都為我們提供了一系列典型案例分析的文化社會學「標本」。**

文化的核心問題是價值，而「價值的全部秘密就在於人」。從文化社會學角度破解人類社會創造價值迷團：「誰配稱創造者」？面對圖特摩斯手中的生命結，哲人曾浩歎：「唯女人與詩人配稱創造者」……因為最早的詩是人類生命原始激情的噴湧；最早的詩人是噴湧人類生命原始激情的女性。女人是詩之源，詩則是女人流動的生命。可文明社會以來，男人們構築的詩壇極少女詩人之位，但她們卻是座座詩壇的基石。

首先看封建社會的中國，是以男尊女卑社會性別觀念為價值判斷準則的。三從四德、三綱五常的社會觀念形態絞索，將女人橫七豎八地捆綁在男權腳下，嚴重地毀損了女性主體的創造價值。所以在文化社會學領域，特別是文學藝術領域，儘管古代中國曾崛起了許多獨領風騷的女詩人、女作家和文化社會活動家，甚至冠蓋群雄的女政治家，卻極少倖免價值毀損的社會性別悲劇。

最早見諸社會典籍的是春秋時代的女詩人許穆夫人，曾以其〈竹竿〉、〈泉水〉、〈載馳〉等名篇為《詩經》增色，卻鮮為人知。西漢著名女辭賦家班婕妤，漢成帝年間被選入宮，立為婕妤。她才識過人，端莊持重，不願曲意逢迎，故而遭嫉。沉湎聲色的漢成帝專寵趙飛燕，將班婕妤貶棄長信宮。漢成帝死後，又被充奉陵園，可憐一代才女班婕妤徒作〈怨歌行〉、〈自悼賦〉，竟與暗夜、星光、淚眼、荒塚、孤魂、枯骨相伴至死。再看三國時期魏文帝曹丕之甄皇后，少以學識才智名傳海內。據《三國志·魏志　甄皇后傳》記載，甄宓「年九歲，喜書，視字輒識，數用諸兄筆硯」。因其博識多才，被世

人譽為「女博士」。可歎甄宓因才見棄，被曹丕迫令自殺。黃庭堅曾賦詩慨歎曰：「相看絕歎女博士，筆硯管弦成古丘」。曹植的〈洛神賦〉為其暗悼、嗟歎……還有出身貧寒卻極擅詩文辭賦的西晉著名才女左芬（左思之妹），因才識超眾被晉武帝納為貴嬪卻不得見愛。自此，朝朝暮暮閉鎖深宮冷院，凝悲淒詩文，輯成《左芬文集》流芳百世。但女詩人自己只能仰天泣血、鬱鬱以終天年。

十六國時、前秦著名女詩人蘇蕙字若蘭，一生曾創作詩詞五千餘首，可謂多產。特別是她首創織錦回文詩〈璇璣圖〉。此圖由八百四十一個字縱橫排列，匠心組合，配就五彩絲線，織成彩錦詩圖。其「玄妙」在於：無論正讀、反讀、橫讀、豎讀、斜讀、交互讀、進退一字循環讀……皆成詩章。宋元年間曾起宗推求的結果，共得四五六七言詩三千八百餘首；明代康萬民推究出四千兩百零六首詩，且一字無誤。其精確性簡直堪與現代電子計算機檢索比美。據說武則天讀之，拍案叫絕，乘興作〈璇璣圖序〉，盛讚蘇蕙「才情之妙，超古邁今」。但仔細品味，圖中之詩迴環宛轉、悽楚萬端。不僅顯示了高絕的創造才能，更主要的是揭示了才女的苦難命運──那是一夫多妻制造成的女詩人的社會悲劇。但蘇蕙試圖超越悲劇的創作實踐、〈璇璣圖〉巧奪天地造化之功的獨特「玄機」奧妙，堪稱詩史一絕。

再看以「詠絮詩」冠蓋鬚眉的東晉著名女詩人謝道韞，其才華學識俱在周圍男子之上，卻被當作士大夫階層茶餘飯後的談笑資料，用以調侃其夫、其兄、其弟……到了晚年，她的詩詞已臻爐火純青之境，所作詩詞歌賦誄頌等，輯為《謝道韞集》（二卷），但大部分失傳。保留至今的詩文，散見於《古詩紀》、《古詩源》和《藝文類聚》中。《隋書‧藝文志》中亦有記載。儘管道韞以之「清心玄旨，

姿才秀遠」的「名士之風」，卓然超群、獨樹一幟。但男權本位觀念卻從未允許她在文學史的「大雅之堂」上涉足一步，只將其塞進茶餘飯後消遣解悶的「趣聞軼事」中去供人把玩，何談主體價值。

從文化社會學角度看，唐宋以前，女詩才鳳毛麟角。「唐詩宋詞」時代以來，群體性地崛起了一批曠世才女，其文采風流勝似鬚眉者，大有人在。但是，男尊女卑的傳統婦女觀判定「女子無才便是德」、「女子有才便是災」，所以才女們同樣難逃悲劇命運。

先看唐代素有「女神童」之稱的牛應貞，十三歲時便精讀了佛經二百卷、諸子百家等幾百卷，三十卷的《春秋》竟能一字不漏地背誦。小小年紀就撰寫了一百多篇文章，且見解獨特。在用設問設答方式寫的〈魍魎問影賦〉中，她論證了深奧的人生哲理，頗有莊子遺風，世人驚駭其才為怪異。大概牛應貞就是今天我們所說的「高智商」的女神童吧。如此曠世奇才，不僅無處施展才識抱負，反因是女性被視為「怪異之物」橫遭猜嫉。故而，牛應貞妙齡夭折，悄然而逝，卻以其文章總集《遺芳》而遺芳百世。

晚唐女詩人魚玄機姿麗貌美，才情超逸，賦詩演琴，風流倜儻，十五歲時嫁與員外李億不過一小妾。但玄機能詩善文精音律，每每「以文會友」與文人雅士賦詩應答，頗受有識之士青睞。著名詩人溫庭筠、李郢等，即為其知己文友。除以詩簡往來於眾文友之外，也常有風流才子登門求訪，一時名噪長安……為此，封建禮教判定魚玄機「招蜂引蝶」、行為不端，李億則對之始亂終棄，魚玄機被迫遣至咸宜觀做道士。可歎青燈、緇衣、黃卷、古佛，卻哪堪妙齡佳麗、滿腹珠璣，柔腸寸斷、未了塵緣，嘔心瀝血、凝注華章，輯《魚玄機集》以表心志。更可悲因故入獄橫遭斬殺，玄機血染青蓮之時年僅二十四歲！無論是「微妙玄通的」道論、貴柔尚弱的玄理，還是道家人生哲

學的「玄機」，都未能使魚玄機倖免於難。借「道」尋道仍無道，這
便是男權觀念絞殺才女的「非常道」。

在唐代眾星璀璨的諸多才女中，最為耀目的明星，是被譽為「文
曲星」下凡的上官婉兒。在李唐王朝中，婉兒受命代皇帝品評眾臣詩
詞文賦、權衡諸儒才華學識，實為全國最大的主考官──冠蓋群雄的
「最高學術權威」。一時天下儒士名流驅之若鶩，一齊麕集其石榴裙
下恭候裁奪，且眾口皆碑，萬人仰止，蓋因其絕代風華。

婉兒自己的作品亦獨具個性華彩，且講究格律，世稱開「沈宋
體」之先河。在其死後，唐玄宗曾指派專人收集、編錄婉兒的作品，
輯成洋洋大觀二十卷集巨製。燕國公張說為其作序，對婉兒「不服丈
夫勝婦人」的絕代才華推崇備至。也許正因婉兒的女權思想和冠蓋群
雄的才智學識，才不見容於封建社會，以至她的文學創作和評論被
刪、削、改、棄、毀……至今只保留三十幾篇，且大多是些應制之
作。雖然婉兒為李唐文化繁榮昌盛做出了特殊貢獻，為盛唐文化增添
了特異光采，但身為女性卻因此招讒受嫉，以至陰差陽錯，在宮廷政
變中以「忤逆」罪被殘酷斬殺，屈作宮廷政治鬥爭的犧牲品……上官
婉兒的悲劇是男權觀念將女性社會價值貶損的悲劇。

自號「幽棲居士」的北宋著名女詩人朱淑貞生於錢塘仕宦之家，
素以「博經史、善詩文、長繪畫、精音律」蜚聲於世。聰慧貌美、博
學多才、行止高邁，堪比白蓮出水的淑貞，無奈包辦婚姻，嫁了庸俗
難耐、一心只想烏紗帽的祿蠹丈夫，彷彿情致潔傲，品格高標的白蓮
插入泥淖。苦於封建婚姻的煎熬，不知寫了多少愁懷詩、斷腸賦。至
今還保留有三百八十多首，錄入《朱淑貞集》、《斷腸詞》、《斷腸
詩集》等。其詞作哀痛深婉之聲不絕於耳，讀之著實令人歎息、斷
腸。更可歎者，這位品格倔傲、見解獨立的女詩人敢冒封建專制之大

不遑，毅然與丈夫離異，卻因此被誣為「失德婦」受到封建衛道者的「圍剿」。人世間斷無立足之地，女詩人憤然自殺抱恨以終天年——「斷腸人」香消玉殞，但《斷腸集》卻流芳百世，無聲地控訴著男權觀念對女性的價值毀損。

時至宋明理學鼎世的明代，又一驚為「天人」的女神童葉小鸞橫空出世。她四歲便通《離騷》，十歲便能賦詩題對，且才思敏捷，妙語驚人。鈕琇曾極贊小鸞詩詞「皆似不食人間煙火」之天籟仙韻；《列朝詩集》稱她為蘭心蕙質的「天人」。她精音律，善棋術、長摹畫……多才多藝且無師自通。「造物嫉才，於女性更甚」，小鸞人品超逸、才識超絕。世人私下竊竊誹議這株「文苑奇葩」為怪才、鬼才、不祥之物……在男權觀念「風刀霜劍」嚴相逼的誹謗迫害下，小鸞未滿十七歲夭折，猶如一現即逝的曇花，為「瞬間的絕美」損軀，死後仍被男權觀念毀損為「一怪」……

清代著名詩人顧太清詩品高標、韻致超邁，頗得名人雅士青睞，是與納蘭性德齊名的滿族才女。因與龔自珍過從甚密，自然不見容於男權觀念，遂蒙受「瓜李之嫌、亡肉之冤」，枉遭讒言毀訴，竟被掃地出門。著名女文學家、彈詞《再生緣》作者陳端生才華絕世卻因才受忌，自然難逃男權觀念羅網的困厄。她那「搔首呼天欲問天，問天天道可能還？」的吶喊，正是對男權專制社會觀念毀損女性價值的強烈控訴。

從性別視角來看，較之以前諸朝，清代女性創作之盛，蔚為大觀。尤其令人刮目相看的是嘉慶初年許夔臣編輯的《香咳集》，輯錄了女子詩作凡三百七十五家。集前之序侃侃而論云：女性「自昔多才，於今為盛。發英華於畫閣，字寫烏絲；攄麗彩於香閨，文縹黃絹……撚毫分韻，居然脂粉山人；繡虎雕龍，不讓風流名士……」將

對女性文才推崇備至之情，淋漓盡致，揮灑筆端。還有道光甲辰年間，蔡殿齊編輯的《國朝閨閣詩鈔》十卷，清代女詩人百多家榜上有名，赫然在目。之後，還有《百家閨秀詞》、《閨秀詞鈔》十六卷等。其中雖多為才女們感時傷世之作，但畢竟是真情實感的記錄。特別是「指點江山、激揚文字」之筆，更覺彌足珍貴。

前不久，友人贈書《常州歷代女子詩詞選》僅輯常州優秀女詩人作品就有一千四百多首，詩中「許多視角、見地許多男子未必能及」[1]，何況神州大地！總之，在浩瀚的文學天宇中，數不盡的女詩才無法一一盡數，卻大多難逃男權觀念價值毀損的厄運。

其中最令人刮目相看者是太平天國農民革命中崛起的女英雄傅善祥。出身於書香門第的千金小姐傅善祥自幼飽讀詩書，琴棋書畫無一不精。參加太平天國革命先在「女館」作勞工、苦力。後來，太平天國開「女科」，從兩萬多女性中選兩百人參加科考，**考題是評析孔聖人的〈惟女子與小人為難養也〉，傅善祥獨闢蹊徑批駁之。她侃侃而論後作結：「孔夫子若活到今天，該向天下女子謝罪說：『我錯了』……」**真是討伐男尊女卑觀念的千古檄文！加之傅善祥經史子集無所不通，科考奪魁被點為女科狀元，跨馬遊街三日以示尊榮，後被封為女丞相，替天王起草文件、批閱奏章，以天王名義號令三軍……儘管後來「天朝內訌」，傅善祥難逃悲劇命運，但作為農民革命女英雄、千古科舉唯一的女狀元，傅善祥體現的女性社會價值是難以盡訴的，在此只能略陳一二。但較之其他女才子，特別是對儒家婦女觀的批判功績，確是跨時代的超越。傅善祥堪稱男權社會暗夜中，無與倫比的女性主體價值的金星。

透視男權蔽日的女性文化天宇，每個星座都有無法遮蔽的獨特的光彩。其中最為耀目的**女性文化社會學個案典型**，是在兩宋詞壇上，

以婉約派「詞宗」之位雄踞於世的女詞人**李清照**。她長於詩禮世家。其父李格非官至禮部員外郎，又是宋代著名大學者，仕途、文章，皆受惠於蘇軾。其母也知書善文，頗具文學修養。李清照近朱者赤，朝朝暮暮耳濡目染於詩詞文賦、琴棋書畫，文學素養豐厚，少女時代已有許多膾炙人口的傳世之作。如〈如夢令〉、〈一剪梅〉等。從創作的語境、語義特徵來看，突破了傳統「閨閣閑詞」千篇一律、嬌花弱柳式的「香軟」、「香豔」之陳辭濫調，寄情於對自然美、精神美之詩意境界的追求。在藝術表現上，大膽獨創和渾然天成水乳交融，妙不可言。一時間，「應是綠肥紅瘦」、「驚起一灘鷗鷺」、還有後來的「人比黃花瘦」等詞句不脛而走，膾炙人口。李清照也隨之聲名大噪，成為才俊之士刮目相看的詞壇才女，為後世留下了人與自然和諧的千古足音。

李清照十八歲時嫁與吏部侍郎趙挺之子太學士趙明誠，夫妻二人每每以詞賦、書畫、金石藝術相酬唱，情趣相投、情深意篤。但公公趙挺，諂事奸臣蔡京，嫉賢妒能，將蘇軾等政敵誣陷為「元祐奸黨」，逐一罷黜。李格非也受牽連，致使李家每況愈下。在娘家、婆家分崩離析；朝政「黨同伐異」、烏煙瘴氣；國事家事昏天黑地，攪成一團亂麻的痛苦環境中，自號「易安居士」的李清照居之委實不安、不易，遂以詩詞營造才女的精神居所。

李清照用女性青春的熱血和生命營造著高潔的詩詞聖殿，編織著污濁世道中的文學清夢。所幸婚後夫妻二人情趣相投，每每填詞賦詩以筆墨文字應答，清照愈發才華橫溢、頻頻勝出。趙明誠出身名門、飽讀詩書，不甘敗於妻子石榴裙下，暗下決心與清照一決「雌雄」。對此，〈琅嬛記〉有一特別記載：一次明誠出遊在外。接到妻子即興小作〈醉花陰・重陽〉後，即閉門謝客，茶不吃、飯不咽、睡不安，

搜腸刮肚、絞盡腦汁，冥思苦想了三天三夜，竟然填出了五十首〈醉花陰〉，再把清照那篇抄錄一遍，不記名混入其中，特請老友陸德夫品評。德夫品味再三，五十一首詞中只有三句最佳，卻都在李清照的一首詞中。趙明誠五十首中，竟無一佳句入選。這雖是清照夫妻生活中的「諧謔曲」，卻與李清照才華出眾，「冠蓋鬚眉」的主調為和絃。

無奈男權觀念價值顛倒，與事實大唱反調。王灼在《碧雞漫志》、晁公武在《邵齋讀書志》中混淆黑白、顛倒是非，指斥清照詞對女性心態、情致的自然真實描寫是「無顧藉」、「無檢操」的「惡德敗行」。關鍵在於李清照及其生平創作，「不徒俯視巾幗，直欲壓倒鬚眉」，直接違背男尊女卑、「女子無才便是德」的封建男權觀念，自然難逃價值毀損的厄運。

品評清照其人其作的社會價值，傳統的文化社會學批評史上，多把清照的創作以「靖康之亂」為界分為前後兩期，認為前期多寫少女的「閒情雅致」、少婦的「離愁別緒」，藝術上雖有所長，思想價值平平。即使對李清照後期詩作中的「愛國主義思想」，也毀譽不一。必須承認，「愛國主義思想」確是評價一切文學作品的重要標準，但不是一張固定標籤，而應該有其豐富、深刻的社會內涵。況且，在男權專制社會中，男女兩性的社會地位、生活背景和個人際遇有很大的不同，藝術創作的方法和內容也必然具有各自的特色。

李清照的「愛國主義」，與其他作家作品的「愛國主義」雖然本質相同，但表現方法上「李清照式」應該有別於「怒髮衝冠、仰天長嘯、壯懷激烈」的岳飛；也不同於「鐵馬冰河入夢來」的陸游；更不同於「金戈鐵馬，氣吞萬里如虎」的辛棄疾，而只能是「願將血淚寄河山，去灑青州一抔土」的李清照式。如果一定要求李清照「氣吞萬

里如虎」才算有愛國主義思想，那就不是李清照詩詞的「愛國主義」了。不言而喻，此之謂，不獨是藝術表現的個性評價問題，更主要的是觀念問題。用男權本位觀念去衡量女詞人的作品，得出「李清照前期詞作旨在閨閣閒情、離愁別緒上作文章」的結論，對清照詞的愛國主義情懷「雞蛋裡找骨頭」橫加貶斥，顯然是有失公允。歸根到底是男權觀念使然。

更難能可貴的是，李清照不僅是才華橫溢、冠蓋群雄的詞作家，還是卓有見地、別具風骨的詞論家。她不僅魚躍於詞賦創作的海洋，得躍「龍門」，還振翅詞學專業理論研究的高峰，會臨絕頂──這通常是舊時代女性無法涉足的理論聖殿。她的《詞論》作為中國文學批評史上「創一家之說」的詞學專論，在詞學理論審美批評史上具有重要價值。

清照藉《詞論》高屋建瓴，評古論今，論道了詞之發展的三個歷史階段及其創作特點，確實頗有創見：一曰盛唐之時，詞與音樂相結合，以「聲詩並著」為其特色，在李白詞作中，多有體現。二曰晚唐五代時期，詞調驟增，但大多是「以詞命世」。一時間，「鄭衛之聲」、「亡國之音」彌蓋詞壇，雖然藝術性較高，卻失之於思想格調低迴。此之謂，可以李後主詞為代表。三曰宋詞時期，是詞史上的黃金時代。詞賦名家輩出，詞風多彩多姿，詞作輝煌煥盛，詞品高低良莠，難免魚龍混雜。因有海雨天風、雄贍浩博的蘇東坡等大詞家，所以清照未言以自己為代表。後人在詞學評論史上提出詞史三階段（如上所言）、三大家「三李」為代表的論斷即指李白、李煜和李清照。

從實際出發，以清照的「婉約之宗」兼稟「豪放」之長、再加《詞論》的「詞學理論」定鼎，雄踞詞壇為詞宗，當處不拔之位。但是，如此定位，那將置老大哥蘇軾等人於何處？為了不使「小妹」

（女性）「僭越」大哥（男性），使二者「平分秋色」亦是「無可奈何」之策，於是便有蘇軾為「豪放派之祖」、清照為「婉約派之宗」之說。但大哥與小妹（男和女）劃等號，是傳統的文學批評觀念萬不能相容的。因李清照「婉約詞宗」地位無法撼動，只好從人品上詆毀。

事實上，作為卓然傲立詞壇的嬈嬈者、濯淖亂世的佼佼者，即使李清照這樣如日中天的女詞人，也無奈損女奉男的「日蝕」效應。於是便有宋代胡仔編輯的《苕溪漁隱叢話》望風撲影，大肆渲染李清照再嫁張汝舟之事，並以「再嫁失節」之罪，惡毒貶損李清照人格。一剎時，貶損誣衊之辭，兜頭蓋腦而來……因為沒有確鑿的史料為依據，李清照到底「是否再嫁」已成無解之謎。即使再嫁了，也不能證明李清照「失節」，她失掉的只是男權觀念的「節」；如果真的沒再嫁，也無法改變男權觀念對女詞人的貶損和人格踐踏。王灼、晁公武等先生還因清照詞「文采煥發」而罵她「無顧籍」、「無檢操」呢。「女子有才即無德」──荒誕的邏輯、荒唐的觀念、荒謬的女性社會批評話語，是李清照價值貶損之成因。

時至今日，平平仄仄、白紙黑字，婉約的清照之詞像是愈品評愈精醇的美酒，彷彿女詞人「紅酥手」（陸游詞語）把盞問酒，似「有暗香盈袖」，清照詞語醉人如斯，流芳百代，其價值是無法磨滅的。雖然她已辭世八百六十多年，但卻同自己的詞作一起，至今還活躍在我們的書本上、講臺上、歌壇上，並且蜚聲大洋彼岸。中國女作曲家陳怡采將李清照的兩闋〈如夢令〉譜寫成現代音樂，1988年在紐約「卡內基輕音樂廳」演出，盛況空前。李清照詞作的審美價值，不僅超越時間界限成為千古絕唱，而且超越空間界限成為「世界之聲」。與此同時，對之貶損之聲至今依然不絕於耳……仰望太空：如日中天

的女詞人，無奈「日蝕」效應；寄語蒼穹：漫天繁星女才子，無言泣血話悲劇。

　　從文化社會學角度看，不獨文學，在其他文化藝術領域，**女性主體價值創造**的光輝也紛呈異采，卻時常被男權本位觀念遮蔽。

　　請看繪畫史上，管夫人繪畫藝術審美價值是如何受到貶抑的。

　　若從中國繪畫史上的畫竹高手談起，習慣上言必稱鄭板橋，但是較鄭板橋早幾百年「立業」的畫竹聖手管道升，卻遭男權觀念貶棄，至今鮮為人知。

　　管道升是宋末元初著名才女。她天資聰穎，才華出眾，詩詞之作清麗瀟灑，書法之妙、稱為絕品。仁宗皇帝得見，將管道升之書法配玉軸裝裱成手卷珍藏把玩，愛不釋手。管道升多才多藝，以繪畫最為見長。她所繪人物、佛像、鳥雀、花草等，皆各逞其妙，但尤以水墨畫竹最為精妙。她鏤金錯彩、精雕細琢「寸綃片紙」獨創的「袖珍」水墨竹畫，是為稀世之珍品。據《圖繪寶鑒》記載，「晴竹新篁（即成竹和幼竹），是其所創。寸綃片紙，人爭購之。」據說當時皇后曾向其索竹畫八十幾幅，皆筆意清絕，窮形盡相。管道升因此名噪京華。

　　管夫人獨創巧運書法筆意繪竹，曾繪就一幅一丈多長的竹石圖卷，又在湖州瞻佛寺的高一丈多，闊一丈六尺的大牆上繪製巨幅《竹石圖》。她巧用書法中的「飛白」筆法畫巨石、「金錯刀」筆法繪成竹……《畫史會要》極贊夫人畫中之竹「高披錯落、姿態百出，與怪石奔峭相間」，真乃「竹勢撒崩雲觸石」之奇絕巨製。另有一幅《水竹圖卷》為精品之「最」，至今被奉為「國寶」，在北京故宮博物院享一席至珍至貴之位，從而鼎定其繪竹聖手的地位。

　　以鄭板橋與管夫人相比較，從實際出發，如果說鄭板橋畫竹以「怪」稱奇，令世人刮目相看的話，那管夫人之畫竹，當以「全」概

「偏」，獨佔鰲頭。管夫人畫竹題材、表現技巧以及無可比擬的全面的藝術審美情趣，無疑冠蓋以偏概全的「奇」，至臻完美之藝術境界。本來鄭板橋以奇崛之怪筆，畫心中之「怪竹」而「自成一家」，亦無可厚非，但男權觀念「止此一家，別無他哉」的看法，顯然就是「以偏概全」。何況長期以來，人們過分強調鄭板橋「怪竹」的政治寓意，將竹畫藝術視為「單純的政治傳聲筒」，則違反藝術批評的重要標準，顯然更不足取。所以，以鄭板橋「竹畫」之偏去掩蓋管夫人「竹畫」之全，顯然是男權觀念「損女奉男」之必然。

更可貴者，管夫人還是古代繪畫史上理論與實踐相結合的典範。她的繪畫經驗和繪畫理論，結晶在她的繪畫專著《墨竹譜》裡。《墨竹譜》從實踐到理論，見地獨到地闡述了繪製「墨竹畫」的全過程，至今仍為後學者不可多得的好教材。據史料記載，鄭板橋就是從管夫人的《墨竹譜》中汲取過畫竹的藝術營養基，而後學成的。不言而喻，管夫人繪畫藝術審美價值的「全」，從理論到實踐，再次「蓋過了」鄭板橋的「偏」。那麼，人們為什麼非要哄抬鄭板橋先生的「偏」，而貶抑管夫人的「全」呢？答案只能是女性主體的創造價值被男權觀念倒置或貶抑使然。

再看漢字書法藝術，在舊社會幾成男性專利，眾口皆碑「正書之祖」鍾繇、「書聖」王羲之、「草聖」張旭……但是，傳道於鍾繇的蔡文姬、授業與王羲之的衛夫人、解惑之於張旭（狂草）的公孫大娘（劍舞意態），卻偏偏都是**女性，又都被冷落在遺忘的角落**。究其根由，是男權觀念對女性創造價值的無形貶抑。此之謂，由王羲之的老師衛夫人之際遇可見一斑。

衛夫人名鑠字茂漪，長於晉代書法世家，自幼耳濡目染、刻苦摹練。日積月累後，書業愈加爐火純青。大書法家鍾繇極贊衛鑠用筆神

妙之至：「碎玉壺之冰，爛瑤台之月，婉然芳樹，穆若清風」，其仙風俠骨飄灑墨間，觀者莫不拍案叫絕。唐人韋續在其《墨藪》中，曾對衛鑠書法推崇備至，極贊其書法藝術「美如紅蓮映水，妙似仙娥弄影」，令人觀之神搖意動。

衛鑠書法之獨特風骨不僅在於飄灑的神韻，還在於鬼斧神功的筆力。她以女性特有的敏感才情、玲瓏剔透的才思，領悟「高山墜石」態勢之妙，創造出頓挫有力的「、」；視「萬年枯藤」蒼勁遒健的伸展意態，創造出剛直與透迤各逞其妙的「亅」和「乚」……進而一舉首創中國古代漢字「七劃」書寫規則的專論《斬斫圖》。衛夫人的高足弟子王羲之所創的的「永」字八法，就是在此基礎上發展而來的。號稱書聖的王羲之七歲學字、十二歲精讀書法理論，一直是在衛夫人的精心教誨下才得「入木三分」羲之筆、成為一代「書聖」的。

衛鑠不僅長於書法藝術創作、教學實踐，還精研書法理論，至臻「化境」。除專論《斬斫圖》外，她還在自己的書法藝術專著《筆陣圖》中，系統地闡述了執筆、用筆的基本書寫法則和書法鑒賞的重要標準，成為書法文化理論史上的重要著述。凡此種種，使衛鑠在中國書法史上確立了一代宗師的不拔地位。靜觀默察衛鑠書法之美，其運筆矯若驚龍、柔似浮雲，動如奔蛇走虺、靜比處子淡月，彷彿律動著女性墨藪的獨特神韻，幾近無言辭以盡呈的書法藝術極境。衛夫人以女性特質的「造化神功」，將漢字筆劃納入交、切、轉、劃的速度與力的運動時態中，進行有限空間的藝術組合。那是紙、筆結構的藝術造型；是女性墨寶的金字塔，是心靈空間的藝術造影，是點、線結構的書法藝術交響曲！

在女性主體價值倒懸的男權社會，衛夫人一筆一劃嘔心瀝血凝聚的墨痕並非都是美妙的音符，而是女性被貶抑的訴狀。千百年來，作

為徒弟的王羲之以「書聖」大名如雷貫耳飲譽千載，而師傅衛鑠卻被葬入了遺忘的逝川……不過她那留芳百世精妙絕倫的墨寶，為其作出了濃墨重彩的價值判斷。時至今日，衛夫人那研著血淚蘸著才華書寫的墨蹟，並非僅僅黑著臉抗議書法史對女書法家的冷落與貶抑，它唱歎的是女性主體價值被男權觀念貶棄的社會問題。

再看其他社會領域。在廣袤的神州大地上，封建社會的政治、軍事、外交各種社會實踐活動中，**不斷崛起的女性社會精英人才輩出，但大多難逃男權觀念價值倒錯的暗算。**

中國古代社會中，不僅女性文才輩出，女性軍事首領、軍事戰略家也不乏其人。特別令人刮目相看的是女英雄碧，單槍匹馬攔截王莽的目的是逼王莽交出政權。還有揭開西漢末年全國性農民大起義序幕的「造反將軍」山東女豪傑呂母。她那視死如歸的反封建精神、組織領導農民起義的軍事才幹，在中國婦女反封建壓迫的政治鬥爭史上，寫下了氣吞山河的一頁，卻被罵為「女寇」、「逆匪」——荒謬的價值倒錯！

還有以普通農婦之地位平步青雲，成為號令三軍女統帥的陳碩真更令人刮目相看。唐高宗永徽四年，由於不滿封建統治，陳碩真利用宗教組織農民發動武裝起義。起義軍斬州奪郡，所向披靡。唐朝統治者膽戰心驚，疑為神人神事。陳碩真的特殊價值不僅表現為對封建統治者的軍事威攝力，更主要的是對整個封建社會的政治威攝力。她自擬朝綱，建立政權，自立為「文佳皇帝」，成為中國歷史上由農民起義建立的政權中的第一女皇帝。雖然時間短暫，但陳碩真是比則天女皇帝早三十多年稱帝的女「始皇帝」，卻為封建專制斬殺！陳碩真被淹沒在「正史」中，為男權觀念諱莫如深，至今鮮為人知。

再看中國歷史上第一位「娘子軍」主帥，唐太宗的妹妹平陽公

主。她公開挑起反隋旗號，挑選數百名年輕力壯的小伙子，親任主
帥。注意，這是封建社會女性統帥男性三軍將士的特殊「娘子軍」。
此時的平陽公主才十六歲，她為李唐王朝的建立浴血征戰，立下了汗
馬功勞。但因輾轉征伐、長年鞍馬勞頓，二十二歲英年早逝──女性
捐軀殞命，成為男性帝王江山社稷的奠基石，也成為性別壓迫甚於階
級分野的特殊女性社會悲劇典型。

　　還有眾多巾幗英豪，如替父從軍的花木蘭、「擊鼓抗金」的梁紅
玉、統兵掛帥的穆桂英和威震八方的楊門女將們，至今家喻戶曉。早
已青史留名的明代農民起義女領袖唐賽兒，其大智大勇，確實賽過鬚
眉男兒。壯族抗倭女英雄「女官參將總兵」岑花、抗清（後金）女將
秦良玉、白蓮教起義領袖王聰兒、小刀會首領周秀英、太平天國女
英雄洪宣嬌、「紅燈照」大師姐林黑兒、謝莊反帝小英雄馮婉貞等
等，都是以女性「柔弱之軀」逞陽剛之雄，征戰沙場、冠蓋鬚眉的
巾幗英豪。她們的光輝業績，顯示了中國女性抵禦外寇的英雄氣概
和愛國主義情操的社會主體價值，卻個個難免捐軀殞命的社會性別
悲劇命運。

　　不僅文韜武略的女魁元，出色的女社會活動家、女外交家也不
乏其人。如漢武帝派遣出塞的解憂公主，曾為漢族與兄弟民族的社會
文化交流、發展，做出了不可磨滅貢獻。她遠嫁西域烏孫國，作為友
好使節，不僅促進了民族文化交流等友好往來，還配合漢武帝完成了
「斷匈奴右臂」的政治、軍事戰略計劃。還有「昭君出塞」和蕃匈奴
等。特別是唐代的文成公主，為漢藏等民族的文化交流，作出特殊的
貢獻。儘管外嫁之初，她們不過被當作封建帝王和婚外邦的政治工具
而已。但事實上，她們對於民族團結，特別是民族、社會發展和經
濟、文化交流的獨特貢獻，是男性無法比擬的。

在中國古代政治外交活動中，表現得最為出色的女性是西漢年間隨解憂公主赴烏孫國的馮嫽。據《漢書》記載，馮嫽才貌雙全、膽略超群。曾為「特命全權大使」，「錦車持節」，負重要政治使命多次往返西漢與烏孫之間。作為一個遠離故國家園的文弱女性，全憑個人高超的政治膽識和外交才幹殺伐決斷巧妙周旋，解決了千軍萬馬無法解決的政治、外交上的難題。直至古稀之年，馮嫽仍不顧關山萬里的艱難險阻，再度出使烏孫，為保家衛國立下了卓著的功勳。馮嫽作為中國歷史最早的、最傑出的社會活動家、女外交家，她以自己的才識膽略實現女性社會化「外向攻關活動」特殊價值的歷史功績，是不可磨滅的。

今天，現代人都知道「科技是第一生產力」，因此對優秀的科技工作者是尊崇有嘉、呵護備至。**中國古代也不乏各類科技創新女傑，但無一難逃價值毀損運命。**

如眾所知，以「四大發明」蜚聲世界的古代中國，創構了以技術型、實用型為特徵的科技文化體系。正如李約瑟先生所說：人類歷史上的一些很基本的技術正是從這塊土地上成長起來的。其中**女性在科技創新方面的貢獻**，令人歎為觀止。特別是**黃道婆在紡織技術上的發明創造，遠遠超過同時代的歐洲。**

那是在南宋末代王朝風雨飄搖的淒風苦雨中，在勞苦大眾慘遭戰禍蹂躪、生靈塗炭的艱辛歲月裡，上海縣華涇鎮一貧苦農民家裡，誕生了一個女孩。苦於家中難以糊口，她十幾歲被賣做童養媳；苦於夫家的非人虐待，她隻身逃至素有「天涯海角」之稱的海南瓊崖。在海南，她潛心鑽研、刻苦實踐，終於掌握了一整套植棉、紡棉、織棉的技術和經驗，歷經三十幾度寒暑，原來十幾歲的姑娘到「天命之年」回鄉「送寶」。她將紡織操作的全過程系統化、規範化，形成了一整

套的紡織操作規程，有效地推進中國當時的棉紡織生產躍居世界先進水平。由她首創織就的家鄉名牌產品——「烏涇被」，很快譽滿天下，名揚四海。她就是元代紡織革新家黃道婆。

積半生實踐經驗，黃道婆「知天命」之年後，進入了發明創造的「黃金時代」，也是她主體價值的巔峰時期。黃道婆成功地進行了一整套紡織工具的改革、創新和紡織技術的革新、提高，完成了一系列發明創造，如改「踏車」為「攪車軋棉籽」的革新創造；用「搖動滾軸、輾壓去籽」的「半自動」操作方法，取代了去棉籽的手工勞作；發明了新式彈花工具，以「半自動化」的線弦牽引彈花取代了手指彈撥的手工勞作方法……其中，代表黃道婆聰明才智最高水平的，就是「三綻腳踏紡車」的發明創造。在這部紡車問世五百多年後，十九世紀的巨人馬克思在《資本論》中，談到正宗的紡織機器發明前，歐洲紡織業的生產狀況時，曾感慨萬端：在當時，「要找一個能夠同時紡兩根紗的紡織工人，並不比找一個雙頭人容易！」而在五百多年前的中國，一個普通農婦發明創造的「三綻腳踏紡車」，竟可以同時紡出三根紗來！

事實上，歐洲當時並沒有「雙頭怪人」，可以同時紡三根紗的黃道婆也沒有三頭六臂，但卻有超人的創造性才能，無疑曾是中國、乃至世界棉紡織發展史上的「女性科技發明創造之最」！可以毫不誇張地說，黃道婆的紡織機，織進了中國普通勞動婦女驚人的創造性智慧和才能；織就了中國棉紡織工業發展的第一頁；織成了富庶江南的「天堂圖畫」；織就了女性社會創造價值的永恆歷史篇章。據經濟社會學家考證，明初上海區域最先出現了資本主義經濟萌芽，很快成為中國經濟發展前沿，棉紡織生產居全國首位是一個重要原因。從社會經濟結構內部機制的變遷來看，中國明代出現的資本主義經濟因素，

其中有幾股就是黃道婆的紡織機牽引出來的，這是基於經濟社會學理論的科學論斷。黃道婆的發明標記著當時中國的棉紡織技術遠遠超過歐洲並領先世界。

但「造物弄人」，世界科技發明史料上分明記載：1738年，路易斯‧保羅先生獲紡織機第一項發明專利；1765年，詹姆斯‧哈格裡沃斯發明「珍妮機」（明明是紡織姑娘珍妮的發明，卻偏偏冠以詹姆斯先生的大名）……而黃道婆（1245-？）十三世紀末的諸多發明創造，長期未得到世界公認。更令人扼腕歎息的是，我們至今無法得知這位偉大女性的準確姓名，而只好權且叫她黃道婆，因為在舊中國，女人沒有自己的名字，「道婆」只是當時當地對老年婦女的一種泛稱或代稱。晚年，貧病交加的黃道婆喪失了勞動力，不知何年何月何時，病餓而逝，魂歸黃土地……嗚呼！想這位普通勞動婦女赤條條來到人間，默默地埋頭奉獻一切，又孑然一身、無名而逝──小農經濟的沉重磨盤碾磨著女性的血肉之軀，女性社會創造的主體價值被男權觀念社會吞噬。

不獨紡織科技，在世界一幟獨樹的華夏「國粹」中醫學上，女性也有卓越的貢獻。卻難免男權社會對女性創造價值的毀損。

先看素有「神灸」盛譽的東晉女醫生鮑姑，實為中國古代醫學史上的一大「奇才」。其父為南海太守鮑靚，十分精於醫道。鮑姑耳濡目染、心有靈犀，又勇於實踐且苦心鑽研醫道、醫術。她創造性地選取易燃藥物取代銀針，選定患者穴位後，進行燒灼熏烤的「灸法」，堪稱「一絕」。嫁與其父高足弟子葛洪後，醫技更為精進的鮑姑，以「配角」之名行「主角」之實。署名葛洪的灸法醫學專著《肘後救卒方》，凝集的是鮑姑醫療實踐和醫術研究的心血，但是，男尊女卑觀念「損女奉男」，公然將鮑姑的奉獻一筆抹煞。作為神醫的鮑姑，身

懷治瘤絕技，一生不知療救了多少人的生命，卻無奈女性主體價值倒置的社會「腫瘤」。晚年的鮑姑淪為乞丐沿街乞討，在饑寒交迫中化為細屑微塵。

更令人扼腕歎息的是南北朝劉宋時期的民間女郎中**張秀姑，是中國醫學史上「敢為天下先」的傑出醫學奇才**。作為醫術全面、醫道精湛的女郎中，為治病救人，她遵從丈夫病逝前的遺囑「剖夫屍問病」，首操手術刀進行人體解剖。這一刀，劃開了封建迷信與醫療科學、人倫綱常與外科手術的根本界限，在中國的醫學史上刻下了劃時代的印痕。張秀姑成了醫學史上進行人體病理解剖實踐的第一人，繪製了第一例人體病理解剖圖，比獲得此項醫學發明專利的意大利解剖學家馬幹尼，早一千多年。但是，令人憤慨的是，這一醫學史上史無前例的偉大創舉，非但投有得到社會的肯定，反成不赦之罪：張秀姑「剖夫屍」違背「夫為婦綱」的封建倫理綱常，皇帝親筆御批，將女郎中處以極刑——何等荒謬的價值倒錯！何等酷烈的男權社會斬殺！

在中國封建社會，敢冒男權觀念之大不韙，**體現自然科學最高學術價值的女性權威，是王貞儀**。貞儀字德卿，出生清代江寧一書香世家，幼時隨父治學。家祖傳及她七八十大櫃的藏書，其中就有許多已譯成中文的西方天文學著作。這些書是其取之不盡、用之不竭的巨大精神財富，遂使她精文史、長書畫、善詞賦，並且識天文、曉地理、演曆算、習曆法、觀氣象、解農時、通醫術、曉脈絡，尤擅數學，特別精諳自然科學。總之「兼資文武，六藝旁通，博而能精……」的王貞儀，堪稱當時社會百科全書式的大家。

更難能可貴的是，王貞儀不僅精研理論，而且走出閨閣、闖蕩社會、矢志實踐。她十一歲時移居祖父任知府的東北吉林宣化，途中作〈出山海關外雜詩〉已覺大氣磅礴、眼界非凡，隨後習彎弓騎射，

不讓鬚眉。不到十七歲，她又隨父周遊西北，寫下「足行萬里書萬卷，嘗擬雄心勝丈夫」的豪言壯語。總之，貞儀衝出閉塞的閨閣走上社會，足跡遍及當時中國大地，且「跨馬橫戟，往來若飛」，不僅練就了高超的騎術和精絕的箭法，還練就了堅韌不拔的性格和豁達的胸襟。遂使少女時代的王貞儀，已行萬里路、讀萬卷書，成為超越時代也超越自身的奇女子。

在王貞儀短暫的一生中，還創作了大量詩詞文賦精品、眾多的序、跋、銘、辯、傳、記、書、論等著述，輯錄成《德風亭初集》（（十三卷），傳諸至今。更令人歎為觀止的是她在自然科學方面的儀器製作和理論著述。她編撰了《籌算易知》；撰寫了《星象圖釋》、《術算簡存》、《象數窺餘》（四卷）、《西洋籌算增刪》等數學、天文學著作十多部，還有《經星辯》、《地圓論》、《月食解》、《歲差日至辨疑》、《日月五星隨天左旋論一、二、三》、《盈縮高卑辯》、《黃赤二道辯》等學術專論。說句公道話，她這十幾種跨學科的理論專論，大多領軍當時國內最高學術水平。

王貞儀善於獨立思考，頗多突破性理論創建。她批評「歲差漸而東」是錯誤觀點，並確立「歲差漸而西」的正確觀點。對當時國內占統治地位的「地心說」，她敢於提出不同觀點……但是，王貞儀精研自然科學的唯物思想和價值追求，違背了「女子無才便是德」的男權觀念，遂受到無端指摘和無情貶損。眾多男性將其視為「怪異之物」嗤之以鼻。「女博士」成了千夫所指的「眾矢之的」。儘管她矢志不移、獨立支撐、頑強拼搏，終不得施展抱負才華，於貶損和詆譭的叫囂聲中鬱鬱而逝。論年齡，她只活了二十八歲；論學術貢獻，她超過同時代的任何一個男人或女人；論主體價值，她達到封建社會中國學術精英的最高水準，卻被貶斥為「怪異之物」，最終被男權社會的價

值倒錯殘酷斬殺，令人痛何以堪

　　一部中國社會發展史告訴我們，男尊女卑的封建社會是女性群體抑制階段，其間卻不無女性精英個體性的社會突破。她們以冠蓋鬚眉的魄力和膽識卓絕於青史，**從政治社會學角度看，其中最最令人歎為觀止的中國古代政壇奇崛女傑，當屬武則天。**也正因如此，她成為褒貶不一、聚訟紛紜的特殊個案典型。這一典型形象話語的最基本的語義特徵是顛倒乾坤的「封建社會女性大政治家」。

　　從性別視角透析古代政壇，我們必然發現，傳統觀念評論歷史上有作為的封建帝王，往往言必稱「秦皇漢武、唐宗宋祖」，但對曾經執政或稱帝的女性，卻以「牝雞司晨」之怪罵殺。這是典型的男權觀念「政治社會學」理論。

　　從實際出發，秦皇漢武、唐宗宋祖們確實為確立和發展封建帝國之大業，建樹了不可磨滅的歷史功勳。但與女皇帝武則天相比，不僅有「略輸文采」和「稍遜風騷」之皮相之差，更主要的是：武則天以她對男尊女卑觀念實質性的超越，在男權專制獨霸的政權領域，確立了封建社會女性政治首腦的不拔地位長達半個世紀之久，使男權專制時期女性秉政的「歷史飛地」之首創永駐青史，無疑是對男權統治獨霸天下的大膽挑戰和成功反叛，是封建政壇女傑實現社會主體價值難能可貴的歷史實踐。儘管封建時代的女性帝王並不能解決女性群體「抑制」的社會悲劇和自身的局限性，但卻振聾發聵地實現了個體精英的「社會顛覆」。僅僅這一點，武則天就是任何一個順應男權社會「傳統」的男性帝王都無法比擬的。

　　在男權專制社會，武則天是秉文韜武略、經國治世之精神颶風，挾興利除弊、革故鼎新之變革驚雷，衝絕男權觀念經天緯地之社會巨網，闖上皇帝寶座的無與倫比的封建社會女性政治首腦──冠蓋群雄

的女性主體價值超越，是武氏形象話語的精魂之所在。

少時武則天嫵媚動人，巧慧多謀，十四歲應詔入宮，頗得太宗歡心，立為「才人」，賜號「武媚」。她不僅以「嫵媚」的姿色眩人眼目，更以剛毅過人的獨特資質動人心魄。據說唐太宗酷愛一匹暴烈異常、無人能馴的寶馬「獅子驄」。其驍勇狂暴，世人避之唯恐不及，壯男彪漢莫敢靠前。但武媚這個柔媚嬌嫩的纖弱少女，竟用「鐵鞭、鐵撾、匕首」和超人的剛勇之氣，使狂暴的牲畜伏首就範。初試鋒芒，這位嫵媚少女的「鐵血性格」已初現端倪，至使滿朝文武驚歎不已。

更可歎者，這位小小的「武才人」並未滿足於唐太宗的「一夕寵幸」，她竟「未雨綢繆」，暗暗傳情於年輕的太子李治，提前向儲君施諸大量的感情投資，使李治意惹情牽、神迷魂蕩。及至太宗駕崩，「高宗」李治繼位，武媚削髮為尼入感業寺。燈光佛影下的武媚娘使李治朝思暮想。加之太宗在位時，二人情切切、意綿綿，無法如願的不了舊情，所以李治登基後，旋請「媚尼」還俗，賜封昭儀。誰能想到這個小小的「昭儀」日後果真「如日中天」昭昭於世，冠冕李唐、母儀天下……

應當承認的是，武媚的「媚」人之處，不獨外貌，主要在其超群拔眾的內在素質。且不說她詩書琴棋樂畫無一不精的文彩風流，單說她雙手擅寫梅花篆字的絕技，足令書法家自愧不如。武昭儀對玄妙的回文織錦也頗有研究。特別是其「棋技弈術」，遠在李治之上。基於她對「弈法」的精深造詣，還進行「棋局創作」。據《記纂淵海》記載：「武后自製大勝局，形如『雙陸』」。《梁九公諫》還記載，唐高宗也是個棋迷。二位棋迷帝後時常一起下棋，武後棋高一籌。

總之，從大處著眼，從小處著手，還俗後入宮的武昭儀使出渾身

解數，曲意事奉帝後，排擠淑妃，覬覦後位，巧使奸計，終於取王皇后而代之。武昭儀擢升武後寶座不長時期內，生活、政治上都能出奇制勝，蓋得益於她的足智多謀和多才多藝的綜合素質。儘管男權觀念判定武則天為篡權奪位的政治野心家，但其政治韜略和膽識是超越男權觀念的。

成為稟政男權社會的女政治家，武則天確有冠蓋鬚眉之處。由於武後「素多智計、兼涉文史」，每臨國計朝政大事，多有卓識宏論為高宗解惑釋疑。至使高宗將「百司表奏，皆委天后詳決」。自此，武後已開始有效地掣肘皇權直至獨攬大權。雖然表面上，她與高宗並稱「二聖」，其實武后才是「至聖」。

高宗病逝後，爭奪最高權力的鬥爭在武后與幾個親生兒子之間展開。這時的武后雖然以皇太后身分臨朝稱制，但已操掌實權。她使中宗、睿宗幾廢幾立，如同囊中之物，隨意取捨；李弘、李賢、李顯、李旦幾上幾下，走馬燈似地更迭變換，不過是她自製「大勝局」棋盤上的過河小卒——政治籌碼或曰政治玩偶。至使她攫取王位、把持朝綱竟至隨心所欲之程度，蓋源於其秉政實力，或曰主體素質。

更難能可貴者，衝絕男權觀念社會羅網，武后不是女人式的皇后，懷抱琵琶半遮面，扭扭捏捏躲在後面「垂簾聽政」，她要像男性天子一樣堂堂正正登基做皇帝。於是，似乎水到渠成，又像鬼使神差，竟有唐皇睿宗為首的六萬多人聯名上表奏請武則天登基稱帝。真是「上承天意，下順民心，萬眾擁戴」，其實不知用了多少政治謀略和手段，嘔心瀝血、慘淡經營，才開拓出前無古人、後無來者的通衢之道，登上了權力頂峰。公元690年，她自改國號為周，自稱「聖神皇帝」，後稱「則天大聖皇帝」，歷史上簡稱作武則天。她廢棄唐太宗的賜名「武媚」，自造日月當空的「曌」（Zhào）字改名武曌：管

他男人女人；說什麼太陽、月亮，我要日月當空照、日夜放光芒，獨逞光華於天地萬物之間。

由是，武則天把男權社會女性秉政的「不可能」變成可能：隻手擎天，顛倒了陰陽乾坤、改寫了男尊女卑社會的歷史。自此以後，漢字史上增加了則天皇帝創造的會意字「曌」；中國歷史上出了個空前絕後的女皇帝；男權專制社會「乾坤顛倒」了半個多世紀。

武則天從三十二歲做皇后假李治之名實際決策國政開始，到八十二歲病逝為止，整整半個世紀之久，將偌大個封建帝國摶於自己的手掌心中，精心改造重新設計它的「規矩方圓」，靠的是什麼？最根本的條件是主體素質，當然還有客觀條件。

從主客觀條件的辨證統一來看，武則天的政治活動雖冒男權觀念之大不韙，卻基本上符合當時社會變革的客觀需要，順應封建社會機體內部結構運動「流水不腐、戶樞不蠹」的發展規律和一定時空條件下「新陳代謝」要求的自然法則。這是武則天崛起的社會語境特徵。從主觀條件來看，她自己非比尋常的政治資質，則是該形象語義特徵的核心。她不僅是個「國色天香」的美豔女子，又是「蘭心蕙質」的聰慧女子，更是個多權謀、善韜略，縱橫捭闔的經國治世之才；還是個通五經、貫六藝、海闊天空、無所不知的通才；同時又是善於發現、使用、駕馭人才的管理人才、深諳經國治世之道的領導人才。

從經濟社會學角度看，作為小農經濟生產方式為基礎的封建社會的執政者，武則天制定的「十二條」施政綱領，集中體現了封建經濟社會獎農務本的基本國策精神，至使則天秉政時代，成為上繼「貞觀之治」，下啟「開元盛世」繁榮局面的特殊經濟社會紐帶。

從政治社會學角度看，秉政伊始，便是大刀闊斧的改革。為了保證基本國策的實施，實現具有武則天特色的改制與革新，她首先進行

了舊人事制度的調整和人才選拔方法的改革，著手政治上的「吐故納新」。當時，長孫無忌、褚遂良等元老重臣、前朝勳貴，都是李唐王朝鐵桿的「保皇派」。武周皇帝登基，等於掘了他們的祖廟，貶了他們的特權。他們懷舊惡新，耿耿於懷，是為必然。對於守舊的政敵絕不能手軟。廢止原有的《氏族志》，用新撰的《姓氏錄》取而代之，就是武則天「人事制度改革」的一個重要舉措。

　　傳統的《氏族志》是魏晉以來，按世系編撰的族譜。長期以來，它一直是維護門閥等級制度的特權證、保護世襲豪強勢力的護官符。武則天下令收繳《氏族志》集中焚毀。大火燒毀了豪族們的特權、燒掉了貴、庶的界限，使世代相襲的、維護閥閱豪族特權、按血統世系編撰族譜的「譜牒制度」，在武則天手下灰飛煙滅，化為歷史的塵埃。此舉予貴族豪門壟斷仕宦的傳統特權以毀滅性的打擊，庶民百姓則拍手稱快，順應了人心思變的社會潮流。

　　為推行「人事改制」，武則天打擊豪門舊族反對派的另一有效手段是委政酷吏、大興告密，對反對派政敵實行殘酷鬥爭、無情打擊。她曾大張旗鼓，鑄銅匭設朝堂，以受天下密奏。一時間，「天網恢恢，在劫難逃」，多少豪門顯貴，嗚呼哀哉。武則天清洗政敵，鏢發凌厲，毫不手軟，但另一方面，酷吏酷刑甚囂塵上，舉國上下人心惶惶。矯枉過正、罰不當罪之誤時有發生，其慘狀令人扼腕。但總的來看，應屬重新調整階級關係、革新人事制度所採取的法治手段。雖然過分嚴酷，但對於穩定武周新政，顯然是利大於弊的有效舉措。

　　為了徹底除舊佈新、武則天縱橫捭闔恩威並施，不僅借助「酷吏」進行政治吐故，還通過「科舉」改制實現人才納新。她改革隋唐以來舊的科舉考試制度，一幟獨樹首創殿試製度，皇帝親自問考，面對面選賢任能。為了防正徇私舞弊，她還發明了閉卷考試，考出真才

實學，擇優錄取。武則天不僅通過「文舉」考核招賢選能、網羅仕才，還通過「武舉」考試，選拔將帥之才，專門設有步射、馬射、馬槍、負重等實用項目，真刀真槍的比試。她還首創名目繁多的「制科」考試，以選拔各類特殊需要的專門人才，為己所用。以上凡此種種，均有史料記載為佐證。

武則天選才制度的變革，源於觀念的變革。武周以前的李唐，各地選送的舉人一直列於進奉朝廷的貢品之後，因襲著重財物輕人才的舊習。武則天改為「先人後物」，以示對人才的尊重，頗似「人本觀念」。她首創親自殿試「天子門生」以示重視人才選拔。為了切實貫徹革新方略，武則天著意挑選一批地位較低，強烈要求改變現狀的文士參與國政機要，使出身清寒的賢德俊傑之士有機會施展才幹。於是，一些庶族地主，甚至庶民百姓，都有了「逞能而化之」的機會。他們可以經由舉薦、甚至「毛遂自薦」接受考核，只要具備真才實學者，都有做官和升官的機會。至使社會底層、寒門的賢達俊傑之士有了「脫穎而出」之機會。

不拘一格精心挑選之後，便是大膽啟用。武則天用才不疑，敬才有嘉。如她十分倚重丞相狄仁傑，每次見之，為表敬重，尊稱狄仁傑為「國老」而從不直呼其名，還免去狄仁傑「面聖」時的君臣大禮，可見其對人才的尊重。當嫉賢妒能者誣陷狄仁傑時，武則天明察秋毫，用之不疑，使「狄公之賢能」在朝政改革中發揮了作用。武則天知人善任、豁達大度，不僅表現在對賢才的推尊和倚重上，還表現在對「持不同政見者」的包容態度上。

唐初四傑之一的駱賓王，參加了徐敬業的揚州兵變謀反，還寫了文筆犀利、氣勢磅薄的〈討武曌檄〉，痛斥武則天「虺蜴為心，豺狼成性」、「人神之所同嫉，天地之所不容」……被罵得狗血噴頭的武

則天只是微微一笑，點頭稱是曰「文筆不錯」。還說，這樣的人才，應該想辦法得到他。還有上官婉兒才華絕世，但婉兒之父、祖父，均為武則天的政治宿敵。武則天卻不記前隙、唯才是舉，十分器重她，致使上官婉兒「兩朝專美、一日萬機，顧問不遺，應接如響」，聲名地位，顯赫非凡，甚而至於竟敢當面逆忤武皇。按慣例，「忤旨當誅」。可是，武則天唯才是重，不忍殺之，「但黥其面而已」。足見武則天氣度、胸襟超越尋常帝王。

　　毋庸諱言，武則天這樣做的目的是「籠絡四方豪傑……」、「務收人心」，為其統治服務。一時間，武周朝廷成了八方人才薈萃之地。間或有魚目混珠者，斷然棄之不惜。《資治通鑒》曾言武則天「雖以祿位收天下人心，然不稱職者，尋亦黜之……政由己出，明察善斷，故當時，英賢亦竟為用」。武則天垂拱年以來，每年選用的人才達五萬之多。為後來的「開元盛世」培養、儲備了大量治世之才。明代大思想家李贄盛讚則天皇帝用人膽略之大氣，感歎噓唏：「試觀近日之王者，有知人如武氏者乎？亦有專以愛才為心，安民為念，如武氏者乎？」綜觀歷代帝王，出其右者確實鮮見。

　　從性別視角來看，武則天人才觀念之新，表現在人才選拔和使用、人事制度的革故鼎新上，有一封建社會「空前絕後」之創舉，就是大量啟用女官。武則天用人不分男女，唯才是舉。她力排眾議啟用上官婉兒、謝瑤環等女性人才，大膽委以重任，位列男性諸公卿之上。在封建社會，實乃是驚世駭俗之舉。有才幹的女性再也不用「女扮男裝」應試入舉，可以女裙釵的真面目躡履朝廷，侃侃問政，眾鬚眉莫不拜服其石榴裙下。敢問歷史上曾有過如此「陰陽易位」之事嗎？從來沒有過！之前之後的封建社會有過如此「乾坤倒置」之勢嗎？沒有！武則天讓「男尊女卑」地覆天翻！是史無前例的

壯舉和創舉。卻為男權觀念詈罵為「牝雞司晨」、「武韋亂政」的千古罪人。

從政治社會學角度看，概觀「女皇」形象話語的主體特徵，武則天的治國方略和政治建樹是多方面的。她注重發展經濟貿易，疏通絲綢之路，她廢寢忘食修定的《兆人本業記》，就是不可多得的農業經濟方面的專著，用以推行封建治世獎農務本的基本國策，確實功不可沒。即使在「武功」方面，女皇帝鞏固邊疆的軍事要務，改善與邊境各族關係的諸多除舊佈新舉措，也為尋常男性皇帝所不及。前面已一一盡訴，不再贅言。

從文化社會學角度看，她的「文治」更令人嘆服，暫不論她的官廷詩文、樂府詩章、富麗堂皇的制誥、序跋、碑銘等詩詞文賦，單說為防止官員貪污，武則天把記載錢糧軍政國務收支各類款項的數字，一律改成繁難的漢字大寫以防篡改。據顧炎武考證，在〈岱嶽觀造像記〉中記載，「凡數字作壹、貳、參、肆、伍、陸、柒、捌、玖、拾，皆武後所改及自製字」。以後的碑文、詩文中，也始承用大寫數字。武皇十分重視、親躬主持編撰、整理了卷帙浩繁的各類社會文化典籍。有史料在輯的就有《垂拱集》（一百卷）、《金輪集》（十集）、《樂書要錄》（十卷）、《紫宸禮要》（十卷）、《高宗實錄》（一百卷）、《臣軌》（兩卷）、《玄覽》（一百卷）、《訓記雜載》（十卷）、《字海》（一百卷）等。

綜觀武則天主持編撰的廣涉二十多個門類的專門著述，其內容之浩繁、規模之恢宏，令人歎為觀止。秦皇漢武於九泉之下，只能自歎「略輸文采」；唐宗宋祖在天之靈，亦當嗟傷「稍遜風騷」。何況帝王中的尋常之輩了，更不要說昏憒無能者流了。這些著述白紙黑字、鐵證如山；字字絕響，篇篇絕唱。如此宏篇巨製，千秋史冊，

百代傳承，鑄成了武則天文韜武略、經國治世女性主體價值的社會備忘錄。

從女性社會學角度看，應當說明的是，武周時期則天女皇帝稟政，是封建社會「偶而露崢嶸」的女權現象的極至。雖然女官輔政、女皇帝獨攬大權的政治格局確立，並不意味著女性群體社會地位的改變，但畢竟是朝野震驚的首創；畢竟是女性社會地位得到某種肯定、女性主體價值得以張揚於世、女權尊嚴得到一定認同的特殊標誌。儘管這種肯定是極其有限的、這種張揚是可憐的、這種認同是無可奈何和口是心非的，但畢竟是封建社會「空前絕後」的女權極至。武則天問鼎國政以來，上承太宗，中經高宗、中宗、睿宗，下啟玄宗，是「貞觀之治」和「開元盛世」時空關聯的「政治紐帶」，命繫李唐「開元盛世」的崛起。體現封建社會女性主體價值的社會超越和自我超越。

物理學中的光學常識告訴我們，有光的地方必有陰影，光愈強的時候陰影愈濃重。則天皇帝有其光耀千古的歷史超越，也有封建統治者的歷史陰暗面。她的縱橫捭闔、她的叱吒風雲、她的專制獨裁，一言以蔽之，實質上是建立在勞動人民（包括女性）的血汗和白骨上的封建統治。階級局限的陰暗面，造成了個人形象上的陰影是客觀存在的。但人為地將其塗抹得通體漆黑一團，則是男權觀念對女性的惡毒貶損和特殊意義上的價值倒置，其中包括幾筆皂白不分，是非顛倒的社會批評公案，可由性別視角透視其「陰差陽錯」的實質。這裡所謂的陰差（即指武則天之過錯）的社會判辭，實為陽錯（即男權觀念對女性的錯判）。

「陰差陽錯」的社會批評話語之一：「武則天殺子弒親之罪」。依人之常情，武則天為奪權「殺子弒親」，確實罪不容赦。但對自己

的政敵來說，則是必要的鬥爭手段。確實，「一切依時間、條件、地點為轉移。」所以，我們要把「殺廢親子，人倫喪盡」放到特定的社會語境中去分析。長子李弘與武則天政見不合，曾數忤其旨，是武則天治世的政敵，焉能攜手共敘母子之情；次子李賢「頗好聲色」，不務「正業」，實乃不賢，焉能委以經國治世之大業；三子李顯倚重韋後家族，拉幫結派與武則天分庭抗禮，焉能不廢……殺廢親子，形式上爭權奪位，獨攬朝政，實質是新興庶族地主與舊襲豪門大族兩種政治勢力你死我活的較量、無法調和的新舊之爭。

從政治社會學角度看，武則天「殺子謀政」又何嘗不是維護封建統治的「大義滅親」之舉，至少是不戀母子私情、圖江山社稷大業的封建政治家本色。當然從人之常情來看，血刃親子未免過分陰狠歹毒，但從「封建專制本質上是動物的社會」的實質來看，大可不必如此大驚小怪。應該奇怪的是，也有「殺親之罪」的男性皇帝，則被奉為雄才大略的聖明君主。比如李世民殺兄弒弟，致使李建成、李元吉血染宮廷，又挾兵攜劍、圍困聖殿，威逼其父李淵「高祖皇帝」讓位，何「骨肉、手足之情」、「人倫大義」之有？但是，千百年來，李世民殺兄屠弟、逼廢親父取而代之之舉，一直被奉為殺伐決斷、雄才大略的政績稱頌而流芳百世。可與之作法並無兩樣的武則天，卻被罵作「毒如蛇蠍」、「狠似豺狼」的青面獠牙的惡魔而恣肆貶損。關鍵在於兩個皇帝一男一女。在男權觀念的「公理」中，男皇帝「不是也是」；女皇帝「是也不是」。「損女奉男」才是「黑色幽默」的實質問題。

「陰差陽錯」的社會批評話語之二：武則天十惡不赦的滔天大罪原來是「女人稱帝」。因為男權「公」理認為，男性做皇帝是真龍天子問世，如「江河行地、日月經天」一樣天經地義。而女人當皇帝，

則是「牝雞司晨」一樣不可能。武則天正是把封建專制下的不可能變為「可能」的第一人，也是絕無僅有的一人。她無視祖宗老例，自立為皇帝──戳破了男權專制的一統天下，獨創新天地，成為男權專制「不赦之罪人」，這是男尊女卑觀念的社會批評標準。如果用男女平等的性別觀念來看，作為罕見的政壇女魁元，武則天的主要價值恰恰在於此。稱帝之舉，使這個女人成了跨越時空局限的政治巨人；成了超越性別局限的特殊強者；成為超越自身局限的無與倫比的封建社會女政治家。即使與最優秀的男性封建治世人才李世民相比，武則天也毫不遜色。

如眾所知，李唐王朝建立不久，正是禮賢納諫的聖明賢君李世民首創了「宗室勳貴世襲」的封建諸侯制，又不顧魏征、長孫無忌等重臣的反覆勸諫，一意孤行，強令實施，從而埋下了「藩鎮割據」的禍根。武則天秉政之後，竭力為唐太宗的決策失誤而「補天」。她奮力剷除「諸侯分立、藩鎮割據」與中央分庭抗禮的「禍根」，強化以新興庶族品官為基礎的中央集權制，使武周免於因「藩鎮割據」導致分崩離析的禍災。到唐玄宗執政時，由於沒有實施強有力的掣肘，致使「藩鎮割據」死灰復燃，釀成「安史之亂」之禍端，這是客觀存在的社會史實。

事實勝於雄辯，至少在這些問題上，唐太宗、唐高宗、唐玄宗與武則天相比，是非功過，已是青史鑿鑿、天理昭昭，但是男權觀念的社會批評話語至今無視史實、顛倒黑白、褒男貶女。言及「貞觀盛世」，必稱「太宗奠造、高宗完成」，完全無視武則天實質性的建樹（如前所述）。其實高宗是個昏懦的皇帝，基本依賴武則天運籌帷幄，實施經國大業。二人孰為「月亮」、孰是「太陽」，老天自然分明，世人也並非有眼無珠，只是男權觀念偏要「損女奉男」。其實

「陰差」的屈判，蓋為「陽錯」之責。

再與**其他古代女性政治家**典型如與孝莊文皇后相比，**武則天也自有其「無與倫比」之處。**

一部清史告訴人們，在清初混亂的政治鬥爭旋渦裡，主宰政局沉浮、充分施展政治才幹的決策人物是姓博爾濟吉特的孝莊文皇后。她佐皇太級，肇建基業；勸降洪承疇，再建奇功；啟立順治，巧施政治手腕；力挽狂瀾，宅中定鼎；縱橫捭闔，威儀乾坤；輔立康熙，智除鼇拜；力平三藩，海內康阜；嘔心瀝血五十春秋，文治武功，清史昭昭，確是封建社會卓越的女政治家。

但是，與武則天的最大差別在於孝莊「甘當配角」輔佐男性皇帝。以其卓越的政治膽識、韜略、才幹，已具一言九鼎之威望，卻無意問鼎乾坤、自主沉浮，心甘情願隱於幕後，皇后、皇太后、太皇太后的一直「后」下去，不越男「帝」、女「后」之雷池半步，所以孝莊才為男權觀念首肯。僅此一點，與所向披靡、一直朝前闖，直至「闖」上皇帝寶座的武則天相比，就有一大截子距離。所以孝莊作為女性史傳形象的另一類典型，她仍然是男權觀念下、傳統意義上的輔政人才。不如武則天那樣，男人能當皇帝，女人也能！平心而論，二位女性帝、後作為封建社會女性政治家典型，粗看大同小異，但從社會性別視角分析，其視界取向和價值定位卻大相徑庭。

歷史有時看來驚人地相似，其內涵卻又天差地別。以武則天與韋后相比，傳統的「正史」以「武韋之亂」的判辭將二人劃了等號。事實上，中宗的韋后想效法武則天獨攬朝政，卻不具備武則天的才幹，且昏暴無比，腐敗至極，干政期間恣意妄為、禍亂宮廷、殃及天下。是癡心妄想的政治野心惡性膨脹，使她利令智昏地自編自導自演了一部自以為是的荒誕史劇，其實是亂紛紛地串演了一折宮廷鬧劇。儘管

二人同為女性，但資質、作為大相逕庭。可見光有「主觀願望」不行，還要有客觀需要，特別要有改造主、客觀世界的能力——人的能力資質——主體價值才是成就一切大業的根本。

　　辯證唯物主義社會發展史觀告訴我們，武則天做皇帝是唐代經濟發展、社會關係變革時代的客觀產物，又是武則天自身才幹「逞能而化之」、自我實現的產兒，也是封建社會女性自我實現偶然中的必然。雖然武則天稱帝並不意味著當時女性群體地位的改變，卻代表了女性精英個體性的歷史突破，實現了女性社會悲劇的個體超越。記得駱賓王在〈討武曌檄〉中，曾對時政發出過戲劇性的詰問：「試觀今日之域中，竟是誰家之天下」。斗轉星移，日月經天，武則天秉政半個多世紀的歷史作出了勿庸置疑的回答，卻為駱賓王等諸君始料不及。

　　「陰差陽錯」的社會批評話語之三：武則天「好男寵」之罪。勿庸諱言，武則天獨攬朝政之時，張易之、張昌宗兄弟備受寵幸，是武則天最親近的男寵，這是事實。除卻政治方面的需要，我們是否還可以從「武則天是人不是神、也有七情六慾」的角度去理解呢，這也是個觀念問題。據說右補闕朱敬則為此當面批評武則天，武則天非但未惱，反而誇讚他的忠言直諫，並賞絲綢百匹。從「人之常情」到「知錯認錯」，絕非什麼彌天大罪，偏偏有人抓住不放，添油加醋，大肆渲染。特別令人大惑不解的是：男性皇帝「三千粉黛」、「六千宮娥」，斷無人嗔怪——歷史如此，天經地義；女性皇帝兩三男寵，不管何等的尊嚴、多大的作為，竟被貶損得豬狗不如般的下賤——如此損女奉男厚此薄彼、取捨悖謬的女性社會批評標準，只能是男權觀念的「公理」。

　　「陰差陽錯」的社會批評話語之四：唐高宗——賢德聖君；武則天——千古罪人！蓋棺論定，那個庸懦無能、賴武則天支撐朝政的高

宗皇帝，還為自己豎了個「述德碑」──何德之有？何有之述？全靠文人妙筆生花、塗金掛彩、以假飾真，不知是留芳還是遺臭。武則天死前不要人家為她歌功頌德，死後要在墓前放上「無字碑」，但恰恰是「其意盡在不言中」。無字碑蘊含著「千秋功罪，留與後人評說」的哲學思考和歷史判斷，顯示出女皇帝「勝丈夫」的豁達襟懷和雄視百代的氣概。

筆者曾親赴乾陵，不禁感慨萬端：時至今日，歲月滄桑的研磨、雨雪風霜的浸漬……男權觀念為唐高宗所立的「述德碑」只剩下「斑斑點點，幾行陳跡」；所述之「德」，已是一片模糊。可武則天一字未著的無字碑，卻不知何時突然「鮮花著錦」似的通體盡生華彩。其中郭沫若先生的題詩最為璀璨：「冠冕李唐文物盛，權衡女帝智能全。沒字碑頭鐫滿字，誰人能識古坤元」……雖然武則天的無字碑「不著一字，卻盡得風流」於後世。

從女性社會批評「價值論─意義論」角度，正確認識「古坤元」的社會主體價值：「無字碑」無字無聲無極，任人評說千秋功罪，遠播歷史回音壁，勝似萬千宏鐘大呂。它是女性社會主體的價值豐碑。但是，男尊女卑的社會批評史觀判定，男人做皇帝，真龍天子，萬眾頂禮膜拜的至尊至聖形象；女人當皇帝，牝雞司晨，千古不赦，萬人唾罵的罪惡妖孽形象。總之，男權觀念對女性主體價值的毀損，連冠蓋群雄的女皇帝也無法倖免。

不獨中國，別國亦然。特別是**古代埃及的聖者和殉道者，被奉為母親神「Neith」的克列奧佩特拉女王，也是男權觀念毀損女性主體創造價值最典型的社會個案**。

兩千多年來，這個令古代英雄，歷代聖賢和人類社會學、政治社會學大師們，全都眼花繚亂、莫衷一是的「尼羅河花蛇」（安東尼

對克列奧佩特拉的暱稱，後為她的代稱），盤繞成最難解的「女性迷團」靜謐地蜷臥在神靈出沒的「米茲拉伊姆」（Mizraim：埃及的古稱）迷宮，卻又不堪寂寞地變幻著形象，盡展古代埃及女性社會主體價值的獨特景觀：怪異的非洲鱷圖騰——色彩斑斕的尼羅河花蛇——神秘莫測的司芬克斯——正襟危坐的金字塔——激情澎湃的尼羅河水——泣血燃燒的撒哈拉落日……這一切的一切合而為一，便是高居這一切之上的埃及女王——獨具風骨和特殊悲劇色彩的克列奧佩特拉。

如果說「人」是世間最難解之謎的話，那女人則是謎中之謎。而埃及女王該是最最難解的「司芬克斯」之謎，她成了人類社會學中聚訟紛紜、莫衷一是的形象話語。遍查古今中外社會典籍，對這位歷史名人的真實史料記載，委實寥若晨星。所以正確描畫克列奧佩特拉的形象，是件十分棘手的工作。再加上評論者「褒貶毀譽」的兩個極端的對峙，給後人留下了一個大大的「？」。但是，由「她」繁衍出的故事和演義出的文學創作話語卻綿綿不斷、卷帙浩繁。於是出現了克列奧佩特拉亦實亦虛、似真似幻的社會、政治、軍事、文學等諸多領域的價值倒錯和貶損。這裡將從社會性別視角，對其是非功過進行全新的社會檢討。

從文化社會學角度看，千百年來，作為文學藝術創作主角的克列奧佩特拉，有無數作家為之潑墨揮毫，酣暢淋漓地渲染其豔姿絕色，生發愛情母題的社會政治功能和歷史酵素作用。各類「克列奧佩特拉社會評論」，無論是借助史詩、劇本還是小說、電影，雖然語義特徵各領其旨，卻又有共同之點，就是多有微辭，有的還極盡貶損、辱罵之能事，用最刻毒的語言咒罵她是使英雄殞命的剋星、妖後、蕩婦，彷彿碎屍萬段此女也不解他們心頭之恨。前不久，看到一本介紹克列奧佩特拉的小冊子，劈面第一句話就出口不遜：「著名的尤物……」

貶損之意，不打自招。據說好萊塢曾為她拍過六部巨片不過癮，還要重新拍攝一部。總之，以克列奧佩特拉為主角的作品名目繁紛，但至今未見女性「悲劇超越」的社會評價話語。

　　從政治社會學角度看，平心而論，尊重客觀存在的社會歷史真實，主要應該闡釋以十七歲女孩之「稚嫩」，克列奧佩特拉如何殺伐決斷、平息內亂、奪取權杖，登上女王寶座的。接著就要正視克列奧佩特拉執政近二十年間，恰恰是埃及民族內外交困、災難深重的特殊社會歷史時期。正是這個令古代英雄、歷代聖賢、社會發展史權威們全都眼花繚亂、莫衷一是的「尼羅河花蛇」，一會兒騰龍走蛟般地閃展騰挪於政海的驚濤駭浪中，所向披靡；一會兒嬌慵繾綣地盤纏於愛河的旋渦裡，無法抗拒，曾先後兩度使所向無敵的羅馬英雄在自己的腳下自溺、自毀。請問「尤物」、「蕩婦」憑什麼令兩位蓋世英雄「竟折腰」？

　　先看凱撒為其折腰：政治社會學中的社會性別關係乾坤倒置。

　　話說克列奧佩特拉女王在執政興國最艱難的時刻，凱撒大軍壓境。就是那個「動動腳，會使地球發抖的」朱利葉斯・凱撒。他是龐大帝國政治鬥爭中，縱橫捭闔、戰無不勝的蓋世英雄，又是橫刀躍馬、睥睨世界的天之驕子。你看他血刃高盧（法國）、征服意大利、揮師德國、奔襲希臘，所向披靡地席捲各國、傲慢地號令世界：「我來，我看見，我征服！」於是，凡凱撒雄師鐵蹄所到之處，一個個男性皇帝跪在凱撒腳下，拱手讓出自己的王冠和國民，以求一口殘羹冷炙苟活於世。唯有克列奧佩特拉倒轉乾坤，讓征服者拜倒在被征服者身旁。

　　從社會性別關係角度看，埃及女王與凱撒的「對手戲」，不僅是軍事鬥爭的武力殺伐，更是政治鬥爭的特殊較量，也是社會性別角色

的特殊轉換。「地毯魔術」正是在「第一個回合」的較量中，克列奧佩特拉親自編導、主演的一幕悲喜交集的「正劇」：

　　一卷精美的埃及地毯作為敬獻物抬到了征服者凱撒的指揮部。隨著地毯的鋪展，最富於戲劇性的場面出現了，最高級的魔術師也要目瞪口呆了——地毯中嫋嫋婷婷地走出個儀態萬方的「小女人」，使一向老謀深算的凱撒驚詫萬端、感慨萬千。此時的克列奧佩特拉——一個年僅二十一歲的年輕女性在國家內憂外患，民族生死存亡懸於一發的危難時刻，要有怎樣的大智大勇，才能將個人生死置於度外，隻身闖虎口！又憑著怎樣超人的膽識舌戰凱撒，以致不費一兵一卒，竟然使睥睨一切的羅馬英雄拜倒在「弱女子」腳下。

　　更有甚者，之後不久，征服者凱撒竟然心甘情願地將剛剛征服的埃及、自己的羅馬領地，甚至蓋世英雄的全部身心，拱手奉送自己的俘虜。這還不算，他還把克列奧佩特拉（在羅馬人眼中，她是個未開化的野蠻人）的金像，存放在羅馬的維納斯神殿裡，又要挾羅馬元老院通過同意他與妻子離婚的議案，以便與克列奧佩特拉結婚⋯⋯是什麼力量使號令三軍的最高統帥、蓋世無雙的古羅馬英雄凱撒如此喪魂失魄，成了自己俘虜的俘虜呢？男權觀念判定是性別關係中的「女色」。我們認為關鍵不在女王姿色，而在其資質。

　　從女性主體價值層面看，社會性別關係衝撞「第一回合」已展示出克列奧佩特拉的特殊精神魅力——「地毯魔術」為凱撒變出來的絕不僅僅是個嬌小的女人，而是集政治家的頭腦和膽識、外交家的手腕和辭令、軍事戰略家的謀劃和韜略、實踐家的「知其不可為而為之」的一往無前精神於一身的埃及女王，借助女性主體價值大放奇光異彩。事實上，正是女性主體價值的槓桿顛倒了乾坤。克列奧佩特拉不僅保住了性命，保住了王位，還保住了埃及國家的相對獨立，成

為征服者的征服者。而「蓋世英雄」凱撒呢，卻成了被征服者的被征服者。

凱撒的鬼使神差、神魂顛倒、忘乎所以，使羅馬人怒火中燒、忍無可忍。加之羅馬愈演愈烈的爭權奪勢的政治陰謀，釀成了凱撒在「元老院議會席上」被刺身亡的政治悲劇。可歎蓋世英雄凱撒，竟在知天命之年，事業鼎盛之際、毫無精神準備之時身首異處、功敗垂成。後人將何以在二者間一辨雌雄呢？偉大的凱撒征服了世界；嬌小的克列奧佩特拉征服了凱撒。埃及女王倒轉乾坤之舉，豈是女色所能為力的！

再看安東尼為其「折腰」：政治社會學中的社會性別關係陰陽易位。

凱撒死後，馬克‧安東尼登上了羅馬執政寶座。他急不可待地揮師埃及，埃及女王的王位和埃及的獨立再次面臨滅頂之災。且看尼羅河花蛇如何閃展騰挪，使羅馬狼喋血殞命的！

想當年，她裹毯闖帳，魔法師般地令凱撒眼花繚亂，神魂顛倒。看如今，埃及女王正值二十八歲華齡的青春盛年，神采飛揚，光華照人；又經政海沉浮多年風風雨雨的試煉，已經是相當成熟的女政治首領了。面對大敵壓境，處變不驚的克列奧佩特拉先是以守為攻，把安東尼冷在塔爾蘇斯，吊吊他急於求成的胃口。然後登上富麗堂皇的遊艇，乘風破浪上溯西特內斯河至塔爾蘇斯，以尊貴的女王身份在遊艇上接見安東尼，別出心裁地編、導、主演了又一出堪稱「遊艇神話」的「正劇」。莎士比亞在《安東尼與克列奧佩特拉》中，曾這樣描繪：巧奪天工的遊艇金碧輝煌，「像一座在水上燃燒的發光的寶座」……盛妝的克列奧佩特拉斜臥在薄薄的紗帳中，「比圖畫上巧奪天工的維納斯還要妖豔百倍」……

　　一路殺伐征戰，裹著炮火硝煙、血染戰袍的羅馬英雄安東尼踏上船來，如入夢幻仙境，先是眼花撩亂，定睛一看，便神搖魂蕩……克列奧佩特拉不卑不亢面對安東尼，全無一絲一毫作為「被征服者」的乞憐或取悅之意，卻像置身豪華國宴的萬乘之尊接見國賓一樣，征服者安東尼反成了配角。初試鋒芒，克列奧佩特拉已先聲奪人，以凜然不可冒犯的精神力量震懾了安東尼的心靈。接下去的，是一連幾日的縱情歡宴，安東尼已是「酒逢知己千杯少」了……

　　常言道：人生得意須盡歡。安東尼得意什麼？贏得富庶的埃及還是克列奧佩特拉無法抗拒的特殊魅力。埃及女王以過人的膽識和韜略呼風喚雨、縱橫捭闔，戲劇性地變悲劇為喜劇──進而從喪家亡國之厄運中脫穎而出，且遊刃有餘，春風得意於安東尼對她的迷醉……「酒不醉人人自醉」的安東尼比凱撒醉得更凶、沉溺得更深，經年累月沉醉不醒。他與「尼羅河花蛇」盤纏於愛河的旋渦，一連生了三個孩子之後，竟冒重婚罪之大不韙，與克列奧佩特拉隆重結婚。之後，「羅馬狼」變成了多情的情人，羅馬執政官成了埃及女王的「供給部長」……安東尼接二連三把大量征服國和領屬國獻給克列奧佩特拉和他們的孩子們。並尊她為「女王之王」。此時，埃及非但沒有淪落成羅馬的「殖民地」，反而擴大了自己的版圖。

　　這一時期，可以這樣說，形式上是羅馬征服了埃及，實質上是克列奧佩特拉征服了安東尼，並且是徹頭徹尾、徹裡徹外的征服。安東尼連服飾、習俗，甚至思想觀點，也以女王的好惡為好惡，全部埃及化了。簡言之，征服者成了被征服者的俘虜。最令人匪疑所思的是，身為羅馬最高執政官的安東尼，竟把羅馬領土拱手奉送給克列奧佩特拉，簡直無異於喪失主權的叛變行為。如此「授人以柄」，覬覦羅馬最高執政官權位已久的屋大維終於找到了名正言順的理由，向安東尼

興師問罪，大軍壓境血洗埃及。

第三個回合，名為羅馬與埃及的戰爭，其實是個跨越民族、國籍的特殊組合：安東尼與克列奧佩特拉為一方，屋大維為一方，雙方在地中海展開了史學上著名的「阿克興海戰」。女主角「尼羅河花蛇」，閃展騰挪於政治軍事鬥爭的驚濤駭浪、炮火硝煙中。當但安東尼與克列奧佩特拉的聯合艦隊處於劣勢時，善於審時度勢的克列奧佩特拉像當年適時地離開凱撒一樣，拋下安東尼轉舵揚帆而去。本為蓋世英雄的安東尼卻成了丑角。丟開了對艦隊的指揮權、拋卻了羅馬執政官的義務……如喪考妣的「羅馬狼」惶惶如喪家之犬，尾隨克列奧佩特拉躲進了亞歷山大城……屋大維將亞歷山大城團團圍住。

面對國破家亡的厄運，臨危不懼的克列奧佩特拉私下與屋大維講條件，屋大維提出：假如她能殺死安東尼，便可得到寬恕。為埃及生存計，克列奧佩特拉轉念心生一計，有意將自己「自殺身亡」的謠言傳給安東尼。一籌莫展的安東尼得此噩耗，徹底崩潰，無法自持地跌到自己的劍峰上，受到了致命傷。身心俱碎的安東尼決計與克列奧佩特拉「無法同生，但願同死」……但女王不想死，想拯救埃及。她犧牲了安東尼，再求埃及的轉寰餘地。於是，善變的「尼羅河花蛇」嬗變昇華為埃及民族精神的彩虹。可歎蓋世英雄安東尼、剛毅神勇的「羅馬狼」，卻喪家犬般身敗名裂，以「叛國者」之罪名成了漂泊異國他鄉的孤魂野鬼……

永不言敗的克列奧佩特拉，為了再度拯救埃及覆滅的命運，再次策劃以自己的魅力去征服屋大維。但在生命十分短促的古代社會，此時的克列奧佩特拉年屆四十，已到了人生的「夕陽短照」之年。再加上凱撒、安東尼的「前車之鑒」，理智的屋大維雖然也是熱血男兒，卻未為之所動。克列奧佩特拉明白：埃及的獨立不復存在了，自己的

生命也就失去了存在的價值。她不堪亡國之君的屈辱命運，毅然以毒蛇引身斃命。「蓋棺論定」：生生死死為埃及獻身，這才是埃及女王悲劇人生的終極社會價值取向。與「蕩婦」的本性風馬牛不相及。

　　回眸這一真實的社會史實：埃及女王與羅馬三巨頭：尤利烏斯‧凱撒、馬克‧安東尼、奧古斯都‧凱撒（屋大維）三大回合的較量結束了，以埃及女王為主角的、催人淚下的一幕埃及社會悲劇落下了帷幕，男權社會的歷史「正劇」還在衍演。埃及女王死了，埃及的民族獨立也覆滅了。屋大維併吞了埃及，並使之成為羅馬的一個行省後，勝利凱旋羅馬，不久稱帝。這就是歷史上赫赫有名的奧古斯都‧凱撒大帝。他使長達五百年的「羅馬共和」壽終正寢！枉凝眸，空嗟歎，埃及女王不過他捏死的一條「小蛇」，**且背負著「妖后」「蕩婦」的歷史罵名**。

　　儘管歷史女神「克里奧」的這頁史書闔上了，但是，悲劇女神「波爾波美尼」的女性社會悲劇剛剛開始。端坐在人類從野蠻通向文明門檻上的司芬克斯，冷眼旁觀「尼羅河花蛇」的閃轉騰挪、盤曲掙扎，就像歌德在《浮士德》中所描繪的那樣：「閱盡民族的興亡、戰爭、和平……」從埃及社會史角度解讀這部令人盪氣迴腸的女王「三部曲」，克列奧佩特拉分明是埃及社會發展史正劇主角，何以讀出個「妖後、蕩婦」的批評話語？這疑問就像獅子滾繡球一樣拋出的迷團，綿延不斷的絲絲縷縷，纏繞了世人幾千年。

　　從性別視角來看，男權觀念隨意剪裁的史料，為己所用的解釋，甚至別有用心的歪曲，使這迷團變成了遮天蔽日的社會迷霧，至使女王的形象或者模糊不清，或者面目全非。但既定史實無法篡改，那就是征服世界的古羅馬英雄，曾兩度被克列奧佩特拉所征服。「歷史如此」。就連褒獎古羅馬英雄，貶損埃及女王的「古羅馬正史」也無法

否認這一事實。那麼，何以鑄成社會批評史上的「妖后、蕩婦」之形象話語這一「冤假錯案」呢？

答案很明顯：在男權社會的法庭上，男性既是原告，又是法官。男權觀念判定「埃及女王用女色迷倒了古羅馬英雄，是十惡不赦的妖后、蕩婦」。絕大多數評論家，都未能超出這個俗套。關鍵在於他們未能超越男權本位的傳統觀念。這觀念判定，只有男性才是英雄。女人要麼對其頂禮膜拜，要麼為其殉命獻身。膽敢反叛，甚而至於戰勝男性英雄的女人，統統被視為妖孽。女王也不例外，一律以莫須有的罪名「罵殺」、「棒殺」！**男權觀念顛倒是非功過，使女性社會主體價值倒置，才是本質問題。**

在傳統文化社會學視域，男權觀念屠戮女性的「殺手鐧」就是那個俗而俗、濫而又濫的女性、女色──「社會之罪說」。他們一口咬定「無恥蕩婦的美人計」，是使凱撒、安東尼「英雄氣短、兒女情長」的迷魂湯；是使英雄無力自拔的陷阱。他們詛咒這「魅力」，詈罵克列奧佩特拉為輕佻怪戾的女人、反覆無常的陰謀家，並以「花蛇」的形象醜化中傷她。也許這正應了埃及女王以柔克剛，捲曲盤纏的「軟功」；或許有意用伊甸園中的「蛇」的背叛者形象，去比附「尼羅河花蛇」的變幻莫測、蠱惑人心……總之，傳統觀念一直把克列奧佩特拉屈判為毫無道德貞操觀念，專以妖冶淫蕩蠱惑男人的、娼妓不如的無恥蕩婦……

超越男權觀念，如果以冷靜的歷史唯物主義社會發展史觀評價這段史實，那麼誰都知道，就算兩位英雄都愛美人，在當時，憑藉凱撒、安東尼的地位、聲名，只要稍有這種興趣，就會要多少有多少美人，何必長途跋涉埃及，跪在克列奧佩特拉（古羅馬人眼中的野蠻人）的腳下。況且，凱撒和安東尼都是雄才大略的政治家，開疆擴土

的軍事家，殺伐征戰的鐵血英雄。儘管不無兒女情長，但絕非色情狂。「勞師以襲遠」，二位英雄要的是埃及和征服、統治埃及的工具。若能兼得自己尋歡作樂的工具，不過「順手牽羊」。至少這是二位英雄與女王同榻共枕的初衷。至於後來，英雄們如何成了自己工具的工具、俘虜的俘虜，這就要談到女性主體價值顛倒乾坤的社會魔力了。

　　恰恰在這一點上，男權觀念是無法做出客觀的、公正的評價的。為了掩蓋「羅馬狼」的過錯，只好將埃及女王貶損為水性楊花的妖后、蕩婦，人盡可夫的「女性情感動物的始祖」。應當承認克列奧佩特拉有感情，那是緣於自然人本性的人性、人情、男女之情、特別是社會人的國家、民族之情。在民族國家生死存亡的殘酷政治鬥爭中，她的情感升降，近乎政治鬥爭需要的晴雨錶。這情感時而硫磺似的熾烈燃燒，使人流淚、窒息，不能自己；時而磷火般地閃閃爍爍，鬼魅般地撩人又捉弄人。特別是在與政敵又是情人的凱撒、安東尼等人的角逐中，她忽而情感的火山噴發，傾刻間又會煙消火滅；忽而激情的潮水氾濫，轉瞬間就象平靜的小溪汩汩流淌……這不是「情感動物」式的女人廉價的感情氾濫，而是政治家鬥爭藝術和策略手段的交替使用。作為「社會人」，克列奧佩特拉充分展示了女性特殊社會功能的主體價值。

　　超越傳統性別觀念局限，克列奧佩特拉的價值定位絕非妖后、蕩婦，而當屬古代社會傑出女政治家典型。你看她，凡是在政治鬥爭的緊要關頭，總是收放自如地將政敵把握於股掌之中，犧牲的是政治對手凱撒、安東尼的利益，又不傷害作為情人的凱撒或安東尼的感情。她的閃展騰挪、她的多謀善變、她的縱橫捭闔、她的捨身殉命……歸根結底，她孜孜以求的是作為埃及女王的國家民族大計，而不是僅僅

作為情婦的情感平衡。特別是危難關頭,她能十分高明地運用理智驅遣感情,冷靜、客觀地審時度勢,在「阿克興海戰」安東尼山窮水盡孤注一擲時,她清醒地意識到,不能與安東尼捆在一起同歸於盡。於是便毅然「懸崖撒手」、揮淚掉頭尋求轉圜餘地,死裡求生尋找埃及再生的「柳暗花明」之路⋯⋯。事實上,這一部分埃及社會發展史,是埃及女王用自己智慧的鮮血和生命寫就的,對有如此作為者,得出「淫亂蕩婦」的評價,豈非價值倒錯!

儘管「尼羅河花蛇」一生變幻無常,但忠於埃及民族家國,矢志不移;為之捨身殉命,毫不猶豫。她不是非死不可,而是不能以埃及女王的身份活下去,便絕不肯苟活於世。很顯然,這個「小女人」看重埃及女王的社會責任,勝過自己的生命。僅此一點,她比她的兩個男性對手更高大。咒罵克列奧佩特拉「反覆無常」的人,請看她如何「從一而終」的。事實是,克列奧佩特拉「從一而終」的唯一「情人」,就是埃及女王的神聖職責。所以她審時度勢的「善變」,不是女人的水性楊花,而是忠於埃及民族大業,至死不渝;不是個人品格上的背信棄義,而是鬥爭策略和權術的運籌;不是女人愛情上的朝秦暮楚,而是政治交鋒對手的適時轉換;戰鬥關鍵時刻,不是弱者的怯陣逃跑,而是強者當機立斷的抉擇;與羅馬英雄兩情相悅,不是軟體動物式的苟活,而是「生為埃及女王,死為埃及獻身」的政治家風範⋯⋯這便是克列奧佩特拉的所作所為,是她真實的社會形象。

蓋棺論定:古代埃及社會最傑出的政治家、外交家、社會活動家⋯⋯才是其形象話語的本質特徵。但是傳統的男權觀念,抽掉了女性「人」的本質,用「唯性」史觀涵蓋一切。「性」則主淫──「萬惡淫為首」,所以女性是萬惡之源。按照如此「邏輯」,使兩大羅馬英雄身敗名裂的「埃及豔后」,只能以「無恥蕩婦」的形象在人類社

會發展史上永受詛咒。但事實勝於「雄」辯──男權本位「公」理。埃及女王形象價值魅力之本質，並非「性」──女色，而是其「資質－主體價值」。此之謂，有考古發現鐵證如山。

我們在肯定古代雕塑、鑴刻技藝的寫實水平基礎上來看兩件考古實物。一是古羅馬廢墟中發掘出來的克列奧佩特拉的胸像，二是幾枚考古發掘出土的鑴刻著女王頭像的古埃及硬幣。硬幣上的和胸像上的克列奧佩特拉，臉部的共同特點是「長而高的鷹鉤鼻和生動闊大的嘴色……」足夠了，僅此兩點，已經無可挽回地破壞了女性審美標準中「古典三一律」的「和諧美」，從而把女王「無與倫比的絕色美」神話一筆勾消。對此，法國哲學家帕斯卡爾曾半開玩笑地說過：「如果克列奧佩特拉的鼻子要是短一點，世界的歷史就可能大不同了……」言外之意是說如果她鼻子小巧一些，就成了絕色美人，屋大維也要為其傾倒……但是，歷史已經鑄成，不能用「如果……」來修正。

再請看2001年4月，大英博物館首次展出的十一個克列奧佩特拉雕像。博物館館長沃克直言不諱雕像中的女王「樣子平凡」，與「美豔」之說大相徑庭。

事實上，克列奧佩特拉絕非徒有其表的「涅菲爾提提（埃及語，意為『絕代佳人』）」。「以美色媚人」說，在真人造像面前，應該不攻自破。同理，傳統觀念的認識誤區、行為方法乃至結論的舛謬，也應及時校正；女王形象批評的「冤假錯案」也應昭雪平反。必須承認，克列奧佩特拉確實有比「女色」更大的魅力，才使古羅馬英雄幾度傾倒。

如前所述：「地毯的魔術」一展她超人的膽識和魄力；「遊艇的神話」凸顯她政治外交家的才幹和智謀。內政外交、海戰圍城的大起大落、大開大闔，表現她政治韜略和軍事運籌才能冠蓋群雄……總

之，迎戰諸多高潮迭起的社會政治衝突，克列奧佩特拉絕非僅僅靠「女色」，而是靠自身「才智」的魔棒，將古羅馬英雄點撥得神魂顛倒、甚至是喪魂失魄。作為「正劇」的主角，她的種種作為目的旨在維護埃及民族獨立。請問作為埃及女王的克列奧佩特拉忠於女王職守何罪之有？對於這些客觀存在的史實，男權本位批評觀念要麼視而不見、避而不談，要麼就是遮遮掩掩、塗塗改改，更可惡者是肆意詆毀。

摒斥男權觀念、重構女性社會批評標準我們必然發現，克列奧佩特拉「形象魅力」的聚焦點，是她的主體價值。「女性資質」的群超拔眾，是她冠蓋鬚眉的力點和支點。與克列奧佩特拉惺惺相惜的安東尼深知其之所好：聲色犬馬之類的稀世珍寶，女王熟視無睹，偏偏對智慧的寶藏——書籍，特別情有獨鍾。世人皆知號稱「世界第七大奇觀」的亞歷山大燈塔（2008年，埃法考古隊已從海中打撈出燈塔的殘片），不要忘記還有一座更為輝煌的智慧燈塔——亞歷山大圖書館。其中「老館」是亞歷山大大帝遠征埃及之後創建的。及至托勒密王朝克列奧佩特拉七世時代，圖書館規模空前，則是克列奧佩特拉苦心經營的結果。她還擴建了為自己專用的「女兒館」，共藏書五十萬冊，其中至少二十萬冊，是安東尼派人用小車從馬其頓不遠萬里推到埃及，送給克列奧佩特拉做禮物的。在知識之海中繾綣盤纏、忘情修煉的「尼羅河花蛇」，本身就是埃及的智慧女神。

作為埃及女王，克列奧佩特拉經國治世、縱橫捭闔的王者風範和膽識魄力，還表現在有關國計民生各項工作的決策和實施中，其社會作為是全方位的，其影響是超時空、超越國界的。且不說她執政近二十年間，對古代埃及社會發展的巨大貢獻，單說她隨凱撒去羅馬的二十個月中，就決策、推行了一系列改革創新的舉措：她組織金融家

制定新的稅收計劃；親自指導埃及帶來的工匠改造羅馬造幣廠，發行了新的硬幣；與天文學家一起修正了原來的羅馬曆法，創立了新的曆法體系。今天世界通用的曆法（陽曆），就是在此基礎上形成的。其中的六月份，就是以尤利烏斯（凱撒）命名的，一直沿用至今。這些永駐史冊的獨創性貢獻，不僅在古埃及、古羅馬，就是在整個人類社會發展史上，至今仍為屹立不倒的豐碑。

儼然智慧女神的克列奧佩特拉精通歷史、數學、化學、文學和哲學，通曉八國語言。其嫻於辭令之辯才，為能言善辯的男性所不及。她不僅長於動口，還善於動腦、動手。她發明用鱷魚糞加驢奶按適當比例調和成糊狀，塗在臉部保持皮膚嬌美。她還是首例避孕藥的發明家：把鱷魚糞和含天然碳酸鈉之物按一定比例用蜂蜜調和後送入膣內，可以達到完滿的避孕效果。就此而言，最早的「高級美容霜」和「避孕藥」的發明專利，均當屬於克列奧佩特拉。她雖不懂現代化學反應的科學原理，卻深諳其科學效應並完成了開創性的、有實用價值的發明創新。顯見，她的社會主體價值功能，已遠遠超越了女王的「本職工作」範疇。

凡此種種，足證克列奧佩特拉超群拔眾的主體素質，堪比智慧女神雅典娜。這才是使「力拔山兮氣蓋世」的古羅馬英雄「竟折腰」的重要的原因。她那無中創有、有中創奇的才智，才是「小女人」克列奧佩特拉征服古羅馬巨人的「秘密武器」。故而，著名古代史學家普盧塔克稱讚她是當時世界上（包括男人們在內）的最博學多才的人——「全息色彩之虹」，這才是克列奧佩特拉顛倒乾坤的魅力之所在；也是女性主體價值的「真魂」之所在。

人類社會發展史上最成功的將這種女性魅力——女性「資質」或曰主體素質的特殊社會功能價值體現在自己的事業中的，就是克列奧

佩特拉。她以女性主體的社會價值，一次又一次地拯救了自己的國家和民族；一次又一次地使最偉大的男性英雄成了自己的俘虜——形式上的愛情俘虜，實際上的精神俘虜。單就她接連征服凱撒、安東尼的政治意義來講，等於兩度顛覆了羅馬。毫不誇張地說，她就是這樣以女性社會價值的槓桿，顛倒了「乾坤」，托舉著古埃及興亡的歷史。這歷史已經鑄成，是無法篡改的。

克列奧佩特拉作為真實的歷史人物，比耶穌早出生約半個世紀，所以是紀元前最有影響的歷史人物。作為「Mizraim」的象徵，克列奧佩特拉是古埃及至聖的「宗教」、最美的神話，但在傳統觀念中，她卻被貶損為「娼妓不如的丑角」、「萬劫不復的罪人」……荒誕的結論源於荒誕的觀念。女性社會主體價值的倒錯，導致評價的舛謬。「彈指一揮間」兩千多年過去了，時光流逝的洗滌、實踐的檢驗和試煉，女性社會批評觀念的變革和方法的創新，終於剝落了硬塗在這位埃及女法老形象上的灰塵和污垢。克列奧佩特拉獨特的女性主體價值社會華彩，映現出遠古女傑創造價值「全息色彩光焰的彩虹」，托舉出一輪以埃及古文明為背景的美命美奐的精神太陽。

從政治社會學的「價值論—意義論」角度看，形象意義的昇華、女性主體價值的超越，蓋源於女性批評觀念的變革和理論的創新。今天，睥睨全球、不可一世的古羅馬帝國和它的三巨頭，早已灰飛煙滅了，但尼羅河仍然鳴唱，金字塔依然屹立，太陽依舊朝朝冉冉升起、暮暮姍姍隱去……每當撒哈拉落日的餘輝籠罩著金字塔的時候，如同悲壯的血祭，冷峻的塔面就會泛起一片血紅——彷彿克列奧佩特拉嫣紅而高傲的面龐。她居高臨下，光華照人，應和著尼羅河的旋律，默禱著埃及「母親神」萊斯（Neith，被稱作「天上的女皇」）的醒世箴言：「我是過去、現在和將來存在的一切；誰都不能掀起我的外衣；

太陽是我生的果實」……於是「色彩斑斕的尼羅河花蛇」升騰天空，彷彿橫跨天際的絢麗彩虹——那是女性社會創造價值的精神太陽。

借助性別視角，穿透男權觀念的社會陰霾，「日蝕」不能長久，太陽依舊發光，彷彿克列奧佩特拉咄咄逼人的慧眼靈瞳——她目駐神馳，穿透古往今來、莽莽蒼穹、故國興亡、滾滾紅塵，彷彿在不斷地重複著安娜・泰利・懷特的名言，調侃逝去的歲月和自己的對手：「切記你們只是塵土。世代生而又死，城市建而復廢，國家興而再衰，而我們卻永遠屹立」！是的，在人類社會發展史中**女性主體的社會創造價值是無法磨滅的，但男權觀念偏偏將其倒置**。

不僅古代埃及，古希臘亦然；不僅政治社會學，文化社會學中的男權觀念亦然。

且看古希臘男權觀念是如何將女性主體社會價值倒置的。為回答這個問題，讓我們到西方文明的搖籃——愛琴海之濱去尋根問源、探幽攬勝。

倘佯古希臘文明聖殿，琳琅滿目的眾神偶像，多為稟有陽剛之盛的男神。只有那空靈縹緲的九位繆斯女神飄飄欲仙，似有似無……「聖而不可知之」，作為神話中的「人造神」，對它們「聖蹟」的詠歎，不過是仙山瓊閣中的天籟聖詠，唯獨備受磨難和貶損的女詩人薩福——一位真實的歷史人物，人類社會最早的女詩人，才是愛琴海哺育的「自在、自為女神」。她曾以無與倫比的詩才榮登詩神的寶座。聖哲柏拉圖曾一再提醒世人，「漫不經心的人聲稱繆斯只是九個（古希臘神話中，司藝術的女神共有九個），須知萊斯博斯島的薩福（約公元前七－六世紀），是第十位藝術女神。」

薩福出生於氏族貴族家庭。生她養她哺育她成為詩人的萊斯博斯島位於愛琴海東側，與小亞細亞隔海相望，是古代社會東西方文化的

交彙點。這個本來「不起眼」的小島因了女詩人薩福的聲名而在世界
文化史上大放光華,真是人傑地靈啊!但是,也許是「造物嫉才」,
從小稟有詩人氣質的薩福一生命運多舛。當她年僅6歲時,其父斯卡
曼德羅尼摩斯便死於戰爭。歷盡磨難長大後,見識卓然不群的薩福又
與當政者皮塔庫斯政見不和,被驅逐出境,逃亡西西里島。一個年輕
女子流徙異邦,遍嘗無家之苦,歷盡世事艱辛。雖然後來返回米都勒
納城,卻仍不見容於權勢者。歷盡人間冷暖、世態炎涼的薩福,苦不
堪言。

　　人道是「悲憤出詩人」。在薩福人生的起點上,便籠罩著悲劇的
陰影。「不見容於權勢者」,實為男權觀念所不容。所以,薩福的人
生悲劇,實為社會性別悲劇。被不平和激情灼燒著的薩福埋頭筆耕,
共創作九卷集詩作,主要包括抒情、讚美詩,戀歌、婚歌、聖歌、輓
歌等,其基本主題是對愛情的抒發和讚美。詩中真摯坦誠的心境、熾
烈如火的情懷、攝魂鉤魄的詩情,叩開了人們的心扉,撥響了讀者們
情感共振的心弦。一時,薩福的詩歌唱遍希臘,流播八方,遂有「第
十女神」之桂冠加冕。但是,艱難玉成的詩人薩福,雖然才華橫溢,
卻貌不出眾。據史料記載,她皮膚黝黑,身材矮小,難以「感官美」
取悅於一般男性。但她卻以高潔的志行和蓋世的才華贏得了同時代另
一偉大詩人「阿爾凱歐斯」的傾心愛慕。

　　阿爾凱歐斯有點類似中國唐代的詩仙李白。他才華橫溢卻又孤
高自許。同時代的詩人中,只有薩福有幸得其青睞。他寫了許多愛情
詩題贈薩福,一再溢美她「像春天的紫羅蘭花」,兩人的交往也日深
一日,一時傳為佳話。筆者去德國慕尼黑的美術館參觀時發現,館裡
至今還保存著一個彩繪陶器罐,上面繪飾著薩福與阿爾凱歐斯面面相
視、娓娓相敘的動人畫面。不知他們是在談情、還是在論詩……平心

而論，薩福與阿爾凱歐斯二人交好，可謂「以文、以才會友」，惺惺相惜、兩情相悅，實為珠聯璧合的大好事。以阿爾凱歐斯的才情，當然不無眾多的女性追求者，更因身處性別壓迫時代，難求兩性平等，琴瑟和諧，二人終成愛情悲劇。

對於薩福來說，本來的人生悲劇又加上了初戀的愛情悲劇。她割捨的不僅是對阿爾凱歐斯的傾心熱烈之愛，也是她自己的理想、夢幻，或者還有半個生命，空留下「莫、莫、莫」的心靈嗟歎。幾年以後，薩福愛上了一個名叫法翁的青年，卻是吞噬人心的單相思的苦戀，空留下「錯、錯、錯」的生命哀歌。薩福的兩次愛情悲劇，這種呼喚與被呼喚者不能相應答的愛情悲聲，又何嘗不是男女兩性性別觀念衝突的社會悲劇呢。「女人有才反成災」，愛與不愛的錯位像鋸齒一樣鋸割著女詩人敏感深邃的心田，孕育滋養出繁茂動人的愛情之詩。這詩歌是兩性平等之愛的呼喚、兩性和諧之愛的追求。但在男權社會，「此曲只應天上有，人間哪得幾回聞」，只好借詩抒情言志……

在薩福九卷詩集中，《美神頌》為代表作。全詩以對美神的讚頌為核心，萬千情思翩似驚鴻、宛若游龍紛呈遝至，湧溢胸際，流瀉筆端，借助有聲有色有光有形的「女神」形象話語，表達自己無聲無色無形無限的情思，使詩人的形象思維升騰到「神與物游」的詩意美學境界，使詩中的女神與詩人薩福水乳交融為一體，超俗脫凡，令人歎為觀止。但總體來看，一種「回環不絕的悲哀」之情縈繞於全詩的字裡行間。有人認為《美神頌》是詩人「不得所愛」的悲愴心聲；也有人誣衊《美神頌》是紀念薩福的同性戀情人（據說同性戀又稱「萊斯博斯之戀」就是因薩福是萊斯博斯人的緣故）。是耶？非耶？隨著時光的流逝，已經無法考證，但薩福嘔心瀝血凝鑄而成的詩篇是無法磨

滅的。因為那是女詩人生命中流淌出的詩章，共振著生命琴弦震顫的心聲，迴旋著性別壓迫時代女性社會悲劇的靈魂絕唱。

從性別視角看，薩福及其詩作一直受到男權觀念的詆毀和攻訐。中世紀的歐洲封建教會更是視其為「洪水猛獸」。他們污蔑薩福是「下流女人」、「色情狂」，並將其作品付之一炬。薩福詩集，幾乎毀佚殆盡。除〈美神頌〉、〈給阿娜克托利婭〉兩首詩尚為完整之作外，九卷集作品只剩殘箋斷簡。十九世紀後，有幸在發掘出來的古埃及紙莎草紙和陶器上，發現了一些薩福詩的殘篇，幾經補訂、整理，碩果僅存至今的詩章，不到她作品的百分之五。

儘管「劫後餘生」的詩作寥若晨星，卻獨具魅力，顯示出薩福詩作的獨特風采。那就是恬淡柔美中寓沈鬱酸楚、溫婉纖巧中融蘊籍含蓄、熾烈深摯中見哀怨感傷──反映女詩人不見容於男權社會，反受其害的不平心態和「不平則鳴」的心聲，無疑是女性社會悲劇的和絃。儘管男權本位觀念對薩福百般詆毀、辱罵……但是，女詩人的光輝是無法遮蔽的，因為她已與自己詩美的創作結晶在一起。這光輝是如此地眩人眼目、攝人魂魄，就連以冷峻著稱的魯迅也極讚薩福詩的「明白、熱烈」，是以「真的血痕」、「善的淚滴」融注為「美的晶體」……這「晶體」的魔幻色彩不僅在於各晶面的閃光──思想、內容、情感的光輝，也在於晶體的內部結構──薩福首創了音樂格律為|ab|ab|ab|a|ab|ab|的「薩福體」詩格律。這獨具匠心的詩格律結構設計，在詩格和音樂格律發展史上，具有開創性的貢獻。

一代又一代的詩人受「薩福體」的點化，茅塞頓開，創作靈感如熱泉噴湧，確立了薩福詩壇之祖的地位。更令人感佩的是，薩福以詩為主，同時多才多藝。她不僅率眾討論詩歌創作、進行最早的「文學評論」，還自辦「音樂學校」，親自教習學生音樂、舞蹈，還有演

奏豎琴等樂器，堪稱最早的「沙龍女皇」。難怪聖哲柏拉圖尊薩福為藝術女神。還有那位以「梭倫改革」贏來了「伯利克里斯黃金時代」而名垂青史的大政治家、改革家梭倫，也酷愛薩福詩，並由衷讚歎：「讀過這樣好的詩，死了也心甘。」足見其對薩福詩推崇備至。而柏拉圖死後，枕頭下唯一一本書就是薩福詩集。

　　無奈男權觀念判定：「女子有才便是災」。一生與災難結伴而行的女詩人薩福，人生道路荊棘叢生，社會道路崎嶇坎坷，愛情道路痛苦曲折。也許正因「艱難成玉」，才砥礪出她非凡的才能。在男權社會，她難謀立足之地，卻以驚人的才智為自己建樹了事業的千古豐碑。她在古希臘社會文化史上的價值，堪與荷馬媲美，卻不斷橫遭貶損。生前備受僭主迫害；死後屢遭焚詩毀譽之橫禍。「造物嫉才，於女性尤甚」！人世間無立錐之地，只好到夢幻般的大海中去尋找福地洞天。於是正當不惑之年的薩福自投愛琴海殞命。

　　「質本潔來還潔去」，愛琴海浪花的神奇造物──「第十女神」，終於回到了愛與美之神的誕生地──藍色母親的懷抱。憤激的波濤喧囂著撲向蒼天──蒼天闔首無語；又洶湧著湧向海岸──海島垂淚無言。只有漸漸遠、漸漸淡的泡沫哽咽著，為我們訴說著男權觀念「損女奉男」的又一性別悲劇……

　　從性別視角比較薩福與荷馬。稍有文學常識的人都知道，文學史確實曾言之鑿鑿：「荷馬」開創史詩時代，端坐古希臘「詩神」寶座。但事實語焉不祥：荷馬「Homeros」並非人名，在古希臘語中，意為「組合在一起」。是說許多人口口相傳的眾多散篇「組合在一起」成為史詩，所以「荷馬史詩」是「眾人詩章組合在一起」的意思。顯然，「荷馬」未必實有其人，只是群體的「共名」，卻千秋萬代舉世頂禮膜拜為古希臘「詩神」，僅僅因為他是男性？而薩福實有

其人，卻被罵作「下流女人」、「洪水猛獸」。生前身後橫遭貶損，死時葬身魚腹。總之，一男一女，一褒一貶之間，答案不言而喻：男權觀念將女性價值毀損。阿納德說：詩歌可以拯救世界！可是誰來拯救蹈海的女詩人呢？

不僅文化社會學，科技社會學領域對女性的迫害，更是令人髮指。火焚「智慧女神」希帕蒂亞（Hypatia約公元370-公元415年），**便是男權觀念兇殘絞殺女性的突出個案典型**。世人皆知馬克思曾把普羅米修斯稱作「人類哲學日曆上的最高聖者和殉道者」。希帕蒂亞堪稱「女性社會學日曆上的最高聖者和殉道者」，卻鮮為人知。但是，作為真實的歷史人物，希帕蒂亞是古希臘數學女王，同時又是天文學家、文學藝術家、新柏拉圖主義哲學家──「百科全書式的」學界泰斗、有生命的「雅典娜」、無人堪比的人間的智慧女神。

希帕蒂亞生於斯長於斯的亞歷山大城，不僅有號稱「七大世界奇觀」之一的「亞歷山大燈塔」，還有一座馳名古今中外的「智慧燈塔」──「亞歷山大博學園」──新柏拉圖學院。這裡薈萃著幾乎所有著名的古代科學文化巨擘。還有一座藏書七十五萬多卷的大圖書館，古希臘和東方文化典籍，應有盡有。幼小的希帕蒂亞隨在「博學園」任教的父親潛入這「知識的海洋」，如魚得水。她一生的諸多學術成果，大多是在這裡完成的。順便說一句，歐幾里德和他的幾何學、托勒密和他的光學實驗、阿基米德和他的浮力定律、埃拉托斯特尼和他的地球半徑、希拉菲和他的解剖學等，也都是在這裡完成的。

少女時代的希帕蒂亞就開始潛心研學，同時又特別注重實踐和理論的應用。希帕蒂亞發現並確立了在地面上測量高物的「影子定理」，並廣泛應用於實際測量中，第一個測得了埃及最有名的「齊阿普斯」金字塔的高度。實踐證明，「相似三角形對應邊成比例」的幾

何原理，正是由她發現、確立的，至今仍為世界各國野外測量的常規
法則。須知，這個具有重要奠基意義和巨大實用價值的幾何定理，是
在一千六百多年前，由年僅十歲的希帕蒂亞第一個發現、確證並成功
應用的。她成了眾口交譽的「童年數學家」。後來希帕蒂亞還增補和
修訂了歐幾里德《幾何原本》，為之錦上添花、並點石成金。千百年
來，歐氏幾何學不脛而走，飲譽全球，歐幾裡德獨佔鰲頭成「幾何學
鼻祖」。而補充、修訂，並使之至臻完美的希帕蒂亞，卻被葬入了遺
忘的深淵。女性科學創造價值被貶抑為「社會零」。

　　再看那個困擾了世人千百年的「芝諾疑難」，即「阿基里斯追不
上烏龜」「飛矢不動」等四個有關運動的悖論，曾使歷代大學問家全
都一籌莫展。以哲學思辨的方式對「芝諾疑難」最先作出了辯證釋疑
的，是希帕蒂亞。這裡以「阿基裡斯追不上烏龜」為例：

　　希帕蒂亞運用辯證邏輯思維推理，借助數學方式的精確計算解惑
釋疑，得出了結論。她認為，理論上「永遠追不上」；事實上「肯定
追得上」。那為什麼事實駁不倒悖論呢？因為論證過程中忽略了一個
關鍵性的「變量」──時間。具體地說，在未達「既定時間」內，阿
基裡斯當然追不上烏龜；一旦達到必要的時間，阿基裡斯肯定追得上
烏龜。毫無疑問，這個認識符合「一切依時間、條件、地點為轉移」
的矛盾辯證發展的運動法則，從而使希帕蒂亞跨越了古典唯物辯證邏
輯法則的「門檻」。她超越同時代諸哲學家、超越自身，跨躍到超時
空局限的新哲學高度，已經自覺、不自覺地向「時間是人類自身發展
的空間」的哲學辯證法高度「翹首致意」。

　　儘管那時還沒有「唯物辯證法」這一名詞，但希帕蒂亞的觀點和
論證的方法，都顯現出辯證邏輯思維的活的靈魂。但是，男權觀念否
定其真理性的認識價值，絞殺了這「活的靈魂」，將希帕蒂亞對「芝

諾疑難」辯證釋疑的論證一筆勾銷，並將「芝諾疑難」的問號鬼使神差地畫了兩千多年。形而上的片面認識使「芝諾悖論」誇大了運動的間斷性而忽視了連續性；誇大了無限性否定了有限性；誇大了絕對性否定了相對性……從而使芝諾先生徒然地踟躕於辯證法的大門口，沒有膽識舉步投足跨越門檻，最終只能是唯物辯證法的「檻外人」，卻因空懸了兩千年的「疑難」問號而名聞遐邇。

　　直到數學分析領域的極限概念（$\lim x =$ 或 $x \to c$）出現，黑格爾哲學的辯證法問世，人類方覺茅塞頓開。恩格斯的精闢分析，才使人大徹大悟，原來早在一千六百多年前，希帕蒂亞已經對「芝諾疑難」進行了「准真理」性的哲學論證和數理解析，只因其是女性的發現，所以被葬入遺忘的深淵不得見天日。女性的創造價值，再次被男權觀念貶棄。這一年，希帕蒂亞僅十七歲。兩年後，胸懷大志的希帕蒂亞隻身一人，橫跨地中海萬頃波濤，來到夢寐以求的文化聖地雅典。置身於帕特嫩神殿，膜拜雅典娜黃金塑像，彷彿心有靈犀，天上的和人間的智慧女神同神經感應、共脈搏跳動。面對智慧女神如對莫逆之交傾訴心曲，十九歲的希帕蒂亞莊嚴發誓：畢生獻身知識、獻身真理。

　　飽學雅典的希帕蒂亞返回亞歷山大城後，受聘於博學園任教數學和哲學。與此同時，她在文學、藝術、歷史、科學等眾多研究領域的高深造詣，也泉眼般地噴湧出按捺不住的橫溢才華。再加上青春年少、氣質超俗，才華和學識交映生輝，光彩照人。在世人眼裡，她是有血有肉的雅典娜，活鮮鮮的智慧女神，致使她蜚聲世界，飲譽八方。一時間，慕名而來拜師求教者接踵而至，雲集階下，至使希帕蒂亞應接不暇，其弟子之多，遍及歐、亞、非等世界各地。又有無數貴族子弟紛至遝來，爭相向希帕蒂亞求愛談婚，希帕蒂亞婉言相辭：「我已獻身真理，無意他顧。」故而，希帕蒂亞終身未婚。

　　入主博學園以後，希帕蒂亞不僅傳授高深的專業知識，還注意培養學子們實際操作的創造性才能。她親自動手設計並製造了最早的水平儀；製作了提取蒸餾水的一整套設備；發明了測定流體比重的專門儀器，創造了飲譽世界的「星盤」，用它既可觀測天象、測定天體位置，又能推算時間……希帕蒂亞的諸多發明創造，對古代物理、化學、數學、天文學、測量學的發展，都作出了巨大的貢獻，產生了深遠的社會影響。

　　希帕蒂亞理論著述極豐，且有獨創性。她尤擅「高屋建瓴」點評並修訂別人的著作。她為評注解析丟番圖的《算術》，寫了一本厚厚的專著。她修訂歐幾里德的《幾何原本》，使之成為世界上第一部公理化的數學著作。長達十三卷的《幾何原本》，也凝聚著希帕蒂亞的智慧和心血。她又為大數學家阿波羅尼的專著《圓錐曲線論》寫了見解獨到的評注，還為古希臘著名的天文學家、數學家克洛狄斯·托勒密的三角及天文學巨著寫了大量的評注。希帕蒂亞多學科研究的廣博學識和高深造詣，使之榮膺人間「智慧女神」的稱號。希帕蒂亞的家，則是世界上最早的、最誘人的「科技社會文化交流中心」。據說當時，從世界各地寄給希帕蒂亞的信件數不勝數。凡寫「哲學家」、「智慧女神」、「藝神」……收的信函，也統統會送到希帕蒂亞家裡。此時的希帕蒂亞，已處於「最高學術權威」的不拔地位。

　　總之，作為博學園乃至古代社會的學術泰斗，希帕蒂亞以女性主體價值的創造智慧，奠造了世界上最早的、跨學科、多維研究和應用的「古典科學文化聖殿」。其社會威望和影響，征服了古典科學王國，也征服了世人。希帕蒂亞終生未婚，卻與眾多學者名流交情甚篤。尤其是當時亞歷山大城的最高行政長官奧瑞茨，與希帕蒂亞結下了深厚的友情。不迷信宗教，崇尚真理、智慧、知識，是聯結他們友情的紐帶。

公元412年，野心勃勃的宗教狂西利爾當上了亞歷山大城的大主教。西利爾陰謀利用宗教特權一手遮天，迫害無辜、剪除異己，與「民主派」、不信教的最高行政長官奧瑞茨矛盾激化，必然牽連希帕蒂亞。更主要的是，她作為女人，卻篤信科學不信宗教，無疑是西利爾宗教陰謀得逞的最大障礙。但是，希帕蒂亞為人潔白無瑕，剛正不阿，簡直無懈可擊。於是，男權觀念假宗教陰謀策劃了一場喪心病狂的人身迫害。西利爾捏造了莫須有的罪名，誣衊希帕蒂亞的學術研究是「異端」、「邪說」；誹謗希帕蒂亞與奧瑞茨關係曖昧；誣告希帕蒂亞是使亞歷山大最高行政長官奧瑞茨與大主教西利爾失和的罪魁禍首……緊跟在一連串誣衊不實之辭之後，便是令人髮指的罪惡行動。

公元415年，西利爾公開發難。他妖言惑眾，煽動、唆使暴徒行兇，竟然於光天化日之下，強行攔截馬車，將希帕蒂亞拖出車外。兇殘的暴徒們瘋狂地拔去希帕蒂亞的頭髮，扯碎她的衣服，用尖利的蠔殼刺割著希帕蒂亞全身的皮肉……希帕蒂亞活生生的血肉之軀，竟然被滅絕人性地撕裂、砍剁成斷肢碎片，丟進熊熊烈焰中焚燒……可憐古典科學的智慧女神，竟遭如此慘絕人寰的毒手！令人情何以堪！

痛定思痛，希帕蒂亞罹難在古典科學領域造成的巨大空白，長久無人能夠填補；由此造成的損失，難以用數字計算。如果說亞歷山大名城的焚毀，代表著古羅馬文化的式微的話，那麼，希帕蒂亞的罹難慘死，不啻是古典科學文化的空前浩劫和歷史終結。代替古典科學文化和理性的，是瘋狂變態的宗教膜拜和喪失理智的男權至上。

從當時社會形態的演進來看，西利爾對希帕蒂亞的殘害，反映奴隸主民主制後期向封建制過度階段，反科學理性的宗教迫害狂對古典文化科學的瘋狂踐踏和殘酷迫害；從原始性別和諧關係的歷史嬗變和價值取向倒錯來看，女性社會科技文化泰斗及其無與倫比的創造價

值，竟被砍剁成殘肢碎片、擲入烈火中焚燒，竟至化作一縷煙塵、一抹灰燼。希帕蒂亞無辜枉死，是男權觀念與反動宗教合流，一手導演的女性社會悲劇典型！還要強調的是希帕蒂亞不過男權觀念毀損女性長長的「多米諾骨牌」系列之一。

　　如前所述，**政治社會學、文化社會學、科學社會學視域內的諸多個案典型**，不獨古代中國、古埃及、古希臘，遍及世界各國。**被毀損的女性如同轟然倒地的多米諾骨牌**——性別壓迫是文明時代的社會通病——男權社會是女性捐軀殞命的血腥祭壇、是毀損女人的「煉獄」；男權觀念是失落女性本質內涵的「百慕達」，是吞噬女性主體價值的「黑洞」……

　　面對性別壓迫的血污、社會有眼淚、有反思、有抗爭，並訴諸社會學理論的變革……這是人類社會理性的覺醒。

　　辯證法的邏輯、否定之否定規律、幾千年男權專制的社會史實告訴人們，男權觀念畢竟是人類社會進程中的「階段性產物」，有其必然的「時空局限」——存在的不合理性——是植根私有經濟土壤中的社會觀念；在社會正向演進的發展趨勢中，混雜著「女人被異化」的負向跌降的嬗變，在把女人變成了女奴的同時，用性別壓迫取代的原始性別和諧。為此，在其歷史功過的訴訟法庭上，它必須接受辯證唯物史觀的檢驗和實踐法庭的裁決：它有負於人類社會之母，有負於原始性別和諧。

　　回眸文明社會性別和諧的太陽遭逢性別壓迫的「日蝕」，女始祖崇拜的朝暾殞落成「偶象的黃昏」——那如血的殘陽，是絕美的笑靨還是悲愴的挽歌？是血染的華彩還是智慧的暈輪？是生命的終結還是價值的永恆……

　　面對千百年來、千百萬女人的血淚呼號和生命詰問，不在沉默中

爆發，就在沉默中死亡。但死亡不屬於母親，沉默不屬於智慧女神！於是，必然爆發——反男權專制！試看「蘋果密碼——性別社會學」的理性宣告：歷史和現實，不過時間對空間的依賴；女神和女奴，不過空間對時間的宣判。既然是創造、自由的元素——大海的女兒，總要洗滌時間空間、洗禮噴薄滿欲出的太陽。女性社會主體的生命大潮再次高漲，必將托舉出新的輝煌！那是智慧女神——女性社會主體價值的精神太陽。

作為人類社會億萬斯年造化滄桑的結晶，女性的軀體裡飽脹著生命之源湧動的韻律，濃縮為生命之核的內聚力，充溢著不可遏止的女性社會創造張力，昇華著女性社會創造主體價值的向力……站著時，她是里程碑，昂首挺胸，曾是人類社會的「珠穆朗瑪」；倒下時，她是奠基石，鋪墊起人類社會巨廈；殘缺時，她回贈人世最完美的奉獻；凝神思索時，她重新集聚女性主體的創造熱能、內驅力、社會張力、價值向力，準備崛起「再度的輝煌」。

本卷揭示文明社會以來，經濟社會學場域之變：原始共有經濟顛覆，女性社會主體地位倒置；政治社會學場域之變：男權專制社會制度系統的桎梏，女性社會本質失落；文化社會學場域之變：男權社會觀念系統的絞殺，女性社會主體價值毀損。總而言之，性別和諧的社會朝陽，時逢性別壓迫的「日蝕」。

雖然「日蝕」是黑暗的，卻只是暫時的。

我們揭開性別壓迫的社會陰霾，目的是奉獻性別和諧的社會豔陽。

| 註釋 |

1. 吳逸鷗主編：《常州歷代女子詩詞選》，中國文聯出版社，2008年，第18頁。

變革社會性別關係的二律背反

現代之惑　存在與悖論　史詩時代
性別融突社會

十九世紀剝奪了男人「聖父」的權力，

二十世紀將剝奪男人在經濟上和政治上的壟斷權……

──伊‧巴特丹

　　近二百多年，人類社會的變革是史無前例的，社會性別關係的變革也是巨大的。

　　十九世紀的西方社會繼文藝復興、啟蒙運動之後，終於從「戀神情結」中破繭而出，重新審度人自身的社會存在，發出「上帝死了，人活著」的時代強音。我們還要強調其中的潛臺詞同樣振聾發聵，那就是「男權上帝將死，女人也要活著！」這個謎底是馬克思揭示的。

　　十九世紀對人類社會最偉大的饋贈就是馬克思主義誕生；**馬克思主義對人類社會最偉大的饋贈就是揭示了人類社會和資本主義社會的兩大發展規律**，並規劃了人的全面、自由發展的科學社會主義──共產主義社會的藍圖。從而在人類社會發展史上書寫了前無古人的、濃墨重彩的、劃時代的偉大華章。進而**為社會學**、包括人類社會學、發展社會學和科學社會學，**特別是性別社會學的建構和發展，奠定了理論基礎和科學指南**。

　　從理論與實踐相結合特點看，巴黎公社無產階級革命的嘗試、馬克思的「階級和性別壓迫同質說」，喚醒並催發了廣泛的婦女解放運動。特別是無產階級婦女解放運動的勃興，為廣大勞動婦女的解放，

樹起了社會革命的大旗。

　　西方社會的女權運動十九世紀以來成為影響廣泛、爭議不小、令人刮目相看的社會潮流。摒棄極左思想的影響，正確解讀女權運動的是非功過，是實現性別平等、社會和諧不可迴避的社會問題。

　　二十世紀全球性婦女解放運動勃興，特別是前蘇聯、中國以及東歐一些社會主義國家婦女解放的探索，開啟了跨時代的新華章，也提出了發展中的新問題。

　　總之，從社會觀語境特點角度看，這是個新舊婦女觀激烈衝撞的變革時代，也是馬克思婦女觀初步取得勝利的新時代，但就其特點來看，這是個男女平等社會性別關係的理論與實踐、觀念與行為二律背反時期，也是男女兩性既平等又衝突的矛盾對立統一的融突過程，突出表現在社會經濟、政治、社會文化觀念領域「性別關係」由不和諧到和諧的融突與變革上。世界各國性別關係變革的普遍共性規律和個性國別特徵研究，為我們性別和諧社會理論創構，提供了許多有益的客觀分析的正反例證和急待解決的實踐課題。而真正從認識論、方法論高度，幫我們破解社會性別關係「歷史之謎」、社會悖論的，還是馬克思主義婦女觀。

　　從發展社會學角度看，二十世紀下半葉，系統論由自然科學領域擴展到社會科學領域，成為社會學研究的優化選擇，我們不能教條地對待馬克思主義婦女觀，面對社會性別關係融突變革的新時期提出的新問題，我們必須運用新思維、新觀點、新方法，破解社會性別關係的現代之惑，探究性別和諧社會的新解。故而，秉持系統理論觀點和系統研究方法的「性別社會學」，正是我們立足於中國的實際情況和本土特色，與時俱進地推進馬克思主義婦女觀中國化，創構中國特色的性別和諧社會理論的積極探索。

第九章 | 馬克思主義社會性別史觀
對「歷史之謎」的闡釋

> 男人與女人的關係是人與人最自然的關係。
>
> 所以，從這一關係中可以反映出一個人的自然行為成長為人道行為的
>
> 程度……成長為類存在物、成長為人的程度。
>
> ——馬克思

　　十九世紀是馬克思主義誕生的新世紀，它揭示了人類社會和資本主義社會的發展規律，開啟了社會主義革命和社會觀念變革的新時代，同時也是覺醒的女性社會化崛起，與男權社會激烈抗爭和努力尋找、確立女性社會主體定位的時代。

　　從社會性別史觀的發展變革角度看，馬克思把「一切都顛倒了」的社會性別觀念又顛倒過來，靠的是辯證唯物主義和歷史唯物主義認識論、方法論和價值觀的革命槓桿。在批判地繼承人類創造的全部文明成果的基礎上，他確立了馬克思主義社會史觀（我們這裡確指的是馬克思主義的女性社會史觀），實現了人類社會史無前例的偉大變革。這是性別關係不斷融突和變革的實踐和認知的社會產物。

　　勿庸諱言，古往今來、古今中外，從來的社會學家都是在自己的哲學（世界觀）體系內，闡釋著自己的社會學觀點的。說淺白一點兒，哲學，不過世界觀的理論形式；社會學，不過社會觀的理論形式；性別社會學，不過植根社會經濟土壤之上，在實踐中形成的社會

性別觀念的理論形式。世界觀和社會觀念的同質共性因由可證，哲學與社會學認識論的同一性是勿庸置疑的。做為「性別社會學」科學之解的馬克思主義社會學，與馬克思主義哲學的理論形態必然是同質說。性別社會學的合理構架，即在其中。具體而言，馬克思的階級、性別壓迫和婦女解放學說，是在繼承人類社會文明全部優秀成果基礎上，剔除其糟粕，實現革命性的變革的。從而為男女平等、性別和諧社會的建構，提供了理論基礎和行動指南，並通過實踐檢驗其真理性的。我們首先來看其對西方（首先是古希臘）古典哲學、文化學中的社會觀，特別是與女性相關問題的批判繼承。

古希臘畢達哥拉斯（Pythagoras，約前580-約前500年），曾以「黃金分割律」的發現飲譽千載。如今，「黃金分割律」在建築、繪畫、各種造型藝術、尤其女性人體藝術等方面廣泛應用，甚至大而化之到社會倫理道德領域乃至「女性文化觀念」。他首創女性自然形體的「黃金比例」「和諧美」的審美命題，堪稱女性審美價值評論的圭臬。據說美神像的人體比例就是按黃金分割律設計的。但在性別關係的認識論上，畢氏卻以「精子變人」的生殖假說遺患千載（前面已具體論述了）。

赫拉克里特（Herakieitos，前540-前470年），古希臘傑出的古代辯證法大師。他確信宇宙萬物處於不停地運動、變化「一切皆流」狀態，他認為生死、冷熱、男女……都是對立統一的；他把對立面的差別、鬥爭和統一的規律叫做「普遍的邏各斯」，並把「邏各斯（Logos）作為哲學範疇說明萬物變化的尺度和規律。他還以弓弦和琴弦對立統一、相反相成的相互作用力，來說明矛盾對立面的互相轉化，「對立造成和諧」。列寧稱他為「辯證法的奠基人之一」[1]。正是他的這種樸素辯證法思想對我們通過融突與超越的途徑解構性別衝

突對立，構建性別和諧社會，具有一定的啟迪作用。

古希臘最早的「人本主義」哲學家普羅塔哥拉（Protagoras，前485-前410前）。因其「不敬神靈」、強調人在現實中的地位，晚年著作被焚毀，本人被逐出雅典。但是，無法焚毀的是他的思想閃光點。他一直強調的「人是萬物的尺度」。儘管這個「人」沒有標明性別，但昭示我們，研究「女性問題」也必須掌握「人」這個尺度，而傳統觀念恰恰是女性「非人」的尺度。

雕刻匠和助產婆的兒子、出身於平民的古希臘哲學家蘇格拉底（Sokrates，前470-前399年），他畢生追求知識，獻身真理，選擇了無所不在的「邏各斯」……但是，由於蘇格拉底拒絕與復辟的僭主合作，被強加上「不信神、蠱惑青年」的罪名處以極刑。以其當時的威望和影響，本可轉寰異地、化險為夷，但他寧願以死來證明當政者的暴行、法律的非正義，以及自己追求真理的正義性。最後，他從容飲鴆而死，死前把手中的一束太陽花緊緊貼在胸前──心中有太陽的人，思想真理的光輝永不熄滅，至今啟迪我們為捍衛真理的尊嚴──這裡強調的是男女平等、性別和諧、女性解放真理的尊嚴，必須反叛傳統社會的舛謬，並隨時準備為此付出一切代價。青年馬克思深受之啟迪。

原子唯物論的創始人之一，古希臘微笑哲學家德謨克利特（Demokritos，約前460-前370年）。他用原子論解釋認識論，反對宗教迷信觀點，把審美價值的著眼點由外在自然轉向人本身，並提出了「身體美若不與聰明才智相結合，是某種動物性的東西」[2]。而這一點，恰恰是人「區別於動物」的本質特徵，也是我們強調的女性的本質特徵之一。就此一點，他推動了人類認識上的一個重大轉折。為此，列寧曾風趣地把唯物主義路線擬稱為「德謨克利特路線」[3]。德

謨克利特的《論自然》、《論人性》等著作所表述的思想觀點曾引起青年馬克思的關注。馬克思的博士論文即以《德謨克利特的自然哲學和伊壁鳩魯的自然哲學的差別》為題。德謨克利特的《論人性》啟迪我們用「主體價值」去評判人、特別是女人主體價值的社會存在。

古希臘哲學巨匠柏拉圖（Platon，前427-前347年），「西方傳統文化的奠基者和傑出的代表人物」[4]。我們這裡重點研究其與女性有關的理論與實踐。

作為哲學家，他創立了以理念為核心的唯心主義哲學思想體系；作為教育家，他主張婦女也要受教育，認為一個國家如果不訓煉和教育婦女，就象一個人只鍛煉右臂而不鍛煉左臂一樣。作為社會活動家，他創立博學園，開辦教育，弘揚理性……都是開創性的貢獻。K‧R‧波普爾曾強調：「柏拉圖著作的影響（不論好歹）是無法估計的。人們可以說，西方的思想，或者是柏拉圖的，或者是反柏拉圖的，在任何時候都不是非柏拉圖的」[5]。

柏拉圖第一個強調女人也應和男人一樣受教育，為男女平等的教育觀念行為播撒了最初的種子。人稱智慧女神的希帕蒂亞就是在他創建的「博學園」裡收穫的最豐碩的「智慧果」。柏拉圖認為，女人和男人如果能受到一樣的教育和訓練，而且毋需生育和操持家務，也會擁有和男人不相上下的理性思考能力，也能和男人一樣治理國家。但是，因為生育和持家剝奪了女人受教育和訓練的權利，所以她們才成了「二等公民」。這個認識確實使他超越了同時代的幾乎所有「智識者」。

應該承認，柏拉圖對女性的認識代表了當時最高的理論水準、有些體現了跨時代的超越，從而是彌足珍貴和發人深省的。如眾所知，柏拉圖在他那「水月、鏡花」式的《理想國》（《TheRepublic》）

中,第一個闡述了男女平等觀點。他設想男女兩性可以自由戀愛、結合;在他那字字珠璣的《對話錄》中,甚至還談到婦女解放。柏拉圖的《理想國》似乎罩著男女平等的靈光,回旋著婦女解放的聖詠。儘管這僅僅是鐫刻在紙上的海市蜃樓,無奈烏托邦實質,但畢竟是難能可貴的。它為空想社會主義提供了最早的精神啟示錄,特別是為男女平等意識,播佈了最初的思想萌芽。

在女性問題上,柏拉圖的矛盾在於言行不一、口是心非。他曾直言不諱,在他心靈的天平上,一直認為男女價值不等──「女人劣於男人」。但男尊女卑的社會現實使他感受到:女性確實是男人獲得塵世幸福的工具。這時的柏拉圖,內心深處的隱語是:男人們只要牢牢掌握女人這「工具」享受塵世幸福,大可不必改造這社會去建立什麼「理想國」。嗚呼!「超越時代的巨人」卻無法超越自身。口是心非的哲人,兩千多年來,你教誨了多少門生、學子,在男女平等問題上,卻一直如此這般的口是心非下去,其實不足為怪,這正因為他無法超越自身的男權觀念和社會局限。

還有那位號稱「百科全書派」領袖的亞里士多德(Aristoteles,前384-前322年)。作為「哲學之王」,亞里士多德崇尚理性、自由,但在社會性別思想領域,他強調,奴隸主民主制「民主」的範圍僅限於男性公民,婦女沒有自由,奴隸則不享有自由,除非他改變了奴隸身份。而女性命定地不會變成男性,所以即使奴隸可以改變身份,但女奴的身份是無法改變的。顯而易見,亞里士多德的「理性、自由」剔除了女性,所以僅僅是男權觀念僭奪女性自由的「理性」、是男權踐踏女性的「非理性行為的自由」。

作為一個男人,在個人生活中,亞里士多德可稱作「天之驕子」。他個人事業登峰造極,起初得益他的妻子畢塞亞斯公主。公主

去世後，亞里士多德與赫庇利斯同居，又多得其襄助，事業得以成功。所以亞里士多德依賴女人，對女性無法割捨。但同時又堅守「男權」毫不動搖並公然聲稱「丈夫像國君一樣統治著妻子，與君主統治奴隸一樣。」故而，他在自己的遺囑中宣佈解放自己所擁有的全部男性奴隸（此舉為之贏得了崇高的聲譽），卻隻字不提解放女奴——只緣身在男權觀念誤區中。

總之，如同世上的事物無不具有兩重性一樣，古希臘哲學中的婦女觀念也是精華糟粕並存。儘管如此，古希臘哲學、特別是女性問題觀念，對後世的影響還是巨大的。恩格斯在其《自然辯證法》中曾強調：在希臘哲學的多種多樣形式中，差不多可以找到以後各種觀點的胚胎和萌芽。我們恰恰找到了「女性觀念的萌芽」。馬克思也曾強調「古希臘」是西方文化的土壤，它孕育了最初的社會意識萌芽。但在女性觀念上，形而上的理念升發和形而下的行為反動，是「並行不悖」的。這裡問題的關鍵在於：沒有把女性當成獨立存在的社會主體，而僅僅將其視為男權觀念中的對象，從而悖離女性問題「人論」的實質和「人本」的核心。

特別是歐洲的中世紀，封建男權與宗教神權沆瀣一氣，對女性的摧殘至滅絕人性的地步。這時期，哲學淪落成神學的「婢女」；女性為「社會之罪」；女人，成了宗教神壇上的獻祭和犧牲——「魔女審判」對女性的酷烈殘害，令人刻骨銘心……。

沖絕中世紀的幽暗，文藝復興摒斥神靈、張揚人性。但在現實生活中，被稱作「宇宙精華、萬物靈長」的人中，卻往往剔除了女性。女性主體價值更多地展示在藝術創作中。達‧芬奇畫架上的《蒙娜‧麗莎》，淺淡著似顰似笑的神秘莫測；莎士比亞筆下的「鮑西婭」，才智冠蓋群雄，不過藝術典型，但在現實生活中，卻往往難免「苔絲

特蒙娜」（意為「薄命者」）那樣「女性毀滅的悲劇」。中經十七世紀「新古典主義」，無奈形式主義僵化教條式的舛誤，對女性的貶損愈甚。

十八世紀，啟蒙運動的「華美約言」崇尚「理性」，對女性卻缺少應有的理性行為。法國著名啟蒙思想家盧梭憤激抨擊社會上所有的不平等，卻肯定男女不平等。他聲稱：沒有了男人，女人的存在便有問題，因而，女人的一生要依照與男人的關係而設計，「要貢獻給男人……要哺育男人，要照顧男人……要使男人生活的甜蜜且愉悅──典型的男權本位觀念。在席勒的悲劇《陰謀與愛情》中枉死的路易絲，直接的是死於有毒的檸檬汁，實質是死於絞殺女性的社會觀念……總之，文藝復興的掀天巨浪，啟蒙運動的浩浩大潮，確實蕩滌著封建主義的污泥濁水，卻未觸動男權觀念的社會基礎。

就連給馬克思極大啟迪的辯證法大師黑格爾，其婦女觀也是反動的。黑格爾認為女性是情感動物，不能搞政治。他預言「女人擔任政府首腦時，國家就會立即陷入危險……」[6]。看來「辯證法大師」對女性的看法絕對不「辯證」。

馬克思在汲取人類文明的一切成果時充分肯定文藝復興、啟蒙運動反封建的歷史功績，卻發現他們在女性問題上理論與實際、宣言與行動的「二律背反」。他繼承前聖先賢開創的一切人類文明成果的精華去其反動婦女觀的糟粕，締造出全新的婦女觀。他明確指出，性別壓迫問題在傳統的社會性別觀念，答案卻在社會實踐。

對社會發展史按跡尋蹤，我們必然發現這樣一個事實：古代的聖哲們大多重理論、輕實踐。近代的哲學家們也總是將理論與實踐割裂開來。就連康德、黑格爾，也對實踐性缺乏起碼的認識。他們統統留在了「性別關係實踐理性」的彼岸。而馬克思、恩格斯則對人類社

會發展的實踐性作出了前無古人的判定和總結，並在社會實踐活動中身體力行。他們通過考察人類社會性別關係的實踐活動來論證性別壓迫的本質、揭示其形成發展的社會特徵，並以全新的婦女觀為價值標尺，校正傳統性別觀念對女性「性役」的舛誤。為此，馬克思在《手稿》中提出了自然人化、異化，物種尺度、內在尺度，主體、客體關係等一系列關涉性別關係的基本命題。

針對在「自然人化」和「人化自然」過程中，體現並創造了人類社會的女人被異化為「性役之物」的事實，馬克思尖銳指出性別壓迫與階級壓迫聯體共生的事實，決定其對女性「性役」的實質。毫無疑義，正是性別壓迫一手製造人類的「性溝」和對女性的性役，毀損著女性的主體價值，異化了女性人的存在本質，使女性成為與其本質相悖的異化物──「精神上和肉體上非人化的存在物」[7]，使女性主體的正命題成為性別關係中的反命題。其中主要是人的本質和主、客體關係的理論命題。

就人類社會學的「關係論」而言，主體和客體是對人與世界本質關係的普遍概括。馬克思主義從來認為，兩者間，人始終是主體。這主體應包括人的唯物本體及其認識、實踐和創造能力，即它的內在尺度、它的自律特徵。應當強調的是：這「人」包括男女兩性。遺憾的是，文明史以來的人類社會中，主體的權杖執於男權手中。他們自我膨脹為唯我獨尊的主體，是女性「客體」的權威仲裁和全面僭取者。女性主體被驅趕到男權聖殿上充作「供奉」和「犧牲」，沒有一絲一毫「自由自覺的活動」的可能。很顯然，這時候，女性已經失落了女人的「本質」──並非其不具備這個「主體性」特徵，也不是自行捐棄，僅僅是被男權唯一主體強行剝奪、侵吞的結果。但畢竟是本質內涵的失落。

　　問題的關鍵正在這裡。女性人的本質，是婦女觀中最重要的問題、也是最難解的問題。因為「人的本質」並非單純語義學中表述的「固有品性」，**還是社會學理論上必須闡明的「特定關係」。而人類社會發展的規律，正相當於這種「關係的規定性」**[8]。馬克思闡發人類社會和資本主義社會的兩大發展規律，教人們認識其中這種特定關係的規定性、遵循這一發展的規律去探求女性人的本質，追尋這失落的本質。

　　既然社會是「人為」和「為人」的。那麼「社會關係」的存在必然體現人的本質、包括女人的本質。千百年來，女人們尋尋覓覓、淒淒慘慘戚戚：到底在哪裡失落了自己的本質。馬克思一語中的：「人的本質在其現實性上，它是一切社會關係的總和」[9]。此之謂，從唯物史觀的認識論角度，在「物種關係方面，把人從其餘的動物中提升出來了」。而男權專制社會，把女人推進性別壓迫的「社會關係」中，有的只是男權主體對女性「對象」的「性役」關係。將「非理性」的性役觀念拔高到正統觀念的「理論」高度，正是唯心主義哲學家共同的女性觀念特徵，也是馬克思主義女性觀特別強調的「核心」問題。圍繞這一核心問題，我們把**社會學界內的性別關係嬗變規律歸納為四維「三一律」的系統結構。**

　　從人類社會學的女性視角來看，女性社會存在金螺線中的「歷史三一律命題」由「女神時代——女奴時代——女人時代」的發展變革形態構成。其中女奴——非自由人時代始於文明社會，女人主體價值被毀損，因而也就失卻了人的本質屬性，處於「女奴時代」。只有在性別平等時代，女人才成其為人。

　　從發展社會學的社會屬性來看，則是女性社會存在金螺線上的「社會三一律命題」，即「原始社會－身份社會－職業或曰公民社

會」。其中「身份社會」除卻階級身份、種族身份，我們這裡主要關涉「性別壓迫身份」；男女尊卑社會，女性「人」的本質失落。只有到自由的人自由選擇的職業社會或曰公民社會時，才能根除性別身份奴役，才能談到女性的社會主體價值。這是性別社會價值體系中的「主體與對象」特定關係決定的。

從文化社會學中女性主體價值嬗變來看，則是女性社會存在金螺線上的「文化三一律命題」，即「史詩階段—悲劇階段—喜劇階段」。其中史詩階段是原始性別和諧社會；「悲劇階段」是女性「性役」時期，必然是女性主體價值的負向跌降時代。人類社會的最後一幕才是「喜劇」，喜劇時代只有在女性成為自由人的性別平等和諧社會才能到來。這是文化社會學的變革三一律決定的。

從哲學社會學的社會性別關係發展取向來看，則是女性社會存在金螺線上的「哲學三一律命題」，即「肯定－否定－否定之否定」。哲學的價值範疇，是人類自由的尺度。它借助肯定、否定、否定之否定的價值判斷，進行選擇和淘汰。黑格爾確認在「否定階段」，女性「沒有取得他的自由意識，因而降為一件毫無價值的東西」[10]，因而由肯定階段的「主體」被貶斥為「對象」。馬克思則進一步強調：女人之所以失卻「自由」，並非沒有自由意識，而是被剝奪；並非沒有自由的本質、並非不具備這個主體性特徵，而是被異化；並非沒有主體價值，而是被「唯一的絕對主體」——男權本位強行剔除——「否定」了。如果說哲學意義上的「自由」是對「必然」的認識和超越的話，那麼女性的超越必然是「否定之否定」。只有超越男權主體獨霸的「必然王國」，才能進入女性主體確立的自由王國。

總之，作為社會學中體現人的存在本質的社會性別關係結構系統，並非單一線性模式，而是「歷史三一律」、「社會三一律」、

「文化三一律」、「哲學三一律」四個子系統購成立體複合的、全息動態的結構系統，有其完整、全面、科學的價值體系內涵。其中每一個價值範疇，都是由馬克思論定的人類價值的「自由尺度」為極終衡量標準的。但從社會性別角度看，遺憾的是文明社會以來，在性別關係四個「三一律」的價值體系中，女性處於「女奴」地位、「第二性」身份、「悲劇時代」、「否定階段」。

正因如此，馬克思主義女性觀才反覆強調，**四個「社會性別關係」三一律的總和，共有一個核心問題，就是前面所提到的「主體和對象關係問題」**（我們這裡確指男權觀念的絕對主體和女性被物化了的「對象」之間的關係問題）。問題不在起點的原始自由和終極的本質自由，只在中間「過渡」的必然階段。其社會關係模式是：男為正值，女為負數；男為絕對主體，女為被動對象；一句話，男為主宰，女為奴僕……雪萊的一句名言一語中的：「女人是奴僕，男人還是自由人嗎？」我們的回答是：他必然是奴隸的兒子、丈夫和兄弟，所以並非「自由人」。他同時還是自己觀念的「雙重奴僕」。這樣自毀自身的社會性別關係使人類蒙羞，是人類的自戕，必須徹底改造。

以上便是馬克思主義人類社會史觀借助「主體與對象關係」問題闡發的女性觀「人論」的實質。如同真理的陽光普照大地，它直接或間接地影響了首先是十九世紀女性社會「主體」的崛起。其中就有被恩格斯譽為「歐洲大陸上的一面旗幟」的社會女傑。馬克思把自己的《哲學的貧困》謙恭地題贈給這位女士。從馬克思親自書贈的著作中汲取大量思想營養基的、**我們作為個案典型的這位女士她是誰？**

回眸十九世紀法國──你見過塞納河日出的輝煌絢麗嗎？你知道流體力學中「孤立波」的旋律嗎？你聽過比之更為雄渾壯麗的人生樂章嗎──十九世紀法國新思潮的瀚海中，在社會變革的湧浪峰巔

上，在各種思潮漲落的旋渦裡，一個世紀「弄潮兒」挾風雲雷電、駕馭「孤立波」破浪衝騰。這位戳破命運陰霾，在浪尖上呼喚社會變革「朝暾」勝似閒庭信步的神勇鬥士，有著法國男士極普通的名字：喬治。平日裡，他身著西裝、頸紮領結、腳蹬皮靴、口叼煙斗……活脫脫風度瀟灑的男士。有時他身著獵裝，與身為輕騎兵的表兄並轡策馬、跨溝越塹，彷彿所向披靡的騎士……

　　但是，十九世紀法國所有「喬治」的總和，也不及他聲名、影響的一半。他就是鼎鼎大名的法國作家喬治‧桑（1804-1876），原名阿芒丁娜‧露西‧奧羅爾‧杜班，簡名「奧羅爾」（在法語中是「曙光」的意思）。

　　小奧羅爾四歲喪父（父親是位職業軍官），其母是社會地位低賤的舞女，一直為祖母賤視，被迫棄家出走。骨肉離散的家庭悲劇深深震撼了奧羅爾的幼小的心靈、隱伏下「反叛」的火種。身為名門之後的祖母，年輕時與啟蒙主義思想家伏爾泰、狄德羅等人過從甚密，有較高的文化素養。她教孫女拉丁文、音樂、繪畫……小奧羅爾表現了驚人的悟性。荷馬、亞里士多德、維吉爾、但丁、莎士比亞、孟德斯鳩、萊布尼茨、富蘭克林、史達爾夫人，尤其是盧梭等人的作品，成了小奧羅爾啟蒙思想的營養基。

　　由於對母親的深切同情，受到祖母的懲罰，十三歲的小奧羅爾被送進了修道院，正好潛心研讀各類書籍。三年後祖母去世，十六歲的奧羅爾成了偌大家產、田莊的繼承人。對物質財富，她不屑一顧；對精神食糧，她卻如饑似渴地啜取。知識的清泉滋潤著奧羅爾「腹有詩書氣自華」的少女心田，孕育出蔥籠繁茂的心靈綠洲。1822年，十八歲的奧羅爾與齊米爾‧杜德望男爵結婚後，就像陷入齷齪的泥淖中。丈夫酗酒成性、淫亂無度、懶散庸怠、將奧羅爾偌大的家產幾乎揮霍

蕩盡。多才多藝的奧羅爾不得不施展「雕蟲小技」，靠畫肖像、扇面和鼻煙壺維持生計……詩人海涅在《呂特莉亞》中曾描繪「杜德望男爵」的俗不可耐：「會使心靈深邃的女子不寒而慄，產生恐懼和逃走的願望」……何況才識卓絕的奧羅爾。「杜德望男爵夫人」的家庭生活使奧羅爾如受精神酷刑。

　　1830年，七月革命的浪潮衝垮了查理十世的專制統治，也衝擊著「男爵夫婦」的家庭生活。一封丈夫寫給情婦的遺囑成了矛盾激化、家庭破裂的導火索。忍無可忍的奧羅爾帶著一子一女憤然離家出走巴黎。在巴黎的小閣樓頂，她生活窘困，經常饑腸轆轆，但精神是充實的。她滿懷喜悅的向朋友傾訴：寫作成了主宰她全身心的「強烈的、無法摧毀的激情。」奧羅爾在社會政治變革、文化變革的湧浪峰巔搏擊，試練羽翼，隻身帶領兩個幼兒開始了艱苦卓絕的個人奮鬥時期，也開始了才華噴湧的創作時代。

　　蒼天不負有心人。1831年，二十七歲的奧羅爾出版了與儒勒‧桑多合寫的長篇小說《羅絲與布郎什》。1832年，她獨立完成《安蒂亞娜》的創作，已直訴婦女解放主題。引起社會極大的關注。小說發表時用了男性名字「喬治‧桑」署名作者，許是策略需要（女人的作品受社會貶斥），更多的是奧羅爾自我超越、與男性「競雄」的「自我宣言」；還有為紀念以前與桑多的合作，保留了桑多的「桑」字，這便是喬治‧桑其名之由來。自此以後，整個半個多世紀的人生道路、創作生涯和各種社會活動中，「喬治‧桑」超越了「奧羅爾」，聲名鵲起、如日中天。以至於後來每談到自己，喬治‧桑總用陽性形容詞做定語。

　　如果說奧羅爾僅僅是曙光的話，那麼喬治‧桑則預告「太陽升起來了！」喬治‧桑的成名之作則是《安蒂亞娜》。小說以女主人公愛

情婚姻悲劇為主調，共鳴著作家個人婚姻悲劇的和聲，奏響了喬治·桑「婦女問題」創作主旋律，成為當時女權運動的協奏曲。《安蒂亞娜》一鳴驚人，轟動了法國文壇，使喬治·桑聲名大噪，其影響超過「穿裙子的風暴」史達爾夫人。自此，一發而不可收，喬治·桑激情澎湃、文思奔湧，創作了一系列「婦女問題」小說，抨擊男權社會傳統習俗和偏見，呼喚婦女「從對婦女的暴虐統治中解放出來」。

「言為心之聲，行為心之跡」。如果說文學創作使她的情感流程化作主觀宣言公諸於世的話，那麼社會生活中的身體力行，則是對自己「宣言」的實踐。換句話說，在以後的私生活和種種社會活動中，喬治·桑對男權社會的種種道德觀念和行為規範作出了驚世駭俗的反叛和挑戰。

1833年，與浪漫派詩人阿爾弗萊·德·繆塞相知、相交、惺惺相惜，二人赴威尼斯同居，開啟了喬治·桑情感生涯中反傳統的浪漫篇章。繆塞素有「頹廢派詩人」之稱。雖然才華橫溢，但是，貴族血統的嬌生慣養使先天軟弱的繆塞失卻了男子漢「陽剛之氣的雄風」。悲觀迷惘的心緒、無病呻吟的哀怨、借酒消愁愁更愁的滿懷愁緒……繆塞就是自己筆下患了「世紀病」的「病態世紀兒」。無論情感、意志、行動，哪一方面都沒有從貴族行列分化出來、靠自身苦力拼搏的喬治·桑堅強。

繆塞依戀、依賴喬治·桑，他用浪漫激情、悲哀哲學的病態詩意，織就了與喬治·桑熱戀的蛛網……但是，「陰盛陽衰」的精神態勢使二人無法長期攜手並肩前行。於是世紀風吹來，網破蛛墜，空餘情感遊絲縷縷。儘管後來二人分手了，但是與喬治·桑的情摯誼篤，勝似姐弟的交好，就像為繆塞的創作注入了「強心劑」，促使他完成了長篇自傳體小說《一個世紀兒的懺悔》，在法國文學史上非同凡

響。就這個意義來講,說喬治・桑造就了繆塞,並非妄言。從精神影響來看,在與繆塞的交往中,喬治・桑充當了「男性」的角色──她不是男權觀念俯視的「對象」而是「主體」。僅此一點,喬治・桑就為男權觀念所不容。

也許命運使然,喬治・桑是母親在音樂會中生下的。所以她是音樂催生到人世、音樂滋養下成長、音樂鑄造的靈魂,本身就是一闋鏤金錯采、音色高邁的浪漫主義華章。她對音樂的精湛修養,深得音樂大師李斯特器重,又為蕭邦引為知音。

再看來自波蘭的蕭邦,是個稟有女性氣質的「鋼琴詩人」,身材纖細柔弱、氣質憂鬱感傷。兩次失戀的情感創傷使他心神疲備、靈感枯竭、幾成「活屍」。這時,在李斯特的音樂沙龍中,蕭邦首見喬治・桑。此時的喬治・桑已是三十多歲的中年婦人,兩個孩子的母親,且歷經憂患艱辛。蕭邦褒貶她「並不漂亮、身材矮小」,「是個令人討厭的女人」……但多次接觸後,即被她的才情所征服並多次寫信傾訴激情,話語熱烈灼人:「奧羅爾,我願拜倒在你的裙下,我愛你的一切……」蕭邦熱烈的激情終於激發了喬治・桑的情感共燃──

1838年,喬治・桑與蕭邦在地中海的瑪約喀島上同居,開始了又一段兒反傳統的激情燃燒的歲月。兩人相依相隨、相濡以沫先後近十年,喬治・桑的文學藝術靈感牽引著蕭邦的音樂創作靈感,「作家詩人」和「鋼琴詩人」在音符中找到了詩情共著的噴火口,產生了心聲與樂聲共鳴、心弦與琴弦共振的不朽華章。蕭邦諸多的傳世之作,如《F大調敘事曲》(1839)、《升F大調即興曲》(1839)、《f小調幻想曲》(1841)、《C小調小夜曲》(1841)、《b小調奏鳴曲》(1844)……,在某種程度上都可以說是他與喬治・桑結合的精神產兒。其中膾炙人口的《G大調夜曲》(作品37之2)就是由舵工之歌

引發蕭邦與喬治・桑水乳交融，琴瑟和諧的創作靈感，創造出的藝術傑作。

　　那是1839年，蕭邦與喬治・桑乘船由西班牙返回法國途中一個迷人的海上明月夜，伴隨著舵工淺唱低吟的是，充滿詩情畫意的月色、水光交融的情境，引發出純美的水中「夜曲」。開始是低音伴奏襯托著搖曳、深沉的旋律，應著船舷乘風破浪的律動……還有漂浮在高音區的和聲呼應著粼光閃爍的水波，在華麗多姿的調性轉換中，捧出一輪水上明月，宛如一首令人蕩氣迴腸迴的「海上明月夜」交響詩……蕭邦自己也承認，正是喬治・桑的才情引發了他音樂創作的靈感，使他激情勃發、才華橫溢，一舉登上「鋼琴詩人」的寶座。顯然這一切，都是性別和諧的結晶。

　　問題是，喬治・桑與蕭邦的結合主要是植根於心靈沃土上的浪漫精神之花，卻沒有社會土壤的現實基礎作保障。對於蕭邦來說，思鄉戀土「波蘭情結」的沉重精神負擔和操勞過度的創作、演奏，過早地奪去了他的健康，故而逐漸轉入生命的低潮。而喬治・桑卻依然在自己的創作領域頑強、堅韌地縱橫馳騁，正不斷地升騰。他們已經無法「比翼雙飛」了。於是，最初歡樂和諧的音符終於被破裂的噪音代替。可歎文學詩人與鋼琴詩人十年相依相偎，一旦分手，離開喬治・桑不到一年，孱弱不能自持的蕭邦不到四十歲便因肺病客死巴黎。人們懷著深切的同情惋惜這位英年早逝的音樂天才和波蘭愛國者的愛情悲劇，他臨死前一直叫著喬治・桑的名字無法瞑目。

　　同樣，這次情感破裂給喬治・桑造成的心靈創傷不亞於蕭邦。但與蕭邦不同的是，堅韌的喬治・桑衝破了情感悲愴之網：愛情的破裂不等於精神的毀滅，更不等於事業的墳墓。喬治・桑以超常的毅力戰勝了自己的感情，繼續創造著自身的價值——超越男性的主體價值，

開啟了如日中天的社會創作活動新篇章。

總之，**從性別視角探析**喬治・桑與繆塞、與蕭邦、還有桑多等諸多男士性別關係的深層內涵，她一次又一次地突破了男主女從的傳統性別規範，確立了社會性別關係中的女性主體地位，是男權本位社會性別關係的成功反叛者。這種成功的反叛不僅表現在個人的情感生活中，更多地是體現在她的社會活動和創作實踐中。

從十九世紀四十年代起，喬治・桑的文學創作聚焦點由愛情婚姻方面轉向重大社會問題的探索，創作主題不斷深化，同樣走在了各位大作家的前列。相比較而言，當時，巴爾扎克等著名的批判現實主義大師都把注意力放在封建貴族、新興資產階級顛來倒去、反覆較量的描寫中，絕少把勞動群眾當作正面形象創作。喬治・桑卻獨樹一幟，從《木工小史》（1840）開始，把細木工人皮埃爾作為主角描寫。在《安吉堡的磨工》（1845）中，把磨工格南・路易當作理想的正面人物描寫，同時塑造剝削者布芮可南這個貪得無厭、吞噬一切的兇殘巨蟒形象。別林斯基曾盛讚這形象「實在是被一隻天才的手描繪出來的形象」。

正是在《安吉堡的磨工》中，喬治・桑宣示的社會主題走在了時代的前列。她點燃了空想社會主義理想的火花，去消融資本主義的黃金鎖鏈。雖然這火花是微弱的，但常識告訴我們，正是星星點點的小火花點燃燎原大火……難怪羅玉君先生在中譯本《〈安吉堡的磨工〉前記》中高度評價喬治・桑的深刻描寫，正可以作為《共產黨宣言》抨擊資產階級的罪惡的插圖。更令人感佩的是《安吉堡的磨工》比《共產黨宣言》早三年問世。

不僅工人，喬治・桑的創作題材，同樣關注農民命運。在《魔沼》（1846）和《小法岱特》（1849）中，她把貧苦的村姑瑪麗、法

岱爾和農夫瑞爾曼等作為主角描寫。面對醜惡的社會現實，不少大作家（如「短篇之王」莫泊桑等）陷入悲觀絕望的思想深淵不能自拔。喬治・桑卻百折不撓、一往無前，無論文學創作還是其它社會實踐活動，都沖在時代最前列。單就這點而言，體態柔弱、瘦小的喬治・桑女士要比高大的男子漢同行們堅強、深邃得多。

從文化社會學角度看，喬治・桑以文學家的巨大聲名蜚聲世界文壇。但她作為社會文化活動精英的主體價值卻遠遠超越了文學範疇。

從思想觀念和社會實踐活動來看，喬治・桑一直站在十九世紀時代發展的前列。她廣泛深入社會，旗幟鮮明，觀點激進。她熱烈推崇空想社會主義者比埃爾・列魯是「柏拉圖再世」。路易・勃朗則被描寫為「身材矮小，卻壯志凌雲；聲音婉轉，意志卻堅如鋼鐵」的英雄。這期間，她傾盡全力投身工人運動，積極支持阿格裡戈爾和伯蒂耶等法國工人運動的戰士。一些嶄露頭角的無產階級詩人，如紡織工人馬爾、鎖匠吉里昂、理髮匠雅斯明、麵包匠勒布爾等，都是在她大力扶助下進行創作的。她尤其稱道泥瓦匠彭塞是「最富靈感、最有才華的、法蘭西最偉大的詩人」，表現喬治・桑社會思想觀念體現時代最高水準。

從喬治・桑的文化社會活動來看，她曾編印過好幾本無產者的詩歌和論文集。在她親筆撰寫的《無產者的詩歌》序言中，充分肯定勞動群眾的創造才能，強調「在勞動人民的隊伍裡，任何時代都有藝術家、雕刻家，充滿了天才的詩人」。她甚至奮筆大聲疾呼，「要使古老的法蘭西精神復活，只有依靠人民的力量，這力量遠遠超過資產階級日益貧乏的精神和智慧」。喬治・桑的這種社會文化觀點、特別是行動，居於時代前列。

從自身創作成果來看，喬治・桑的著述是多產、豐饒而且是上乘

的。如前所述,她的社會問題小說描寫了勞動群眾的苦難和艱辛,透露出理想主義的微熹,屬於反映十九世紀時代精神的當之無愧的「新潮派」。恩格斯在《大陸上的運動》中,熱情稱讚他們「無疑是時代的旗幟」。這是喬治·桑文學創作全部成果的最高價值之所在;是女性社會存在從「對象」向「主體」昇華的高音奏鳴曲。其中,重要代表作是社會問題小說《康素埃洛》。

小說以歐洲社會為廣闊舞臺,以具有革命民主主義思想的先進人物康素埃洛為主人公,而「康素埃洛」的原型是赫赫有名的意大利著名女歌唱家波莉娜·維亞爾多(就是去彼得堡演出使屠格涅夫一見鍾情、神魂顛倒,追蹤到歐洲,又隨之定居於巴黎,為追隨其左右,到死未回俄國、並為之終生未娶的「維亞爾多夫人」)。從文本主題來看,《康素埃洛》是作者婦女觀的交響曲。它以撼人心魄的文學創作的「音樂」點撥女性的人生命運真諦:要擺脫厄運,就要與厄運拼搏;要自立於世不倒,就要創造自己的社會價值;要想超越女性悲劇,首先要超越女人自己——《康素埃洛》簡直是貝多芬的《命運》交響曲的女性版。小說中的主人公康素埃洛用她美妙的歌喉,而作者喬治·桑則用她那神奇的筆,表達了女性「主體」挑戰「命運」的價值昇華。

著名文學批評家阿蘭獨具慧眼地論定,《康索埃洛》是一部教育小說,與歌德的《威廉·邁斯特》相似,卻比歌德的更有魅力。而大多數評論家認為,如果說羅曼·羅蘭的《約翰·克裡斯朵夫》創造了約翰·克裡斯朵夫這個探索人生真諦的個人奮鬥典型的話,那麼,《康素埃洛》則創造了女約翰·克裡斯朵夫——一個實現社會主體價值的女性形象典型。我們則強調,《康素埃洛》與現實生活中喬治·桑的《命運》之聲有異曲同工之妙,同時又是共鳴著女性群體《命

運》之聲的社會組曲。總之，《康素埃洛》使文學家的喬治・桑成為「不朽」。但因其宣揚女性社會主體觀念，所以受到男權社會的貶斥。

從社會革命實踐活動來看，喬治・桑從貴族家庭分化出來後，十分關注工人、女工、童工的悲慘境遇，並積極投身改變窮苦人境遇的社會革命活動中，堪稱行動的先導。1848年，她奮不顧身投入「二月革命」的激流，又走在了5月15日的示威遊行隊伍的前列，被警察追打而毫無懼怕。起義失敗後，她還寫了《致人民的信》，公開支持革命。當反動當局追緝革命者的時候，本想離開巴黎回家鄉諾昂的喬治・桑，卻留在巴黎，以示無畏無懼，向反動當局示威。特別是1851年，路易・波拿巴發動政變後，對共和黨人和革命群眾血腥鎮壓。別人避之唯恐不及，喬治・桑卻將個人安危置之度外，四處奔走，利用自己的政治影響、社會威望，以及與波拿巴的私人交情，正告「做皇帝夢的暴君」要清醒頭腦、寬待政治犯。同時，她竭盡全力營救獄中的難友，給流亡者寄書寄錢，傾盡所能，不遺餘力，體現她在社會革命中的主體地位和作用。

從政治社會學角度看，馬克思主義有關學說的影響、社會革命實踐活動的洗禮和試煉，使喬治・桑產生了認識論方面的極大思想飛躍，從而促進了女性觀的新飛躍。她深切地感受到，對於女性來說，存在著比愛情、婚姻、家庭更為重要、更為複雜的社會問題。與女性群體的解放和女人自身超越緊密相關。急需變革的根本問題是建立一個沒有奴役的社會。她毫不諱言：「共產主義是我個人信仰的學說」[11]，但同時又認為「它的確立是遙遠的事」[12]。我們認為，當馬克思主義者已經將共產主義的學說訴諸「宣言」（指1848年問世的《共產黨宣言》），無產階級革命已經將其付諸行動時，它似乎不很

「遙遠」。但從這個學說最終在全世界實現的大目標來看，說「它的確立是遙遠的事」，當是不乏政治遠見的睿智之言、實事求是的科學論斷。這一點姑且不論，單就她公然宣稱「共產主義是我個人信仰的學說」這一點來看，其政治、社會膽識，遠遠超過同時代諸多偉大的男性作家，諸如巴爾扎克、雨果等人。芸芸眾生者，只能望其項背。

從文化社會學角度看，喬治‧桑憑藉自己的實力以巨大聲名跨越國界問鼎世界文壇，致使眾多國際大師為其傾倒。梅里美、聖佩韋對她的崇拜自不待言，小仲馬稱她為「大師」，福樓拜終生稱她為「親愛的老師」，得知她辭世的噩耗，失聲痛泣。陀斯妥耶夫斯基稱她是「從精力和才華來說，都是獨一無二的作家」。馬塞爾‧普魯斯特褒獎「喬治‧桑的作品就像托爾斯泰的小說一樣，表現出善良的心地和高尚的道德。」……阿爾弗雷‧德‧奧爾賽認為喬治‧桑「是一位極其難能可貴的女人，此外還是我們時代最好的男人」。巴爾扎克崇拜喬治‧桑，受她啟發創作了《蓓阿特麗斯》，並熱烈稱讚喬治‧桑「偉大、忠誠、具有男人的主要特徵……，而且勝過男人。」阿蘭曾滿懷敬意地稱喬治‧桑為「偉大的女人」，但他又強調，但此說的內涵是「非常偉大的男人」。德國著名大詩人亨利希‧海涅曾熱烈地愛過喬治‧桑，送她「解放者」的綽號。向以冷峻著稱的高爾基一貫反對無原則吹捧，但也對喬治‧桑推崇備至。在其《個性的毀滅》中，大段地引用喬治‧桑的觀點……

喬治‧桑的言論行動和文學創作都頗具超前意識。當時許多空想社會主義者，如比埃爾‧列魯、路易‧勃朗等人都充分褒獎喬治‧桑的創作對空想社會主義理想獨到的文學表述。他們政見相投、交情甚篤。一些嶄露頭角的工人作家和青年作者都尊奉她為導師。更有政界顯赫人物，從省長、部長、總統到公主、皇后、親王，也都對她禮

讓三分（利用這種聲名和影響，她救助了不少政治犯）。路易·拿破崙·波拿巴親王與之交情甚篤，在親王就任共和國總統前，曾寫信給喬治·桑：「夫人……您能給予我的最崇高的稱號是朋友，因為它表明了我們之間的親密關係，對此我頗感自豪。夫人，您具有男子漢的一切優點，卻沒有他們的缺點……」[13]可見親王總統對她的敬重，簡直是推重備至。凡此種種，不勝枚舉，無不證明喬治·桑並非男權社會俯視的「對象」，而是一幟獨樹的女性社會「主體」。

　　儘管眾多民眾、知名作家、評論家甚至政界要員等，眾口交贊喬治·桑，但是，言不由衷的男權專制社會絕不允許女性社會「主體」奇峰突起。傳記作家安德烈·莫魯瓦曾直言不諱：大部分「男性作者對她抱有敵意」，因為她從不聽命於任何一個男人。正如馬塞爾·普魯斯特所說：如果她能俯首聽命於一個男人，她就不是喬治·桑了。「不聽命於男人」，就是男性評論家貶損喬治·桑的唯一理由。面對喬治·桑才華橫溢、無懈可擊的女性社會主體形象，他們只好節外生枝，從女性「外在自然存在」層面進行貶損。阿爾弗雷·德·維尼一再批評喬治·桑「面部嚴肅無表情，臉的下部不美，嘴巴難看」；羅伯托一再笑話喬治·桑是個「又瘦又黃、像沙丁魚似的女人」。

　　對喬治·桑諸如此類的褒貶，恰恰從另一方面證明喬治·桑絕不是一個以「姿色」取悅於男人的女人，而是以「資質」取勝於男性的才女……奧羅利安·德·塞茲——一個才華橫溢、多情無私、感情細膩深邃的上流社會知名人士公然寫信給喬治·桑：「我愛你的人品、你的心靈和你的才華……你就是個醜女，我也愛你。」他們之間長久地保持著這種「柏拉圖」之愛，真是「高山、流水」，千古難覓的知音，也是性別和諧的超時空絕響。

　　綜觀喬治·桑的社會主體活動，她以追求愛情、婚姻自由為起

點，躍上了爭取個性自由、婦女解放的湧浪峰巔，在驚濤駭浪中鑄造女性社會主體地位，成為十九世紀法國乃至歐洲社會政治、文化生活中的風雲怪傑，產生了極其深遠的社會影響，歸根結底，──「創造者的光輝主要建立在他的創造品的光輝之上。」

從文化社會學角度看喬治・桑傳諸於世的煌煌巨著（包括長、中、短篇小說和劇本等文學作品）達一百卷之上；回憶錄《我的一生》二十卷；還有大量的書簡，有關政治、社會、婦女問題的論文集，音樂繪畫創作小品等，真是琳琅滿目。它們是喬治・桑主體價值的輝煌確證，至使喬治・桑不僅蜚聲法國，而且名傳世界。俄國著名的民主主義革命家車爾尼雪夫斯基也喜愛喬治・桑的作品，甚至在被流放時，極簡單的行囊中，還帶著她的著作。事實上，喬治・桑在思想、政治、文化等諸多社會領域的影響，在當時就已經超越了國界，堪稱歐洲大陸一面令人矚目的「旗幟」，這是恩格斯對喬治・桑的評價。而馬克思則把自己畢生最重要的一部著作《哲學的貧困》題贈給喬治・桑。人生一世，能得此殊榮者，喬治・桑是絕無僅有的一個。她有一個輝煌壯麗的人生，更是個艱苦卓絕苦力拼搏的人生，同時又是頻遭詆謗、屢受貶損的一生。

應當承認，身處男權社會，喬治・桑的思想、言論、行動、創作、社會活動，尤其是個人的情感生活，都嚴重背離男權觀念的傳統軌道。她專門在反傳統的驚濤駭浪中做驚世駭俗的「孤立波」運動。她的特立獨行和鋒芒畢露，是對男權專制大膽的藐視、辛辣的嘲諷和公然的挑戰。面對事實、面對她的煌煌巨作，誰也無法否認喬治・桑女性社會主體的多元建樹，只好在她的「私生活」方面，或借題發揮、或恣肆貶損，極盡詆謗、誣衊之能事，是為男權專制「公理」之必然。

　　勿庸諱言，喬治‧桑的一生，有眾多的男性圍繞在她的身旁、腳下。她那女性社會主體價值的熱核，放射出不可抗拒的女性魅力的熱能，使眾多男性驅之若鶩。她多象太陽，吸引著眾多行星圍繞她旋轉。在她獨特的女性智慧之光輻射下，多少有才華的男子靈光煥發；多少無價值的「登徒子」被她棄之如草芥。取捨之間，不僅是愛情觀念的抉擇，更主要的是女性主體的價值定位、定向的必然選擇。

　　從社會性別「關係論」角度來比較確證：她毅然離棄庸俗難耐的丈夫──選擇孤兒寡母苦力拼搏，是為確立女性主體價值。她愛過、幫助過儒勒‧桑多，世人公論「桑多的一切成就都應歸功於喬治‧桑」。後因桑多與世俗同流合污，她又毅然割捨了這段戀情，儘管桑多為此服毒自盡（未遂）。她曾竭盡全力把繆塞從頹廢的污淖中解救出來，將他造就成紅極一時的浪漫派詩人，卻被世俗罵作是「用男子氣……來賣弄風情」的壞女人，連桑多也為此對她大放厥詞，顯然裡面滲透著「吃醋」的「酸」味。還是看看繆塞怎麼說吧。即使分手後，繆塞還深愛著喬治‧桑，並熱烈地表白心跡：「我願為你修建一個祭壇，即使用我的骨頭……自豪吧！我偉大、正直的喬治‧桑，你把一個孩子變成一個堂堂的男子漢……」這便是「當事人」為喬治‧桑作出的鑒定。確證著喬治‧桑與諸多男人的關係，都體現了她是「主體」。而非「對象」的地位和作用。

　　對於諸如此類的「公案」，喬治‧桑曾發出過由衷的感慨：「情人之間有許多私事，其是非曲直只有他們自己才能判斷」。但是男權社會偏要把這「私事」變成誣謗女性的「公事」──男權本位的「公理」。於是，他們又在喬治‧桑與蕭邦的戀情上大作文章。

　　眾所周知，稟有貴族高傲氣質和「音樂詩人」敏感才情的蕭邦，一開始對喬治‧桑的長相並不欣賞，並公然褒貶。經過一段交往後，

他深深為喬治・桑的人品、才情（包括文學和音樂天賦）所傾倒。他在日記中熱烈地傾訴自己的激情：「奧羅爾，我願拜倒在你的裙下，我愛你的一切，也把我的一切獻給你。……為了你，我要彈奏柔美的旋律。」但是，多愁多病、命運多舛的蕭邦早已病入膏肓，無法享受愛情的全部歡樂。喬治・桑知道這一點以後，就開始強制他節慾，甚至叫他完全禁慾，並把蕭邦當成自己的「大孩子」（喬治・桑比蕭邦大六歲）一樣精心護理。

事實是喬治・桑以驚人的堅韌意志和精湛的音樂修養幫助蕭邦戰勝病魔，集中力量從事音樂創作……結果造就了聖潔的愛國者、舉世無雙的「鋼琴詩人」蕭邦，喬治・桑卻被罵作「想顯示慷慨感情的賤氓」。更有甚者，有人顛倒黑白、惡毒中傷，說蕭邦的英年早逝，是被一個縱慾的女人（指喬治・桑）弄得精疲力盡所致。真是「欲加之罪，何患無辭」！在這個個人隱私問題上，除了當事人，最權威的裁奪者應是蕭邦的密友、偉大的波蘭作家、革命家密茨凱維支。他強調，由於蕭邦多愁多病的敏感易怒，需要喬治・桑全身心照顧、護理和排遣。所以事實上，蕭邦是喬治・桑的「災星、吸血鬼和苦難。不可能給她帶來幸福」[14]。

對於這一點，蕭邦自己是再清楚不過的。在與喬治・桑共同生活的近十年裡，他攀上了音樂創造力的頂峰。兩人分手之後，蕭邦沒寫出一部像樣兒的作品。蕭邦不僅創作力涸竭了，連生命力也涸竭了，僅一年多的時間便離開了人世。臨歿前的一句話是：「我真想見她（喬治・桑）一面！」足見蕭邦對喬治・桑情深意篤，至死不忘；喬治・桑對蕭邦是多情多義的「奉獻者」。事實如此。但在男權觀念的「公理」中，對於男性來說，征服女性是他們引以為榮的驕傲，對於喬治・桑來說，精神強大超過男性則成了道德敗壞的罪責。

　　問題的關鍵在於，如果說一般人在生活中追求愛情的話，喬治‧桑則是在創造中追求愛情。用世俗的眼光來看，喬治‧桑一生有許多風流逸事，不停地轉換著情夫，但其間有個不容忽視的共同點就是，在喬治‧桑與她的任何一個情人間，她都充當了「男性的角色」──是精神上的強者，是對方的精神支柱，是一個非常偉大的「男人」。從社會學批評的「主體─對象」關係角度看，她絕非男權社會隨意賤視的「對象」，而是女性價值自在風流的「社會主體」。

　　用女性主體的眼光去審度這些「個人隱私──兩性關係」的深層內涵可以發現，喬治‧桑孜孜以求的不是單純的男性個體，而是通過這「個體」體現出來的「完美」、特別是由「不完美」向「完美」的塑造，「格式塔」向「優格式塔」的超越。喬治‧桑對繆塞、蕭邦，都是這樣做的。在這一點上，她像上天入地的「浮士德」那樣永不滿足。這種對男性的「塑造」工作，直到她生命的晚年仍未停止。這正應了馬克思在《手稿》中所論道的「人不僅在思維中，而且以全部感覺在對象世界中肯定自己」的命題。在這個「反傳統」塑造過程中，喬治‧桑實現了女性的特殊主體價值，並在社會價值的天秤上，放上了女性主體價值超越這個無法撼動的巨大法碼。

　　但是，男權觀念卻無視事實「損女奉男」。稍有文學常識的人都知道，在十九世紀（上半葉）世界文學的浪漫主義主潮中，就其影響和貢獻來看，雨果和喬治‧桑堪稱「雙峰並峙」的文壇巨擘。但雨果被稱作「法蘭西的精神太陽」，喬治‧桑卻因別具風采的創作和人生被貶損為「不規矩的女人」，「可怕的蕩婦和母夜叉」。一褒一貶、天上地下，蓋源於男權觀念對喬治‧桑主體價值的「正值負化」。再看喬治‧桑與其他大師創作的比較。從創作成果的來看，巴爾扎克以九十卷集的《人間喜劇》為自己奠造了不朽的歷史豐碑，被譽為「文

壇上的拿破崙」，喬治‧桑以百卷集（不算幾十卷其它創作）的宏大
規模文學巨製奉獻人類，卻被謾罵為「多產的寫作母牛」、「上緊發
條的鐘錶」；喬治‧桑的《康素埃洛》與歌德的《威廉‧邁斯特》有
異曲同功之妙，且比《威廉‧邁斯特》更有魅力，但歌德被稱為「德
國的文學國王」，喬治‧桑卻被稱作「具有美麗風格的乳牛」、「花
裡胡哨的糊牆紙」；體弱多病的羅曼‧羅蘭創造了「約翰‧克裡斯朵
夫」這個個人奮鬥的音樂家的堅韌典型，獲諾貝爾文學獎，喬治‧桑
塑造了獨具風采的女音樂家個人奮鬥典型──康素埃洛，卻被罵作
「薄倖女人」、「讓人受不了的女藝人」等等。凡此種種損女奉男之
說，是斯文地貶損女作家。

　　更有甚者，那位自詡「超人」的尼采，在其《偶像的黃昏》
中，竟赤膊上陣，破口大罵喬治‧桑是「蕩婦」、「母夜叉」、「賤
氓」……歸根結底是女性批評的「日蝕」現象。尼采們這類刻毒的謾
罵和貶損，使人聯想到向太陽吐唾沫、向月亮潑污水的瘋子。結果太
陽依然華光璀璨，月亮依舊冰清玉潔；瘋子卻自落滿臉穢物、滿身污
水。生活的辯證法、自然創造的規律就是如此。不管是超人還是賤
氓，也不論是男人還是女人，都無法改變它的「鐵律」。

　　社會實踐標準的鐵律確證：不能指著太陽否定不幸的存在。從奧
羅爾（曙光）到喬治‧桑（太陽），女作家確是在壓抑中崛起、衝破
陰霾躍升；不能指著不幸否定太陽的存在，十九世紀春曉之際、拿破
崙稱帝之年，奧羅爾誕生，曙光引領噴薄的朝日，雖歷盡風刀霜劍、
腥風血雨，太陽每天都在升起，依然輝煌耀目。今天，華光璀璨的女
作家雖已辭世一百多年，卻依然在她的作品中、在人們的心中熠熠閃
光──那是通體遍生華彩的女性社會主體形象，正在實現女性社會悲
劇的超越。

　　人類社會發展的辯證法則曉喻世人，歷史何其無情，作為男權社會全面的反叛者，喬治・桑的形象被貶損得面目皆非，但是，歷史又是多情的。時至今日，諾昂的「喬治・桑博物館」中，依然珍藏著女作家的真實肖像和她用過的一把小提琴。睹物凝神，我們彷彿聽到了震懾魂魄的高亢旋律。那是穿行驚濤駭浪、勝似閒庭信步的「弄潮兒」之歌；那是向男權專制挑戰的「孤立波」的雄渾旋律；那是女性在男權高壓下崛起，在拼搏中超越的悲壯、憤激的《命運》交響曲；那是喬治・桑為「第一小提琴手」的女性「英雄交響樂」。其中不無浪漫激情式的跳弓；也有理性思索的沉深和絃；還有嫋娜、柔美得令人魂搖神蕩的女性主體審美特徵的揉弦；更有頑強拼搏、奮鬥的鏗鏘、激越的斯特卡特……

　　演奏了如此精妙絕倫的女性人生樂章的喬治・桑，還是被男人們詈罵為「惡之華」、「傷風敗俗的普律多姆」（莫里哀筆下的一個丑角）──如此社會、如此女性社會評論，如同太陽遭逢日蝕……但是，女性社會主體價值，早已鐫刻成風雨不蝕的豐碑。奧羅爾──曙光破曉，引領噴薄的朝陽──喬治・桑。儘管曙光並不輝煌、太陽也有黑子、喬治・桑也有歷史局限，但「日蝕」只是暫時的……

　　以喬治・桑為個案典型，十九世紀女性社會精英崛起之勢令世人刮目相看，與法國遙相呼應的還有英國。如果說喬治・桑是巴黎大都市文苑沙龍中含露帶刺、香醇醉人的玫瑰的話，那夏洛蒂・勃朗特則是哈沃斯荒野山間的一株清純、峭拔，卻有暗香襲人的「空谷幽蘭」。

　　從文化社會學角度評點十九世紀的英國文學，反映勞資衝突、關注「小人物」的掙扎和奮鬥，彰顯改良勸善的人道主人傾向等，構成了英國十九世紀批判現實主義文學的語義特徵。除此之外，還有一個

更顯著的特徵就是「女性文學異軍突起」：奧斯汀、蓋斯凱爾夫人、瑪麗·雪莉，還有後來的喬治·艾略特等一大批女作家奇峰突起，屹立文壇。其中最為高標峭拔的是被評論家譽為「勃朗特峭壁」的夏洛蒂·勃朗特（1816-1855）。她以其超眾拔俗的文格和人格，在英國文學史上一枝奇俏地展露女性主體價值的芳華。

從性別視角論證「主體—對象」關係命題，又一絕佳個案典型，正是夏洛蒂·勃朗特。 她出生於英國哈沃斯荒原的一個窮苦牧師家庭。鰥居的父親帶著六個孩子辛苦輾轉、苦熬苦作，生計十分艱難。萬般無奈之下，只好將小夏洛蒂送進了生活條件惡劣、教規十分嚴苛的寄宿學校。那裡對孩子們身心健康的摧殘嚴重到令人髮指的程度。夏洛蒂的兩個姐姐就是在那裡被折磨得奄奄待斃，回家後就夭逝了。《簡·愛》中，對小女孩海倫·彭斯之死的描寫，便以她姐姐的經歷為藍本。但貌似柔弱、性格倔強的夏洛蒂硬是熬了過來，並練就了隱而不露、堅韌無比的獨特個性。

剛剛十六歲的夏洛蒂，為家庭生計所累，萬般無奈忍痛割捨學業，邊自學邊教書，以掙錢養家糊口。這期間，她曾幾度拒絕了年輕的求婚者。這種違反人生常規的抉擇，一方面是經濟條件的窘困所迫，更主要的卻是對獨立的人格價值的追求。夏洛蒂毅然割捨眼前唾手可得的實惠和安逸，目的是向更高遠的目標跨步。在艱辛困苦的人生旅途中，從堅韌倔強的孤女到自立自尊的女教師，不靠嫁得好，只要幹得好，夏洛蒂選擇了自立，奠定了個人奮鬥的第一塊基石，踏上了生命歷程的第一社會高度。

有自立的基石墊底，夏洛蒂廢寢忘食、孜孜以求攀登事業的高峰是寫作，但因為是女性，所以不為文壇接受。於是，她和兩個妹妹（愛米麗和安妮）分別取自己名字中的第一個字母（C、E、A），

共用貝爾（Bell）這個姓，用男性化名「柯勒‧埃利斯‧阿克頓‧貝爾」出版了第一部詩集。之後，又寫過小說多部。自立自尊的家庭女教師成了自信自強的女作家，夏洛蒂踏上了生命歷程的第二社會高度。

小說《雪莉》1849年問世，書中女主人公雪莉的形象，體現了夏洛蒂本人在愛情、婚姻問題上的人生理想。全書的思想基調中，既有對新女性價值觀念的熱烈禮贊和謳歌，又有對自己靈魂內省和自白的深沉詠歎。《維萊特》1853年問世。小說以孑然一身、漂泊異國它鄉教書為生的孤女為主人公，鋪展了抑鬱苦悶、孤身求索的女性人生苦難歷程，是夏洛蒂‧勃朗特情感滄桑的實錄，又是女作家頑強拼搏的奮鬥史。被評論家認定是作家最成熟的一部作品。《教師》1857年問世。小說以夏洛蒂在布魯塞爾求學的經歷為背景，抒發反傳統的愛情、婚姻、理想和婦女解放的強烈要求。

夏洛蒂最早創作最晚面世的一部作品是她十七歲時寫的中篇小說《秘密》。該手稿輾轉流傳於美國。1975年，國會議員詹姆士‧西明敦將手稿呈獻出來。1978年由密蘇裡大學校長威廉‧霍爾茲勘校後，首次公開出版，是在《秘密》寫完的一百四十五年後。小說以女性社會地位問題為文本話語主題，其中女主人公瑪里恩的形象已具簡‧愛的雛型。歷經十幾年鍥而不捨地頑強拼搏，夏洛蒂終於在而立年用男人名字「柯勒‧貝爾」出版了自己的長篇小說《簡‧愛》（如果作家署名是女性，幾乎沒有發表的可能），連她父親都不知《簡‧愛》的真正作者是自己的女兒。

從性別視角看，《簡‧愛》是在夏洛蒂‧勃朗特自身經歷基礎上點石成金的傑作。綜觀夏洛蒂的創作成果，堪稱女性主體價值絕唱的，當屬長篇小說《簡‧愛》。而簡‧愛這一形象，則是作者個人經

歷、精神求索、心路歷程的藝術寫真。但是，這一藝術典型的社會意義──它的女性認識、審美價值，卻遠不止此。在十九世紀的英國文學史中，如果說奧斯汀的《傲慢與偏見》開啟了英國女性精神生活的窗口的話，那《簡·愛》則「打開了大門」，醒目地豎起了當時婦女尋求自我解放的指路標，開啟了英國女權主義文學新篇章和英國新女性文學「形象話語」的新時代。在英國女性社會發展史上，具有里程碑意義。更主要的是《簡·愛》實現了女作家文學創作上的新飛躍，使夏洛蒂攀上了女性社會主體價值「自我實現的新高度」──第三高度。

從文化社會學角度看，《簡·愛》問世之前，英國文學中的女性形象，除了千嬌百媚的貴族名媛，就是儀態萬方的大家閨秀。或許也有「小家碧玉」，大多離不開小鳥依人的古典情調和弱不勝衣的楚楚風姿。她們以「姿色奪人、秀色可餐」的感官美，成為男性垂憐的「洋娃娃天使」。與這個女性「標準模式」相悖者，則被誇張地描寫成女魔鬼和惡毒婦。這種將女性異化為「天使」或「惡魔」的文學，都是男性本位觀念視女性為隨意拿捏的「對象」而並非「社會主體」的形象。這便是「維多利亞盛世」圍幔掩蓋下，女性被異化為「非人」的「主體－對象關係」的「典型」。衝破這「圍幔」、追尋失落的女性自我，確立自主獨立的人格意志、體現女性主體價值的形象──「簡·愛」，還是十九世紀英國文學史上的首創。

從社會性別關係角度看，小說正是從男女主人公形象塑造「主體─對象」關係的對比組合態勢轉換，來構織全新的性別關係主題。

女主人公簡·愛是以做家庭教師謀生的小知識女性。她那麼矮小、瘦弱、窮苦。而男主人公羅契斯特卻是個堅毅、深沉、強健，具有成熟男性美的莊園貴族。從社會性別「認識論－關係論」角度把小

說中的男女主人公互為參照對象進行比較，就外在條件來看，簡·愛的劣勢、男主人公的客觀優勢，都是顯而易見的。夏洛蒂正是通過簡·愛與羅契斯特形象的對照組合，借多重複調對比效應，將男、女主人公外在強、弱勢態，作了坦誠的交待，為情勢的轉化做足了鋪墊……接下去，通過兩人關係不斷衝撞、融突、轉化的發展過程，實現女主人公的價值超越，在性別關係的對立衝撞中，指歸性別平等和諧之取向。

通常來看，形象話語的語義特徵，決定文學批評的「視界」（價值）取向。在傳統觀念的價值天平上，女主人公是社會的棄兒，男主人公是社會驕子。二者間的形勢對比是「女弱」與「男強」的碰撞。但，辯證法的常識告訴我們，一切依時間、條件、地點為轉移。司馬遷曾謂：「勇怯——勢也；強弱——形也」。「形勢」隨時間、空間、尤其是主觀條件的變化而變化，至使原先暫時的、表相的強弱形勢，隨著「語境」特徵變化而變化。而「語境」變化又引起「語義」進一步變化、乃至「視界」取向變化，最終引起價值觀念天平的動盪，男女主人公「主體——對象關係」因價值取向的位移而不斷地發生逆轉……

先看男強（主體）與女弱（對象）的第一次「碰撞」。作為素不相識的路人，男女主人公邂逅在通往桑斯菲爾德莊園的路上。強壯、高傲的羅契斯特一人外出因騎馬不慎摔傷在地，狼狽已極，無力自救。矮小纖細的簡·愛救助羅契斯特於危難之中。形強勢弱的羅契斯特得助於形弱勢強的簡·愛，價值天平的砝碼已經開始移動；男強女弱的「主體—對象關係」開始發生變化。

第二次「碰撞」是回到莊園後，隨著各種偶然、必然事件的發生，主觀、客觀條件的變化，男強女弱的「主體—對象」關係逐漸逆向轉化……本來是羅契斯特為主人，簡·愛作為主人雇傭的家庭教師，

二人分處主人、僕從的不同地位。但關鍵時刻,「女僕」奮不顧身救助男主人於火海的浩劫中,男為主體女為對象的關係發生了逆轉。

　　特別是男女主人公的第三次「碰撞」:羅契斯特被刺殺、性命攸關的危急時刻,又是簡·愛挺身而出,勇敢相救⋯⋯這一而再、再而三的情節逆轉,決定了二者間強弱形勢、即「主體—對象」關係的逆轉。羅契斯特此時此情此境,從身體到精神都趨向依賴簡·愛幫助的弱勢「對象」特點,而簡·愛卻成搶險救命、療治羅契斯特身體創傷、撫慰他心靈巨痛的強者「主體」。終於,高傲、強悍的男主人折服於矮小、纖瘦的女教師裙旁,動情地向她求愛、求婚⋯⋯兩性關係從衝撞到融突,向「和合」轉化⋯⋯

　　不料情節從波峰向波谷跌降:二人的婚事因羅契斯特瘋妻的存在而受阻,羅契斯特幾乎精神崩潰,而簡·愛卻以驚人的毅力承受了這一巨大的精神打擊,傲然挺立。她寧願割捨生死相依的愛情,也不願喪失人格尊嚴、以非法同居的情婦身份與羅契斯特苟合。她毅然衝出靈與肉、理智與激情角鬥的絕境,選擇了「殘酷的自我放逐」——斷然出走,直面慘淡的人世,隻身迎戰更大的人生磨難⋯⋯那瘦小女人漸漸遠去了的背影中,深藏著多麼強大的靈魂,令羅契斯特心靈震顫、淚眼迷濛:那個愈遠愈淡的小女人身影,突然升騰為需仰視才見的精神巨人⋯⋯

　　至此,男強女弱的形勢發生了根本性的逆轉,勢態上的勇怯,也乾坤倒置了,女性「對象」昇華為「主體」,從而導致價值取向的「主體對象關係」也陰陽易位了。夏洛蒂·勃朗特借助簡·愛的形象話語,對女性做出了全新的價值評判:「弱者,你的名字不是女人!」

　　為了強化這種反傳統的女性主體價值觀,在結局部分,作者把這種強弱、輕重的轉化推到了情節衝突的頂點:因瘋妻放火,羅契斯特

失掉了財產、失卻了健康、失去了一切天賦的自然優勢，成了失明、傷臂的殘疾人，只會對著一片燒焦了的廢墟黯然傷神。而飽經憂患、歷盡滄桑的簡‧愛意外地獲得了遺產，成為精神上、經濟上不可置疑的強者，主動地追回了失落的愛情，成為羅契斯特生活中、心靈上的嚮導和支柱──一個具有高尚情操、獨立人格價值的女性「主體」卓然突兀於世，不僅羅契斯特，就連讀者也需仰視才見。這個真正的強者、不拔的精神巨人，原來是個女人！從而實現了性別勢態高低強弱「關係」的徹底轉變。

總之，從「語境」轉化到「語義」轉變，再到「視界」取向的昇華，《簡‧愛》借助反傳統的女性觀念和獨特的創作手法，匠心默運絲絲入扣地、隱而不顯合情入理地塑造出女性強者的形象。借助這形象的巨大藝術力量，夏洛蒂理直氣壯地推翻了男尊女卑的傳統價值觀，為人們打造出一個嶄新的女性社會主體的認識審美價值標尺和性別和諧的理想樣板。

從性別社會學角度看，一般說來，某些先天的生理特質表明，女人較之男人呈體力上的一些弱勢（不包括耐力），這是事實。但另一方面，女人在心智上的強大，為一些男人所不及的事實，卻一直被「男尊女卑」掩蓋著未見天日。這種心智上的強大表現在人性方面，則產生出堅定的情感意志和優美高尚的道德情操。尤其在最能體現人性的愛情、理想方面，女性追求自由選擇的生命律動和人生哲學的意願，無法得到社會張揚，只好借助文化形態曲折表現。而男性的氣質裡，千百年來的男權專制社會積澱下來的對女性專制、暴戾的社會因素太多了。被它們掩蓋了的女性主體價值，往往由文學創作中「典型環境中的典型形象」來確證。而「典型環境」：「主體—對象關係」衝撞、融突運動發展的「語境」，通常是時間範疇、空間範疇、價值

範疇三元互動、交叉衍演的立體結構。

從時間範疇看，《簡‧愛》產生的社會語境（時代背景），正是男權專制十分嚴酷的維多利亞時代。那時規定女人的裙子要長到遮住腳面。有的人竟連鋼琴腿也煞有介事地遮蓋起來，怕的是看不到女人大腿的男人看到亭亭而立的鋼琴腿會想入非非……由此可知，當時對女人的限制嚴酷到何種地步。當然這種嚴酷的社會觀念枷鎖只為束縛女性而設，與男人無涉。有好事者統計，此時英國妓院甚多，平均每個男人兩天要上一次妓院。可見這種社會道德觀念的虛偽性和反動性。而夏洛蒂‧勃朗特筆下的簡‧愛就是在這種「高壓氣候」下，大膽追求愛情婚姻自由和人格獨立、實現女性自身價值的反傳統的典型。其意義遠遠超越了「女性悲劇」主題，無異於一場「反潮流」的女性社會革命。

從空間範疇看，通過羅契斯特和簡‧愛二者間的空間（地位）差異和時間變異的交互對應描寫，突出女作家性別觀念視界取向——性別關係平等和諧的價值閃光點和女性主體價值華光熠熠的典型形象。這華光照亮了夏洛蒂‧勃朗特陰暗、苦難的艱辛歲月，使那個蜷縮在窮鄉僻壤，寂寥蒼涼的石頭房子中的羸弱少女，那個廢寢忘食俯伏於舊木桌上的嘔心瀝血艱辛創作的瘦小女人，終於突兀聳立起女性主體的價值巔峰——

《簡‧愛》的出版驚爆文壇上下，其署名作者「柯勒‧貝爾先生」呼之欲出，真實的女作家無奈始露真顏，整個社會產生爆炸效應，夏洛蒂‧勃朗特也平步青雲，宛如耀目的新星倏忽沖天而起。文藝界和社會各界在倫敦為她舉辦了盛大的招待會。窮鄉僻壤的「醜小鴨」成了萬人朝拜的文學女皇。夏洛蒂靠的是什麼？英國激進派女作家瑪麗‧沃爾斯頓克拉夫特說得好，「一個女人第一需要的是獨立。

對女人來說，必不可少的素質並不是美貌或風韻，而是能力、勇氣，以及把意志化為行動的魄力」。這才是女性自我超越價值範疇的「合理內核」，即自身價值的主體性。以《瑪麗・巴頓》蜚聲英國文壇的女作家蓋斯凱爾夫人在其《夏洛蒂傳記》中，曾強調超越天資稟賦後天修煉而成的自尊自強的個性，最終決定夏洛蒂的命運，使她攀上了「勃朗特峭壁」的第四人生高度。

　　從性別關係的社會語境來看，在當時的英國，一般小知識女性斷無自立的社會環境、客觀條件。何況窮鄉僻壤的窮牧師女兒，更無施展才能的天地。要想擺脫受輕賤歧視、與女僕差不多的家庭教師地位，唯一出路是嫁個可靠的丈夫：出嫁＝求生手段；丈夫＝生活靠山；妻子＝丈夫的附屬品。一般女性，都無法超越這男主女從關係的「三段論式」社會常規法則，夏洛蒂偏偏打破這性別關係的社會「常規法則」，重鑄女性「主體」的創造法則。回顧夏洛蒂・勃朗特的人生四個高度攀升的價值求索：從堅韌倔強的少女到自信、自尊的女教師，乃至自立、自強的女作家，直至卓然屹立的女性主體價值的「勃朗特峭壁」。她頑強地實現著女性對男權社會和自身的雙重價值超越。

　　《簡・愛》獲得了空前的成功，卻隱藏一個諱莫如深的小秘密：小說作者署名柯勒・貝爾被認定是「男性」，所以才有被社會褒獎的可能。而女性作者真顏面世時，則是社會肯定「木已成舟」之後。夏洛蒂深知其中奧秘，鍥而不捨，連續創作，與兩個妹妹一起，共寫出近百部作品，都以男性筆名面向社會。作品成功的喜悅、作家（女性）不被社會承認（只能化名男性）的辛悲，幾乎纏絆了女作家一生。其實這是女性社會主體價值的「日蝕」。

　　儘管夏洛蒂畢生嘔心瀝血，苦力拼搏，但其《命運》交響曲，既是女性主體價值的高音奏鳴，也是女性悲劇命運的低音詠歎。想當

年，她斗膽將自己的詩作寄給當時的「桂冠詩人」騷塞，以期得到指
教。但回答滿腔熱望的卻是冷水澆頭的訓誡：「文學，不是婦女的事
業，也不應該是婦女的事業」。夏洛蒂暗下決心，偏要把這個「不
是」變成「是」，「不應該」變成「應該」。於是她想到了喬治‧桑
的男性筆名；於是她把自己的作品署了男性筆名；於是她成功；於是
她真的把「不是」變成了「是」，把「不應該」變成「應該」，而且
是空前的價值絕響──「日蝕」終將消弭──

　　從性別社會學角度看，在男權專制社會，女性個體的超越並不
等於群體的解放，也不等於社會性別平等，自然也無法真正實現女性
社會悲劇的超越。因歲月蹉跎，青春已逝，再加上家庭生計艱辛忙於
教書、寫作，夏洛蒂三十九歲才結婚。婚後不久未屆不惑之年就離開了
人世──她是耗盡心血、鬱鬱而死的。雖然她個人業已成名卻是假借男
人之名才被社會承認……，所以年深歲久，鬱結在她內心的不平、反
抗的情感核並未得到真正的釋放。她借簡‧愛之口向世界大聲呼喊：
「千百萬人有苦難訴，更甚於我；千百萬人民在緘默中反抗著他們的
命運。除政治反抗以外，沒有人知道世界上還蘊藏著多少反抗……」

　　我們知道，還有一個按捺不住的、將如火山爆發似的反抗，就
是反男權專制的婦女革命。夏洛蒂的呼號馬上就得到了回應。《簡‧
愛》發表的當年，就爆發了英國憲章運動。第二年，《共產黨宣言》
的宣言就震驚了整個世界。夏洛蒂借助「簡‧愛」確立了自己獨立的
人格地位，借助文學創作，把婦女問題與社會問題聯繫在一起，其
「革命」意義不同凡響。也正因為如此，夏洛蒂的創作得到了馬克思
的高度評價，把她和狄更斯等進步作家並稱為「傑出的小說家」。

　　「創造者的光輝，只是建立在他的創造品上」。《簡‧愛》問
世至今已一百六十多年，仍是英國乃至世界文學經典之作。其讀者之

多、銷售量之大，幾乎無與匹敵者。但是，男權社會對有才識的女性格外殘酷，有才識的女性要格外艱辛的奮鬥。在文學創作實踐中，夏洛蒂・勃朗特借重《簡・愛》文本和形象話語表達自己的女性觀。她讓出身貧寒、姿容寢陋的簡・愛戰勝了風姿楚楚、美豔照人的英格拉姆小姐。夏洛蒂借此向人們宣告：一個女人的價值不取決於門第、財勢、姿容，而取決於才智、情操、精神品質和超人的毅力。簡・愛正是憑藉這種獨立的人格價值使千金小姐英格拉姆慘敗在自己腳下的。她讓世人擦亮了眼睛，看清了那些在舞會上翩躚起舞，令人眼花繚亂的觀賞「對象」——「花蝴蝶們」，都是傍著男人臂膀、隨著男權專制鞭子的抽打而旋轉的「玩偶」；骨子裡是喪失靈魂支柱、無法獨立於世的軟塌的「毛毛蟲」——不具備獨立的人格價值的千金小姐們，其實一文不值。不靠姿色而靠資質確立女性主體價值的，才是真正的強者。

　　簡・愛是這樣的強者；夏洛蒂自身更是這樣的強者。但是，小說中的簡・愛比她的作者要幸運。「命運」在安排夏洛蒂的人生旅程時是無情的。她的含辛茹苦、嘔心瀝血；她的艱難跋涉、歷盡滄桑；她的愛情婚姻悲劇；她的英年早逝……無一不在控訴男權專制對女性的摧殘和踐踏。但是，夏洛蒂・勃朗特以自己的社會實踐，特別是文學創作實踐，打開了女性自立、自強的社會之門，並率先跨越了這一歷史門檻，在「社會性別關係變革」的漫漫征途上，豎起一個女性主體價值的里程碑，致使女性主體價值的槓桿扭轉著男權社會的乾坤、確立著女性「主體」的嶄新的價值取向——強者，你的名字也是女人——《簡・愛》問世，標誌著以夏洛特為代表的英國作家共同奠造了英國小說的「奇蹟年」，夏洛蒂成為英國文壇奇峰突出、需仰視才見的「勃朗特峭壁」。

跨越近四十年的人生苦旅，夏洛蒂‧勃朗特用自己全部心血，青春和智慧，譜就了女性「悲劇超越」的生命壯歌。這是一支在窒息中抗爭、在摧殘中拼搏、在壓抑中崛起的女性《命運》之交響──它來自寂寥蒼莽的哈沃斯荒原；來自那個野嶺荒丘環抱的石頭小鎮；來自那個冷灰色暗淡的石頭建築；來自那個貌似柔弱而性格倔強、命運悽楚而又才華橫溢的深邃心靈；來自埋葬夏洛蒂‧勃朗特墓地旁的、以死者命名的瀑布；來自丘谷中象徵著夏洛蒂不朽精魂的空谷幽蘭……作為夏洛蒂主體價值的活寫真，這空谷幽蘭清純而不寡淡、幽深而不滯澀；淡泊卻又才華橫溢；恬靜卻又功業昭著……卻仍不免被男權專制的冷暖人間、炎涼世態所賤視，至今冷落閒置於遺忘的角落。只有墓旁的「勃朗特瀑布」憤激地嗚咽著、不平則鳴地喧囂著，日夜不停地彈奏著夏洛蒂「女性社會主體」的價值絕唱。

不僅文化社會學領域，十九世紀後半葉**科學社會學領域女性主體價值「巔峰」崛起的奇偉景觀，亦令人刮目相看。她就是我們的又一個個案典型：偉大的女數學家索菲婭。**

記得畢達哥拉斯和伽利略早已有言在先：「數學是上帝用來書寫宇宙的符號」。所以男權觀念一直判定女性沒有數學家。基於數學對人類社會發展的重要性，有人認為研究科學社會學不深入研究每一個時代的數學問題，就等於在《哈姆雷特》這一劇本裡「去掉了哈姆雷特這一角色」。也有人認為「等於去掉了奧菲利亞這個角色」。我們則認為，探討科學社會學，丟掉其中的數學女傑，不管是「等於丟掉了哈姆雷特」還是「等於丟掉了奧菲利亞，都等於《哈姆雷特》成了不完整的劇本，科學社會學成了缺失系統。特別是研討十九世紀後半葉女性科技社會創新，絕對不能忽略索菲婭。因為索菲婭發現了人類探索宇宙奧秘的萬能「透視眼」。這裡請男權觀念的眼疾病患者拭目

面對索菲婭和她的萬能「透視眼」……

　　自小被稱作數學神童的索菲婭‧瓦西列夫娜‧柯瓦列夫斯卡婭（1850-1891）出身於俄國古老的貴族家庭。祖父與外祖父都是出色的數學家，伯父、父親也頗具數學修養。孩提時代，索菲婭住房的牆壁是用俄國著名數學家奧斯特洛格拉斯基的「微積分講義」紙裱糊的。微積分的神奇誘惑攫住了這個早慧的小姑娘的全部身心。六歲的小索菲婭迷上了那些奇妙的公式。她常常廢寢忘食、著了魔似地面對這「神秘紙牆」一坐幾小時……八歲的時候，小索菲婭獨闢蹊徑地推導出圓周率，被譽為「數學神童」。

　　小索菲婭十四歲時自學《物理學基礎》，匠心獨運地以一根線段代替正弦，獨立推導出三角函數公式，令此書作者尼古拉‧基爾托夫教授十分震驚，連連稱道小索菲婭是十九世紀的「新巴斯加爾」（巴斯加爾是法國十七世紀著名數學家，小的時候自學幾何學，獨立發現了歐幾里德幾何定理）。驚贊於索菲婭的數學天賦，基爾托夫教授建議索菲婭去高等學校深造。但沙俄專制制度規定，女人無權受高等教育，索菲婭只好偷偷拜亞歷山大‧斯特朗諾留勃斯基為師，學習解析幾何和微積分，相當於大學的課程。

　　十九世紀中葉的俄國，正處於民主革命政治風雲激蕩時期。敏感聰慧的索菲婭不僅鍾情數學，還極具語言天賦並且非常喜愛文學。她與進步作家陀思妥也夫斯基友誼深厚、與革命民主主義者車爾尼雪夫斯基及其戰友斯列普特索夫進步的民主主義思想相通，並深受影響。特別是在職業革命家的姐姐安娜影響下，索菲婭積極參加革命，演算著「革命的代數學」，其中最難解的方程就是「婦女解放運動」。因為沙俄憲法明文規定，丈夫有權毆打妻子以為訓教；女性卻沒有受高等教育的權利。

　　隨著反沙俄專制的民主革命運動如火如荼地開展，婦女解放運動也風起雲湧。智識的婦女們首先爭取的是受教育的權利。索菲婭和姐姐都是積極的參加者。社會名流、學院派領袖人物車比雪夫，進步學者、元素週期表發現者門捷列夫，植物學家貝克托夫，物理學家優素福等，都支持婦女爭取受教育的權利，但全然無濟於事。索菲婭決定「假結婚」，作為出國求學之「跳板」。因為沙俄專制規定，女子在家從父命，出嫁即隨丈夫，關鍵在於可隨之一道出國，目的是在國外受高等教育⋯⋯

　　正是為求知的熱望所驅使，索菲婭拋卻了少女的羞怯，毅然與弗拉基米爾・柯瓦列夫斯基假結婚。二人發下了共同的誓言：「必須在婚姻的神壇上犧牲自己，那將是為了科學」。於是，年僅十八歲的索菲婭割捨了骨肉至親，拋棄了豪華舒適貴族家庭的優越生活條件、掙脫了沙皇專制的男權鎖鏈，來到了德國西部的海德堡大學。索菲婭跨越了人生最關鍵的一步。無法用數字來度量這一步的短長：從依附到獨立、從黑暗到光明、從凡庸到智識、從專制到反叛⋯⋯這是超越時代、超越自我的女性自我解放創舉。

　　作為當時世界上招收女生的僅有的幾個大學中的一個，蜚聲世界的海德堡大學名人薈萃、群星璀璨，卻以特殊的嚴酷面孔接待了異國他鄉的少女。學校成立了專門委員會，用比接受男性嚴格得多的辦法考核索菲婭。索菲婭一鳴驚人，驚懾考場，才有幸就教於譽滿歐洲的數學家哥尼斯伯格和杜・波依斯－雷蒙等名師。

　　從女性社會學角度看，雖是鳳毛麟爪，但俄國歷史上第一批勇敢、傑出的知識女性，就是在海德堡大學這裡成長起來的。她們是與索菲婭同窗求學、同室就寢的尤莉婭──俄國第一位女化學家、化學元素「銣」、「銫」的發現者；安娜・葉夫倫諾娃──俄國第一個女律

師，為維護女權做出了巨大的貢獻；索菲婭的姐姐安娜——親身參加巴黎公社運動的職業女革命家、馬克思主義社會觀婦女觀的實踐者；娜塔利亞‧阿姆費爾特——與索菲婭同攻數學的傑出女性，後因參加革命被沙皇政府迫害致死……這批女傑、特別是索菲婭，既是俄國社會史上的「最高聖者和殉道者」，又是實現跨時代超越的女性個案典型。

索菲婭如饑似渴地學習，海德堡大學已不能滿足她求知的渴望，於是她不顧柏林大學不收女生的森嚴禁令，隻身前往拜見「現代分析之父」、譽滿天下的維爾‧斯特勞斯教授。她以清晰的條理、嚴謹的邏輯、創新的方法和橫溢的才華攻破了教授詰難她的高深數學研究課題，獲得了格外青睞。治學態度十分嚴謹且又愛才如命的維爾‧斯特勞斯教授為其四面接洽、八方奔走，都無法使索菲婭（僅僅因為她是女性）入柏林大學。教授寧願犧牲個人的星期天為索菲婭校外授課。這位桃李滿天下的數學宗師在任柏林大學校長之後，仍帶病為索菲婭授課。經過四年勤奮學習，索菲婭二十三歲獲得了「最高榮譽的哲學博士」學位，成為歷史上第一個數學女博士。維爾‧斯特勞斯教授在其親筆起草的推薦書上鄭重重申：「在來自世界各國的學生（包括男生和女生）中，沒人可以勝過柯瓦列夫斯卡婭女士」……之後，索菲婭多項重要科研成果創新震驚學術界，為柏林大學校長對其高度評價，提供了眾多例證。

其一是「柯——柯定理」，即由法國大數學家柯西開頭、俄國數學家索菲婭‧柯瓦列夫斯卡婭完成、用兩個人的名字命名為「柯西——柯瓦列夫斯卡婭定理」，簡稱「柯——柯定理」。該定理是近代數學的重要領域——偏微分方程中的基本定理。這個定理在柯西先生手中僅僅是個未成品，在柯瓦列夫斯卡婭女士手中，則是一個「偉大的完成」。

　　其二是「阿貝爾積分」研究的歷史性突破。挪威大數學家阿貝爾、索菲婭的高師維爾・斯特勞斯、哥尼斯伯格等教授都曾就此課題作過精細的研究，均未完成。索菲婭卻以精深的數學造詣和高度的創造性技巧破解了「阿貝爾積分」難題，使諸位數學巨擘感歎莫已。真是「青出於藍而勝於藍」！

　　其三是「土星光環理論」。索菲婭用縝密的數學研究和科學的理論確證，修正了法國科學權威拉普拉斯的「土星光環形狀」理論，引起了世界性的震驚！就是這位年輕矮小的女士把自己的數學研究領域擴展到宇宙蒼穹，並摘取了太陽系九大行星之一的「土星」所獨有的神奇莫測的學術光環，等於為自己摘取了眩目的數學王冠。這時候，索菲婭這位眾口交讚的「數學女王」年僅二十四歲。自此，數學「神童──女王」索菲婭蜚聲歐洲社會、飲譽數學世界，名聲也傳到了俄國。

　　索菲婭滿載殊榮和滿腔報國激情，與開始「假結婚」、一直志同道合、五年後真結婚的弗拉基米爾・柯瓦列夫斯基一起回國定居彼得堡，矢志報效祖國，卻為沙俄專制社會所敵視。1883年，索菲婭的丈夫因受當局迫害，悲憤自盡。三十三歲的索菲婭成了寡婦。丈夫壯志未酬、英年早逝的慘痛遭遇使索菲婭痛心疾首。她整整昏厥四天後，從痛苦的深淵裡掙扎起來。同吞噬丈夫、摧殘人才的沙俄專制勢力鬥爭，同時以超人的毅力完成了「晶體中光線折射現象」的研究課題。這是索菲婭理論創新成果其四。

　　但是，沙皇政府不許她在學校教書，也剝奪她從事數學研究的權利，使她走投無路，飽嘗世態險惡和家破人亡之苦。到底因為什麼呢？首先因為她是個女人，而且是個聲名昭著的學術精英，這就觸怒了沙俄專制踐踏女性的傳統觀念，當然為男權專制所不容。昏聵反動

的沙俄教育部長沙布羅夫惡狠狠地詛咒：「不要說索菲婭，就是她的女兒也盼不到婦女進大學的那一天」。第二因為她革命的「新觀念」為反動當局所不容。索菲婭曾親身參加了巴黎公社起義救護隊，更為沙俄專制視為眼中釘，必須拔之而後快。

　　面對壓制摧殘女性的男權社會，索菲婭忍無可忍，只好再次飄泊異國它鄉，跨越波羅的海萬頃波濤，隻身前往瑞典。在斯德哥爾摩大學的講壇上，索菲婭用德語講授代數課、用瑞典語講授偏微分方程理論，像運用本國語言一樣純熟並獨具魅力。索菲婭以自己淵博的學識和驚人的數學才華傾倒了斯德哥爾摩大學，三十四歲被聘為教授，這是世界上第一位女數學教授。她風靡了瑞典、風靡了斯堪的納維亞半島、風靡了歐洲和世界。在瑞典這個「冰之國」，索菲婭受到了熱烈的禮贊，成了萬眾頂禮的數學女王。但另一方面，男權社會對她的詆毀和攻訐也甚囂塵上。當地報紙公然指名道姓地辱罵「一個女人當教授是有害的……可以說那女人是個怪物。」

　　索菲婭頂著「怪物」的罵名，不屈不撓地與男權社會抗爭，繼續攀登新的事業高峰。為了迎戰事業攀登和性別貶損的雙重磨難，索菲婭不斷地錘煉著意志和體魄，她很快地在「冰之國」學會了滑冰，在斯德哥爾摩的皇家溜冰場那晶瑩的冰面上，刻下了深深的刀痕。在索菲婭眼裡，那是迷人的幾何圖形和神秘的數學定理；在我們眼裡，那是數學女神智慧、才華閃光的晶面、是女性意志力的圖譜。在音樂家看來，更像碩大的密紋唱片，隨著吱吱的溜冰聲，奏響著數學女傑朝朝暮暮追求、生生死死拼搏的無限辛酸苦樂，高潮是搏擊風浪、擒獲「數學水妖」的特殊貢獻。

　　索菲婭理論創新成果其五是著名的「剛體繞定點旋轉理論」。一百多年以來，多少數學家為之神牽魂縈、昏默精誠、嘔心瀝血，結

果都只是壯志未酬、遺恨九泉，所以謂之「數學水妖」。一直到十九世紀八十年代，法國科學院的「鮑羅庭獎金」再次向全世界的知名數學家重金懸賞招標求解之。索菲婭學有專長的「阿貝爾函數理論」正是解決這個難題的鑰匙，而索菲婭本人的數學才華，才是擒拿「數學水妖」的巨大魔力所在。

「擒拿數學水妖」戰鬥持續一年多，世界各國著名數學家的相關論文如雪片般的紛呈遝至。經過評審委員會不記名遴選，有一篇論文大大超越了預期的學術水平。鑒於其重大的學術價值，獎金由三千法郎破例增到五千法郎。再去查對作者，原來是個三十多歲的女人──又瘦又小的索菲婭。「數學水妖」──多少學識淵博的男性數學權威奮鬥了一百多年而未果的難題，竟在一代數學天驕索菲婭手中「束手就擒」！

用通俗的比喻來說明，所謂「剛體繞定點旋轉理論」就是從數學角度描寫「陀螺運動」的重要理論。缺乏數學知識的人往往把陀螺當作「兒童遊戲的玩具」，正因不解其中奧秘。今天，現代人對宇宙奧秘的研究日益博大精深，但面對茫茫大海，浩瀚太空，仍時時會發出高深莫測的迷惘和嗟歎。多虧索菲婭的「剛體繞定點旋轉理論」找到了一個萬能的「透視眼」，它就是名為「陀螺儀」的導航儀。艦艇、飛機、導彈，乃至現代宇宙飛船，都要靠它導航。而陀螺儀導航運動功能的力學依據，就是索菲婭確立的「剛體繞定點旋轉」的數學理論。為此，英國數學家西爾威斯特在書贈索菲婭的一首十四行詩中，把她比作「天上的繆斯」──聖潔的女神來崇仰，列弗勒則熱烈禮贊索菲亞：「……只要地球上還有人類，全世界將銘記您不朽的英名，那榮譽的桂冠您永遠無愧！」。

儘管貴為數學女王，但在沙皇俄國，索菲婭仍是社會性別悲劇的犧牲者。雖然名義上她成了俄國第一個獲得科學院院士稱號的女科

學家，在俄國科學社會學史上記下了特殊的一頁，在俄國婦女解放史上記下了可歌可泣的篇章，在女性社會發展史上記錄了光采奪目的華章。但在擁有世界上最廣大國土的沙俄帝國，卻無索菲婭存身之處。男權專制的沙俄帝國，不容許有超越男人的女性存在，仍以「國內規定婦女不能擔任大學教授」之理由，將索菲婭推出國門。畢生矢志獻身科學的索菲婭可以割捨一切，單單無法捨棄她的事業。於是她被迫再次背井離鄉重返斯德哥爾摩──科學是無國界的，但那裡卻不是自己的祖國……

　　可歎造物嫉才於女性更甚！索菲亞旅途疲勞、偶感風寒、誘發肺炎、高燒劇痛，只是外因；報國無門，壯志難酬，痛心疾首，是內因。索菲婭一病不起、英年早逝！沙俄專制將其推出國門、推進墳墓──斯德哥爾摩的索爾納比墓地21A88號是其生命歸所──皚皚白雪覆蓋下，只有一塊樸素的黑色大理石墓碑陪伴著這位長眠在異國他鄉的俄國女傑。朝朝暮暮，只有它聽到被拒於國門之外的海外赤子索菲婭喃喃地傾訴著獻身事業、報效祖國的一片癡情。索菲婭在「四十不惑」之年離開人世，使她大惑莫解的是柏拉圖學園大門上明明寫著：不懂數學者莫進！那麼，古希臘數學女王希帕蒂婭為什麼被凌遲焚燒而死；自己摘取了數學王冠，為什麼被拒之門外，成了客死異國他鄉的「飄泊孤魂」……答案如此荒謬：僅僅因為她們是女性！

　　置身男權社會，僅有探測宇宙奧秘的「透視眼」是不夠的，還要有探究社會性別關係隱秘的「透視眼」，才能確認女性社會主體價值。君不見，斯德哥爾摩的溜冰場上深深鐫刻著女數學家才華的結晶、意志的圖譜、主體價值的社會軌跡──旋轉於冰上的索菲婭本身就是人類才智的一隻精巧「陀螺」──人類科技社會的萬能「透視眼」。俄國的知識女性更願意把這清瘦苗條的女科學家比作俄羅斯廣

裘大地上的一株小白樺，亭亭玉立於冰原雪嶺之上，牢牢紮根知識的土壤，用意志的圖譜刻畫出智慧的年輪。她不畏懼嚴酷的冰雪，不埋怨呼嘯的北風，不憐惜失落的樹葉，不炫耀窈窕的身姿……只是昂首挺胸，奮力向上，直指藍天，通過智慧和心血結晶的「透視眼」與神秘的蒼穹對話……

　　一百多年後的今天，現代航天科技依然借助索菲婭的「萬能透視眼」導航。1963年6月16日，二十六歲的前蘇聯女宇航員瓦蓮金娜‧弗拉基米羅芙娜‧捷列什科娃駕駛「東方六號」宇宙飛船遨遊太空，成為把「宇航夢幻曲」變為現實的世界第一女人。1982年2月，也是前蘇聯的薩維茨婭，成為彪炳航天科技史冊的又一位「太空女」。而女宇航員薩利‧賴德，則是第一名進入太空軌道的美國女性。她學識淵博，全面發展，本身就是具備了「萬能透視眼」的天體物理學博士。她們實現了現代女性高科技的歷史超越，去探索宇宙蒼穹的奧秘，展示現代女性的社會主體價值，也離不開索菲婭的「萬能透視眼」。

　　二十一世紀科技社會迅猛發展，更是離不開「萬能透視眼」。據《美國新聞及世界報導》雜誌預測：「2075年，世界人口達一百億，人類將移居到火星。且不論這個「預測」科學性怎樣、準確度如何，但有一點可以確定，女性試圖把握自身的命運、主動規劃自己未來的股股企盼，已化為自覺行動和主體價值的社會貢獻。因為無論是登月球還是去火星，都離不開索菲婭最先發現的「萬能透視眼」導航。

　　今天，地上的「陀螺」旋轉，人們想起索菲婭；艦艇乘風破浪，人們思念索菲婭；宇宙飛船上天，人們懷念索菲婭……借助「萬能透視眼」翹首蒼穹與永恆對話的索菲婭，她把人類千百年來希求探索宇宙奧秘的「夢幻之歌」變成了現實的「太空宇航交響樂」，並從十九

世紀唱到二十世紀、二十一世紀……2008年9月25日中國成功地發射了「神舟七號」載人宇宙飛船。當宇航英雄們遨遊太空回眸地球母親時，一定會向索菲婭和她的「萬能透視眼」頷首致意……

如果說索菲婭的研究給了自然科學一個「萬能透視眼」的話，那馬克思主義還給了人類社會學認識論、方法論最明晰的「萬能透視眼」；對於女性社會學而言，那就是馬克思主義婦女觀的「萬能透視眼」。它聚焦社會性別關係的千古迷團，洞悉了階級、性別壓迫的社會隱秘，完成了跨時代的理論創新，更主要的是，以往的哲學旨在認識事物，而馬克思主義哲學及其婦女觀不僅認識、還要改造男權觀念和男權社會，構建性別和諧社會──它的本質是批判的、革命的，同時也是創新的。

破舊立新的第一步是確定女性社會「主體──對象關係」問題的「人」論實質，探索女性主體價值回歸、價值體系重構的有效途徑，即客體的主體化；進一步探求：價值的本質不僅在於客體的主體化，還在於主客體的辯證統一。因為女性主體的終極價值取向不能不是與社會發展（觀念變革）緊密相關的「自由」。就此而言，面對性別壓迫的社會現實，女性不過任人隨意拿捏的「對象」。馬克思直言不諱，由對象化到主體化，女性主體價值亦即女性「人」的本質的回歸「屬於彼岸世界」！而由「女奴社會」的此岸到「（女）人的社會」彼岸的通衢，便是男女兩性主體價值共同支撐、架構的性別平等金橋。朝著馬克思架設的連接此岸和彼岸的金橋，**走來了羅莎・盧森堡和克拉拉・蔡特金等**首批女性馬克思主義職業社會革命家。她們**是構建男女平等和諧社會的無產階級革命先驅中的女性個案典型。**

從政治社會學角度看，世界公認的「國際婦女運動之母」克拉拉・蔡特金（1857-1933），德國共產黨創始人和第二國際創始人之

一，是馬克思主義女性觀最早的創建、宣傳者和最傑出的實踐家。她出生於德國中部的薩克森王國。少女時代就讀於女教員研究班，二十一歲時以優異成績畢業。這時，克拉拉與俄國革命家奧西普・蔡特金相識，開始信仰馬克思主義。正好這一年，「鐵血宰相」俾斯曼頒佈了鎮壓社會主義法，克拉拉與奧西普被驅逐出德國一起流亡巴黎，後來兩人結婚，在極其艱辛的革命生涯中畢生從事革命工作和婦女解放運動。

　　作為人類社會最早的女性無產階級革命家，蔡特金全家獻身革命。她三十二歲那年，奧西普逝世，蔡特金強忍悲慟出席了「紀念法國大革命一百周年」大會，發表了《為了婦女解放》的專題演說，強調婦女經濟獨立、男女同工同酬、改變現行社會制度的革命要求。由於克拉拉的努力，通過了「對女工的特別保護規定」和男女同工同酬的決議。自此，克拉拉以「最動人的演說家」馳名世界，並為推翻現行制度，實現人類和婦女的全部解放，畢生奔走呼號。在「第二國際」成立大會上，蔡特金當選為書記（共十一名）。

　　從性別社會學角度看，作為「國際婦女運動之母」，克拉拉1890年回到德國，除國際無產階級革命、黨的工作、婦女工作外，為宣傳推進男女平等，1892年到1917年間，她一個人承擔了《平等》報的全部編輯工作，發行量高達十一萬兩千份，成為廣大婦女參加革命的銳利思想武器。特別是1910年，蔡特金在哥本哈根第二次國際社會主義婦女代表大會上據理力爭，使會議通過自己的提議：為紀念1909年3月8日美國芝加哥女工大罷工，團結世界各國婦女共同革命，特確定每年的3月8日為國際勞動婦女節。至今，每年的3月8日已成為全球勞動婦女共同的求解放紀念日。

　　第一次世界大戰期間，反法西斯的克拉拉受到納粹的迫害，她應

邀來到蘇聯，時任共產國際執行委員會委員和主席團委員，繼續殫精竭力從事國際共產主義運動，與列寧建立了深摯的友誼。克拉拉・蔡特金1933年病逝於莫斯科，享年七十六歲。前來參加葬禮的各國共產黨及政治團體的代表多達數千人，克拉拉・蔡特金的遺體葬於紅場。斯大林親自為其守靈，除列寧夫人外，全世界得此殊榮的女性，僅克拉拉・蔡特金一人。筆者去莫斯科時，也曾特地前去拜謁……。

從性別視角概觀克拉拉・蔡特金輝煌壯麗的一生，從青年時代，這個滿頭金髮、一雙碧藍色大眼睛的美麗姑娘就將滿腔青春的熱忱獻給了革命。半個多世紀的革命生涯中，作為年輕的寡婦，她一個人拖著兩個嗷嗷待哺的幼兒矢志不移獻身革命，比任何男性革命者都感受到更多一層的艱難困苦。革命的重擔、艱辛的奮鬥、敵人的迫害……這一切，都過早地奪去她美麗的青春韶華，在臉上烙印下創傷和皺紋，滿頭燦爛的金髮過早變得如霜似雪；不高的個子、廉價的黑衣服、隨便挽在頭上的髻……這就是我們的「國際婦女運動之母」。

克拉拉・蔡特金以其畢生精力和她全部的女性人格價值去換取人類的解放和婦女的解放。她那超眾的才華、冠蓋群雄的辯才、火山熔漿般熾烈的革命激情、岩石般堅韌的鬥爭精神……合構成克拉拉・蔡特金獨特的女性主體價值——「國際婦女運動之母」的社會主體價值，它直指男女平等「全人類解放」的發展取向。威廉・皮克總統說得好：「你們希望瞭解我們民族的偉大，你們願意知道什麼是真正的人性——克拉拉・蔡特金就給你們作出榜樣。」她是實踐馬克思主義婦女觀劃時代超越的典範。

十九世紀末二十世紀初，實踐馬克思主義婦女觀、完成女性社會主體價值跨時代超越的另一個案典型是作為德國共產黨的創始人和第二國際「創始人之一的羅莎・盧森堡（1871-1919）。羅莎・盧森堡

出生於波蘭血統的猶太人之家。隨著她呱呱墮地的哭聲，呼嘯起「巴黎公社」的革命狂飆。她剛剛出生就接受了無產階級革命的第一次洗禮。少女時代留學瑞士蘇黎世大學，接受進步思想加入革命組織，與比她大四歲的萊奧·約吉赫斯（也是波蘭藉猶太人）一起從事革命活動，二人間建立起各自人格獨立的親密關係。1893年，二十二歲的羅莎參加創立波蘭社會民主黨。羅莎畢業後取得博士學位，加入德國國籍，繼續從事革命活動，成為德國共產黨重要創始人之一和第二國際左派領袖之一。曾與伯恩斯坦主義進行過堅決的鬥爭。她在馬克思主義政治社會革命領域的貢獻是巨大的。

作為人類社會最早的女性無產階級革命家，羅莎·盧森堡的「主體性」不僅表現在政治和社會革命方面，在其它社會文化活動領域，也表現出特殊的才幹。外貌樸實無華的羅莎，其實是才華橫溢的女博士。早在華沙第二女中讀書時，她就以超凡的才智鶴立雞群於同學之中。學監認為她是全校學生中「最有才華的」。取得博士學位後，她已經熟練地掌握了波蘭、德、俄、法、英、意大利和拉丁語等七種語言（不熟練的除外），且以能言善辯稱雄國際論壇。何等驚人的語言才華！第二國際的修正主義分子與之論辯時，往往敗在她的手下。她還在德共中央黨校講授《經濟學》、《資本論》，用馬克思主義理論武裝了一大批革命者。

盧森堡名為羅莎（（Rosa：葡萄牙語意為「玫瑰花」），但她並非以姿色取勝的美女，而是文韜武略兼備、資質超人的女革命家。盧森堡的密友路易絲·考茨基描寫她身材矮小瘦弱、外貌嚴肅、衣著樸實無華，加上小時腰部受過傷，身姿並不挺拔。除了濃密的黑髮和聰慧的眼睛，從外貌來看，她並非風姿綽約、楚楚動人的美女。加之剛毅堅韌、特立獨行的個性，工人們讚美她是「革命之鷹」；在與第二

國際修正主義分子的鬥爭中，列寧稱讚她「永遠是鷹」。即使在獄中，她百折不撓創立並領導地下革命組織「斯巴達克同盟」，還撰寫了《俄國革命論》。

百折不撓的盧森堡在出獄後堅決反對社會民主黨的叛變，組織重建德國共產黨。在一次共產黨左派的武裝起義中，羅莎再次被捕。1919年1月15日，與卡爾・李卜克內西一起被反動政府殘酷殺害並拋屍入河。蘭德韋爾運河上，羅莎浮屍的慘像令人慘不忍睹——又是專制制度對女性革命精英酷烈殺戮的一筆血債！後來羅莎・盧森堡的屍體被移葬在柏林列支登堡的「社會主義者紀念墓地」。這裡安葬著威廉・皮克總統等八位著名社會主義者。但羅莎墓前祭奠的紅玫瑰最多……。

從女性社會批評角度看，盧森堡作為女性社會主義革命家血染的風采——紅色羅莎永遠是人們心中最美的「玫瑰」。這「玫瑰」不僅僅是審美客體，同時又是主體化了的「紅色羅莎」。馬克思主義女性審美價值觀確信，對於曾經失落過「自我」的女性來說，其價值取向無疑在於「客體的主體化」和兩者的辯證統一；價值的本質主要體現在客體的主體化上——「紅色羅莎（紅玫瑰）」血染的風采與單純為審美客體的玫瑰不同，她實現了女性主體價值的歷史超越。而其極終價值取向無產階級革命的確定，則取決於羅莎・盧森堡本人對人類社會發展規律的把握和自身主體價值的跨時代超越。

去德國實地考察後感慨良多：柏林以「羅莎・盧森堡」命名的街道、工廠、學校，數量之多僅次於列寧。「是非功過，自有歷史評說」：物質的玫瑰不過曇花一現，精神的「羅莎」價值永存。正如她自己預言的那樣：「我過去存在，現在存在，將來也存在」——她不僅僅是聲名昭著的女博士、卓越的專家、學者，精通七國語言馳名世界的論辯大師，還是藝術造詣頗高的詩人、畫家……她以多才多藝的

橫溢才華，展示著女性主體的特殊魅力。而社會主義革命家的輝煌業績，則是她主體價值昇華的制高點。「紅色羅莎」──我們心中永遠的玫瑰──女性主體的不朽價值，它直指人類（包括婦女）解放、自由的社會巔峰。

作為馬克思主義女性觀最優秀的播佈者、最卓越的實踐者，羅莎‧盧森堡身後，崛起了千千萬萬個「紅色羅莎」。她們的革命實踐活動，不僅推動著婦女解放運動，也深化了我們對馬克思主義婦女觀、女性社會發展觀的認識。

應當承認，馬克思並非以「社會學家」的聲名流芳百世，但確是發現人類社會發展規律和馬克思主義社會發展觀的創立者和實踐者。儘管他沒有留下龐大肅整的、有章節序系的所謂社會學專著，但他洞悉人類社會和資本主義社會發展規律的思想光焰投射到社會學研究的各個領域，尤其是人類理性之光遲遲未能洞燭、科學之犁未及深耘、智慧之果尚未成熟的「女性社會學處女地」。在馬克思的革命生涯、社會活動中，尤其是他和恩格斯的眾多相關評著、評述以及散見在其它著作、各種文獻、書信、問答中的見解，無不浸潤著豐富而深刻的社會學思想。他以自己百科全書式的學識、卓越的才智，歸根結底是辯證唯物主義的認識論、方法論，確立了那一時代代表人類智能最高水準的社會學、尤其女性社會學的認識論、方法論和價值觀的根本問題。

這裡的**關鍵問題**是，馬克思把人的主體價值問題納入人類社會學研究的基本範疇。他確證男人和女人形式邏輯上互為主體對象，實為等價值的「社會主體」。二者是雙向作用，交流反饋的辯證統一關係。而傳統社會學卻把「主體價值」規劃成男權社會觀念的「世襲領地」，女性僅僅成為其觀照的「客體之物」，二者間是主動被動、尊卑對立關係。**馬克思的主客體辯證統一論，破天荒第一次為女性社會**

主體的價值法則確立了科學的立腳點，並預見了它的運動規律和發展取向，使其成為馬克思主義女性社會學的基本內核。

對於馬克思主義社會學的來源問題，我們在前邊追根溯源、按跡尋蹤可知，他批判地繼承並發展了人類社會創造的一切文明成果。尤其是古希臘、特別是德國古典哲學、美學為其提供了豐富的營養基。這裡也應包括馬克思與康德之間的連續性。特別是在女性社會學問題上，二者間的「連續性」尤為突出。

如果說《資本論》是馬克思主義政治經濟學的「勃朗峰」（阿爾卑斯山的主峰）的話，那《批判力批判》則是康德文化社會學的「勃朗峰」。他確證：文化社會學意義上的「文化」「只適用於人類」。這就得出「人是什麼」的真正答案在其內在尺度、主體價值上。而這人，不僅指男人，也包括女人——這才是康德的「勃朗峰」。但康德以前諸位的「准人類社會學的理論高地」，大多是男權主體「性派別」的小山頭。而康德「一覽眾山小」的學術高峰，旨在對女性的價值認同和性別和諧目標取向的理論確證上。

如眾所知，康德以哲學家鼎世，但他畢生最關注的是人、最後一部著作是《人類學》。我們從哲學社會學研究切入，探討人類社會性別關係主題，不難發現伊曼努爾・康德（1724-1804）最先一幟獨樹地站在「辯證統一」的哲學高度，高屋建瓴地作出了兩性關係「對立和諧」的認識判斷。他認為，男女兩性是人類一個整體中互補的、可以互相溝通的兩個變體。他由衷慨歎：多虧有了女人，我們才能識別人性中美的品格和高尚的品格；女性心靈結構本身，首先是具有獨特的、和我們男性顯然不同的，並且以美作為主要標誌的特徵，所以「女人的智慧是美好的，男人的智慧是深沉的」[15]，二者的智慧不相上下，差別在於不同的表現形式——關鍵在於要用「內在尺度」

（而不是單純的外在形式）度量女性「主體價值」，並確證其發展特徵。

康德對女性的肯定還表現對母親的崇敬上。儘管他十三歲喪母，但直至自己生命結束前，他還深情喟歎：「我永遠不會忘記我的母親。她在我身上栽培最初的優良品質——啟發了我的心靈，喚醒並擴大了我的智力，她的教誨對我一生都有極大影響」[16]。我們這裡無暇對康德全面評價，僅就此而言，康德成為發現女性主體價值「新大陸」的哥倫布。海涅把他比作德國的「羅伯斯庇爾」，我們認為，康德堪稱女性認知史上的「羅伯斯庇爾」，儘管這並非他女性觀的全部，卻是對男權觀念的超越部分。

康德堅信男女互相補充應和諧相處。在這一點上，與之驚人相似又超越之的是，馬克思充分肯定女性的主體價值，熱誠讚美由男女兩性構成的人類整體，男人是勇敢的一半兒，女人是美好的一半兒。但問題是「美好的一半兒」中，大多只有悲慘的命運。事實曉喻理性：美好的女性頸飾的花環，原來是性別壓迫的鎖鏈，她們頭頂「美神」的冠冕，就像「美杜莎」頭上盤纏吮血的蝮蛇結。洞徹個中隱秘的馬克思首先揭開了傳統社會婦女觀「性役」的實質：迄今以來的文明史就是階級性別壓迫「將美的女性毀滅給人看」的歷史悲劇、社會悲劇。用辯證唯物主義女性社會史觀看待血染的「多米諾骨牌」現象：一具具具相的、絕美的血肉之軀——女性「自然存在」的物質實體被毀滅了，但是，女性精神存在的社會價值碑碣是永存的！

事實昭告社會學理論，如果說對社會的認識問題是「客觀存在著什麼」的話，那麼，對社會的評價問題是「應當成為什麼」；如果說認識社會的標準是人的實踐、人的能動地改造自然、鍛造自身的實踐活動的話，那麼，價值評判的尺度理應是實踐著的人、人的主體性

功能——我們這裡的人具指女人，我們這裡的價值，具指女性主體價值。這其間，「主體性」問題再次凸現出來。其實早在兩千多年前，中國古代亞聖孟子就提出「萬物皆備於我」的見解，古希臘哲學家普羅塔哥拉曾毫不含糊地論定：「人是萬物的尺度」，與我們所謂的「主體性」遙相呼應，卻又若即若離。

　　從性別視角看，馬克思主義的「主體性」、「主體價值」與之有聯繫（即繼承性）又有區別。區別旨在，馬克思的「主體性」，並非主觀唯心地「剔除女性主體」的男權獨自性，而是人類主體價值客觀唯物的整體性特徵，即正確認識、實踐、創造、體現社會發展規律需要和價值訴求的、包括男女兩性的人類整體特徵，並以此為前提，確定人的、同時確定女性主體價值認同所需要的社會語境變革條件。顯然，在馬克思看來，人的主體性並非個別先賢聖哲的絕對精神、理念和「唯我」獨處的個體，而是客觀存在的自然、社會、精神存在兼備的「社會歷史行動中的人」——是「一切社會關係總和」的人們，是「社會化了的人類」（無疑包括女人）的「人本」觀念——注意，是男女等同價值的「人本」觀點，無疑是新唯物主義社會學中，人的主體價值的「立腳點」、馬克思主義女性社會學主體價值的「立腳點」。

　　從這個立腳點出發，我們必然發現「『價值』這個普遍的概括是從人們對待滿足他的需要的外界物的關係中產生的」[17]。但在其存在的男權社會語境和語義範疇中，女性與「外界物的關係」是性別壓迫關係，她們被迫捐棄主體價值，從而失卻「立腳點」。

　　馬克思主義社會發展觀確信，從來的社會活動中的人應是價值的主體。但文明時代以來，男性成了唯一價值主體，實際社會活動中的女性人既不是自己的價值的主體，也不是社會價值的主體；第二，價值觀念所依據的價值分析及其社會動機是主體的需要，但這主體往往

偷偷剔除了女性類群體;第三,價值的載體即價值的物化形態應為客觀事物,但女性的價值載體異化成「形而上」的美神或非人之物,並以之取代了女性人的主體價值。如是,產生了女性主體價值本質的失落。

從哲學社會學角度看,人類社會的創造價值應該是現實以自由形式對人類社會實踐的肯定」,但傳統社會「性別壓迫的現實」卻是以「性役」的形式,對女性實踐的否定、對女性社會主體價值的否定,實為對女性「人」本質的否定。這是,問題的關鍵是「人本」核心——「價值的全部秘密就在於人」,在於人的社會關係的屬性、社會性別關係的屬性。

馬克思主義社會學從來認為,研究社會學理論命題,必須從「一切社會關係的總和」——人(包括男人和女人)開始。其中「主體—對象」關係問題,是人與人、人與社會本質關係的普遍概括。而在男權社會,**性別壓迫關係的「樣式」是問題的關鍵**。正如馬克思強調的那樣:「主體—對象的關係樣式是全部問題的核心。」馬克思曾要言概括,人的本質,在其現實性上,是一切社會關係的總和。它體現在人的主體價值上。而人的主體價值,這是一種區別於任何一種商品的使用價值、交換價值的,僅僅為人、屬於人的主體價值。

從性別視角看,對於男女兩性而言,其「關係樣式」應是「你—我」之間的等同價值,實質是男女平等關係。但傳統社會學中,女性人的主體價值失落,使她們異化成非人之物,使等價值的「我—你」主體間性關係異化成「我(男)—它(女)的」主體對象關係;從而使女人具有的那種客觀存在的、與人的本質不可分割的主體性特徵橫遭踐踏。顯然,這是一個背離人的本質屬性、否定女性主體價值的性別關係。實質是性別壓迫。

　　馬克思主義哲學社會學不僅揭示「主體－對象」關係性別壓迫的實質，還要改造性別關係傳統「樣式」──它的本質是批判的、革命的，同時也是創新的。馬克思主義的婦女觀正是要把顛倒的性別關係傳統「樣式」重新顛倒過來！並在自己的社會實踐中身體力行平等、和諧的性別關係。

　　事實上，馬克思和夫人燕妮正是男女平等婦女觀、性別和諧社會觀的創立者，還是身體力行的共同實踐者。如眾所知，從青年時代起，馬克思崇拜詩、崇拜燕妮，崇拜普羅米修斯直至畢生崇奉科學社會主義真理。他曾忘情地撲進了大不列顛圖書館去探求知識；百折不撓地探索社會發展規律問題。他以整個生命為代價，換來了科學社會主義的真理……他雖然不是以社會學家的聲名流芳千古的，但他所確立的辯證唯物主義社會發展觀、女性觀，是前無古人的；他的女性社會學理論和相關實踐活動的革命性和科學性，是前無古人的。

　　馬克思的女性社會觀不僅訴諸理論，也可以見諸於他「人本」的社會認知和實踐活動中。比如對燕妮（1814-1881）。如眾所知，從女性的自然存在特徵來看，素有「嬌媚公主」之稱的燕妮，彷彿稟有女性美的魔幻晶體：「魔女般」的灰綠色大眼睛、火焰般躍動的紅褐色頭髮、白雪般晶瑩玉潤的皮膚、窈窕動人的身姿……這一切曾使崇尚女性美的青年馬克思心醉神迷至崇拜的程度。見諸《馬克思青年時期愛情詩選》中，馬克思寫給未婚妻燕妮的三部愛情詩中，篇篇融注著愛的激情、字字是頌揚女性美的結晶。在《思念·致燕妮》、《愛之書》中，他極讚燕妮「比太陽明亮」，「永遠不斷燃燒我激蕩的心。」為了抒發對燕妮愛的燃燒激情，青年馬克思甚至一度想當詩人……

　　用女性主體價值自然、社會、精神存在「三一律」衡量，如果說「嬌媚公主」的容貌，展示了燕妮女性本體「自然存在」的獨特魅

力的話，那「剛毅勇士」的社會存在，則體現出燕妮女性「社會本質」的內涵。燕妮長馬克思四歲，是馬克思姐姐的同學，故與馬克思相識乃至相愛。從1843年與馬克思結婚起，燕妮毅然拋棄貴族家族的榮華富貴，追隨馬克思與貧困相伴，顛沛流離近四十年。革命生涯的無盡艱險、流亡生活的無比艱辛……女性特有的堅韌品格和不屈不撓的拼搏精神挺起燕妮的「社會脊樑——這是勝似鋼筋鐵骨的「特殊材料」鑄造的女性社會存在——社會革命的實踐砥礪著、造就並昇華了更高層次的女性主體價值的精魂。

概觀燕妮的社會存在，還是「和諧性別關係」的楷模。儘管饑寒交迫的艱辛歲月、捨生忘死的革命生涯、反動派的瘋狂迫害，還有歲月的風刀霜劍……都毫不留情地在燕妮臉上刻下了皺紋和老瘢，加上生天花留下的疤痕，嬌豔無比的花容月貌過早地從燕妮臉上消失了，但燕妮卻贏得了男士們更高的讚譽。她的社會——精神存在價值，更令人刮目相看，更能體現女性的本質內涵。馬克思多次對人誇讚燕妮的才智，推重之情溢於言表。不止馬克思，她傾倒了與之交往的幾乎所有革命同道。保爾·拉法格極贊燕妮「有一種明徹而光輝的智慧」令人眩目；海涅毫不掩飾對燕妮的崇拜。他用詩人誇張式的激情禮贊燕妮，令馬克思發狂般地「吃醋」，為此甚至要與海涅「決鬥」……

從夫妻二人的「性別關係」來看，馬克思夫人之於馬克思的作用，遠遠超出了「賢內助」。單就馬克思著作問世——馬克思學說確立而言，夫妻間就觀點問題的商榷和討論暫且不說，單就成文來看，燕妮幾乎整理、修改過馬克思的全部手稿。從觀點認定、查閱收集摘錄彙總材料到複寫文稿、校對清樣、甚至交涉出版、訂立合同……幾乎全由燕妮包辦。平時各種工作事務應對、信件往來等，也全由燕妮

承擔。在沒有打字員、速記員的情況下，馬克思的許多文章是燕妮在他口訴後寫成的。可以豪不誇張地說，馬克思的著作中飽含燕妮的心血。作為馬克思的「終身秘書」，燕妮的奉獻遠遠超越了「秘書」。他們的女婿拉法格確證，保存至今的《共產黨宣言》手稿，最富華彩的頭幾行，恰恰是與馬克思狂草不同的、燕妮娟秀漂亮的親筆手跡，其它自不待言。

威廉·李卜克內西由衷感佩燕妮特殊的精神魅力：「馬克思夫人以比馬克思還大的力量支配著我們」——這便是無產階級革命家心目中，女性社會存在、精神存在主體價值的「最高本質」。1881年，因極度貧困、極度操勞、極度艱辛而患肝癌的燕妮精疲力竭「永遠休息走了」！恩格斯在燕妮葬禮的「致詞」中深切地強調：「她的一生表現出極其明確的批判智能、卓越的政治才幹、充沛的精力、偉大的忘我精神……」[18]幾十年如一日，為馬克思的事業——全人類求解放的事業，奉獻了全部才智和生命。而這，恰恰是燕妮幾十年如一日孜孜不倦追求、一往情深執著的女性社會主體價值質的內涵。事實上，如果說馬克思確立了唯一正確、科學的婦女觀，那麼，燕妮正體現了它的核心問題——本質內涵。馬克思與燕妮的關係不是「主體（男）——對象（女）」關係，而是對等、和諧的「主體（男）——主體（女）」關係。

不僅燕妮，還有琳蘅，也是最能體現馬克思主義婦女觀「本質內涵」的真實「典型」。琳蘅（1823-1890）原是馮·威斯特華倫男爵家的「丫頭」，後被男爵夫人作為「禮物」送給女兒燕妮。後來的琳蘅隨著出嫁後的燕妮背井離鄉，追隨馬克思一家人同呼吸、共命運了四十年（1843-1883年）。馬克思逝世後，她又追隨恩格斯——這個普通婦女畢生追隨革命、追隨無產階級革命導師，對馬克思的革命事

業，最直接地無償奉獻了全部女性人生價值。其貢獻之大除燕妮外，無出其右者。

按理說，從男爵家出來後，琳蘅與馬克思一家並無任何契約關係。「無產階級解放」理論和實踐早已給了琳蘅自由：她青春年少、聰慧可人，理應有自己的生活、愛情、事業追求。事實上，她身邊確有不少傾慕和追求者。但出於先天的階級本性和後天燕妮的薰陶、馬克思主義的耳濡目染，她毅然割捨了青春韶華、愛情機遇和個人生活事業的憧憬，全身心撲在馬克思夫婦的生活、事業中。在所有的反動派都咒罵馬克思的時候，與馬克思夫婦形影相隨的除貧困、災難、驅逐迫害外，還有一個任勞任怨，坦然面對這一切的琳蘅。說實在的，琳蘅迷上了馬克思的學說、馬克思的事業、甚至馬克思本人，並心甘情願為之奉獻自己的一生一世乃至生命。這便是信仰的力量——馬克思主義真理的力量使然、琳蘅對馬克思主義信仰的力量使然。

可以這樣說，琳蘅是實現階級、性別雙重平等的個案典型。在局外人看來，琳蘅的身份先是貴族家的「丫頭」，後是馬克思家的女工，其實她是馬克思家舉足輕重的重要人物。為了籌措十分拮据的日常生活開銷，她簡直絞盡了腦汁。自己非但得不到什麼工錢，反而當盡了私物貼補馬克思家用。一俟囊空如洗、分文未名時，馬克思煙癮發作、痛苦難耐，琳蘅當掉了自己最後的一個圍裙，換了幾支雪茄給他。事實上，不僅在經濟生活中，在精神生活中，琳蘅在馬克思的家庭中的主體地位也是勿庸置疑的。

據李卜克內西回憶錄記載，馬克思很喜歡下棋，但一輸就發脾氣，這時候，只有琳蘅能勸阻她。馬克思也常與琳蘅下棋，並時常敗在她手下，卻心悅誠服、不發脾氣。在〈憶馬克思〉中，威廉・李卜克內西指出，如果說燕妮是馬克思家中的「發號施令者」的話，那琳

薇是「執政者」，「馬克思則象馴羊一般服從這種執政……她（指琳
薇）可以完全操縱他（指馬克思）。不管他心情如何煩躁，不管他如
何暴跳如雷，以至別人都不願意挨近他，而琳薇卻能直入獅穴。如果
他咆哮，她就狠狠地教訓他一頓，於是獅子就會變得比羊還馴服。」
這便是琳薇之於馬克思的「權威」作用，其實是馬克思對女性主體價
值的認同，他們之間不是「男主人與女僕」的主體─對象關係，而是
對等的「主體間性」關係。

　　人們習慣說馬克思的學說、事業，是滋養琳薇的精神營養基，
從性別視角看，琳薇的主體價值之於馬克思，則是「另一根精神支
柱」。馬克思的小女兒愛琳娜在給李卜克內西的信中一再強調：「你
要寫摩爾（馬克思的昵稱），就不要忘記琳薇。琳薇在某種程度上是
全家的軸心，一切圍繞著她轉動。她是我們最好最忠誠的朋友。」
《巾幗之歌‧功勞要歸於她》一書還強調：《資本論》這個偉大著
作聞名於世界，其中也包含著馬克思『女僕』琳薇的一份心血。也
是在此書中，恩格斯則從另一個角度強調琳薇的「精神支柱」、甚至
「軸心」作用：「馬克思經常向她徵求意見，要她在黨的困難而複雜
的問題上出主意……至於我呢，之所以能在馬克思死後完成我們的工
作，主要是由於她（指琳薇）肯到我家來，給我帶來親切的關懷和幫
助。」很顯然，琳薇不僅是為馬克思、更是為馬克思主義奉獻終生。

　　特別是在馬克思的孩子們眼裡，琳薇不僅是「軸心」，還享有
母親的尊嚴。1890年恩格斯在安葬琳薇時曾經說過這樣一句語重心長
的話：「她對馬克思家庭意味著什麼，很難用語言表達。」直到恩格
斯逝世前，他才請自己的遺囑執行人賽姆‧穆爾轉告馬克思的小女兒
愛琳娜：名義上為恩格斯「非婚生子」、生於1851年的弗雷迪‧德穆
特，實際上是馬克思與琳薇（琳薇原名為「海倫‧德穆特」）的兒

子。難怪在倫敦城北的海格特公墓中，馬克思「全家合墓」四人中，除馬克思燕妮夫婦、外孫龍格，還有琳蕙。

記得馬克思有個著名的女性審美價值判斷命題：對於勞作的女工，「我們從她們由於勞動變得粗黑的臉上，看到全部人類的美。」馬克思的這一女性審美價值觀無疑曾聚焦琳蕙並「普照」在「勞動婦女群體」的社會存在（階級、性別存在）層面上，成為無產階級女性審美價值觀的一句至理名言。由此使我們聯想到恩格斯對其工人出身的妻子莉希的評價：「她對本階級的天賦的熱愛，對我是無比珍貴的。在關鍵時刻，這種感情給我以支持，比起『有教養的』、『多愁善感的』資產階級小姐的細膩的小聰明可能給予的更要多些。」（《古今中外名言集》第220頁。），其女性價值評論和觀念與馬克思完全一致，都在強調女性主體價值的本質內涵。

從極左思想羈絆中解放出來，認識馬克思的「感性實踐」活動，研討馬克思主義婦女觀的本質內涵，我們才敢強調馬克思在《摘自〈德法年鑑〉的書信》中那句名言：「我是一個人，凡是合於人性的東西，我都覺得親切。」正是琳蕙合於人性、從而合於階級性的「女性主體」特徵，使馬克思備感親切，也使人們備感親切。借此，我們不僅確立了一個性別平等和諧關係的典型，也確證了一個立體的、真實的、親切的、人性化的馬克思，而不是平面的、聖像式的神明。因為他的婦女觀體現女性的本質內涵，而不是抽象概念「異化」出的「神祇」。

從「社會性別關係」入手求解「歷史之謎」、求證人的社會主體價值，稍微承認一點事實的人都知道，每個成功的男人背後都有一個女人。其實女人不一定都在背後。比如對人類社會貢獻最大的馬克思，不僅背後、他的前後左右、周圍乃至四面八方……都有革

命同道，特別是女性同道的支持和獻身，其中最切近、最持久、最卓絕者，當屬燕妮、琳蘅和馬克思的三個女兒。燕妮之於馬克思，不僅是妻子、秘書和管家，更是馬克思的同志，是國際共產主義運動的先驅、第一批社會主義革命家中最堅貞、最傑出的戰士。對於燕妮的「主體價值」，後人公論：沒有燕妮‧馮‧威斯特華倫，那麼，卡爾‧馬克思也就不成其為馬克思。這絕不是誇大，而是肯定燕妮對馬克思主義的貢獻；也不是貶低馬克思，恰恰說明了馬克思和燕妮是人類社會男女平等婦女觀、性別和諧社會觀的開創者和最典型的實踐者。

總之，確證「主體對象關係」的核心理論命題，破解男權社會「性別關係」千年隱秘的，正是馬克思主義社會性別史觀對「歷史之謎」的科學闡釋和自覺實踐。但面對性別和諧理論與社會性別關係悖反的現實問題，馬克思婦女觀給後世的男人和女人們、給我們執著於社會學性別和諧主題，留下深刻的啟迪、有力的指導和與時俱進發展創新的重要理論和實踐課題……

| 註釋 |

1. 《列寧全集》第38卷，人民出版社，1960年，第390頁。

2. 《古希臘羅馬哲學》，三聯書店，1957年，第111頁。

3. 《列寧全集》第38卷，人民出版社，1960年，第346頁。

4. 易傑雄主編：《世界十大思想家》，安徽人民出版，1990年，第130頁。

5. 范明生：《柏拉圖哲學述評》，上海人民出版社，1984年，第479頁。

6. 李銀河：《女性主義》，山東人民出版社2005年，第9頁。

7. 《馬克思恩格斯全集》第42卷，人民出版社，1979年，第105頁。

8. 《馬克思恩格斯全集》第42卷，人民出版社，1979年，第79頁。

9. 《馬克思恩格斯選集》第1卷，人民出版社，1979年。第18頁。

10. 黑格爾：《歷史哲學》，王造時譯，三聯書店，1956年，第140頁。

11. 喬治・桑：《書信集》第1卷，第341頁。

12. 喬治・桑：《書信集》第1卷，第341頁。

13. 安德烈・莫魯瓦：《風流才女──喬治・桑傳》，中國青年出版社，1988年，第321頁。

14. 安德列・莫魯瓦：《風流才女──喬治・桑傳》，中國青年出版社，1988年，第250頁。

15. 易傑雄主編：《世界十大思想家》，安徽人民出版社，1990年，第654頁。

16. 易傑雄主編：《世界十大思想家》，安徽人民出版社，1990年，第620頁。

17. 《馬克思恩格斯全集》19卷，人民出版社，1972年，第406頁。

18. 《馬克思恩格斯全集》19卷，人民出版社，1972年，第323-324頁。

第十章 | 女權主義運動的社會實踐
與理論形態之辨析

> 我們應該提出女權主義的問題，但試圖作出馬克思主義的回答。
>
> ——米歇爾（Juliet Mitchell）

　　社會學用社會中人的「困境意識」和「行為反應」來解釋和評議社會生活中出現的具有典型意義的觀念、行為和變革。實踐證明，社會語境和語義特徵，往往決定人們行動和視界的取向。「女權主義」在全球性婦女解放運動中異軍突起，正是沖絕「性別困境」的一種「行為反應」，應是「性別社會學」的題中應有之義。

　　「人是生而自由的，又無往而不在枷鎖之中」。從性別視角來看，文明社會以來，男為主，女為奴的性別關係，將女人困囿在「性別奴役」的社會枷鎖中。試想男人的母親、妻子、女兒、姐妹們都是「奴」，男人自己還是自由人嘛？所以作為男權專制的既得利益者，男人同時又作繭自縛的成了男權觀念枷鎖中的俘虜。性別壓迫不僅是女人的困境，同時也是男人、歸根結底是整個人類的社會和精神困境。但沖決困厄的意識和行為的形成和發展，歷經漫長的社會化實踐和理論求索過程。西方女權運動也不例外。

　　推研女權運動的起點，西方學者認為，有男權專制社會以來，就有女權運動對其反抗。此說不無道理。但即使有，也只是社會潛流，未成氣候，難以考證。所以我們這裡研究西方女權主義運動，從十八世紀法國資產階級大革命談起。在資產階級反封建專制的社會革命後

期，覺醒了的女性從索要女性人權、爭取男女平權，到直奔參政、議政甚至秉政主題，形成一股不可遏制的社會潮流至今，女權運動歷經漫長曲折艱辛的實踐和理論求索過程。

　　就女權運動產生的社會語境特徵來看，當十七世紀英國工業革命浪潮和十八世紀啟蒙運動思潮彙成了反封建的汪洋大海時，西方婦女運動潛流的涓涓細水也湧出地面彙入「汪洋大海」。這就是震驚世界的女權運動。其蟄伏期可追溯到美國獨立戰爭中的《獨立宣言》提出的人民主權思想時期；湧浪期則始於1789年的法國資產階級大革命。從整體態勢來看，西方的婦女解放運動是在社會變革的大潮衝擊下發生，在社會鬥爭的主流裏挾下發展，掀起陣發性的、具有強大社會衝擊力的「女權運動」，歷時兩百多年間，有四大「湧浪期」。

　　破天荒第一次「女權運動」的湧浪是在十八世紀，它的特點是彙入了法國資產階級大革命的掀天巨浪中，顯示了不可阻擋的威勢。諸如「1775年穀物暴動」、「1787-1788年暴動」等，都有女性參加。及至震驚世界的「1789年7月14日攻佔巴士底獄」之時，又有女英雄德·梅麗·古爾高舉大刀帶頭衝鋒陷陣。1791年的「馬爾斯教場暴動」中，又有眾多婦女參加。1792年的進攻杜伊勒裡王宮，婦女也起了積極作用。1793年的「雜貨暴動」，已有兩個婦女代表團到國民大會請願。據警察局檔案文件「Aa69」記載，賣魚婦阿尼埃斯·貝爾帶頭暴亂被判刑。總之，從1775-1795年，二十年間的十多次重大革命事件中，都有婦女為之獻出鮮血和生命。表現女性群眾革命意識的覺醒、革命行動的堅決徹底。

　　從性質來看，這些運動是資產階級對封建專制的政治大革命，並非是什麼單純的「女權運動」，但確是導致女權運動的重要原因，也記錄了女權運動形成發展的社會軌跡。因為正是在近代資產階級反

封建專制的鬥爭中，人們在向封建神權索要人權的同時，發現了失落已久的女性類整體的權益問題，並奮起抗爭。但是，在法國大革命中，新舊階級的殊死搏鬥突出於「性別衝突」之上。婦女們在革命中獻出了丈夫、兒子，甚至包括自己生命在內的一切。後來，她們才發現，這次革命給了她們奉獻一切的責任和義務，卻沒有回歸她們作人的權利。1789年8月26日制憲會議通過的《人權宣言》雖然宣稱「人權天賦」，卻將女性權益一概摒除在外，骨子裡是不折不扣的「男權宣言」。

著名的「人權主義者」盧梭對此直言不諱：「人權只是對男性而言，因為女性……是男性即人類以外的東西，所以不能成為人權的對象」。[1]為此，智識女性阿倫普‧德‧戈朱奮筆疾書《女性與女性市民的人權宣言》（1791年問世，簡稱《女權宣言》），揭露《人權宣言》男權本位的實質。著名的英國女權運動鼻祖，瑪麗‧沃爾斯通克拉夫特（詩人雪萊的岳母）1792年發表《女權的辯護》，與戈朱遙相呼應。

事實是許多口唱自由、平等、人權理論高調的資產階級革命家，一遇婦女問題的實際，便反其道而行之。就連激進的雅各賓派也敵視婦女組織，悍然取消已經成立的婦女革命組織「俱樂部」。性別壓迫的事實就是如此殘酷無情：資產階級要女性為革命獻出一切，革命後又無恥地踐踏她們的一切。為《女權宣言》的問世，阿倫普‧德‧戈朱被送上了斷頭臺。斷頭臺或男權專制的枷鎖，就是資產階級大革命對參加革命的女性的回報。男權社會對女性何其無情！

但是，歷史又是多情的——馬賽曲和三色旗下的民眾卻銘記著女性在革命中的奉獻和歷史功績。雕塑家呂德把這一切永遠地鑴刻在巴黎的凱旋門上，它就是舉世矚目的浮雕《馬賽曲》（又名《1792年志

願軍的出發》）。筆者曾駐足仰視此浮雕，不禁心潮澎湃：浮雕上部的中心是一個象徵自由、正義、勝利的威武的帶翼女神形象。她右手持寶劍直指前方，側身振臂高呼，率領男女民眾奮勇前進……浮雕生動地再現了女性在法國大革命中的作用和地位。斯大林在其《慶祝國際婦女節》一文中曾經強調：勞動婦女是一切被壓迫者當中最受壓迫的。她們從不是也不可能是留在解放運動大道邊上的旁觀者。法國勞動婦女（如前所述）正是法國大革命的積極參加者、有功之臣，卻被當做「暴徒」入「另冊」……

「時間是對空間」的最好宣判。如今，兩百多個年頭過去了，史學家們對法國大革命的研究卷帙浩繁而且精細入微。但對於剷除封建專制勢力的元勳之一：婦女革命者卻不願提及。在資產階級革命的正史中，女性的革命功績並未真正載入史冊。相關史料，大多是在反動當局鎮壓革命者的檔案袋中，將女性作為「暴徒」、「死囚」等犯罪分子記錄下來，才傳之至今的。它們從反面確證了女性的革命功績，真是一種悲愴的歷史諷刺。

總之，以索要「人權」的社會革命運動為起點，因對「女權」的不同看法而分道揚鑣，西方女權運動從男權本位的「社會革命」中分化出來，開始了孤軍苦戰的奮鬥歷程。她們首先進行的是理論準備工作，大聲呼籲女性的人權，被稱之為「女權」運動。稍有良知的人都清楚，這裡的「女權」，絕非女性自外於男性、更非自儕於人權之外的「特殊要求」，而是反叛男權專制踐踏女性人權的性別革命和社會革命。

中國智識女性對此有極精當的見解：「在理男女同屬人類，只有共同的人權，無所謂特殊的女權。不過在習慣上，所謂人權已被男人獨佔去了。我們須得糾正人權的意義，我們須得認識人權的真正價

值，我們更須得要求這人權平分給女人。女權運動就是人權的平分運動」[2]。但是，「萬事起頭難」伴隨西方工業革命剛剛起勢的「女權運動」第一湧浪的涓涓溺水，無力掀起更大的革命風浪，只是映現出男權專制「社會沙漠」中的「女權幻景」的海市蜃樓。儘管革命低谷時「湧浪」化作汩汩潛流，但它畢竟滋潤了女性渴求男女平權的「心靈綠洲」……

女權運動的「第二湧浪」發生在十九世紀。從哲學社會學的角度看，十九世紀時代精神的精華是馬克思主義。馬克思主義婦女觀的播佈，有力地推進了女性認識的覺醒，開始與男權專制激烈抗爭、全面融突和努力實現自我超越。從社會語境特徵看，十九世紀又是唯物論與唯心論激烈衝撞的時代，是馬克思主義婦女觀與傳統的男權觀念兩種社會觀、女性觀的激烈衝撞、並把理論上的呼籲轉變為社會實踐的變革時期。但無視社會變革的男權專制社會法規悍然與女性的合理要求背道而馳。

特別是法國十九世紀初問世的《拿破崙法典》。就是那個起源於伏爾泰、盧梭等啟蒙理論的「華美約言」、起源於法國大革命的《拿破崙法典》，竟然作出如此規定：「未成年者、已婚婦女、犯人及精神病患者沒有行使法律的權利」。看來，拿破崙這位清除歐洲封建制度「奧吉亞斯大牛圈」的資產階級蓋世英雄，在女性問題上是個庸人。他非但未觸動男尊女卑封建傳統觀念一根毫毛，反而視如珍寶一樣，將它用資產階級的新法典供奉起來……

在社會實踐中，拿破崙一面用政治權杖驅趕無數有才華的女性，使之成為他政治祭壇上的犧牲，一面玩弄政治權術迫害自己無法駕馭的傑出女性。「沙龍女王」雷卡米埃夫人因拒絕拿破崙的「垂青」，被迫進了僧院；「文壇女王」史達爾夫人則被拿破崙驅逐出法國……

但是，接踵出現的更為偉大的女性、令人瞠目結舌的「喬治·桑現象」，宣告了婦女解放在社會生活的各個領域向男權專制的尖銳挑戰和嚴重反叛，並且在社會實踐中百折不撓，成為男子漢公認的：「比男人更強的女人」。由此可見，這時的婦女解放不僅是「女性索要人權」的性別革命，還是女性價值自我實現的社會革命。這種衝絕「性別困境」的女權革命行動，受到男權觀念的惡毒詛咒和全面圍剿……

這一時期，在兩種女性觀的激烈衝撞中，反動婦女觀的唯心主義哲學代表首推阿瑟·叔本華（1788-1860）。作為西方哲學聖殿上的唯心主義怪傑，叔本華思想矛盾重重、個人意志衰頹，哲學觀中的女性觀十分反動。他由厭惡母親「大而化之」到「厭惡一切女人」，自己卻是意累情牽的性觀念和行為的矛盾悖謬者。他對男情女愛深惡痛絕、口誅筆伐、終生不婚，卻又千方百計、不惜任何代價貪饞愛情禁果、自作苦果——養下私生子；他謾罵能使男人動情的女人是罪大惡極的「畸形動物」，自己卻又拜伏在這「畸形動物」腳下並為之扭曲心靈；他詬罵愛情、婚姻是人生最大的「陷阱」，自己偏又自投陷阱，不能自拔，且扭曲變態……

在性別關係問題上，叔本華這種言行「衝撞悖謬」的矛盾，正是對他「唯意志論哲學」的絕妙揶揄，也是他畸形女性觀的自供狀。一會兒，他把女性悲劇看成是「原罪說」的必然；一會兒又看成是「與爾同銷萬古愁」的狄俄尼索斯酒袋。他曾以此唯心觀念與辯證法決一雌雄，結果徒遭慘敗。恩格斯在他的《自然辯證法》中，曾批評叔本華的哲學「是由過時的哲學殘渣雜湊而成」的、「適合庸人的淺薄思想」[3]，導致他畸形變態的女性觀不足為怪。

還有，另一舉世矚目的西方哲學怪傑弗里德里希·尼采（1844-1900）。當他高舉「重新估價一切」的大旗向傳統觀念宣戰時，儼然

大智大勇的聖哲，是前無古人的「超人」，但在女性觀上，他是個「非理性」的「狂人」。尼采哲學具有「形而上」的致命缺陷，這個缺陷在他的女性觀上表現得十分突出。由於對辯證法的無端憎恨和對形而上學特殊的偏愛，使他受到「非理性」的懲罰和嘲弄，將自己置於多重矛盾的旋渦裡。他一直自詡為「超人的聖哲」，卻又聲稱「寧可作一個登徒子，也不願作一個聖徒」；他把女人看作是各種動物，謾罵女人是貓、是鳥、是母鵝，是「多產的母牛」、是「金髮碧眼的野獸」……另一方面又反覆強調「女人遠比男人聰明」；一方面恨女人，公然宣稱把女人當作「佔有的對象，應該關鎖起來的私有物」！還煞有介事地提醒男性：「去找女人嗎？別忘了帶上你的鞭子」，另一方面卻又不能自持地深愛莎樂蜜；明明是見棄於莎樂蜜，卻自欺欺人地炫耀「女人都喜歡我」；明明對女性社會問題作出了錯誤的評價，卻腆顏自稱「是第一位真正瞭解女性的心理學家」……

在反動的婦女觀上，尼采看似「二律背反」蛛網上恣肆橫行的蜘蛛，其實是形而上學的俘虜——這是唯心主義哲學家的共同特徵，不願「混同別人」的尼采在這一點上，毫無例外。儘管尼采哲學宣稱否定一切，卻不否定反動的男權觀念；他主張重新估價一切，卻又偏偏樹起了男權霸主的偶像……儘管他從男性超人哲學的錦囊袋中翻揀出自我擴張、自我膨脹的「激素」作強心劑，藉以救治自己心靈上的創傷和生活中的失意。無奈已成了非理性婦女觀的「神經病患者」。總之，在性別關係問題上，他已陷入謬誤的迷津。

更有甚者是魏寧格，在哲學上沒有叔本華、尼采出名，在反動的女性觀上，則比他們走得更遠，顯得更不可理喻。魏寧格極盡誹謗詆毀之能事，用最刻毒、最骯髒、最醜惡的語言，最陰暗的色彩來描繪女性。他一會兒說女人是絕對的「子虛烏有」，等於「社會零」；一

會說女人是「一具空的容器」──「子宮」。他一口咬定女性有的只是兩種存在，一是生孩子的工具（指母親）；一是男人獲得快感的工具（指妓女）⋯⋯他甚至喪失理性地斷言：女性的卑劣將導致人類的自殺和文明的毀滅⋯⋯何其荒謬絕倫的婦女觀！

不必一一列舉了。事實上，婦女觀與哲學觀緊緊相連。唯心主義哲學家用形而上的「觀念」絞殺女性，非理性的荒謬是現象形態特徵，形而上學才是其本質內涵。馬克思唯物主義的哲學觀以科學的認識論和方法論曉喻世人：任何一種哲學社會學思想或理論觀念，無論它多麼深邃廣博、或怎樣艱澀荒誕，總是建構在某種經濟基礎之上、形成於某種認識論範疇內。而這認識論則固著於社會經濟基礎的胎盤，紐結著社會意識形態的臍帶，鐫刻著時代精神的胎記。這一切的合力作用，規定著他們性別關係理論、觀念的是非成敗。

當唯心主義哲學家用「觀念」絞殺女性時，他們的政治家則是觀念、權勢並用。尤其資產階級政治家，較之封建專制主義者更具兩面性，也更具複雜性。因為他們有「自由、民主」為「金玉其外」，包裹著「專制、壓迫」之「敗絮其中」。當他們向女人揮舞男權專制的寶劍時，似乎所向披靡，但忘了「抽刀斷水水更流⋯⋯」男權專制的倒行逆施激起女性群體反叛的怒潮，掀起了十九世紀女權主義運動的第二次社會湧浪。主要目標是爭取女性公民權和選舉權，並把理論呼籲轉為實踐訴求。但男權專制社會悍然與之背道而馳。

先看早已進行了「工業革命」的英國，女性人權沒有任何保障。尤其是1832年的《憲法修改草案》中，公然將有選舉權的「人」改為「男人」──從憲法中將女性的選舉權一筆勾銷。還有，維多利亞女王在十九世紀執政六十多年，所謂「維多利亞盛世」，不諦是清教主義保守風尚流行的代名詞。作為男權專制社會的代言人，女皇稟承男

權專制意旨,極力反對女權運動,並專門為此頒佈了「女皇詔書」,公然向世人譴責女權運動「遺害無窮,是違反道德的瘋狂行為……口誅筆伐,全力阻止……女權運動」[4]。

「抽刀斷水隨更流」,即使在如此嚴酷的政治高壓下,爭取男女平權的思想仍然無法遏止,並形成廣泛的社會潮流。1865年,ｊ·Ｓ·米爾首先提出通過選舉法讓婦女參政的提案,並為此全力奔走。這時,「婦女參政協會全國同盟」的組織已經成立。1867年,米爾的提案又被否決了。但是,眾多女性在爭取人權的社會實踐活動中,在各自不同的活動領域裡,執著地追求著男女平權、頑強地拼搏著實現女性的社會價值。著名作家喬治·艾略特(真名為瑪麗·安·埃文斯)、勃朗特三姐妹,各自成為獨具個性的小說家蜚聲世界文壇。弗洛倫斯·南丁格爾護士精研醫護理科學,精曉英語、法語、意大利語和德語。她首創「白衣天使」光輝業績,永駐青史,是謂個體精英崛起。

不能不提的個體精英還有英國激進派女權主義領袖埃米麗·潘克赫斯特(1858-1928)。她創立英國「婦女社會政治聯盟」,以瘦小贏弱之軀為婦女解放奮鬥四十年。1907年2月13日,她率眾以暴力行動衝擊國會,旨在爭取婦女選舉權。直至1928年,英國婦女才獲得政府通過法案確立的選舉權,一個月後,奮鬥畢生的潘克赫斯特終於可以瞑目的與世長辭了。2009年「大英百科」遴選近百年影響世界的十大事件和人物,潘克赫斯特位列伊麗莎白女王、撒切爾女首相之前為首位。

在美國,「婦女解放運動」則表現為「群體性的崛起」,並較有成效,形成了女權運動「第二個湧浪」的巔峰狀態。

眾所周知,美國於1776年通過的《獨立宣言》宣稱「天賦人權」不可侵犯。但這裡的「人權」不包括女人和黑人的權益。及至

1848年，在伊麗莎白・卡迪・斯坦頓組織領導下，召開了「塞內卡福爾斯」女權大會，會上通過了斯坦頓起草的《信仰宣言》（即美國的「女性獨立宣言」）。在這個宣言裡，將「人」這個詞改為「男女」，並明確提出女性參政等婦女公民權問題，這便是美國女權運動的濫觴，以爭取婦女參政為其宗旨。但並未得到修正後的美國憲法的認同。直到十九世紀末，美國才有四個州的婦女獲得了參政權。1892年，美國黑人女作家安娜・朱麗亞・庫珀博士出版了《來自南方的呼喚》，書中直言不諱抨擊男權本位觀念：男人們幾乎在所有問題上與時代並進，但在遇到婦女問題時，他們就令人失望地回到了十六世紀的邏輯。庫珀的這部著作，成了黑人女權運動的宣言書和行動號角。

還應當說明的是的第二次湧浪期，歐洲、亞洲各地，紛紛崛起了婦女解放的各類精英人物，特別是法國的社會性別關係和女權運動，更為複雜和豐富多彩。

談到十九世紀法國社會性別關係的個案典型，不能不談**拿破崙**。拿破崙（1769-1821），號稱偉大的資產階級革命家。綜觀其一生有聲有色、大起大落的社會政治軍事文化活動，女性為其濡染上絢麗奪目的光彩。固然是當時法國歷史造就了這位資產階級英雄，但「歷史」本身就包括著「女性」的社會活動，問題是怎樣看待、對待女性的社會作用和影響。

如眾所知，拿破崙曾發佈政令，提倡婦女教育、創辦女子學校、任命女性行政長官（如任命德・讓利斯夫人為巴黎督學）……但在婦女觀問題上，他並未擺脫傳統觀念的束縛。不信請看拿破崙親自主持制定的《拿破崙法典》，洋洋大觀共兩千兩百八十一個條款，其中多處強調公民「平等」、「自由」，但實際上對女性卻無絲毫平等、自

由可言。因為法典規定：「未成年者、已婚婦女、犯人及精神病患者沒有行使法律的權利」。看來，這位清除歐洲封建制度「奧吉亞斯大牛圈」的蓋世英雄，在女性問題上，非但未觸動男尊女卑封建傳統觀念一根毫毛，反而視如珍寶一樣，將它用資產階級的新法典供奉起來，置於社會制度、法制權威的威儡之下，顯然是剝削階級本質的大暴露，同時也是性別壓迫本質的大暴露。「已婚婦女」沒有行使法律的權利，而未婚的呢，一般的都屬於「未成年者」，當然也不具備行使法律的權利，說穿了一句話：女人沒有行使法律的權利，她們只能是男人行使各種權利的對象和工具。這就是資產階級革命大英雄婦女觀的關鍵和核心問題。

記得馬克思在評價資產階級政治家拿破崙時，對於「拿破崙稱帝」問題，並不準備責備他，但在婦女觀問題上，卻強烈譴責拿破崙是一個令人蔑視的、卑鄙無恥的、沒有人性的人。「凡女人，應該為我所用，否則，就叫她滅亡」，這就是拿破崙對待女人的行為準則，這也是資產階級專制獨裁者的政治本性、社會觀特別是婦女觀決定的。

在這種婦女觀驅使下，女人不僅是他恣意毀損踐踏的犧牲品，還是他蓄意利用的政治墊腳石。瑞典皇后德蕾西就是拿破崙腳下的第一塊政治墊腳石。法國歷史學家、法蘭西學士院院士奧布裡先生在其《拿破崙外傳》中，不乏相關記載。是說出道前的青年拿破崙與綢緞商之女德蕾西·克拉裡曾有過一段兒純真熱烈的初戀，但為了政治需要，他無情地割捨了德蕾西對自己一往情深的初戀。蒼天有眼，德蕾西最終嫁給貝拿道特，夫妻雙雙登上瑞典國王、王后的寶座，這是後話。而拿破崙事業崛起的第一步，是靠德蕾西的自我犧牲和全力舉薦，才使拿破崙平步青雲，成為一個方面軍司令的。德蕾西的奉獻與犧牲成了拿破崙仕途的第一塊墊腳石。

　　踏過這個墊腳石，拿破崙跨進巴黎上流社會的文化沙龍，拜倒在約瑟芬腳下。也許是來自外省的「科西嘉粗人」被巴黎沙龍中「無冕女王」的女性魅力征服了，但更主要的是處於社會變革時期的拿破崙渴望政治騰達，急須「身系新舊制度」、政治關係多頭的混血兒約瑟芬的襄助，與之攜手並肩馳騁政壇、縱橫捭闔，得以左右逢源，共同出演十九世紀法國的歷史壯劇——顯然是政治需要。

　　為達此目的，拿破崙首先扮演「愛情喜劇」中的「癡心郎」角色——全力追求比自己大7歲、已有兩個孩子的女人約瑟芬。他在給約瑟芬的情書中令人肉麻地寫道：「吻你億萬次，象在赤道下面那樣熾烈的吻……」。他甚至直言羨慕蹲在約瑟芬腳下名叫「幸運兒」的狗「比自己幸運」。為了取悅於約瑟芬，他竟千方百計討好約瑟芬寵愛的這只哈巴狗，目的是攫獲下一個「墊腳石」……

　　對於拿破崙稱霸法國社會，約瑟芬是塊鑽石般「墊腳石」。作為當時巴黎上流社會「沙龍女王」，約瑟芬本身就是各種社會關係的聚合體。她左右逢迎，虛與委蛇，卻不失純真典雅的儀態；外表弱不禁風，內裡卻是女中強人。她以沙龍女王的社會資質襄助拿破崙的政治騰飛之勢，1796年二人結合。不久，夫妻雙雙登上皇帝、皇后的寶座。成了皇后的約瑟芬被人們稱為「勝利聖母」。圍繞著她旋轉的並非僅僅情場歡娛的旋風，更多的是法國社會的政治颶風。而能夠呼風喚雨的約瑟芬幾乎成了拿破崙協調各種政治勢力、承轉起闔上下左右四面八方社會關係最乘手的「樞紐」。對此，拿破崙曾對哥哥含蓄地吐露心曲：走遍世界各地，唯有此地的女人們（諸如約瑟芬等巴黎上流社會的「沙龍女王」）才稱得上把握潮流的舵手，而拿破崙則是男權專制戰艦上指揮「舵手」乘風破浪的「船長」。

　　拿破崙用政治權杖驅趕有才華的女性為己所用。不為其所用者，

只能為其犧牲。與約瑟芬結婚後第3天，拿破崙便去征伐意大利。一年後的拿破崙遠征意大利歸來，見到年屆20歲的雷卡米埃夫人比約瑟芬更迷人，於是春心萌動，不能自己。雷卡米埃夫人不願成為拿破崙的政治工具，禮貌地謝絕了拿破崙的求愛。為此，她不得不拒絕所有的求愛者，包括拿破崙的弟弟呂西安，還有貝拿道特將軍、蒙默朗西兄弟、梅特涅首相、普魯士奧古斯特大公，還有文人雅士夏多布里昂等諸多社會名流。「不愛我，就別愛」——懾於拿破崙的淫威，雷卡米埃夫人只好一襲黑袍包裹全身，在灰暗、殘敗、孤寂的修道院中度過本該是輝煌燦爛的一生。

從十七歲成為社交界女皇到七十歲辭世，雷卡米埃夫人的拒絕讓拿破崙「遺恨終生」，拿破崙讓她「生不如死」。人們不無痛惜地稱雷卡米埃夫人為「巴黎社交界的修女、愛情的殉道者」，其實她是拿破崙社會性別關係的犧牲者。

時至今日，巴黎的雷卡米埃胡同、雷卡米埃影劇院、雷卡米埃飯館……都在無聲的祭奠著「拿破崙之愛」的犧牲品。曾經如日中天的約瑟芬，也無法逃脫「犧牲」的命運。時過境遷以後又是為了「政治需要」，拿破崙廢掉了失去「利用價值」的約瑟芬皇后，另娶奧地利公主瑪麗‧路易絲為皇后，以便以奧地利為政治、軍事靠山，運籌新的政治軍事行動。一個新的政治踏腳墊又置於拿破崙腳下……

從性別關係視角看，把女性作為犧牲品和「踏腳墊」，這是男權專制者的共性。作為資產階級蓋世英雄的拿破崙，高出其前輩和同輩男性之處則在於：他能應心得手地驅遣女性，使她們成為自己「政治節目」中最美麗的「社會道具」——召之即來，粉墨登場；揮之即去，棄如草芥。事實上，在拿破崙男權本位社會觀念、行為中，凡任其驅遣的女性，一律成為他得心應手的工具；稍有個人見解者，

一律斥為死敵置之死地而後快。對史達爾夫人的態度，也是一典型
個案。

不知出於何種心態，一般的資產階級政治家往往希望有超俗脫凡
的紅顏知己，妝點自己的社會政治生活。可拿破崙卻有個「怪癖」，
就是厭惡、敵視一切有才識的女性。如當時蜚聲整個歐洲文化沙龍的
無冕女王史達爾夫人和雷卡米埃夫人等。她們以其卓越的才華、超眾
的學識活躍在男人充斥的社會舞臺上，不僅成為當時法國社會最亮麗
的一道風景線，還是引領世界文化潮流的一面旗幟。事實上，如果說
拿破崙是「騎馬的風暴」，橫掃歐洲封建社會的話，世人公論史達爾
夫人是「穿裙子的風暴」，席捲歐洲封建文壇。其光彩奪目的形象，
令世人刮目相待，卻見嫉於拿破崙，備受貶損和迫害。

史達爾夫人原名熱爾曼娜・內克（1766-1817），法國著名社會
政治文化活動家、評論家、作家，其父是路易十六的財政大臣。熱
爾曼娜少女時代便以超眾的文采韶華榮膺法國上流社會沙龍女王之
冠，二十歲時嫁與瑞典駐法大使史達爾──霍爾斯坦男爵，婚後稱史
達爾夫人。1789年法國資產階級大革命時，二十三歲的史達爾夫人
熱烈擁護、積極響應，以文學創作和文化活動口誅筆伐封建專制。
小說《黛爾菲娜》、《高麗娜》等，塑造了反封建專制的女性社會
代言人，產生轟動效應，史達爾夫人被譽為席捲歐洲封建主義的社會
風暴──「穿裙子的風暴」與被稱為「騎馬的風暴」拿破崙「旗鼓相
當」。

更令拿破崙無法容忍的是其執政期間，在一次全民公決投票遴
選「法蘭西之最」活動中，史達爾夫人名列前茅，拿破崙十分嫉恨與
自己比肩的史達爾夫人。所以，當史達爾夫人的《文明評論集》問世
時，法國文壇的諸多名家給予熱烈稱頌，使史達爾夫人名噪一時，卻

另有一封署名「F」的匿名信寄到史達爾夫人手中。信中通篇是無理的誹謗和惡毒的咒罵，誣衊史達爾夫人的論著「不過是酒吧女人醉後的胡言亂語，臭不可聞……」這個市井無賴一樣瘋狂詆毀法國無冕女王的「F」，這個膽小如鼠的匿名詬罵者，原來是權傾一世、威望無比的拿破崙。

拿破崙嫉恨被譽為「新世紀明星」的史達爾夫人，根本原因就是在當時法國社會輿論、民眾口碑的天秤上，史達爾夫人——一個女人的社會威望和影響之大能與拿破崙爭輝。結果，睥睨世界的拿破崙——「匿名小丑F」的無恥漫罵無損史達爾夫人一根毫毛。懾於史達爾夫人的威望，無可奈何的拿破崙只好「眼不見、心不煩」，以莫須有的罪名將史達爾夫人驅逐出法國。之後，又是懾於史達爾夫人在社會輿論界的威望和影響，拿破崙悻悻地主動表示與史達爾夫人和解，夫人對此不屑一顧。歷史如此：一倆個個案史實可能是「現象形態的真實」；但椿椿件件如此歷史：其本質內涵就是男權對女性的瘋狂迫害和踐踏，而女性在「奉獻」的同時，又對男權專制「存在的荒誕」進行反叛。

總之，在拿破崙大起大落、有聲有色的政治社會活動中，性別關係「損女奉男」的特點表現得十分典型。英國女作家夏洛蒂・勃朗特把拿破崙的一生比作橫跨「兩島」的彩虹。起點是拿破崙的出生地科西嘉島，搖藍旁「一位母親全身閃光」，哺育了「掃除封建陰霾」的時代驕子。終點是聖赫勒拿島：一籌莫展、坐以待斃的拿破崙，收到了德蕾西（初戀的情人）特地托人送來的相棋。聰明一世、糊塗一時的拿破崙竟然未能發現：其中一顆棋子「王后」內藏營救拿破崙逃出聖赫勒拿島的計劃和路線圖。一生利用女性的拿破崙，宿命地錯過了最後一次「利用」的機會，孑然無助地斃命於聖赫勒拿島。

　　時間老人是公正不阿的。他在記錄世事滄桑、評定是非功過時，揭示了男權專制對女性的巧取豪奪，肯定了奉獻者的特殊社會功績——索取者無法永生；奉獻者將成為流逝中的永恆。從空間存在特徵來看，拿破崙的出生地科西嘉島和死亡的聖赫勒拿島之間，恰恰隔著一片無垠的荒漠和無際的大海。這大海，不啻是女性的奉獻；這荒漠，恰似男權觀念對女性主體價值的侵吞。而崛起於兩島之間橫跨穹窿的「彩虹」，其輝煌的拱頂，恰可比作拿破崙事業的「如日中天」之際。不過上面聚焦了眾多女性的絢麗華彩，卻只能充當拿破崙的「綴飾」，在資產階級政治家編導、串演的「社會政治史劇」中，充當「美麗的道具」，同時失落了女性「人」的本質內涵。

　　應當承認，拿破崙之類的資產階級政治家們，曾經是成就反封建大業的「蓋世英雄」，同時又不同程度地是迫害女性的劊子手。但是在男權專制社會裡，如同「俄瑞斯特斯殺母無罪」一樣，他們的數典忘祖、損女奉男的「性役」行為，非但無損「英雄們」一根毫毛，反而成為點綴「風流騎士」性別關係的浪漫逸事，骨子裡卻是「政治行為」。因為在這個社會語境下，男人有權用非理性的行動闡釋理性的男權社會性別關係；用悖理的行為論證「合理」的女性觀念。於是，強權成了強權者為所欲為的通行證；犧牲成了女性犧牲者損奉的墓誌銘。從經濟基礎來看，這是私有制經濟土壤上的必然之果；從社會形態來看，是男權專制社會階段、性別壓迫的必然結果；從社會觀念來看，是男權觀念的必然產物，拿破崙不過是典型代表。而如此社會性別關係，必然導致女性的強烈反抗。

　　從社會語境特徵看，**女權運動第二次湧浪正置資本主義文明的勃興時期**，商品經濟的發展，摧毀了封建神權天國的田園夢幻。殘酷的競爭掃蕩了虛假的脈脈溫情，社會結構和人們的心理結構都發生了

極大的震盪和錯動。男性高揚人權、個性解放的旗幟闊步前行。覺醒的女性努力追尋著失落了的主體、被踐踏著的人格。在探索和奮鬥的社會實踐中，她們不僅堅定果敢地向男權社會索要被剝奪了的女性人權，還百折不撓地頑強拼搏，努力實現自身的價值。這時的女權運動，雖然算不上正確理論指導下的自覺的革命行動，但作為反叛男權專制的女性群體性崛起，畢竟是具有突破性意義的社會性別革命。

　　還有一個必須強調的問題是，美國「女性獨立宣言」發表的同年，震驚世界的《共產黨宣言》問世，無產階級革命運動興起，把勞動婦女的解放納入無產者奮鬥求解放的革命軌道，世界婦女解放運動新軍突起，顯示了方興未艾的無限艱辛、偉大的誘人前景。而女權運動則繼續在資本主義社會內部探索前行……

　　時至二十世紀上半葉，西方幾個主要資本主義國家的婦女相繼獲得了形式上的公民權和選舉權，但並未觸動婦女問題的社會實質，婦女解放徒有虛表。這時期，清教主義氾濫、法西斯主義甚囂塵上，對女權運動採取殘酷的高壓政策。希特勒就狂熱鼓吹女性重返「三 K」（即德語中的廚房、育嬰室和教堂），嚴厲壓制女性走上社會。在英國，激進的女權主義者班克赫斯特領導「戰鬥的參政派」以暴力要求參政，被捕入獄。二十世紀上半葉，不少女權運動者慘遭迫害、被捕入獄。女權運動陷於波谷狀態，醞釀著新的崛起。

　　「女權運動」的第三次湧浪勃興於二十世紀六十年代。二次大戰結束後，法西斯主義壽終正寢，民主運動勃興。在法國，1949 年，西方婦女解放的「聖經」——西蒙娜・德・波伏娃的《第二性》I.II 卷問世，對西方女權運動具有綱領性的指導意義。在美國，1963 年，貝蒂・弗里丹發表了《女性的密秘》，號召婦女從家庭的囚籠中解放出來，得到了眾多中產階級婦女的共鳴。1966 年，美國成立了以弗裡

丹為會長的「NOW」即（「全國婦女組織」），以男女平等為其宗旨。其他婦女解放組織也接踵誕生，女權運動在歐美一些國家再度出現峰巔狀態，形成了第三個湧浪。

較之前兩次「湧浪」，這次較注意女性問題的理論探索，引發出七十年代「女性學」研究的勃興。可以這樣說，女權運動第三湧浪的進步性表現在：創構相關理論指導女權運動實踐，並形成跨國別的女權運動相聯繫的發展態勢。另一方面，與此同時，女權運動內部分化成不同派別，呈複雜性、多元化趨勢。

應當指出其中所謂的激進女權主義者。她們過分強調性問題對女性命運的決定性作用，錯把性權利誤認為是女權運動的奮鬥目標，提出了狂熱而激烈的「性解放」至上主張。儘管她們對男性專制的批判是激憤和猛烈的，卻無奈基本理論上的偏頗和失誤，結果是「差之毫釐，謬之千里」，反而掩蓋了婦女解放的實質性問題，使婦女解放產生了「性解放」的畸形裂變，使男女平等的婦女解放基調產生了「將女權置於男權之上」的荒誕變奏。這種變奏在「馬賽曲」的故鄉流變成「高盧雄雞（男權象徵）將被高盧黃蜂（女權象徵）代替」的狂想曲。

在法國，二十世紀的「極端女權主義者」克萊門斯・羅耶預斷：男性的鼎盛時期已成歷史。女性正在智力、體力諸方面日益進化。勃蘭特也認為發展趨向是女性將顛倒乾坤高居男性之上，象高盧黃蜂中獨身的雌蜂那樣生活──高盧雄雞將被高盧雌峰代替。這種變奏在美國則流變成「現代阿瑪宗狂想曲」。「阿瑪宗」是古代希臘神話中的女兒國。阿瑪宗人摒斥男性，女性獨闖、獨撐、獨掌、獨霸天下，可謂古代「女權狂想曲」。

二十世紀的美國極端女權主義者們，千方百計、挖空心思收羅歷史、現實的；生理、社會的；習俗、理論上的資料、數據，以洋洋

大觀的實證材料論證男性的生理劣勢。其重要論點之一，就是男性遺傳基因中的染色體與女性不同而處於劣勢，從而得出：「男子的出現和存在，僅僅得助於生物學上的偶然性」結論。他們認為，現代社會的男性只具有一般意義上的體力優勢。現代科學的發展告訴人類，如果需要作為生產要素的身強力壯的男性，機器人則可以完全代替他們……未來世界將是女人獨霸的「女兒國」。這便是「現代阿瑪宗狂想曲」的荒誕變奏，實與男女平等、性別和諧背道而馳。

必須認清，婦女解放整體形態中局部的「性解放」畸形裂變、男女平等基調中「女權高於男權」的荒誕變奏，顯露出偏激女權運動中的病態痼疾，這是其極大的局限性，必然導致更大的性別衝突。但是，我們無法否認，千百年來男權專制的荒誕社會，男尊女卑的傳統觀念使女性壓抑的人生、扭曲的心態……一直無法以社會常態表現。「當常態不能以常態表現時，必然產生變態」，這也是一種「矯枉過正」的必然。這種「必然」只是「過程形態」，並非最終結果；只是局部，並非全局。追尋和探索出路的跋涉者難免失足或誤入歧路，要緊的是有正確理論教正。不要忘記：「己所不欲勿施於人」。

西方女權主義運動**第四湧浪為「後現代女權主義」運動勃興**。「後現代」（postmodern）脫胎於現代又反叛現代（工業社會），其理論依據是後現代主義（postmodernism）。後現代主義是在挑戰現代西方工業文明中生成的一種新興的社會理論思潮，兼俱解構和建構的雙重使命和兩重意義。後現代女性主義就是女性主義與這種思潮相結合的產物。就其複雜性而言，三言兩語很難完成面面俱到的闡釋，這裡僅就其產生的語境和語義特徵稍事解讀。

從語境特徵來看，二十世紀末期，信息產業的飆升，網路性非體力勞動的激增、純體力勞動銳減的發展趨勢，勢不可擋地衝擊著工業

社會以來建構的有形無形的正統秩序、傳統規範,特別是傳統的性別觀念法則,努力營造一種反傳統的新社會語境。就其語義特徵來看,後現代女權主義否定工業化以來的一切宏大理論體系的單一霸權話語,也反對「二元對立」,強調多元化,維護異質。從積極方面看,既是對男性單一霸權話語體系的解構,也是對性別對立話語的消解。但解構的同時如何重構?主張「兼容黑白兩極和多色調光譜體系」是否最科學的性別和諧社會解碼?尚要實踐回答。假以時日,後現代女權主義的是非功過,還要經由社會實踐檢驗,我們還要拭目以待。

綜觀兩百多年來女權運動「幾次湧浪」時起時伏的發展態勢,研究女權運動的形態特徵和作用影響,容易使人聯想到畢加索和他的名作《亞威農少女》。從性別視角探尋畢加索的藝術世界,女性是進門的鑰匙。大師的藝術創作和社會生涯都與女性結下了不解之緣。當畢加索還是個一文莫名的巴塞羅納窮畫匠時,是美國女作家斯泰因發現並鼓勵襄助這位天才。眾多非凡的女性激發了他的創作靈感,影響著他的藝術觀念和繪畫風格的嬗變。他直言不諱自己的藝術成就來源於他生活中的「女神」,同時他又把這些女神當作他成功之路上的「踏腳墊」。正是她們造就了**畢加索**這個舉世矚目的、西班牙鬥牛士般雄蠻的畫壇怪傑。他的生平創作業績,**堪稱社會性別關係的又一個案典型**。

畢加索(1881-1973)作為法國現代畫派重要代表,以其神奇怪異的畫筆人世間恣肆無忌地翻攪了將近一個世紀。不僅攪亂了貴族風雅文化的沙龍和傳統藝術的象牙之塔,還攪動了億萬人心。有人罵他是藝術史上的「邪惡天才」、美術界的撒旦,也有人褒獎他高級勳章,稱他是劃時代的藝術天才,蓋出於他對傳統繪畫觀念的反叛特別是對女性形象夢魘般的超乎尋常的表現上。

　　從性別視角看，他對傳統觀念的反叛和超常規特點，類似女權運動對傳統性別觀念的反叛。畢加索稱自己的畫作《亞威農少女》是「烈性炸藥」，它把西方世界千百年來苦心營築的傳統畫派觀念的堡壘轟開了無法修補的大洞。洞若觀火的同時，再造新的價值觀念體系，確立新的審美判斷。正因為如此，這個畢生從母姓的、靠女性喚起創作靈感的畫壇怪傑，借助女性形象實現了繪畫藝術思維方式和表現手法的劃時代變革，成為「法國現代畫派」的巨擘。

　　與之相似的是，西方女權運動正是女權主義者手中的「烈性炸藥」。它猛烈地轟擊著男權專制的罪惡堡壘，使傳統的社會機體性別關係結構發生了錯動。「女權宣言」對男權專制的大膽挑戰，宣告了男尊女卑時代的必然終結，使困囿於其間的女性脫穎而出，踏上了爭取女性人權的艱難征途。儘管女權運動道路曲折、步履維艱，有時甚至步調失衡、步態扭曲，但畢竟是開動自己的雙腳，腳踏實地地開拓著前無古人的新路。振臂投足之間，女性們跨越了「依傍男人」、「俯伏在地」的無獨立人格狀態，超越了傳統性別觀念的歷史局限，超越了自身的社會局限，實現了一個歷史性的突破。無疑應該是婦女解放運動世界大潮中，摧枯拉朽、不可遏止的「湧浪」之一。

　　回眸二百多年間西方女權運動湧浪幾次波峰波谷的社會演進，以索要「人權」為起點，以男女平權為直接目標的女權運動湧浪，雖然時高時低、時起時伏，卻產生過不可遏止的衝擊力，極大地衝擊了男尊女卑的傳統觀念，產生了極其廣泛、深刻的社會影響，引起了男權社會性的「精神地震」和社會習俗、特別是性別關係嬗變的連鎖反應。歐美各國女性參政、議政、甚至執政現象的出現，職業婦女的增多，就某種意義上來講，不能不說是女權運動衝擊的結果。

　　這種衝擊波擴散到全世界，亞洲、非洲各國均有反響。阿拉伯世

界女性的覺醒；日本、印度等國女性的抗爭；有色人種和第三世界女權運動的興起，都曾直接或間接地受到西方女權運動的影響。時至今日，婦女解放運動早已超越了國家、民族和階級的局限，成為整個世界共同關注的「全球性問題」。

風雷激蕩的兩百多年，世事滄桑巨變莫等閒。但從總體態勢來看，女權運動大多是在資本主義社會內部實行的變革，並未觸動社會制度的實質。形式上，西方中產階級婦女、知識婦女、職業婦女走上社會，承擔了一定的社會責任。實際上，她們前腳在家庭小作坊，後腳在社會大工廠，馬不停蹄地奔波，從扮演主婦的單純角色的家庭羅網中邁入多重負擔的社會角色叢的荊棘中。在夫權奴役的家庭義務上增加了社會責任的雙重負擔，難以得兼又不可或缺的艱辛和顧此失彼的窘困，嚴重困擾著現代西方職業女性。

女權運動的最大歷史悲哀是在資本主義社會內部的孤軍奮戰，疲於奔命、力不從心已勢在必然。關鍵在於男權社會不徹底改變，人權實際上仍是男人壓迫女人的特權；女權成了塗在臉上的脂粉；「女權宣言」成了一紙空文；男女平等的形式成了不平等實質的遮羞布；婦女解放成了用時舉在頭頂、不用時捲踏在腳下的旗幟；男女平等的國家立法，成了除了許諾一無所有、永不兌現的空頭支票；婦女的真正解放成了「畫餅充饑」的神話。「徒有其表未得其實」——這便是現代西方女權主義面對曾經的嚴峻社會歷史課題。而「利維坦式男女平等」的虛假性，又是女權主義必須解決的現實問題。

綜觀女權主義勃興以來，二百多年的風風雨雨的試煉，儘管時起時伏，但各流派的共同宗旨都是反對男權專制，目標大多是追求婦女解放，男女平等，同時又各具個性特徵。如前所述，西方學者將其分為自由主義女權主義、激進的女權主義、社會主義女權主義、後現代

女權主義和有色人種、第三世界女權主義五種類型。國內學者也基本持五分法。我覺得還有「存在主義女權主義」不能忽略不談，有西方研究者將其歸為「社會主義女權主義」，我們持不同學術觀點，覺得還是歸為「存在主義女權主義」為妥。其代表人物就是風靡二十世紀人類社會的波伏娃（1908-1986）。

2008年是波伏娃百年誕辰，被法國學界命名為「波伏娃年」，對其祭奠規模之大，推崇之高調，在西方婦女運動史上難有出其右者。但對其婦女理論觀點和畢生業績，卻是明褒暗貶——典型的「利維坦式」、典型的二律背反。所以**波伏娃堪稱現代西方社會性別關係的典型個案**。

綜觀波伏娃七十八年生命旅程、半個多世紀的事業征戰，因其在眾多領域建樹非凡，有人說她是「一束散亂的花」……確實，她以哲學家、文學家、政治社會活動家、當代西方女權運動精神領袖的巨大聲名、全息色彩的絕代風華蜚聲世界，堪稱對「第二性」悲劇命運的超越了吧？但她恰恰又是女性悲劇命運的社會典型。何以如此矛盾？欲求解這個問題的答案，我們要對她的「社會關係」、社會貢獻進行綜合闡釋，多元解讀，才能透視其「全息色彩」事業豐碑的方方面面，還有她的「性別關係」的理論與社會實際的悖論……

波伏娃社會存在全息色彩的主體特徵之一，首先是作為存在主義女權主義哲學家的波伏娃。她所建樹的功績就是與薩特共同奠造了人類哲學發展史上的一塊碑碣——無神論存在主義。這個哲學「是關於存在的哲學」。很難說這個哲學理論中的哪部分觀點是薩特的、哪部分是波伏娃的。他們主要著述的基本觀點，大多是二人共同研討、切蹉的結果。堪稱是這個哲學流派奠基作的《存在與虛無》，其作者雖然冠以薩特的大名，實際上，著述的字裡行間滲透著波伏娃的智慧和

心血。薩特曾多次強調在學術研究上，他與波伏娃的「對等關係」，這種對等的關係實際上貫穿於他們共同進行學術研究的始終。但社會評論界偏要把波伏娃排在從屬於薩特的位置，抹煞其主體地位。

波伏娃和薩特、雷蒙·阿隆等人在二十世紀四十年代中期創辦了《現代》雜誌，用存在主義觀點研究社會、政治、文化問題。在此其間，作為薩特密友的梅爾洛邦底、卡繆、尚松等，都因政治傾向不同或哲學觀點上的分歧，中斷私人友誼，退出《現代》雜誌，棄薩特而去，成為薩特內心深處「永不收口的傷痕」。在風雲變幻的政治鬥爭旋渦裡，在深水探幽的學術研究瀚海中，幾多人停船息槳，幾多人釜底抽薪，幾多人淤陷擱淺，幾多人隔岸觀潮……世態炎涼、人情冷暖使薩特得出了「他人即地獄」的社會人際關係命題，世界文化的偉大梟雄成了飽受心靈創傷的「孤獨者」。照耀薩特人生征途的唯一一輪永遠不落的精神太陽就是波伏娃。半個多世紀的風雨同舟、患難與共、相濡以沫……薩特由衷地感歎波伏娃是「荒誕世界」對他的「唯一恩賜」。二人的社會性別關係是對立統一指歸和諧的「試驗」。

波伏娃社會存在全息色彩的主體特徵之二，就是存在主義女權主義政治思想、社會活動家的波伏娃。總體來看，在二十世紀後半葉風雲變幻的社會政治舞臺上，波伏娃被稱作「左傾激進派」的社會活動家。她積極參與國內外各種社會活動，反對殖民主義、反對法國對阿爾及利亞的戰爭。第二次世界大戰中，她不畏艱難險阻，積極參加反法西斯的抵抗運動，表現出鮮明的是非觀念和堅貞的愛國主義氣節。

二次世界大戰後，作為社會活動家，波伏娃的足跡遍佈世界各地，並將所見所聞、所思所感訴諸文字，臧否時政。對西方資本主義制度的一些弊端，能以較客觀的態度進行評判。在1948年的《美國逐日記事》中，曾對美國不平等的社會現象進行了有力的揭露和批判。

而1955年與薩特的中國之行，則寫出了《萬里長征》一書，熱情洋溢地歌頌中國革命的偉大事業和輝煌成就。作為一位西方社會政治文化思想活動家，波伏娃在政治態度和思想觀點上，表現了鮮明的是非觀念和進步的社會傾向。

波伏娃社會存在全息色彩的主體特徵之三，是表現在文學創作上。作為存在主義女權主義文學家的開山之母，她最早的小說《精神的優勢》1936年創作，卻遲至1979年才出版。將存在主義的哲學思想與存在主義文學的特殊表現手段和女性命運巧妙融於一體，創作出獨具風采的戲劇、小說等多種體裁的存在主義文學作品，波伏娃是首創者，也是成功者。

處女作《女賓》（1943年）同時也是她的成名之作。小說描寫一對年輕情人彼埃爾和弗朗索瓦茲同情並幫助了一位年輕的姑娘薩維埃爾。為了在友誼、愛情問題上進行「自由選擇」的探索和嘗試，他們「三合一」地生活在一起。在幾何學中，這個「三角形」是個科學的客觀存在；在性別關係中，「三角關係」卻是個「荒誕」的社會存在。這種荒誕存在引起了矛盾、衝突、嫉妒、仇殺、「他人即地獄」式的一系列荒唐的鏈鎖反應，導致「三位一體」的破裂。這種以存在主義哲學理論標尺設計、規劃的「性別三角關係」，客觀上揭示了存在主義、特別是存在主義女權主義「自由選擇」的烏托邦實質。

使波伏娃一舉成名的《女賓》，融進了波伏娃親身經歷結晶出的精神情愫和哲學思維因子，凝鑄成二次世紀大戰前法國知識女性精神求索的社會典型。小說筆調深婉動人。從文本話語的語義內涵來看，寄託著女作家精神探求的哲學思考，弦外之音高遠深邃；表達女性心靈深處微妙情愫的情感釋放，「意外之旨」若明若暗。《女賓》確實出手不凡，被公認為是與薩特的《厭惡》齊名的小說。而談到《厭

惡》的出版，薩特曾洋洋自得道：「我在三十歲上露了一手」。直到古稀之年他還志滿意得地確信：「《厭惡》是我最好的文學作品」。《女賓》與之齊名，足見波伏娃與薩特旗鼓相當的「對等關係」。

從性別社會學角度看波伏娃文學創作的主體性特徵，主要表現存在主義女權主義「對抗荒誕」的社會主題。小說《大人先生們》（1954年）獲「龔古爾文學大獎」。這部小說以亨利和波爾小姐在法國淪陷期相愛、同居、共同參加抗抵運動、勝利後關係失調的悲歡離合為情節主線，與主線相交織的是一群非共產黨的「左派」著名知識分子。小說揭示了二次大戰前後，這些人左右失據、進退維谷的窘困心態，展示出「大人先生們」的精神面貌和思想危機，在一定程度上，再現了波伏娃與薩特一段情感生活和戰鬥經歷，隱含「性別關係」主題，突出女權思想和波伏娃的主體意識。

從性別視角來看，與「大人先生們」相關，小說中塑造的幾個出類拔萃的女性，無一例外都是悲劇命運的犧牲者。她們徒有橫溢才華、淵博學識，枉具過人膽識、超群才智，最多只能是男人的副手。她們越是頑強抗爭、奮力拼搏、捨命苦鬥，越是掙不脫受男子擺佈的命運之網——古希臘「命運」悲劇的陰影在波伏娃筆下，成了女性悲劇命運的永恆魔影。反映現代女性被貶抑、無出路的悲哀與憤慨。小說同時著力塑造在「自我意識和社會環境衝突」、「選擇自由和生存條件矛盾」中拼搏、崛起的存在主義新女性形象，顯示了存在主義女權主義的「對抗性」——對傳統的男尊女卑觀念的強烈對抗意義。

波伏娃創作的劇本也頗具女權主義義特色。她的歷史劇《白吃飯的嘴巴》（1945年），以十四世紀意大利沃塞爾城邦為戲劇舞臺，以城邦被侵略者圍困、彈盡糧絕、誓死守城、拼死突圍的歷史事件為主線，創作借古喻今的劇本，表彰婦女在反侵略戰爭中的無私奉獻精

神，突出以卡特麗娜為首的女性與男人同仇敵愾，誓死抗敵的氣壯山河的英雄氣概。有力地證明了女人並非「白吃飯的嘴巴」，她們是反侵略的愛國主義的民族英雄。從性別視角看，突出女性社會主體形象，其價值超越了薩特的《蒼蠅》。

比較文本創作的社會語境、語義特徵，與《白吃飯的嘴巴》幾乎同時期，薩特創作了劇本《蒼蠅》。它由古希臘悲劇改編而成，塑造了一個存在主義的英雄。兩個劇本共同的表現特徵是：以歷史事件或神話傳說為藍本，結合二次大戰時期法國的社會現實，把傳統的古典戲劇藝術與典型的現代愛國主義精神和反傳統的哲學意念結合起來；把社會道德觀念和存在主義哲學反傳統的價值觀念結合起來；傾注了作家強烈的憎愛之情，熔鑄成「自由選擇」頑強鬥爭的反叛情結。不同的是波伏娃對婦女問題的關注、對女性精神力量的肯定，是薩特不可迄及的，也是同時代其他作家不可迄及的。

綜觀波伏娃的二十多部作品，就文本的語義特徵來看，通體流貫著存在主義哲學思想的血脈，貫穿著女權主義的思想主線。從創作主題來看，突出社會性別關係中的女性主體意識，特別著力表現女性生存條件和生存自由間的激烈矛盾衝突。就創作實踐來看，她把存在主義哲學反傳統的觀念與文學干預社會生活的表現形式結合起來，借古道今，著力表現現代西方人、尤其是西方女性自我意識與生存環境的激烈衝突。把存在主義的哲學觀念和反傳統的婦女觀水乳交融為一體，波伏娃顯示了無與倫比的特異風采，一幟獨樹地撐起了存在主義、女權主義文學的大纛，至使澎湃於二十世紀中葉的這股令人十分矚目的文學潮流，在法國文壇上蔚為大觀，其影響波及整個世界，滲透二十世紀法國社會生活諸多領域，並延及二十一世紀……

從文化社會學角度看，在存在主義哲學、存在主義文學影響之

下，一度存在主義裝束、存在主義髮型、存在主義遊戲等「存在主義系列」風靡於世。甚至連存在主義作家時常出入的幾個咖啡館、夜總會等處，也塗上了「存在」的傳奇色彩。這種令人瞠目結舌的「社會現象」反映存在主義文學影響之廣泛、深刻，特別是波伏娃的存在主義女權主義創作主體特徵，影響遍及全世界。

波伏娃社會存在全息色彩主體特徵之四，是作為西方女權運動精神領袖的波伏娃。在凝鑄其畢生心血的二十幾部傳世之作中，無不為「女性存在的荒誕」大聲疾呼，憤激吶喊、理性批評……其中聲名最為卓著的是《第二性》（1949年）。全書中直面女人「第二性」社會悲劇的歷史和現實，強烈譴責男權社會毀損、戕害女性的罪惡；檢討「第二性」的成因：從生物學到心理學分析、從政治經濟學到哲學社會學研究……借助理論批評抽絲剝繭、逐層深入、一針見血地揭示「第二性──女人」的社會悲劇「不是生成的，而是形成的」。她直言不諱，傳統的性別觀念──天經地義的人之常情、世之常理，只是男權專制的「公理」。撕掉「公理」的麒麟皮，露出男尊女卑的「馬腳」……《第二性》的作者以哲人的睿智和反傳統的超人膽識，將性別壓迫的秘密以理論著述的形式昭告於天下。

《第二性》不僅揭示了荒誕存在的性別壓迫實質及其深層內蘊，還揭穿了所謂男女平等現實的虛偽性，並作出振聾發聵的社會的判辭，：「有史至今，男女兩性從來沒有真正平等過！」這醒世箴言式的宣告不啻是重磅炸彈，震驚了男權社會，震醒了半明半暗的女性世界。波伏娃成了西方二十世紀最清醒地直面女性慘淡人生和淋漓鮮血的「女聖人」，成了女權運動和婦女解放的一面旗幟。她激揚文字呼籲現代女性對抗「第二性」這荒誕的存在，贏得選擇的自由，去找回自己失落的「草帽」──女性主體價值的冠冕。

　　如今，《第二性》問世已六十多年。它的理論價值及其巨大的社會影響歷經半個多世紀實踐的檢驗，贏得了極高的社會聲譽和價值認同。有人把它說成是婦女解放的《聖經》，還有人甚至將其與《共產黨宣言》相比。相同的是，它們都對「鐵鑄的歷史權威」──傳統社會、男權觀念，進行了莊嚴的指控和大膽的反叛。不同點則在於：馬克思主義婦女理論不僅是「除舊」的革命哲學，又是「創新」的科學社會學，是植根於歷史唯物主義和辯證唯物主義社會土壤中根深葉茂、生機勃勃的理論巨樹。而波伏娃的理論著述則是植根於存在主義哲學土壤中的婦女理論，雖然揭示了「第二性」存在的荒誕，卻無法改變女性社會主體缺失的這荒誕的存在。面對老而未死、腐而未朽的男權觀念，女性的社會悲劇還在演衍……

　　從哲學社會學角度看，作為存在主義哲學家，波伏娃的社會觀、婦女觀不能不受其哲學觀的影響。而存在主義是兩次世界大戰間，西方世界經濟危機、政治式微、道德頹喪……的精神產物；是在信仰危機、精神困惑的時代陰影籠罩下，一些哲人托遺響於悲風，思考探求，催生下來的精神產兒。它脫胎於西方社會混亂動盪的母腹，必然帶有反對荒誕的對抗色彩和無奈荒誕、惶惑無主的悲哀色彩這雙重胎記。它的理論基調是對抗哲學和悲哀哲學的雙重迭奏。存在主義自詡是馬克思主義理論中的一塊「飛地」，自稱為存在主義馬克思主義，實際上是用「存在」辯證法代替唯物辯證法，認為人類歷史只能是「一場沒有盡頭的荒誕悲劇」（馬克思主義卻認為人類最後一幕將是喜劇）。在此哲學基礎上建立起來波伏娃「第二性」批評理論和創作，既是對「第二性」命運憤憤不平的指控，又是無可奈何的認同。

　　從性別社會學角度看，波伏娃對女人──「第二性存在」充滿血淚又是無可辯駁的事實的確證；理智、審慎，同是又是理直氣壯的

雄辯指控；對有史至今的男權觀念舊傳統的大膽衝擊和勇敢挑戰……
這一切，無不是對女性悲劇命運大膽反叛的行動宣言和智慧挑戰的戰
鬥檄文。正如趙玫對波伏娃的評價：「她不想成為那束散亂的花」
（《社會科學報》2008.11.27）。基於存在主義女權主義思想，波伏
娃的女性批評理論是用「自由選擇的行動學說」向「存在荒誕」挑
戰，顯然與「對抗哲學」同聲共鳴。她強調這種選擇和行動是一種自
由的追求、充滿活力的運動、自我實現的行動，充分體現了波伏娃自
身的社會主體性。但遺憾的是這種自我實現的運動著的力（並非物理
學中的矢量）沒有明確的方位指向，故而徒然運載著人的剛勁意志和
澎湃激情，卻尋不到理智的歸宿和確立女性主體價值的社會立足點。

　　正因如此，波伏娃的存在主義女權主義社會批評理論，沒有為婦
女解放指出明晰的方向，徒然陷入存在困境。就連女哲人本身也陷入
對抗、悲哀矛盾衝突的人生「危機」怪圈中。在男權本位社會中，男
人手中強權的魔杖，正是排演女性「悲愴」奏鳴曲的指揮棒。社會不
改變，無人能徹底擺脫這「指揮棒」的驅遣，大名鼎鼎的波伏娃也不
例外。這是存在主義哲學的局限性，也是波伏娃女性社會批評理論的
局限性和本人的局限性，歸根結底是時代的局限。這種種局限影響著
波伏娃對「第二性」的突破和自身社會主體地位的確立。

　　從性別關係看，眾所周知，在波伏娃七十多年的人生旅途中，
她和薩特作為情感上的知己、精神上的知音、事業中的同道、生活中
的伴侶，攜手並肩、風雨同行了五十一年之久，目的是探索男女平等
的性別和諧之路。這種未經「婚姻」之類法律形式固定下來的男女共
同生活的獨特方式，波伏娃幽默地把它稱作「長期合夥」。這種不受
婚姻制約的男女「夥伴關係」不是庸俗的同居，也不同於曖昧的婚外
戀，而是一種特立獨行的男女結合方式，被稱之為「亞婚姻」狀態。

保障兩者性別關係長期處於和諧均衡狀態的「控鍵機」就是他們所強調的「對等關係」。在他們共同生活的精神天平上，人格價值的法碼應該是「對等」的。那麼事實果真如此嗎？

　　從存在主義女權主義對傳統性別關係的反叛來看，千百年來，直至現代社會，無論何等偉大的女性，幾無例外地要遵循的人生三步曲，都是戀愛──結婚──賢妻良母的傳統結構模式。波伏娃卻偏向命運挑戰：不結婚、不生孩子、不依靠丈夫，要用反傳統的獨特行動重新改寫女性命運三步曲，同時以此證明什麼是女性自我實現的人生價值──反叛「女人第二性」、確立女性社會主體地位，是她與薩特「合夥」的初衷。

　　從社會性別關係的深層內涵來看，薩特對波伏娃的觀點，可謂心有靈犀一點通。他直言不諱「喜歡和女人在一起」，卻不願受婚姻約束。於是雙方鄭重盟誓：深摯的感情、實質性的夫妻關係，卻摒斥婚姻形式的制約。它以雙方互敬互愛的情感的強烈吸引為精神紐帶，以各自人格的獨立、自由、完整為前提，以自身素質的提高和主體價值的實現為基礎。波伏娃一絲不苟地實踐著自己的選擇。她不肯以薩特妻子的身份墮入薩特的臥室，安享「夫榮」帶來的「妻貴」，而要以波伏娃的身份獨立於世。她寧可因獨立攀登而鮮血淋漓，也不願靠依賴男人換得一個失掉血色的蒼白的人生。她只要男女兩性人格價值天秤上的法碼「對等」關係。她是「性別平等和諧關係」的認真實踐者。

　　但她的和合作夥伴薩特呢，主觀宣言上承認雙方的「對等」關係，行動中恰恰相反，時常忘卻自己對波伏娃信誓旦旦的愛情宣言，曾與幾個女性有過超友誼的關係。在他與波伏娃實驗性別和諧的「二重奏」中，出現過微妙的、不和諧的「泛音」。1936年，為了實踐

「重建人與人之間關係」的嘗試，薩特和波伏娃請奧爾嘉‧高莎綺維支（波伏娃的學生）與之同住。薩特熱戀了上奧爾嘉，至使原有的「二重奏」失調；後來的「三重奏」試驗變調。為此，薩特曾表示願同波伏娃正式結婚，波伏娃未接受。她主張有情即合、無情即散，並不強求婚姻形式。她確信，在真正的有識之士之間，才華的相互吸引和學識上的「心有靈犀」就是情感的「萬有引力」，應該沒有任何一種外力可以割斷它，也沒有任何「第三者」的介入可以取代它。波伏娃矢志實踐性別和諧的「對等關係」。

　　從性別平等和諧關係的社會實踐來看，在自己漫長的人生征途中，波伏娃用女性主體優異「資質」的永恆魅力取代了女性「姿色」的短暫魅力。在與薩特半個多世紀的共同生活中，她始終堅持自己高潔峭拔的信念和操守，忍辱負重、苦力拚搏，隻身迎戰男權社會的挑戰，比任何人都更深切地體驗了女人「第二性」的社會性別悲劇命運，並以存在主義女權主義的方式確立女性社會主體地位，反擊命運的不公。在社會性別「關係論」問題上，用如此特立獨行的方式實現女性獨立的人格價值，波伏娃是史無前例的「第一人」。事實上，為了實踐自己的誓言，為了對薩特的承諾，她忍痛割愛了美國著名作家納爾遜‧阿爾格雷對自己誠摯的愛情，卻要默默忍受薩特言而無信、不斷變換無數女友的事實。**這便是二人「對等關係」中「不對等」的實質──對「第二性」口誅筆伐的波伏娃仍未逃脫「第二性」的社會性別關係。**

　　稍微尊重一點事實的人都知道，《第二性》問世後，作為女權運動的精神領袖，波伏娃的聲名遠遠超過了薩特，還有他們在文學創作中的「對等價值」，既使在哲學上，他們也是齊名的存在主義哲學家，但偏偏有人把二者之間的齊名變成了次於；對等變成了一高一

低；同行說成是師生……傳統觀念頑固地堅持「男主女從」，仍把波伏娃作為薩特的伴侶介紹。至使波伏娃本人因此而憤憤不平道：「為什麼從來沒有人說薩特是波伏娃的伴侶！」可謂一語中的「男權觀念」中的性別關係實質。

　　問題在於波伏娃直言不諱、身體力行男女「對等」關係，自然為男權觀念所不容。男權觀念的刀、鋸、斧、鑿一定要將她特立獨行的高標峭拔砍平、削低，最趁手的工具便是男尊女卑的現代變種：男主女從。於是見諸多種理論著述和社會評論，都狂熱吹捧薩特，同時故意貶斥或漠視波伏娃的「存在」。無法迴避之時，便把波伏娃說成是薩特的「伴侶」和「學生」一筆帶過。彷彿不借「夫榮妻貴」之便，波伏娃根本無法登上學術界的大雅之堂一樣。我們承認波伏娃確實比薩特小三歲，但年齡並非衡量學術水平的絕對標準。特別是波伏娃與薩特同年通過大學畢業後的哲學學銜考試——他們的起點在同一水平高度上，是平行對等的關係，並不存在著先後、高下的師生關係。也許有人會強調另一個事實：通過學銜考試時，薩特是第一名，但這是他第二次考試的結果；第一次考試時，薩特名落孫山。而波伏娃的第一次考試就獲得了成功，第二名的她將薩特以外的一切男性參試者都遠遠地拋在了自己的後面。再看主考教授對兩位選擇「哲學」為終生事業的青年人的評價：「薩特的知識是超群的，而真正的哲學家卻是波伏娃」。尼采曾經斷言：哲學與女性無緣、女性沒有哲學家。但波伏娃卻與薩特共同創立了存在主義哲學。更主要的是，權威論定：在薩特與波伏娃之間，真正的哲學家是波伏娃。事實已經鑄成波伏娃在「性別關係」中無法撼動的「主體地位」。

　　真正將社會性別視角納入研究課題，我們必然發現：如果說作為文學家、哲學家，波伏娃和薩特二人基本處於「對等」地位，那在

「女性問題」、特別是女性社會批評理論和社會影響上，二人卻是天差地別。波伏娃是有實踐有理論的女權運動的精神領袖，而薩特卻是未能徹底擺脫男權本位觀念束縛的「凡夫俗子」，儘管從整體上來看，他乃不失為一位偉大的哲學家、思想家。正因如此，法國前總理巴爾認為薩特的逝世，「使法國和國際思想界蒙受了損失」。而法國前總統密特朗卻這樣評價波伏娃：「她的一生，她的作品和她的鬥爭，導致了當今法國和整個世界女性和男性的覺醒。」而真正覺醒了的女性和男性，應當承認波伏娃「超越第二性」的社會主體價值和對性別平等關係的不懈追求的合理性。

再看《第二性》的姐妹篇《拒絕做第二性的女人》（中譯本1988年問世）。該書不僅是作者理論觀點的宣言，更是自身社會實踐的總結──波伏娃自己正是終生苦力拚搏「拒絕做第二性的女人」，卻難以真正擺脫「第二性」的荒誕存在。追根溯源，作為私有制經濟基礎上的必然「社會存在」，波伏娃的全部理論和畢生實踐的最強音，也無法徹底超越「第二性」社會語境的荒誕存在。這種基於「認識論──關係論」的理論判斷，具體表現在她與薩特關係的實踐中。

毋庸諱言，被奉為「現代西方大哲」的薩特，也有常人的一面，也有一般男人的男權觀念局限性。記得項退結曾在《現代存在思想家》中直言不諱：因為個子矮小而找不到同伴的薩特十分害怕孤獨……他三歲時患眼疾留下後遺症，終生斜眼看人，卻獨獨正視波伏娃這塊「真金」的價值。就像貝多芬患耳疾卻創造出最動聽的音樂一樣，患眼疾的薩特卻又慧眼獨具地選定波伏娃為自己的終生伴侶和事業同道，並由此產生一種對波伏娃特殊的感情上的珍視和倚重。薩特自己也直言不諱：有時候海狸（薩特對波伏娃的昵稱）晚上沒有空，我喜歡獨自去吃飯……那時候，我就感覺自己孤獨……

　　事實上，出於先天「斜視」的眼疾——不僅是生理上的眼疾病，更有男權觀念的偏見，薩特嫉恨母親的改嫁並由此遷怒於一般女性、賤視女性，根本無法真正正視波伏娃的價值，只把她當成女友、學生、性夥伴，甚至多次在情感上背叛波伏娃。對於波伏娃來說，存在主義女權主義「自由選擇」的理論和行為是女性自我超越的主體設計，但主、客觀條件的限制，無法真正實現男女「對等關係」，於是構成了理論與實際的二律背反。

　　有荒誕必有反叛！波伏娃的存在主義婦女解放理論、特別是她的女權主義批判理論，主張以女性主體的自由選擇對抗社會的、集團的、性別的或其他的非人化趨勢，從而激發女性對人格價值失落的反思、追尋和求索，從中獲取行動的能力和選擇的自由，以真正實現社會主體價值。就某種意義上來講，應當承認波伏娃的理論，是一種較高層次上的哲學社會學理論的「自由選擇」，卻無奈置身私有制經濟社會土壤之上。難怪人們都說「哲學家的心靈長了翅膀」，波伏娃的「心靈翅膀」使她的理論脫離現實社會基礎提升到半空中，難免「形而上」的「懸虛」。事實上，不改變「形而下」的社會經濟基礎，女性主體的「自由發展」只是一種自我設計的超驗幻想，它很難存在於現實的客觀世界。

　　置身客觀存在的男權社會語境中，對一般的女性來講，「真我」——具有獨特個性的自我主體，往往失落在社會普遍觀念的「大網」裡，很難擺脫男權觀念剪不斷、理不亂的纏結和束縛。男權觀念的大網不撕爛，女性無法實現社會悲劇的超越，何談自我超越？故而，波伏娃將女性命運的哲理性探索以存在與荒誕的社會圖解呈獻給人類，就像潘多拉打開了自己的「寶盒」。她把第二性悲慘命運的椿椿件件訴諸於世，鮮血淋漓令人慘不忍睹，但唯獨改變這命運的「希望的真

理」未見釋放出來。這個「具有一切天賦」的超人女性沒有能力為塵世中的女性徹底解惑，留給人們的是對抗命運的呼喚和探索「使命」的行動以及絕望中的希望。

總之，作為**西方女權運動理論與實踐相結合的最高個案分析典型，西蒙娜・德・波伏娃的一生**，令人歎為觀止。她那獨樹一幟的存在主義哲學、逸響旁通的女性社會批評理論、才華橫溢的文采風流、銳意創新的獨特風采、自由選擇的行動準則、高潔峭拔的精神情操、自我超越的社會主體價值……構成了五音繁彙、超群拔俗的「波伏娃奏鳴曲」，堪稱女性《命運》交響曲中令人心馳神往卻又難以把握的「華彩樂章」。因其「存在哲學」目標不明、無的放矢，空餘社會嗟歎，難免「二律背反」的失望和希望的博弈。儘管，她畢生矢志不移地對「第二性」說「不！」，在兩性關係的衝撞和融突中，實現了自身特立獨行的主體價值，確立了與薩特「我——你」的平等關係。但男權本位社會非要將其屈判作「我——它」關係……二十世紀最傑出的女性依然難免「第二性」的價值定位……為此，存在主義女權主義的是非功過，也盡在其中了。

波伏娃特別喜歡塞西爾・索瓦熱的名言：「她就是一束散亂的花」……正可謂西方女權主義的個案典型蘊含的普遍性特徵。一方面，她們為男女平等性別和諧的社會發展進步大趨勢百尺竿頭、意氣風發、一往無前；另一方面，面對「利維坦式」虛假男女平等的社會存在，總覺得「性別和諧繁花似錦雲霞裡；男女平等香格里拉關山外」。真正徹底的婦女解放必須男女平權，卻又並非僅僅是「女權」——路漫漫兮修遠，長亭更短亭……

但這只是社會性別關係變革的過程，並非結局

從世界範圍看，二十世紀以來，不獨女權運動，女性社會革命的

群體性崛起已呈多元發展態勢，但條條大路通羅馬，共同推進了時代變革、社會性別關係的變革，也推動了女性自身的解放和全球性的、跨世紀的婦女觀的變革。較之自己的前輩，現代女性有了前所未有的「參與」社會活動的機遇。她們以個人身份在社會大舞臺上展示自己「社會角色」的華彩，奉獻事業的輝煌，同時也鑄造、彰顯了自身的主體價值，並以百折不撓的拼搏精神與時俱進，向更高的價值取向攀升——不是以女權去對抗男權，而僅僅是對男女平等、性別和諧社會的實踐和理論探求。

| 註釋 |

1. 富士谷篤子：《女性學入門》，張萍譯，中國婦女出版社，1986年，第26頁。
2. 談社英：《中國婦女運動史》，婦女共鳴社，1936年，第122頁。
3. 《馬克思恩格斯選集》第3卷，人民出版社，1976年，第467頁。
4. 富士谷篤子：《女性學入門》，張萍譯，中國婦女出版社，1986年，第21頁。

第十一章 | 二十世紀以來性別關係的融突變革與和諧發展社會取向

> 在我們這個時代，兩性關係問題……肯定是最重要的問題之一……
>
> 對性別關係的研究也許就是我們這個時代，
>
> 從理智上獲得拯救的關鍵課題。
>
> ──露絲・依利格瑞

　　發展社會學的鐵律是「一切都在運動、變化、產生和消失……」可是千百年來，違情悖理的男權觀念至今仍未徹底壽終正寢。

　　但從性別視角看，性別關係的融突與變革是巨大的。特別是二十世紀以來，男女平等話語已成為世界潮流，婦女解放的掀天巨浪，正在以摧枯拉朽之勢蕩滌著男權社會的污泥濁水。一方面，男尊女卑已成「過街老鼠」。另一方面，男權觀念的遺毒以男女平等的口號「明修棧道」，將男權觀念的現代「變體時態」──利維坦式的虛假男女平等及其潛規則「暗渡陳倉」……但是，男女平等社會實踐的腳步不可阻擋，女性群體正在爭先恐後地跨越、有些已經跨越了「第二性」的社會門檻……傳統婦女觀的現代變革，對社會學的發展提出了理論總結、學術研討和視野擴展的新課題。

　　從社會學理論的發展、延革來看，二十世紀以來，社會學研究的國際潮流進入「現代性社會學」時期。英國著名社會學家安東尼・吉登斯最重要的著述《批判的社會學導論》，對社會學理論興起、發展、特徵、使命和世界經典社會學家的思想觀點等一系列問題，進行

系統化、全景式的剖示，提出「重建社會學理論體系」的顛覆性批判
結論，對二十世紀社會學理論總結和二十一世紀理論創新不無啟迪作
用。法國著名社會學家達尼洛・馬爾圖切利的《現代性社會學》，又
對安東尼・吉登斯等社會學家的理論和思想，進行了系統的批判性描
述，從整體上對二十世紀的社會發展作出了新的評析，無疑具有後現
代觀點的「新啟迪」精神。我們強調的是，他們「重建的社會學理論
體系」，依然存在著性別社會學主題的缺失。

　　從發展社會學的女性視角來看，二十世紀是婦女解放運動最見成
效的時代。突出的標誌就是前蘇聯、中國和東歐等其他社會主義國家
的建立，實現了本國婦女全方位的社會解放；西方婦女解放運動也直
指男女平等發展的新高度；第三世界、發展中國家各種類型的婦女運
動也此起彼伏。總之，二十世紀全球性波瀾壯闊的婦女解放運動社會
大潮蕩滌著男權觀念及其社會遺毒，確實成就不小，但問題也不少，
發展不平衡。除特殊性外，全球性普遍存在的問題是性別平等主流口
號下掩蓋著不平等的社會逆流、潛流，存在著理論與實踐，觀念與行
為的雙重悖論。這便是現代人所謂的「利維坦式的男女平等」。它以
假亂真、是有名無實的虛假平等。我們的「性別社會學」對其四個子
系統：經濟社會學、文化社會學、科學社會學、發展社會學，進行綜
合系統評析，從性別視角聚焦、透視現當代性別關係問題實質，通過
實踐檢討和理論解析，推進性別和諧社會建設及其理論創新。

　　我們首先從科學社會學研究領域入手，解析男尊女卑觀念的現代
變種——「利維坦式」男女平等金玉其外、不平等敗絮其中的實質。

　　二十世紀以來，現代科學的發展拓展著社會學的發展，科學社會
學應運而生。它作為獨立學科形成於二十世紀六十年代，是由美國著
名社會學家羅伯特・金・默頓（1910-2003）創立的。默頓是美國社

會學界少有的幾位科學院院士之一，是社會學界獲美國學術界最高榮譽獎的第一人。其代表作有《科學的社會學》、《科學社會學：片段回憶》、《科學社會學：理論與經驗研究》、《科學界的馬太效應》等，為其贏得了巨大的社會殊榮，也為我們批評科學社會學領域「損女奉男」的馬太效應，提供了理論依據。還有默頓的高足女弟子朱克曼的《科學精英社會學》對科學界精英的社會分層研究，對科學中的不正當行為、科學中正當的智力權利、特別是對男女科學家的比對等專項研究，正好從科學社會學角度切入我們的「性別社會學」研究課題。

作為科學社會學創始人和社會學學術大家，二人的主要觀點是「社會學研究成果體現在科學社會學上」；在方法上把科學史學人學與社會學人學結合起來，突出「人本」觀點，切入性別關係問題，對我們從性別視角透視科學界「損女奉男」的馬太效應的實質，並對其中的典型案例進行社會學分析、社會觀念剖示，給予重要的理論鋪墊和方法啟迪。而居里夫人正可謂是科學社會學中最典型的「社會性別關係」馬太效應的個案實例。

二十世紀初，人類社會爆響了第一顆智慧的春雷——「諾貝爾獎」問世！自此，人的社會價值的天平上，多了個偌大的智慧法碼——「諾貝爾情結」。但是，男尊女卑的傳統觀念認定「諾貝爾獎」是男性的專利，與女性無緣。直至二十世紀八十年代末期，先生們還特地請出了諾貝爾「尊神」，借用數學百分比運算作出了「權威」性仲裁：從1901-1985年，全世界獲諾貝爾獎者共五百四十五人次，其中女性二十人次，占總數的3.7%還弱。彷彿「女性劣勢」已成既定。於是，先生們理所當然地奔上了「斯德哥爾摩之路」，它直達諾貝爾領獎臺，隨之而來的是才智的光環、榮耀的桂冠和萬古流芳的主體

價值——這一切，幾乎成了男性，不，應該是男權本位的專利。而女性，則被推上了「耶路撒冷之路」，那是荊棘叢生、血跡斑駁、背負著沉重的命運十字架的獻身者之路。

但是，社會史不僅僅是男權本位的「公理」，人的主體價值和人類社會學理論也不僅僅是數學百分比模式。生活比一切公式都複雜；真理比一切「邏輯推論」都明晰；事實比所有「公理」（指男性本位的理論）更雄辯。既然現代人價值崇拜的重心傾向「諾貝爾情結」，我們也權且借此切入正題，看看二十世紀社會性別關係的真相、問題的實質，到底是怎樣？

我們首先來看實現了女性個體超越的「諾貝爾獎之最」——迄今為止，世界上沒有任何一個男性能與之比肩——她就是一生兩次榮獲諾貝爾獎、二十四次獲得七個國家的獎章和勳章、被十五個國家聘為科學院院士、擔任過二十五個國家的一百零四個榮譽職務的「世界諾貝爾之最」居里夫人。可我更願意叫她瑪麗——居里夫人自己的名字。

瑪麗・斯可羅道夫斯卡婭（1867-1934年）——二十世紀女性主體價值最奇偉的巔峰現象，也是橫遭毀損的「社會性別關係個案典型」。她出生於波蘭的一個普通教師的家庭，自幼天資聰穎、學習勤奮，中學畢業時獲金質獎章。尤其令人驚歎的是，她掌握了俄、英、德、法和波蘭五國文字，是個語言天才。由於家境貧困，瑪麗十七歲就外出作家庭教師。她少女時代的艱苦生涯使人聯想到「勃朗特姐妹」生活的清苦微寒……

1891年，是瑪麗的人生轉折點，也是她輝煌事業的起點。正是這一年，瑪麗結束了長達6年家庭教師生涯，為了對知識的渴求，對真理的熱望，毅然拋閃骨肉至親、故土家園和刻骨銘心的初戀，奔赴巴

黎求學。也正是這一年，法國巴黎大學文理學院中，一個瘦小苗條的異國姑娘身影引起了人們的關注。她那金灰色的頭髮和掩在睫毛裡的灰色眼睛，謎一樣含蓄蘊藉；還有那小巧玲瓏的身影，靜謐無聲地在人們眼前輕輕滑過，詩一樣輕靈動人。她就是瑪麗‧斯可羅道夫斯卡婭。班裡的同學偷偷地叫她「華沙美人魚」。

正是這個來自維斯杜拉河畔的、體態輕柔的「華沙小美人魚」，在學業結束時，擊敗了同期的所有學友，無論是「高頭大馬」的法國英俊青年還是身材修長的歐洲少女，都成了她手下敗將，瑪麗以第一名的成績考取物理學學士。纖弱而剛毅的姑娘也許這時尚未預料到，在她跨上火車的時候，她就跨越了人生里程上最關鍵的轉折點。她選擇了「世界文化之都」巴黎、選擇了號稱「文化聖殿」的巴黎大學，實現了個人情感上、生活意志上、未來事業選擇上的第一個人生超越。

巴黎寒窗苦讀的生涯，足令文人寫幾大本感人肺腑的傳記。瑪麗為貧困所苦，經常挨餓，唯一可以「飽食」的就是書本這精神食糧；瑪麗時常受凍，唯一可以「取暖」的是知識的精神太陽……艱苦卓絕的學習生涯、如饑似渴的求知熱望、頑強拼搏的探索精神……深深地打動了她的同行──一位天才的法國科學家比埃爾‧居里（1859-1906）動了心：能夠用專業科學術語和化學公式與這位嬌小的異國女子切磋研究課題，該是何等令人神往的人生美夢啊！

1895年，「美夢」成真──兩個發誓獻身事業不結婚的人，被「智慧情結」紐結在一起。只有頭上那盞燈知道，他們一起度過了多少徹夜不眠、嘔心瀝血的學術精研時日。而結婚時，沒有婚紗、更無鑽戒，他倆把各自的桌椅和書籍合在一起，勝過了萬貫家產。全家唯一的奢侈品便是描繪「新婚燕爾美夢」的、象徵「摘取科學桂冠美

夢」的一束鮮花。誰都知道，「斯德哥爾摩之路」直通諾貝爾獎台，這是一條「鮮花著錦」之光輝之路。但是許多人不知道，對於瑪麗而言，這同時又是通向「耶路撒冷之路」———一條荊棘叢生，血跡班駁、背負著十字架的「獻身者」之路。

從性別關係視角看居里夫婦，男權本位觀念的代言人一直這樣強調：矮小羸弱的居里夫人是在高大強健的丈夫居里先生的臂彎裡走上科學之路的。但是，社會存在的客觀事實勝過男權觀念的「雄」辯。應當承認，瑪麗與居里共同生活的十年中，他們相濡以沫、互助互愛，志同道合地進行科學研究工作，「兩股繩子擰成一股勁兒」，對雙方來說都是十分可貴的。這也正是我們「兩性和合、超越理論」的最佳佐證。但是，獲諾貝爾獎的「放射性研究成果」，誰主誰從？卻曾被男權觀念「指鹿為馬」、險些「正值負化」……

事實是在瑪麗之前，人類科學詞典上還沒有「放射」這個詞，「放射現象」對於人類來說，還是個神奇奧妙的未解之謎。瑪麗象著了魔一樣投入了這個「現象」的研究中。她發現有一種礦物，按常規，其含鈾量和含釷量折合放射量是「1＋1＝2」，但二十多次測試結果表明「1＋1＝8」，說明還有未被發現的、放射性更強的元素存在於此礦物中，關鍵是儘快找到它。誰都明白，這種變未知為已知的工作，在理論上將有巨大的創新價值，在研究領域有重大的突破價值；在社會領域有不可估量的實用價值。但是，長期以來，居里先生一直從事「磁化率」方面的理論研究。放射理論研究，則是瑪麗自己的課題。面對更有價值的研究，居里先生決定放下自己未果的研究課題，參加妻子從事的研究工作。這裡的先、後，主、從關係不言自明。

「蒼天不負有心人」。1898年，瑪麗終於找到了一種放射性比鈾強四百倍的新元素，為了紀念瑪麗的祖國波蘭，特命名為「釙」（元

素符號為Po）。瑪麗鍥而不捨，連續作戰，不到半年的時間，又找到了比釙放射性更強的元素，命名為「鐳」（鐳的拉丁文語義是「放射」；元素符號為Ra）。這兩種新元素都是瑪麗在剛過「而立之年」發現的，初綻芳華的女學者，即將成為舉世矚目的「鐳之母」，這乃是鐵鑄的事實。

鐳元素存在的理論確立，還要有事實的檢驗和確證。提取純鐳，勢在必行，但買不起實驗原料使居里夫婦大傷腦筋。最後他們想出了「廢物利用」的方法。波希米亞的約阿基姆斯塔爾礦區生產一種含釙和鐳的「鈾瀝青礦石」。這種價格昂貴的礦石當時開採出來提取鈾鹽，用以製造玻璃。而提取過鈾鹽的礦渣則作為廢料處理。對於居里夫婦來說，簡直是如獲至寶，想方設法把「礦渣」運到巴黎，以解「無米之炊」。

請看他們提取純鐳的實驗室和實驗器械：一所被遺棄的、破爛不堪的棚屋，裡面有一口裝滿鈾瀝青礦渣的大鐵鍋和一個碩大的舊鑄鐵爐，還有一根長度與瑪麗身高相等的大鐵棒……再看她的研究工作：巧為無米之炊的瑪麗整天握緊鐵棒不停地攪動鍋裡一直煮沸著的礦渣揮汗如雨，皮膚被灼烤、腐蝕得傷痕累累，眼睛被熏得經常流淚，手掌開裂、手指不能自由伸屈……體魄壯健的居里先生累得雙腿發抖，疲憊不堪，打「退堂鼓」了。但看上去羸弱可憐、彷彿弱不禁風的瑪麗女士卻頑強地頂住了煙熏火炙和化學物質的腐蝕，還有極度的疲勞。她幾次累昏過去醒來再幹──這僅僅是她職業角色之一。

與此同時，請別忘記瑪麗的「多重角色」。她不僅是科學家，同時還作兼職教師，獲取經濟收入，作為提取純鐳實驗的經費。她同時還是妻子，要照顧居里先生這個「書呆子」的起居飲食生活。她同時又是兩個孩子的母親。女兒們的全部生活，從洗澡餵奶、吃飯穿衣

到學習，甚至孩子們的生長發育情況，比如「何時出牙齒」等細屑問題，瑪麗都「事必恭親」。她同時還是兒媳婦，居里先生的父親和他們同住，瑪麗當然負有兒媳的應盡義務……由此可見，我們的女科學家早已陷入身兼數職的「角色叢」的荊棘中，年復一年的超負荷運轉。相比之下，居里先生主要是科學家的「社會職業角色」要單純得多了，卻從提取純鐳的大鐵鍋旁「敗下陣來」當了逃兵……

　　鐳的提取工作並未因此停滯。鍥而不捨的瑪麗從1898年到1902年，四年如一日地面對那口沸騰著的大鍋，攪動著裡面一團團熔融的礦渣……她以萬難不渝的超常意志、執著忘我的拼搏精神、熱切企盼的灼熱靈魂……用一雙灼燒得傷痕累累的手，將四百多噸鈾瀝青礦渣、二百多噸化學藥物、八百多噸水的混合物熬煮沸騰、不停地攪拌觀察、分析研究，一直苦熬苦作，直到煮完了一千四五百噸的物質，才捕捉到0.1克鐳！「懷胎」四年，一朝分娩，1902年，難產的鐳終於出世了，這是震撼二十世紀的最偉大的科學驚雷！

　　1903年，人類科技社會史上破天荒第一例：居里夫婦雙雙走上諾貝爾領獎臺，成為兩性和諧、共創輝煌的最佳範例。之後，居里先生被提升為教授，瑪麗僅僅為講師。更可歎者，瑪麗走上獎台之路的曲折艱難，不亞於「鐳的發現」──

　　有史實和史料為證，最初，由四名權威科學家聯名推薦的「鐳的發現」獲獎者是男性科學家貝克勒爾，獲獎提名信中根本未提到瑪麗。儘管貝克勒爾也是著名化學家，但因未能親身實踐，無法提供「鐳的發現」研究全過程的「科學報告」供諾貝爾獎評委會審批，只好求救於「鐳之母」；況且四年懷胎分娩的「鐳之母」，她那被灼烤、腐蝕得傷痕累累的皮膚、被灼傷的眼睛連眉毛都沒有了，還有她那手掌開裂、手指痙攣不能自由伸屈的雙手，豈是養尊處優的貝克勒

爾所能提供的。於是,憑著這雙手寫出的「關於鐳的學術報告」,居里夫婦還有「摘桃」的貝克勒爾,一起走上了領獎臺。但申報諾貝爾獎損女奉男的「冒名頂替」事件對瑪麗心靈的灼傷,不亞於「鐳」的化學灼傷。

造物弄人。「鐳」的千般磨難尚未完全結束,更殘酷的命運打擊接踵而至。1906年,一個陰雨綿綿的冰冷之日,居里先生因意外的車禍不幸喪生。鮮血、雨水和著瑪麗的淚水流成了一片。10年相濡以沫的共同生活,卓有成效的事業合作、同神經感應的科學探索、共脈搏跳動的生活節奏……所有的一切彷彿一下子都嘎然而止了。居里過早地去了,丟給瑪麗兩個年幼的女兒、一貧如洗的家庭、無法數計的科研工作、還有失掉親人的心靈創傷,到另一個世界永遠地休息去了。但更為筋疲力盡的瑪麗卻無權休息,她把丈夫丟下的擔子,全部加在自己本來負荷過重的、疲弱的雙肩上。「衣帶漸寬終不悔」的瑪麗,開始了「獨上高樓、望斷天涯路」的更為艱辛的攀登,即對放射科學的研究。這年,她不到三十九歲。

對於「放射科學之母」來說,瑪麗比任何人都明白放射線對人體的危害,但是,「我不入地獄誰入地獄?」為人類科學事業獻身的科學家責任感呼喚著她:諾貝爾為炸藥不怕粉身碎骨;愛迪生為電不懼烈火熊熊;富蘭克林為降服雷,不畏電擊雷劈……如今,瑪麗女士捕捉鐳、何懼放射線傷害……

作為「鐳之母」,瑪麗的功績不僅在於成功地實現了對鐳元素的全面、圓滿的探索和把握,還在於她對放射性理論研究和實際應用上的巨大貢獻。(她的博士論文就是關於鈾化合物的放射能研究)。居里去世後不到兩年,瑪麗獨自完成了對氯化鐳的提純研究,終於用科學的方法提煉出了純鐳,並精確地測定了鐳的原子量為226.45,放

射性比鈾強一百五十萬倍。她在繼續深入實踐探索的同時，還出版了
《論放射性》、《回火鋼的磁化》、《放射性質的研究》、《放射學
與戰爭》等具有開創性價值的學術專論和有關放射科學的理論著述。
1910年，她終於圓滿地揭示了鐳元素的全部奧秘，確立了放射性科學
研究權威的不拔地位。

　　事實上，震驚二十世紀的科學驚「鐳」是「放射科學」（鐳的拉
丁文語義是「放射」），瑪麗是鐳等放射性元素放射現象研究的奠基
人，是放射性學科理論的創始者，是放射性元素及其性質和社會使用
價值的發掘、確定和科學利用的首創者和先導者。總之，瑪麗是名副
其實的「放射科學之母」。

　　與此同時，瑪麗還走上了巴黎大學的講壇——講授物理學，成
了巴黎大學第一位被聘任的女教授。她還創建了並領導著第一個放射
性研究機構，培養出第一批有關專業研究的學術精英。基於超絕的科
研成果，1911年，瑪麗將再次被推上諾貝爾領獎臺了。對於「不以物
喜、不以己悲」的瑪麗來說，則是經歷了常人難以忍受的社會悲喜
劇。喜在第二次獲諾貝爾者獎，史無前例，而且是自己獨立完成的，
從而創造了女性科技精英社會巔峰現象的奇偉景觀。正是在準備二次
獲獎的演講中，她義正辭嚴地澄清了第一次獲獎貝克勒爾與之共享的
不公：「關於鐳與放射性研究，完全是我一個人獨立完成的」，居里
先生曾是參加者和助手。悲在**這位科學巨人二次獲獎之前，竟以「波
蘭蕩婦」之莫須有的罪名，被男權社會釘在了性別關係的恥辱柱上示
眾**……

　　話說居里先生辭世時，三十九歲的瑪麗正值人生的盛年、事業
的頂峰，成為眾星捧月般萬人仰慕的「科學女神」。在眾多的「拱衛
者」中，她與朗茲萬交往密切。保羅・朗茲萬（1872-1946）比瑪麗

小五歲，是個有婦之夫。他才華出眾、思想活躍，既是當時著名的物理學家，又是進步的社會活動家。他夫妻關係不太和諧，卻與瑪麗很談得來。一些嫉賢妒能的惡毒小人借題發揮、煽陰風點邪火，攻訐瑪麗成為「三角戀愛」中不光彩的「第三者」，目的是以莫須有的罪名阻止瑪麗第二次去領諾貝爾獎。因為男權社會的既得利益者不能容忍一個女人兩次獲諾貝爾獎，這是解析「桃色事件」的性別密碼。

為使瑪麗身敗名裂無法再登諾貝爾獎台，男權觀念的衛道者們無所不用其極。他們散發了誣衊詆謗瑪麗的小冊子，公佈了瑪麗給朗茲萬的私信……一時間，弄得整個巴黎滿城風雨。朗茲萬的妻子又將此事投訴法院，右翼團體緊鑼密鼓配合，企圖借此搞臭具有社會主義傾向的朗茲萬和潔身自好的瑪麗。他們不僅借造謠進行文攻，還煽動群眾武鬥圍攻瑪麗，百般辱罵，甚至喪心病狂地向瑪麗家扔石頭砸玻璃、丟穢物……，政府官員、文化部長、大學中的守舊勢力峰擁而起，一起上書當局要求「撤消瑪麗再次獲諾貝爾獎的資格」，並狂吠要當局把「傷風敗俗」的「波蘭蕩婦」驅逐出巴黎大學、驅逐出法國……。

面對甚囂塵上的輿論壓力，瑞典皇家科學院十分尷尬。「第二次授予瑪麗諾貝爾獎」是集體投票決定的，不能隨意更改。但鑒於目前的「輿論壓力」──諾貝爾獎不能授予「道德敗壞的波蘭蕩婦」，他們想打「退堂鼓」。但是，公正賢達之士反對這種損害人格、損害人權的卑劣行徑。瑪麗據理力爭，捍衛自己人格的尊嚴、道德的尊嚴、自由的尊嚴和科學的尊嚴。誰也沒有權利剝奪兩位科學家交往的自由。瑪麗義正辭嚴地上書瑞典皇家科學院：「諾貝爾獎是獎勵科學發現的，不應受對私人生活攻擊的影響。」最終，惡毒攻擊被事實轟毀，瑪麗一人昂首挺胸地第二次走上諾貝爾（化學獎）頒獎台。

今天，「桃色事件」誣衊不實的攻擊已過去一個世紀了，但圍繞著瑪麗的「桃色謎團」若有若無、時隱時現，一直聚訟紛紜，但並未遮蓋科學女神的偉大光輝。一些人對此，或諱莫如深、或遮遮掩掩，真彷彿裡面藏著什麼無法見天日的隱私。其實勿庸諱言，也不必大驚小怪。關鍵是以怎樣的觀念看待其中的「桃色」。日本學者村瀨興雄曾直言不諱「朗茲萬與瑪麗相愛了」。S‧昆恩的《瑪麗‧居里傳》則強調「他倆仍然是朋友」。……朋友之間的事，外人說不清。就算退一萬步說，他們之間存在著戀愛關係，也無損瑪麗的一點點光輝。居里先生去世多年了，瑪麗可以另有所愛，也有條件為人所愛。這純屬個人生活私事，別人無權干涉。而無中生有、借題發揮、恣意毀損，正是男權觀念絞殺女性的殺手鐧。

從性別視角看，「桃色事件」出現並非偶然。記得瑪麗被推薦作法國科學院院士時，受到無理阻撓。當時的科學院院長這樣的「社會精英人物」竟然對科學院的看門人憤憤地說：「無論什麼人都可以進來，只有女人例外」——無論瑪麗是怎樣偉大的超級人才，只因是女性，就被拒斥於科學聖殿之外。也許對於一向拒絕榮譽頭銜的瑪麗來講，這算不得什麼遺憾，但使這位無比堅強的女性必須承受的巨大心靈創傷，是「桃色事件」對她人格的誣衊和貶損，也是對科學的褻瀆。

「桃色新聞」的餘波十分耐人尋味：朗茲萬與夫人分居了，但瑪麗沒有與之結合，他們依然是最親密的朋友。做為物理學家的朗茲萬把自己最優秀的學生約里奧（共產黨人）推薦給瑪麗的實驗室。約里奧不僅成為瑪麗的接班人，還成了她的女婿。而她女婿和女兒1934年獲諾貝爾化學獎，她的外孫女又與朗茲萬的孫子結了婚。頭一代人的情感之花在第二代、第三代結出了碩果。難怪瑪麗的日記中有這樣一句話：「愛情與野心一樣，宣判了死刑但它不死……」

　　男權社會未能阻止瑪麗二次獲獎，卻在她心上留下個永不收口的傷疤，那就是「波蘭蕩婦，滾出巴黎」的「社會輿論」如洪水猛獸陷她於滅頂之災的人間地獄，把科學家那潔白無暇的心靈放在恥辱柱上灼燒，使本來精疲力竭的瑪麗精神、體力幾乎耗損殆盡。第二次獲諾貝爾獎後，她仍被周圍甚囂塵上的惡毒攻擊、殘忍迫害包圍著、毀損著，只好隱入一個修女開辦的醫院裡，進行身心的雙重治療和恢復。三年後，死裡逃生、瘦弱不堪的瑪麗向世人宣告：對於事業，她是科學巨人；對於男權觀念，她是殺不死的「女強人」……

　　「度盡劫波」後，詆謗的毒焰沒有將瑪麗焚毀，接下去，她必須面對的是「榮譽之火」的炙烤：堆積如山的頌辭、賀電，峰擁而至的採訪者、慕名求見的崇拜者……一天到晚喧囂、鼎沸個不停。瑪麗在日記中寫道：「生活統統被榮譽和名聲毀壞了……平靜而勤勉的生活方式遭到了徹底的破壞，陷入一片混亂之中」。瑪麗再次奮力拼搏，不是與厄運之神，而是與凡人引以為榮的「榮譽之火」作鬥爭，而且還是不屈不撓的鬥爭。她把獎金捐贈給實驗室，把鮮花轉送別人，桂冠擲於床下，一百零七種榮譽頭銜統統丟在腦後，幾十枚勳章、獎章全部成了女兒的玩具……為了爭取科學研究的時間，她謝絕一切祝賀和不必要的來訪，拒絕出席除「國際知識合作委員會」之外的任何社團的榮譽活動……

　　第一次世界大戰期間，她埋頭潛心研究，依據放射科學原理研製出「X光透視車」，並毅然決然與女兒一起驅車奔赴激戰前線，用她親自發明研製的新式醫療工具，在槍林彈雨中冒著九死一生的危險療救傷員……作為反對侵略戰爭的特殊戰士，瑪麗作出了特殊的貢獻，她不僅慷然奉獻寶貴的時間、科研成果，即使連生命同時奉上，也在所不惜。

　　第一次世界大戰結束後，瑪麗應邀前往美國，接受美國婦女贈與的一克鐳，受到狂熱的歡迎。瑪麗所到之處，歡迎的群眾流著熱淚，狂熱地親吻她的衣角甚至雙腳——瑪麗被授與「紐約自由女神」稱號。特別是當時的美國總統挽著瑪麗的手臂與之並肩而行，熱情稱讚她「不僅超過女性，也超過男人」。可以毫不誇張地說，預告二十世紀人類社會科學之春到來的驚雷是「鐳」；預告二十世紀女性科學發展之春的社會驚雷是瑪麗·居里。她放射著比鐳更強烈的智慧華光，燃燒著自己，照耀著別人，熔鑄出二十世紀女性主體價值的特異光彩。人們都叫她居里夫人，可我一直叫她瑪麗，她不是丈夫的附屬品，她的一生充分地體現了女性的社會主體價值。她攀上了女性創造力的頂峰。

　　從性別視角看，瑪麗是超越自身、超越一般男性、超越時代的女科學家，但同時又是置身「社會角色叢」荊棘中艱難跋涉的普通女人。作為妻子，她為世界貢獻了一個「磁化率」專家、「居里定律」的發現者和諾貝爾物理獎獲得者這樣一個科學巨人的丈夫；作為母親，她為社會培養了一個藝術家女兒；還有一個進步的社會活動家，同時又是1934年諾貝爾化學獎獲得者的卓越科學家女兒；作為師長，她培養了一整代科學研究人才，在二十世紀的科學社會學史上譜寫了嶄新的篇章；作為反戰勇士，她不僅精研救護車還親自驅車趕赴前線，捨生忘死救助傷員；作為朋友，她贏得了世界上最卓越的科學家終生不渝的真摯友情和無數普通人的由衷敬仰。

　　五十四歲的瑪麗1922年初與愛因斯坦在巴黎晤面。愛因斯坦疑惑地擦擦眼睛——昔日輕靈柔婉的「華沙小美人魚」哪兒去了？眼前是一位瘦弱得一陣風就能刮倒的老婦人！她手上佈滿了灼燒的疤痕，手關節難以自由伸縮……愛因斯坦為之感慨萬端：她（指居里夫人）在

充滿矛盾和毀滅的激情燃燒中，過早地衰老了。她那扭曲的臉看上去像是在充滿生氣的婦女相貌上蒙上一副死者面具，那雙帶有黑色陰影的眼睛像是嵌在灰色假面上的深邃洞穴，像是被大火燒毀了的房間上開著的兩扇窗子——這就是浩然正氣、錚錚鐵骨的現代女科學巨人的形象寫真，足令以「姿色」撩人的感性女神相形見絀——瑪麗以女性「資質」的價值巔峰巍然聳立於世。

近百年來，瑪麗開創的放射科學得到了廣泛的應用。放射物質的混合製劑可作為「中子放射源」，用以探測石油資源、岩石成份等。另外，放射性在醫學上得到了廣泛的應用，尤其是鐳的 γ 和 β 射線可用於放射性治療癌症，成為人們戰勝死神的有效武器。放射性不僅成了醫療科學中的「透視眼」，還是打開原子科學聖殿大門的金鑰匙。鐳的強大放射性對原子核能、核科學發展的巨大推動作用，同樣具有劃時代的里程碑意義。但是，「放射科學之母」本人，則於1934年死於「鐳射線」導致的白血病——作為人類科學社會學日曆上的「最高聖者和殉道者」，可以說瑪麗是以身殉職的。

「能用語言表達的哀痛，不是真正的哀痛」。瑪麗病逝，人們的痛惜之情猶如奔騰呼嘯的海潮，難以言說，又無法按捺。熱淚盈眶的愛因斯坦在紐約的追悼會上，發表了著名的《悼念瑪麗·居里》的講演。他將痛定思痛的肺腑之言合盤托出：我幸運地同居里夫人有二十年崇高而真摯的友情，我對她的人格的偉大愈來愈感到欽佩。她的堅強、她的純潔、她的律己之嚴、她的客觀、她的公正不阿的判斷——所有這一切都難得地集中在一個人身上，熔鑄成女性社會主體價值的不朽豐碑。

面對這座豐碑聚焦的女性主體價值的創造力量、科學力量、精神力量、品德力量、人格力量……歸根結底是社會影響力量，「哪怕只

有一小部分存在於歐洲的知識分子中間，歐洲就會面臨一個比較光明的未來」[1]。仰視這座豐碑，咀嚼愛因斯坦撼人心弦的悼辭，從中不難悟出這樣的道理：如果女性社會主體價值那怕只有一小部分得到認同、真正的認同和肯定，（不僅是理論上的、而且是實際行動中的）那麼，人類社會男女平等、性別和諧的未來就不遠了。

可是，真正的認同和肯定之時，只能在男權社會和男權觀念終結的新時代，否則，只能是無法兌現的「空頭支票」和女性的「單相思」。記得因「波蘭蕩婦案」，原本是瑪麗忠實追隨者的保羅‧艾培先生也要求將她驅逐出法國，但艾培的女兒卻為維護瑪麗與其父斷絕父女關係。作為瑪麗‧居里的學生又是最知內情的同行，艾培之女留給父親、留給社會、也是留給後世耐人尋味的話語擲地有聲：**「如果瑪麗‧居里是個男人，這一切都不會發生。」**——這便是我們透析瑪麗「桃色」冤案的性別解碼，也是不厭其煩講析事件始末的良苦用心。

面對社會現實，儘管**時至二十世紀**，男權社會觀念對女性精英的毀損仍如此猖獗。瑪麗‧居里的遭遇也並非偶然。將女性主體價值「正值負化」以「損女奉男」的社會問題，以「利維坦式」虛假平等形式依然存在，即使是在崇尚真理的科技界、即使是譽滿全球的科學巨人，也在所難免……**瑪麗作為二十世紀社會性別關係的個案典型，絕非個別現象。**

請看另一個瑪麗，法國著名微生物學家路易‧巴斯德的妻子瑪麗，與丈夫事業的成功密不可分，被稱作「巴斯德的結晶體」；還有1901年獲諾貝爾獎的倫琴，X射線的發現，正是借助他夫人貝塔之手完成的；1905年度獲諾貝爾獎的法國細菌學家羅伯特‧柯赫，他的細菌研究、尤其「固體培養基」的突破性研究成果，直接受益於妻子對

馬鈴薯的觀察研究和「洋膠凍」的試驗……但身為第二性，她們都只能屈做「陪襯人」……特別是「當代物理女王」吳健雄為美國原子彈研製成功作出了特殊的奉獻；對李政道、楊振寧的「宇稱不守恆」定律的論證，起了重要作用。男權觀念對此卻視而不見，吳健雄只能埋頭伏案繼續艱苦卓絕的忘我奉獻……

科技社會中，這樣的女性價值正值負化典型，不勝枚舉，卻為男權社會諱莫如深……而我們這裡卻要直言不諱，自稱是居里夫人朋友的**愛因斯坦，正是科技社會「損女奉男」馬太效應的又一典型個案。**

如眾所知，愛因斯坦（1879-1955）乃是萬眾頂禮的世界級科學泰斗。不過，當人們熱烈禮贊他的「相對論」時，往往把他個人的成就絕對化了。其實知情人都知道，愛因斯坦的人品學識並非白璧無瑕。舉與中國有關的兩例：其一，愛因斯坦獲諾貝爾獎後，蔡元培邀他來北京大學講學，為酬金和相關待遇，愛因斯坦三番五次討價還價，直到破天荒高價時才首肯，卻又出爾反爾、單方毀約不告，如同玩笑……如此利慾薰心，言而無信，何談人品！其二，再看學識。那是西南聯大時期。好友黃昆與楊振寧言說「愛因斯坦這位學界泰斗又發表了一篇論文，有否高見、新解？」一貫謙恭謹慎的楊振寧卻不屑地說：「毫無originality（創見）……」這是同行對愛因斯坦的評價，並非僅僅因其「江郎才盡」……

我們主要看「相對論」學說的創立過程和結果，透視其夫妻間性別關係中「損女奉男」的隱秘。

事實是愛因斯坦科學生涯伊始，便有一位資質才智與其不相上下的女性，與其攜手並肩前行。就某種意義上來講，「相對論」是他們愛情婚姻、事業合作的結晶，絕對是他們共同的「兒子」。不過男權本位觀念總是竭力托舉男性的太陽，將女性遮蔽於男主女從的社會性

別關係陰影之後。近年來，隨著不斷問世的新研究成果和文獻資料披露，鮮為人知的事實將逐漸大白於世——女性主體價值「日蝕」的社會現象終將逐漸顯露真實面目。可歎男權觀念對此一直諱莫如深……

　　愛因斯坦十五歲被慕尼黑中學開除（理由是搞壞了班級風氣），十六歲投考蘇黎世綜合科技學院時名落孫山，只好去瑞士的一個中學惡補一年後，十七歲終於考入了蘇黎世綜合科技學院，交好於同學米萊娃・瑪瑞克（Marith）。她是出生於匈牙利的塞爾維亞人。從她考進蘇黎世綜合科技學院這所世界著名高等學校來看，足證她有很高的才智和知識水準。因為在當時，考入此校的男生亦相當優秀，女生更是十分罕見，這至少說明瑪瑞克的專業水準在起點上，與愛因斯坦是旗鼓相當的。實際上，大學期間他們倆已結合，而且是生活與事業的雙重結合。只是未正式舉行婚禮。1902年，他們有了一個共同的女兒，被送往塞爾維亞。後來，也許是「為尊者諱」的緣故，有關的愛因斯坦傳記，大多對此保持緘默。

　　1903年，愛因斯坦與瑪瑞克正式結婚。從他們的結婚照片來看，瑪瑞克並非以姿色傾倒男性的美女。況且愛因斯坦並非好色之徒，他畢生為之傾倒的「情人」只有科學。與此相關的，使愛因斯坦刮目相待的，正是瑪瑞克的才智、從事科學研究的資質和志趣，與愛因斯坦堪稱志同道合或曰珠聯璧合的雙子星座。所以愛因斯坦不顧家長強烈反對，與比自己大四歲的瑪瑞克完婚。事實上，愛因斯坦「一生最有創造性的歲月」，確是與瑪瑞克共同渡過或曰共同締造的。A・佩斯在其《上帝是微妙的——愛因斯坦的科學與生平》中，即有相關記載。

　　本來在大學中，夫婦二人所學的課程基本相同，只是瑪瑞克曾在德國海德堡大學的萊納德教授（1905年獲諾貝爾獎）教授最新科研成

果時，學習一個學期，是愛因斯坦所不及的。瑪瑞克及時以書信的形式向愛因斯坦傳遞最新科研信息。現存的愛因斯坦寫給瑪瑞克或其他同行的親筆信，比任何「傳記」都更雄辯地證明了瑪瑞克在愛因斯坦學術研究中不可磨滅的貢獻。請看亞歷山大·多羅贊斯基在其《愛因斯坦夫人是被埋沒的天才嗎？》 一書中，摘引的愛因斯坦寫給瑪瑞克的信件中，有關相對論學說創立問題的文字，特選錄如下以為佐證：

「我有一個將產生許多結果的想法，這種想法將使……我們的……關於分子力學的理論有可能應用於氣體。」[2]——是兩個人的研究；

「關於湯姆森效應的研究工作，我轉而採取了另一種與你的方法有些類似的方法……」[3]——是愛因斯坦採取了瑪瑞克的研究方法；

「我把我們的文章交給了他（韋貝爾教授）」[4]——是兩人的論文；

「值此我們兩人即將共同把我們研究相對運動的工作推向勝利的結果之際，我感到多麼高興和自豪啊！」[5]——相對論是夫妻二人的研究成果。

「你想一想，我們將能再次完全在一起不受干擾地工作了，那將是多麼美好啊！……你將會充分得到報償。」[6]

以上均摘自愛因斯坦給瑪瑞克的親筆信。請注意引文中帶「·」的字：「我們的……」多次出現，足證是二人共同從事相對論前期直至最後成果確立的研究工作，甚至是他採取了她的研究方法，最後獲得成功。事實上，從相識、結婚到共同從事科研工作的十幾年間，愛因斯坦近十次獲諾貝爾獎提名。從艱辛起步到攀向高峰，愛因斯坦的熱力學、分子力學、布朗運動，尤其相對論的研究中，都滲透著瑪瑞

克的才智和心血，正如愛因斯坦親筆信所寫：「……我們兩人即將共同把我們研究相對運動的工作推向勝利的結果……」

再看「……我轉而採取了……你（指瑪瑞克）的方法……」[7]；「……你（指瑪瑞克）將會充分得到報償」[8]……

以上白紙黑字，愛因斯坦親筆所書，字字鐵證，已足證米萊娃·瑪瑞克在學術研究中的主體價值，至少是舉足輕重的角色。事實上，當史料大肆渲染愛因斯坦為兒子喂牛奶、洗尿布時，巧妙遮蔽的恰恰是瑪瑞克為相對論進行有關數據論證（這是萊納德親傳、瑪瑞克高於愛因斯坦的專長）。愛因斯坦充滿由衷感激之情寫道：「你將會得到充分的報償」，確有所指。如果說愛因斯坦用「相對論」的科學槓桿托舉起一個全新的宇宙觀的話，那麼，這個槓桿的支點、力點，都有瑪瑞克的「作用力」；如果說瑪瑞克曾經為他們的愛情婚姻家庭科學事業生了兩個兒子的話，那麼其中一個就是與愛因斯坦共同締造了震驚世界的「物理學驕子」—「相對論」。——白紙黑字，鐵證如山。從性別關係視角看，相對論無疑是夫妻互補、兩性和諧的產兒。

還有一個保留至今的唯物鐵證：現存的瑪瑞克寫給自己娘家父親的信中，曾提道：「前不久我們結束了一項重要的研究工作，這項工作將使我丈夫揚名世界」，這是指他們的夫婦二人共同的研究成果「相對論」還有「光電效應定律」等，獲諾貝爾獎已成定局，單等獎金到位去領獎了。但是，在「丈夫揚名世界」之際，夫妻二人「正式友好地離婚」……我們不能無端猜度「丈夫是陳世美」，更不是「妻子不理解丈夫工作」，也不會是庸俗的家庭糾紛導致離異，因為他們是「友好」分手。更令人奇怪的是離婚判決書上有愛因斯坦的簽字認定：諾貝爾獎金歸米萊娃·瑪瑞克。對此，有人論定：愛因斯坦高尚，瑪瑞克「庸俗」；也許有人還會記起愛因斯坦的真誠許諾：「你

（指瑪瑞克）將會得到充分的報償」……他欠她什麼，必須「充分報償」呢？她作了什麼、有什麼理由獨享諾貝爾獎金為報償？理由只有一個：創立「相對論」，瑪瑞克功不可沒！

有一個無法改變的事實是，他們申報諾貝爾獎的研究成果作為論义上報時，俄國偉人物理學家阿布拉罕・約菲（時任莫斯科應用物理學院院長）曾審看過論文原稿。他證實原稿署名為愛因斯坦—瑪瑞克。這是活生生的人證、物證。還有為米萊娃・瑪瑞克鳴不平的沃克先生證實，當時組委會認為「相對論的」諾貝爾獎金，愛因斯坦和瑪瑞克夫妻二人應各有一半，因為在他們之前，比埃爾・居里和瑪麗・居里夫人的諾貝爾物理獎就是各取二分之一的。但愛因斯坦夫婦並非如此。獲獎時他倆協議離婚、獎金歸女方，但出頭露面的領獎者只愛因斯坦一人、獲獎證書上也只有愛因斯坦的名字。當知情者問瑪瑞克為什麼時，瑪瑞克回答：「我們倆是一個整體」……但愛因斯坦獨享聲名之後，何愁名利雙收呢！

時光荏苒至1943年，美國的一個委員會動員愛因斯坦捐出這份夫婦雙雙署名的手稿，這是物證。早已因「相對論」譽滿全球的愛因斯坦聲稱二十多年過去了「原稿早已扔了」（無疑是謊言），卻拿出一個新的手抄稿，署名當然是愛因斯坦一人，顯然是自欺欺人的偽造。

無獨有偶，另一位知情者桑塔・特勒梅爾・普勒茨列舉了另一個例子：瑪瑞克研製成功了第一台測量弱電流的儀器，但這項發明專利證書上的署名也是愛因斯坦……對於此類問題，世人的解釋頗具男權特色。沃克和普勒茨都認為：「在當時，一個男人佔有一個女人的勞動及其報酬是很正常的事……愛因斯坦的態度和作法在當時是正常的。」顯而易見，這便是二十世紀科學社會學中，**性別關係的「馬太效應」——「正常的」損女奉男的社會性別觀念和行為，乃在暢行無阻。**

　　正是男權社會「正常」的損女奉男的「不正常」的社會性別觀念，保佑愛因斯坦獨吞了二人的成果，並自此功成名就，譽滿全球……後來，有一次，孩子問父親為什麼這麼出名時，愛因斯坦心事茫然地回答：「我自己受到人們過分的讚揚和尊敬，這不是因為我的過錯，也不是由於我的功勞，而實在是一種命運的嘲弄」。是什麼原因使他用嘲弄這個字眼？這簡直是不打自招地承認了男權本位對女性主體創造價值巧取豪奪的「天然合理」，也成了愛因斯坦的自欺欺人的遁辭……

　　愛因斯坦獲獎後，與瑪瑞克離婚僅三個月就與艾爾莎結婚。自此，「愛因斯坦新的妻子」艾爾莎一直以「陪襯人」的形象扮演著「第二性」的角色，用賢妻良母的「溫柔月亮」烘托事業如日中天的丈夫「太陽」。功成名遂的愛因斯坦對此心滿意足，不經意間不打自招地洩露天機：「我的第二個妻子對科學一竅不通，我對此感到高興。而我第一個妻子是懂科學的」──既然女人也是自身能夠發光的「太陽」（主體），就只能被男權本位「日蝕」……

　　但是，隨著社會性別關係的現代變革，「日蝕」現象也將逐漸消彌。「瑪瑞克是被埋沒的天才嗎？」人們開始求解這個困擾人心已幾十個年頭的問號。波斯頓大學愛因斯坦研究中心的約翰‧J‧施塔赫爾認為，目前掌握的材料還不足以證明瑪瑞克的整體科研業績可與愛因斯坦平分秋色，但毫無疑問，她的貢獻比人們普遍瞭解的要大得多，至少是愛因斯坦相對論的「共鳴箱」。A.佩斯在談到相對論的「起源」時強調：「如果沒有載體介質，就不能看到光，就像不能聽到聲音一樣」[9]。我們在研討女性的社會主體價值時，如果不破除男權觀念的束縛，就看不到女性的價值光華，就像充耳不聞「共鳴箱」瑪瑞克與愛因斯坦的「共鳴」作用一樣，男權觀念偏把男女二重奏說

成是男人的獨奏……

這裡，我們並**非僅僅追究哪位男性個人僭取女性創造價值的「社會責任」，目的是探究社會性別關係的隱秘**。因為就像無法擺脫地心引力一樣，人們很難超越特定社會的「時、空局限」——男權社會觀念的困厄。事實上，「在人類歷史上存在著和古生物學中一樣的情況。由於某種判斷的盲目，甚至最傑出的人物也會根本看不到眼前的事物。後來，到了一定的時候，人們就會驚奇地發現，從前沒有看到的東西現在到處都露出自己的痕跡」[10]。其實答案早已昭昭於世，只是男權觀念對此諱莫如深。但在明眼人看來，不過欲蓋彌彰……

「性別社會學」從認識論——關係論角度揭示傳統性別關係的社會隱秘，馬克思婦女觀的顯微鏡、望遠鏡給我們一雙慧眼靈瞳——「日蝕」總會過去，太陽總要露出華光，女性主體價值的「朝暾」必將冉冉升起，男權獨霸主體的「黃昏」已來臨。如果說**「相對論」的發現揭示了空間——時間的辯證關係，無異於一場科技革命的話，由此引發出男權侵吞女性創造價值的社會性別關係的絕對隱秘終將大白於天下，更是一場社會革命和性別觀念的革命**。

從發展社會學來看，二十世紀上限，震驚世界的社會革命是俄國十月革命、蘇維埃政權的建立，以及相繼出現的一些社會主義國家，首創婦女解放與社會革命同質、同構、同步的偉大社會景觀。**列寧（1870-1924）成為馬克思主義婦女觀在俄羅斯廣袤大地上的第一個實踐者。**

與歐美等資本主義國家不同，前蘇聯推翻封建專制積澱深厚的沙俄農奴制建立第一個社會主義國家，也是第一個實踐男女平等社會制度的國家。列寧親自決策和培養了一大批布爾什維克女革命家，如克魯普斯卡婭、亞歷山大・克倫泰・斯塔索娃等。列寧稱讚她們是堅忍

不拔地、始終不懈地在無產階級群眾中開展活動……的女英雄，最先開啟人類社會無產階級婦女解放的新時代。

作為馬克思主義婦女觀在俄國、也是在人類社會的第一個實踐者，列寧創立、推行了第一個男女平等的國家制度，將對女性社會「群體價值認同」付諸實踐。更可貴的是，他本人則在個人生活中身體力行。這不僅體現在他與克魯普斯卡婭的共同生活中，也表現在她對女性群體、尤其是與之共事的女性的平等、尊重態度上，甚至在情感和精神化生活的昇華中。其中**性別關係平等和諧的個案典型是依娜莎。**

眾所周知，列寧有一個私交甚篤的女友依娜莎，是法國與蘇格蘭的混血美女，精通四國外語、尤擅彈鋼琴。聲稱用「鋼鐵意志鑄成的」列寧，卻為依娜莎的琴聲、更為依娜莎本人所迷醉。依娜莎倚重列寧、追隨列寧的無產階級革命事業。也許她並非冠蓋群雄的女強人，卻以女性資質的獨特魅力贏得了審美品位極高、亦精擅彈鋼琴的列寧的傾心推重。列寧十分推重的另一位女革命家柯倫泰（前蘇聯第一任女外交部長，並曾任其它要職）能操八國外語，其文采韶華令人嘖嘖欽敬，被稱為「絢麗多彩的女革命家」[11]。在討論黨內工作時，唯有她敢與列寧爭執，列寧仍很敬重她，其實是對其「女性社會主體價值」的認同。這種認同不僅是政治制度的，社會革命的，更是出自性別觀念的平等認同、精神和諧的人性之愛。

柯倫泰在回憶列寧與依娜莎的交往時，曾談到依娜莎是列寧個人生活中的「精神支柱」和「心中的太陽」。此說並不誇張。在保存至今為數不多的列寧親筆信中，給依娜莎的就有一百多封。激情燃燒的列寧在信中用「一千個吻（使人想起馬克斯給燕妮的信）」書贈依娜莎。這些信至今封存在莫斯科的檔案館中。特別是列寧被暗殺及時

搶救後，生命已有轉機，但猝聞依娜莎病故（1920年嚴冬，依娜莎病逝，享受的是國葬，在鮮花絕跡的莫斯科，唯有一全用新鮮風信子白花製成的最大花圈，署名「列寧輓」），列寧悲痛衝動難抑，至少加速了列寧的死亡。這並非無稽妄談，卻長期為極左觀念所「禁言」。世人非議「柏拉圖精神之愛」的盧妄時，不要小覷女性社會存在的主體價值，它對於審美情趣超邁的男性，可能具有「物質變為精神」的特殊審美效應。只是往往被男尊女卑觀念陰雲遮蔽或異化為「桃色醜聞」，難以真實面目昭彰於世、於眾。

列寧生前十分崇敬的另一位社會女傑、**實踐性別平等和諧關係的另一個案典型**，就是蜚聲世界的現代舞之母、「動作皇后」**伊莎多拉·鄧肯**（1878-1927）。鄧肯是職業舞蹈家，本質上卻是革命家。她首創「現代派舞蹈」，豎起了二十世紀人類社會舞蹈文化革命的大旗，奠造了舞蹈美學革新的劃時代里程碑。難怪鄧肯嶄露頭角之時，著名法國藝術家歐仁·卡里埃爾就已斷言：這位美國姑娘將予世界以革命性變革。鄧肯借助舞蹈美學語言闡發自己的觀念、尤其是有關女性觀念以及審美準則的變革。她強調：「舞蹈家必須是肉體與靈魂相結合的，肉體動作必須發展為靈魂的自然語言」[12]。這兩個「必須」不僅是針對傳統的舞蹈美學、更是相關於「女性審美觀」而言的。

鄧肯舞蹈革命的實踐品格是創立了一種與古典芭蕾相對應的現代自由舞蹈，而且是從內容到形式的雙重變革。如眾所知，古典舞中、尤其古典芭蕾中的女性美形象，大多取材於神話傳說中的仙女、公主之類。其舞蹈語彙大多凝聚為人體美的造型。無論勾魂攝魄的腳尖、手臂、飄飄欲仙的輕靈舞姿，還是舒展挺拔的「阿拉貝斯」……基本都定格在與「黃金分割律」絲絲入扣的「女體造型」上。使人時時想到維納斯雕像，往往忘掉活鮮鮮的女人。

　　從社會學角度看，現代舞是社會變革的產物。儘管芭蕾有芭蕾的古典美，但現代舞更具革新傳統的特異風彩。鄧肯強調，現代舞不應僅僅是肉體──形體語言，更應展示「靈魂的語言」，是精神美的舒展和告白。換句話說，對女性美而言，舞蹈美學不應是堆砌的幾何圖形，不能只展示軀殼的浮面表相，而應將深層次的社會文化意蘊發掘出來，成為靈魂的語言、精神的絕響，實現對社會變革、對女性觀變革射意、受意的社會價值功能。較之古典芭蕾「形之上」的飄逸、空靈之美，鄧肯的現代舞「跳出我們婦女的公道、仁慈和純潔，跳出我們母親的慈愛和溫柔」[13]，更具「形之下」的堅實社會基礎和女性「人本」價值的真魂。

　　從女性社會審美特徵變革來看，現代舞從音樂、戲劇等舞臺藝術的附庸中獨立出來，又突破了古典舞蹈美學「珠圓玉潤」之「金科玉律」，代之以楞角分明、恣肆無忌，甚至扭曲痙攣的動作，表達現代女性的審美批判觀念的求索。這時候，「舞臺，真的變成了宇宙」──鄧肯的舞蹈語彙，正像哲學家保爾・薩丁極讚的的動體藝術傑作《宇宙》，它是一縷陽光（真）、一團熱氣（善）、一股清風（美）、一泓春水（慧）……總之是女性社會審美追求的「伊甸樂園」：千萬裡我追尋著你，可是怎樣才能找到你……？鄧肯的現代舞蹈語言，成了女性靈魂追求的道白。如果說雨果的《歐那尼》震動十九世紀的劇壇的話，那麼，鄧肯按斯特拉文斯基《春之祭》組曲編導、出演的《春之祭》現代舞，則震盪著二十世紀的社會舞壇。

　　從性別社會學角度看，鄧肯創造的《春之祭》，其舞蹈主題類似《易經》中所謂的「易」──「動與變」的社會性別觀念和價值取向。它借助陰陽相摩相蕩、相消長的審美意念，表現社會性別關係中男人與女人的對峙與纏結，尤其以女性備嘗的酷烈磨難和捨命求美的

慘烈犧牲,祭奠著「春」的來臨⋯⋯其中《春之祭》的德國版即表現冬鬼(男性舞者)和春神(女性舞者)之間的纏結組合和對峙抗爭,最後被選作祭品的少女在不能自持的狂舞中死去⋯⋯再現的是社會性別關係悲劇。

鄧肯用舞蹈語言在人心中烙下了大問號:為什麼在人類社會發展的祭壇上,女人只能做犧牲?女性什麼時候才能和男人一樣成為社會的主人、成為自己的主人?《春之祭》從舞臺走上社會、走進人心,以新世紀女性的熱血激情,祭奠男權社會「血與火的煉獄」中女性的社會犧牲,抒發對性別平等和諧社會強烈渴望和奮不顧身的追求⋯⋯如今,「春之祭」的現代舞劇目多達五十幾個,形成了一個偌大的「家族」,傳諸後世,實為經典。

從文化社會學角度看,鄧肯的舞蹈創作有深厚的文化底蘊和藝術素養,突出的是反傳統的婦女觀。她以貝多芬的《第七交響曲》、孟德爾頌的《春》和柴可夫斯基的作品為題材進行創作,特別是《馬賽曲》的革命精神,集中體現對傳統舞蹈觀念的超越。從女性視角看,突出體現了女性求美、創美、展示美、品評美、昇華美的創造運動軌跡,而鄧肯本身就是求索、實踐、開創現代女性「全息動態美」的先行者和獻身者。所以世人評價,鄧肯首先是個舞蹈革命家,然後才是舞蹈美學家,歸根結底是女性社會革命家。

從性別視角品評鄧肯現代舞三個代表作的主旋律,堪稱女性社會革命的「三步曲」。

之一是《伊菲革涅亞在陶洛斯》(歌德有同名悲劇),選材於古希臘神話中的「希臘聯軍統帥阿加曼農(歷史上實有其人)殺死親生女兒獻祭」的悲壯故事——又是以女性作為社會「犧牲」,它其實就是鄧肯的《春之祭》之舞。其悲劇美學效果,引起人們心靈的震

顫！難怪畢加索說：「美是心靈的震撼！」鄧肯是女性命運的悲劇女神。

之二是她的現代舞傑作《馬賽曲》，其審美主題和價值取向盡人皆知，勿庸贅述。只想強調她像法國國歌中所謳歌的、凱旋門上所矗立的萬眾頂禮的勝利女神一樣，永遠載入女性社會主體價值的現代史冊。她是勝利女神。

之三是她的另一部現代舞傑作《前進吧，奴隸》，這是女奴求解放、爭自由的反叛主題，表現女性真善美與社會偽惡醜的殊死搏鬥。其藝術美學特徵與畢加索的《亞威農少女》有異曲同工之妙。最後，掙脫鎖鏈的女奴獲得自由，鄧肯儼然飛升為女性社會解放自由之巔的自由女神……

從女性社會學角度看，我們以為，鄧肯的現代舞創作的主旋律，可謂「女性社會革命四重奏」。因為強調「三步曲」者，往往忘記她最重要的那部頂峰之作《國際歌》。鄧肯自己直言不諱：「我隨著《國際歌》的樂聲起舞，因為我感到《國際歌》是未來與人類的讚歌」——鄧肯曾用詩一樣的語言讚美現代舞《國際歌》，並以獨創之《國際歌》的舞蹈語彙訴諸自己靈魂的告白：「我的歡欣是為了美麗的新世界……釋迦牟尼頭腦中曾經孕育的夢想、基督聖訓曾經傳播的夢想、曾為偉大的藝術家們畢生追求的夢想、列寧以他巨大的魔力變為現實的夢想，都在這裡了……我的工作與生活將成為他的輝煌燦爛前景的一個組成部分」[14]。

鄧肯說到做到。儘管她出生在美國，卻為法國大革命傾倒，選擇《馬賽曲》為最佳舞蹈題材；緊接著崇仰列寧和無產階級革命，來到前蘇聯，並自願獻身列寧的事業，舞蹈《國際歌》成了她的頂峰之作。難怪世人聲稱「動作皇后」骨子裡迸發著「革命」……1921年，

在列寧的支持下，鄧肯在莫斯科創建了舞蹈學院，不僅演出《國際歌》，還創作並演出了革命舞劇《紅旗》。回美國後，借助《紅旗》宣傳列寧的社會主義革命，受到美國政府的迫害……

儘管如此，鄧肯仍直言不諱她是列寧的崇拜者，是列寧事業的一個「組成部分」。為此，她受到反對派的激烈抨擊，嚴令她的舞蹈代表作《國際歌》停演。無所畏懼的鄧肯在法國《快報》週刊上，發表了正氣凜然的嚴正聲明：『寧願在火刑柱上被活活燒死』，也要高唱《國際歌》「翩翩起舞」……最終，鄧肯沒有死在火刑柱上，卻死在長絲巾的「勒命絞索」下。

人們痛惜她的倏忽離去，「就像真理一般具有悲劇性和必然性」，更像「女性社會命運」一樣具有悲劇性和必然性。她生前在《鄧肯自傳》中直言不諱：一部分人「說我美麗得像天仙下凡，說我是個天才……」另一部分人卻「說我無才而醜陋，是個十足的醜八怪」，更可惡者對她的私生活造謠誣衊，極盡惡毒詆謗之能事。皆因其對男權觀念的反叛和對社會主義革命、對女性自由解放的強烈追求。但這些誹謗和迫害，並未改變鄧肯對女性社會主體價值的追求、獻身事業的革命選擇和對愛情的真誠渴望。

在性別關係上，鄧肯一生與眾多傑出男士傾心相儀、和諧相處，如英國二十世紀戲劇革新家戈登·克雷格和蘇聯詩人葉賽甯等。鄧肯特別崇拜列寧，也為列寧十分推重；還有身為共產黨人的西班牙畫壇「鬥牛士」畢加索黑、矮、犟，雖沒有葉賽甯的金髮碧眼，但鄧肯愛他火山噴發式的創造激情和恣肆無忌的橫溢才華；被斯大林的情婦達維多娃傾心仰慕的斯坦尼斯拉夫斯基，莊重高雅、儀表堂堂，他和他的「斯坦尼表演藝術體系」深深地迷住了鄧肯；在與德國音樂家索德馬拉松式的精神戀愛造成的極度消耗症中，鄧肯心力交瘁，卻依然一

往情深，不改初衷……總之為了性別關係和諧美的追求，鄧肯可以奉獻自己的一切。

從社會性別關係角度看，鄧肯並非依附男人的弱者，而是性別關係中的「主體」。如與詩人葉賽寧的關係。鄧肯深愛葉賽寧的勃發詩情和橫溢才華，造就了詩人創作的巔峰時期，卻為葉賽寧的酗酒、瘋狂和歇斯底里，付出了極高的代價。但她依然像保護神一樣，從事業到生活，無微不至地呵護著葉賽寧。知情者對此自有公論：「伊莎多拉的唯一過錯就是對葉賽寧太好了」。離開鄧肯後，不知是無可救藥的酗酒，還是無法挽回的悔恨啃噬著葉賽寧的心，失卻鄧肯這一「精神支柱」的詩人終於精神崩潰，割開自己左腕的靜脈，停止呼吸前，蘸著鮮血寫完留給鄧肯的遺詩：「再見，我的朋友，再見！親愛的，你永遠在我心中」……

平心而論，鄧肯之於葉賽寧，就像喬治‧桑之於繆塞和蕭邦……在與眾多異性交往中，頻遭世俗謗議的鄧肯也與喬治‧桑頗為相似。從「正統觀念」來看，她不停地輪換著情夫、有許多所謂的風流逸事（其中主要是「柏拉圖精神之愛」），確是「私生活」不檢點。但從女性主體社會審美角度審視其深層內涵，不難發現，她孜孜以求的並非單純的「男性」個體，而是通過這「個體」體現的「社會主體價值」和兩性和諧的理想。她追尋著、選擇著，全身心投入地塑造著對方的「完美」，同時無私地奉獻出自己的全部真善美慧，總之，不遺餘力地締造著人類男女兩性的性別和諧美……從性別社會學的「價值論—意義論」來看，在拜伏鄧肯腳下的無數男性崇拜者中，鄧肯選擇了葉賽寧、畢加索、斯坦尼斯拉夫斯基……這些男性精英。在「她的美」與「他的美」碰撞、融熔的「雙向審美交流反饋」的「性別關係」中，她不僅是他（們）的「美神」——賞心悅目的「風景」，同

時是自己的「眼光」──是品評、鑒賞、塑造、昇華男性的──女性社會審美主體。她不僅在自身、同時「在對象世界中肯定自己」的女性社會主體價值。在其自傳中，她坦誠吐露個人心聲：在與眾多異性交往中，她總能從精神的角度區分什麼是美、什麼是醜，並為改造醜、創造美鞠躬盡瘁。而她的自傳也和盧梭的自傳《懺悔錄》一樣，為鄧肯贏得了巨大聲譽，被選進《世界文庫》，極少有舞蹈家自傳獲此殊榮。因為它是鄧肯真善美慧的靈魂披肝瀝膽的傾吐和告白。

總之，鄧肯以現代舞之母的巨大聲名飲譽全球，其舞蹈的基本旋律就是在被動中尋求主動的女性反叛主題；追求、創造主題。曹劍在其詩《伊莎多拉・鄧肯》中吟詠「智慧綴滿你的舞裙，燁燁生輝。」所以她舉手投足之間，都顯現出「最自由的身體裡蘊藏著最高的智慧」[15]。而費朗・迪瓦爾「追念伊莎多拉的悼辭」則一語中的：「這具軀體的靈魂就是美」。

紀伯倫則全面闡釋鄧肯「女性社會主體價值的全息色彩」之美：「一個人漸臻完美的時候，會感到自己是廣袤無垠的宇宙，是浩渺無邊的大海，是始終在燃燒的烈火，是永遠璀璨奪目的光焰，是時而呼嘯時而靜默的大風，是裹挾著電閃、雷鳴、滂沱大雨的雲彩，是淺吟悄唱或如泣如訴的溪流，是春天繁花滿枝、秋天卸下盛妝的樹木，是高聳的峰巒，是深沉的山谷，是有時豐饒富庶、有時荒蕪蕭索的田園」。──這便是一切皆流、在運動衝撞中不斷發展的鄧肯及其現代舞，獨具的女性社會主體價值的審美特色。

儘管鄧肯之舞只是瞬間即逝的動態美，但它的精神存在卻將女性社會主體價值定格為「永恆」。著名女作家伊奧爾斯卡女士為此曾極贊鄧肯：「的確，這位美國婦女是由神聖的材料做成的。她的名字應當流傳千古」[16]……儘管鄧肯是以舞蹈家的身份離開人世的，但有識

之士偏偏把她當成革命家、當成智慧女神來祭奠，並把勒南頌揚雅典娜的《衛城的祈禱》敬獻於鄧肯墓前：

「啊！多麼高貴！多麼淳樸而真實的美！女神，崇拜你意味著智慧和理性！……我自恨探索你的奧秘來得太晚；我懷著深深悔恨的心情，跪倒在你的祭壇之前。我尋求你，把鐵鞋踏破」。正像把「紅舞鞋跳破」的赤腳的鄧肯——為追尋女性社會主體價值捐軀殞命一樣。作為人類社會文化藝術史上「最高尚的聖者和殉道者」鄧肯的舞蹈「表現她……認同的社會主義理想」[17]，她是女性社會解放的領舞者，同時又是性別和諧「主體間性」的社會實踐者。總之，從女性社會學角度看，與其說她是偉大的藝術家，不如說她是獨具華彩的女性社會革命家、性別關係和諧的實踐者。

從發展社會學角度看，馬克思主義關於「人類社會發展規律的學說」和婦女解放理論，曾經首先在蘇聯應驗（儘管前蘇聯已解體，但其初創時的歷史定位不移。現俄羅斯總統普金確信：「誰不為蘇聯解體惋惜，那他就是沒有良心……」，這是後話）。列寧和他開創的偉業不僅傾倒了鄧肯，也廣泛影響著世界各國、特別是當時的中國。

二十世紀是中國社會發展史上最為重大的變革時期。先是推翻了幾千年封建帝制，又經由舊民主主義革命、新民主主義革命建立了社會主義的新中國。在這一連串巨大社會變革的起點上，跨越十九、二十兩個世紀、跨越封建社會——民主革命兩大歷史階段，**實現雙重跨時代超越和性別關係變革的女性精英個案典型，首先當推民主革命女英烈秋瑾**（1879-1907）。

一百三十多年前，秋瑾出生於封建中國末期。從性別視角透析當時社會語境、語義特徵和視界取向，中國封建社會，本質上是性別壓迫社會。其性別觀念與儒家婦女觀緊密相連。

　　如眾所知，儒家的「女性觀」是以「男尊女卑」為價值核心的，通體浸透了男權本位的功利色彩，並始終轄馭著社會性別關係。表面看來，儒家的人倫價值觀強調「飲食男女，人之大欲」（《禮記・禮運》）；「男女居室，人之大倫」（《孟子・萬章上》）。但在男尊女卑的封建社會、夫為婦綱的封建家庭中，這個「人」，只是男性的代名詞，而「欲」，則專指女性──為男人所欲者，是男人洩慾的工具；而「繁衍子嗣」的人之大倫，也僅僅是為男權服務的倫理綱常。對妻子「七出」之一：「無子之婦即可休棄」，判定女性為男性家族的生殖機器，這便是儒家正統觀念中的「女性社會觀」，使女人失落人的本質異化為非人之物。

　　時至漢代，「罷黜百家獨尊儒術」。唐代儒道釋並存，出現了多元開放的社會景觀、甚至個別「離經叛道」的女性個體，比如武則天。但「男尊女卑」性別觀念本質未變。儘管民間道教理陰陽、等男女，把「男女相和」看成治事之本。但官方道教為封建專制正統御用，提出物化女性的「鼎器說」，發明「房中術」，「陰陽互補」變成了「採陰補陽」。葛洪的《抱朴子》中專列「房中之術近有百餘事焉」，樁樁件件都是傳授如何「採陰補陽」──損女奉男的。顯然，在男尊女卑價值觀上，與儒家並無二致。

　　延及宋明，程朱理學鼎世，儒道釋互補、儒學（理學）至尊，並極端化、制度化。於是，「三綱五常、三從四德」，就像橫七豎八的繩索將女性兜頭帶腳捆綁在地。孔老夫子聖訓在先：「唯女子與小人為難養也」──一個「養」字，已把女人異化為「物」。朱熹們緊步其後，用「程朱理學」斯文地絞殺女性……儘管封建王朝不斷更迭，但儒家正統的封建社會男尊女卑性別觀念不僅未變，反愈演愈甚。難怪太平天國女英豪傅善祥為此嚴正指控孔老夫子「應向天下女人謝

罪」……

　　從哲學社會學角度看，黑格爾在其《哲學史講演錄》中曾經談到中國儒學不是思辯的哲學，只是封建社會的「道德哲學」。從性別視角看，這種道德哲學只是封建專制和男權觀念的代名詞。本質上只是「一樁政治事務」──男權專制社會的政治事務；進而成為一種「宗教信條」──男權觀念的「宗教信條」。儘管黑格爾的這種看法不無偏頗，但在男權觀念問題上，卻恰中要害。儒家倫理學、尤其有關女性的價值觀念，本質上是封建道德哲學；是維護男權統治的「政治事務」；是男尊女卑價值觀念的「宗教信條」。被迫對此頂禮膜拜而終成「正果」的女性，是溫良恭儉讓的夫人、恪守婦規女戒的小姐、三從四德的命婦、三綱五常的信女、從一而終的節婦、以死守貞的烈女……統統都是男權專制社會土壤生成的「性別關係」的畸型苦果。

　　毋庸諱言，正是雄霸於世幾千年的男權專制封建社會，將女性推進性別壓迫的萬丈苦井中……**而最先從封建苦井中破壁衝騰、橫空出世，實踐對傳統社會性別關係跨時代超越的鑒湖女俠秋瑾，確實令人刮目相看。**

　　從性別社會學角度看，在中國近代社會，很難找出像秋瑾這樣「全息色彩」的女性社會精英。作為女人，她是「身不能男兒列，心卻比男兒烈」、自號「競雄」的鑒湖女俠；作為女作家，多彩創新之傑作、婉約的靈性兼稟浩大豪闊之雄風的絕代風華；作為女革命家，血薦軒轅、悲壯獻身、悲劇超越的民主革命先驅；作為女性主體價值社會超越的典型：生命絕唱之華彩，化作擎天拔地的全息色彩之虹──那是反封建男權專制的婦女解放之橋……

　　回眸十九世紀末二十世紀初昏曉交革之際的舊中國，出身書香門第的秋瑾自幼學文賦詩、見識超群，十五歲便撕掉裹腳布。婚後她最

早踏破「婦規」，毅然與封建家庭決裂，隻身出國、投身革命，靠的是超越社會、超越自身的膽識、魄力──這種從認識論到方法論上反男權專制社會的「驚世駭俗」之舉，來自她的觀念變革和女性主體價值取向的跨時代抉擇。

從政治社會學角度看，秋瑾不僅是婦女解放的先驅者、組織者，還是民主革命的組織、領導者之一。作為文韜武略冠蓋鬚眉的女革命家，秋瑾生前頗得孫中山推重，被指令為浙江同盟會起義領導；死後，先生曾親臨她墓地祭奠。作為文武全才的巾幗英雄，她用女性的青春熱血譜就了「身不能男兒列，心卻比男兒烈」的「競雄」主旋律，成為中國近代社會的「聖女貞德」。難怪周恩來為秋瑾題辭：「莫忘鑒湖女俠之遺風」──那是「女性社會主體」千秋永志的絕代風華、回天響地的千古絕唱和價值絕響！

從文化社會學角度看，在近代社會文化革命戰線上，秋瑾的「全息色彩」更是灼灼耀目。她詩詞歌賦、文論書簡、檄文校書、雜文政論、散文白話、譯文彈詞，甚至物理化學生物學等自然科學方面的知識，兼蓄並用，幾近全知全能，領先於男性社會智識階層。尤其在文學創作方面，以其獨具的慷慨任俠之陽剛浩氣，將反封建的澎湃激情化作精神颶風，橫掃盤亙文壇上千年的士大夫八股風、騷人墨客風花雪月的「娘娘腔」、諂媚文人彎腰曲頸喪筋折骨的「阿諛文學」、專講男歡女怨的青樓文字和閨閣文學的「脂粉氣」……如風捲殘雲。代之以氣貫長虹的愛國、革命篇章。

在表現方法上，她將愛國主義傳統融入時代新機，將革命的呼號、婦女解放的吶喊和女性的社會價值求索聚攏於筆端，揮灑出岩漿突爆式的文字，鑄成秋瑾的文學精魂和美學風骨，並以女性卓絕的特異風彩，在近代文壇上獨領風騷。從而以全新的價值取向和獨特的表

現形式，開啟「女性文化社會變革」的嶄新華章。

　　從女性社會學角度看，在中國近代社會革命史、思想史、文化史、文學史、婦女運動史等諸多領域，秋瑾以女性主體的卓絕風彩，豎立起不朽的價值豐碑，卻在二十八歲之華年倒在封建專制的屠刀下，魂繫大地、血貫長虹──秋瑾用青春的熱血、獻身的激情，橫溢的才智、絕美的風華……譜就了近代女性社會價值的沖天絕響，化作美侖美奂的「七彩虹」。那是中華女兒反帝反封的社會脊樑，拱起了民主革命時代精神之虹，直指近代女性社會價值巔峰。那是華夏女兒血染的風彩和不朽的精魂，化作橫跨兩個世紀（十九、二十世紀）、跨越兩個時代（封建社會、民主革命）的「女性社會革命金橋」。

　　跨過這座血肉之軀構築的社會「金橋」，中國女性社會革命邁進了全新的大轉折時代。

　　從政治社會語境、語義變革看，「十月革命一聲炮響，給中國送來了馬克思主義」。李大釗陳獨秀等高擎革命大旗宣傳馬克思主義。反帝反封建的「五四運動」、打倒孔家店的「新文化運動」，以摧枯拉朽之勢澎湃於神州大地。特別是中國共產黨的成立，將中國革命推向了嶄新的時代。馬克思主義與中國革命實踐相結合，使婦女解放納入了社會革命的時代洪流。較之孤軍奮戰的西方女權主義運動，中國婦女解放一開始就在馬克思主義婦女觀指導下，融入了中國無產階級反帝反封建的社會革命洪流。

　　從文化社會學角度看，二十世紀上限，對中國女性命運深切關注、對傳統社會性別關係口誅筆伐並最具社會影響力的思想家、文學家、革命家，當推魯迅（1881-1936）。他以馬克思主義婦女觀的文化之犁耕耘中國女性社會學荊棘叢生的處女地，以匕首、投槍式的犀利之筆，戳破傳統的男權觀念假「真善美」之名、行「偽惡醜」之

實，毀損女性的罪惡本質，進行深刻揭露和憤怒指控。特別是在男女情愛婚姻家庭等「性別關係」問題上，他從文學創作和社會評論入手，進行社會政治文化批評。其強烈的階級色彩和社會批評力度，鋒芒所向，直戳「大團圓」作品瞞和騙的假面。

從性別視角看，長期的封建社會中，女性的真、善、美，樁樁件件都被封建倫理綱常的「偽惡醜」塗污。特別是在愛情婚姻家庭生活中，性別壓迫的社會存在，往往浮飾著封建道德的社會金箔。於是，自欺欺人的眼睛看不到披枷戴鎖的玉堂春、怒沉百寶箱的杜十娘、血濺桃花扇的李香君、「泣血焚稿」魂歸離恨天的林黛玉……只看見「一切圓滿」（《墳・論睜了眼看》）。魯迅一陣見血地指出，以此規矩，構造「方圓」，於是名目繁多的才子佳人戲，便按照封建主義道德的「規」和「矩」，被規劃成同一類型的「封閉曲線」：千篇一律的「私定終身，棒打鴛鴦，才子及第，奉旨完姻」——「大團圓」的圈子，套著社會性別關係的偽飾。

也許「大團圓式」的主題可能表現了社會生活中個別現象形態的真實，可是卻掩蓋了性別壓迫社會本質的真實：千篇一律的虛假的大團圓喜劇，用肥皂泡上的虹霓來眩惑人的眼目，使人看不清男權社會的罪惡，而誤認為：「棒打鴛鴦」、摧殘青春生命和女性的不是封建專制社會，而是「才子不第」。只要才子及第，不必問津社會，便可皆大歡喜。「於是無問題，無缺陷，無不平，也就無解決，無改革，無反抗」（《墳・論睜了眼看》）。這才是「團圓主義」曲終奏雅的玄妙天機，也正是魯迅切齒痛恨之處。

魯迅還指出，就連較優秀的作品《西廂記》也受到團圓格局的影響，「敘張生和鶯鶯到後來終於團圓了」（〈中國小說歷史的變遷〉）。魯迅大不以為然，批評這類閉著眼睛設計的「團圓」，

是「用瞞和騙造出逃路來，而自以為是正路」（《墳‧論睜了眼看》），真是自欺欺人。青年沈雁冰也在《文學與人生》中批評「大團圓的假戲」。就連胡適都認為團圓主義文學，「便是說謊文學」（《胡適文存》一卷）。魯迅則一針見血地指出：團圓主義的病根就是「假」，違反社會存在的真實。在「得其通弊，察其黯暗」之後，他大聲呼籲作家取下假面，真誠地、深入地、大膽地看取人生並寫出他的血和肉，特別是寫出男權制度吞噬女性血和肉的實情，才能揭露男權社會性別觀念絞殺女性的惡德敗行。

魯迅特別推重突破「團圓主義」格局的作品，在中國古典文學中當首推《紅樓夢》，還有《桃花扇》。但討厭的是，偏有不甘心者，硬用「團圓」的圈子去套這些作品，寫了什麼《南桃花扇》，非讓李香君和侯朝宗握手言歡不可。還有十幾種《紅樓續作》《紅樓圓夢》之類，硬要「寶黛團圓」。一念之差，謬以千里。使人讀之，「時時看到一些做作，彷彿受到了欺騙」（《三閑集‧怎麼寫》）。魯迅十分厭惡，毫不含糊地指出此類東西「與原作相此，霄壤之別」（《小說史大略》）。從女性社會批評角度來看，「大團圓」的圈子是以假亂真的性別關係「怪圈」，是男權觀念捆綁女性的「乾坤圈」。

在理論上，魯迅從馬克思主義的社會史觀入手，解剖「團圓主義」的失真的弊端，又在自己的創作實踐中，突破了延續幾千年的「大團圓」圈子，寫真情：揭示「女性的社會悲劇」給人看；寫性別關係的真相：「舉一切偽飾陋習，悉與蕩滌」；寫真理：批判悲劇產生的社會根源。故而，魯迅筆下的「女性」悲劇，突破了古希臘的命運悲劇，超越了莎士比亞的性格悲劇，改造了易卜生無出路的社會悲劇，展示出中國男權社會最真實、最深刻的女性社會悲劇。這裡所謂的悲劇，不是單純意義的戲劇種類上的悲劇，更是社會學、社會性別

關係中的「女性社會」悲劇。

聚焦社會語境和創作文本語義特徵，在「風沙撲面，虎狼當道」的男權專制時代，魯迅突出女性社會悲劇大寫意主題：那廢馳的地獄邊上的「慘白的小花」，「乾旱的沙漠中，不怕飛沙走石『摧殘』的鮮紅的『薊』」，「根本不深、花葉不美、歷遭踐踏刪割的野草」……掀動了魯迅心靈的大潮──被侮辱與被損害的女性，聚焦了魯迅創作的社會主題凝注點──社會性別關係批判。

請看魯迅筆下的「啼血杜鵑」：〈在酒樓上〉有個心比天高，命比紙薄的少女阿順，是個極其哀婉動人的女性悲劇形象。這個纖秀的船家少女心高志潔，充滿著對美與善的渴求。她用卑微而純真的希望編織著愛情與婚姻的玫瑰夢。墨一般黑的現實卻兜頭向她壓來：怨恨、絕望於未婚丈夫「比偷雞賊還不如」，憂鬱成疾。阿順流乾了滿眼辛酸淚、瀝盡了滿腔殷紅的血，化作了「啼血杜鵑」──這株淚水澆漑、鮮血浸泡的杜鵑花，剛剛展蕊，尚未怒放，就枯萎成灰了──女性青春生命的毀滅，正是無力抗爭的靈魂對男權社會緘默的抗議。

再看「歷遭刪割和踐踏的『野草』」──廣大勞動婦女、尤其她們之中寡婦的悲劇，更是傾注了魯迅滿腔的憤激和同情。曾記否，魯迅曾義憤填膺地吶喊：「我詛咒美而有毒的曼陀羅華」。這「曼陀羅華」不是意大利馬基雅弗里的《曼陀羅華》，而是泰戈爾的小說《摩訶摩耶》所揭露的印度「撒提制度」──前邊已談到，這是以「東方文明」自詡的印度標榜為「國粹」的「女性獻身的美德」，即寡婦火焚殉葬，以獻身亡夫的幽靈。如果說「撒提制度」是印度紗麗包裹的荼毒女性的罪惡孽胎的話，那封建中國的「節烈觀」，則是華美絲綢包裹的「腹蛇結」。而祥林嫂則是男權專制荼毒女性的此類社會悲劇典型。

　　〈祝福〉中的祥林嫂如同黃土地上土生土長的苦苴草，任憑孽風毒焰的炙烤、淒風苦雨的抽打，仍然頑強挺莖伸展——她苦熬苦作埋頭奉獻，卻無法擺脫厄運的苦苦糾纏：丈夫去世成了寡婦是一苦，「做不成節烈」又是一苦，再嫁喪夫、失子更是苦上加苦。她想「節烈」而不可得，再嫁後成了千人指、萬人唾的「不祥之物」，備嚐人世的辛酸，終於在祝福之夜的大風雪中倒斃路旁。當雪花落在她臉上不再溶化時，從那死不瞑目的眼中湧出的淚珠也凍結了，彷彿無法下嚥的人生苦汁——人的祥林嫂終於被封建禮教碾成了粉末；精神的祥林嫂還要把靈魂放到男權專制祭壇的火刑柱上去灼燒。如果說「撒提」焚毀了女性的血肉之軀的話，那「節烈」，則同時灼燒著女性的靈魂……

　　總之，透析社會性別關係的千年隱秘，魯迅的女性社會批評幫我們揭開了中國絲綢、印度紗麗包裹的「東方式傳統婚姻家庭制度」摧殘女性的罪惡，而易卜生的《玩偶之家》，則為我們揭開西方工業文明下的家庭，將女性異化為玩偶的內幕。相比較而言，與東方式的赤裸裸的踐踏和宰割，表面上不同之處在於，西方式的虛偽——把女性「人」異化為「籠鳥」和「瓶花」之類的玩物、傀儡。而實際上，動物式的宰割容易激起被宰割者的憤怒；玩物式的被佔有令人神經麻木。**易卜生的《玩偶之家》撕破了罩在資產階級家庭關係上溫情脈脈的紗幕，將西方工業文明下的婚姻家庭制度困扼女性的罪惡曝光於世**……

　　易卜生（1828-1906）揭露社會性別關係隱秘的代表作《玩偶之家》1914年首次在中國上演。魯迅充分肯定並深入開掘了《玩偶之家》反男權專制的社會主題。劇中的女主公娜拉毅然衝破偽惡醜的家庭關係羈絆，「砰」的一聲，撞開了男權中心、禁錮女性的專制家門

衝向了社會。這一聲「砰」！不啻是一枚重磅炸彈的轟鳴，震驚了男權社會、震醒了昏睡的女性。於是，易卜生話劇中的女主角成了二十世紀初中國社會大舞臺的「超級明星」，引發出「娜拉熱」、「娜拉年」等轟動效應。

正是這股「娜拉熱」衝決著男權專制的厚重冰層，在解凍的神州土地上栽種下婦女求解放、爭自由的第一枝報春花。魯迅先生十分敏銳地洞察、充分肯定該劇的「女性社會觀念變革價值」。儘管報春花開在百花蕭殺之時、春寒料峭之際，未免有「悲涼」之意，「然而意氣是盛壯的」，報春的作用是不能低估的。與此同時，魯迅又提出「娜拉走後怎麼辦」的問題，並在其〈傷逝〉中，通過「子君」這個藝術典型，拓展並深化了「女性社會存在」的經濟基礎和觀念變革──「他律」的重要社會命題。

與《玩偶之家》相呼應，魯迅創作了〈傷逝〉，深化了「挪拉走後……」的社會主題。文本的語境和語義內涵是：適逢「報春花」開時節，覺醒了的知識女性「子君」來了，心海裡漲滿了春潮。她與涓生衝破封建家庭和社會觀念之網，毅然揚起愛的風帆，用大膽的理想之舟去負載「真善美」的渴望。「愛的自由結晶」：一株優雅、恬靜的百合花蕾抽莖了。夏天來了，愛的花瓣展蕊怒放，好一株「純情百合」，開得那樣絢麗。秋天到了，該是成熟的季節，卻哪堪「寒蟬淒切，冷落清秋節」──嚴寒提早來了。喜溫的百合面臨「風刀霜劍」的威逼。社會是嚴冬、街上是寒風、鄰居是冷眼，愛人是冰冷的神情，子君的心也凍結了。百合花「零落成泥碾作塵」……

從性別社會學角度看，有人說，〈傷逝〉展示的是家庭破裂的人生小悲劇，其實發掘的是男權社會毀滅人生、摧殘女性的社會大悲劇。曾記否，辯證唯物主義的認識論曾一再告誡我們：「人是一切社

會關係的總和」。而家庭，作為社會的一個細胞，是由男人和女人這兩個基因組成的，它應該等於一切社會關係的總和加總和。這就意味著由夫妻關係結構起來的家庭，不單是男人與女人的關係，更主要的是與社會密不可分的「物質的、經濟的關係，也包括法權的、思想的、道德的關係」……歸根結底是一切社會關係的總和。家庭的破裂和組合，顯然受這些關係的制約。確切地說，當時是受男權專制社會觀念的制約。

可歎子君竟冒男權觀念之大不韙，在社會高壓下離家出走，毅然與涓生自由結合，與當時社會「法權的、思想的、道德的關係」嚴重背道而馳，必然「身敗名裂」；加之沒有安身立命的經濟基礎，無奈「捐軀殞命」。儘管如此，魯迅還是肯定子君是新舊思潮衝突、女性反叛男權專制的社會變革中，希冀確立女性主體價值的首航者。她和涓生大膽地投身於新生活的激流中，揚帆航行一陣子，終於在傳統社會關係的漩渦裡，受到男權觀念濁浪的拍擊而溺死了。這是覺醒了又無社會出路的悲劇，是女性的社會悲劇。

魯迅以男主人公手記的方式，將〈傷逝〉吟成一首悲情繾綣、迴腸盪氣的悼亡詩，展示那一特定社會歷史階段，覺醒、追求，又為無望的希望所獻身的「女性」求索、抗爭、血祭的「苦難歷程」。魯迅用子君青春的熱血和生命，寫就覺醒的女性為確立自主的人格價值而獻身的「百合花誄」，是對犧牲了的「女性」最深摯的悼辭，又是認知男權社會的醒世弘文。

從「認識論－關係論」角度看，〈傷逝〉透過個案問題表相，對女性社會悲劇進行深層次探求，提出「娜拉走後怎麼辦？」的問題。魯迅借子君的悲劇諄諄告誡覺醒了的青年女性沖出封建家門走上社會後，「除了覺醒的心以外」，還須「提包裡有準備。坦白地說，要有

錢」。這時的魯迅已經掌握了經濟是基礎的馬克思主義認識論。他懇切地指出：在眼下的社會，經濟權就見得最要緊了⋯⋯可惜我不知這權柄如何取得。我們知道，要想尋求「百花齊放春滿園」的婦女解放之路，漫漫的長途上，必須實現經濟、社會、觀念等全方位變革⋯⋯

有研究者批評子君並未超越傳統「棄婦」形象的模式，魯迅也未真正擺脫男主女從觀念的束縛⋯⋯相對而言，這只是問題的一個方面。另一方面，形象的社會意義之短長和作家認識的局限，符合當時中國社會的客觀實際，也符合魯迅個人的認識實際。他直言不諱自己不知男女平等「這權柄如何取得」，其實未必不知，目的是突顯傳統社會性別關係積弊之重、之深，也許正是魯迅創作現實主義功力所在。

從政治社會學角度看當時中國社會語境、語義的變革，「五四運動」以來，尤其中國共產黨成立以後，中國的婦女解放運動在歷史進程上跨越了一大步。婦女們剪髮、放足、砸碎「節烈」的枷鎖，砍斷道道束縛⋯⋯從「活埋庵」衝向反帝反封的社會大舞臺，出演著性別觀念和行為變革的社會壯劇，崛起了社會革命和婦女解放雙重超越的一批女性社會精英。其中個案典型就有劉和珍⋯⋯

為抗議日本帝國主義在「大沽口事件」中的海盜行徑，1926年3月18日，北京一百八十多個社會團體聚集天安門廣場召開國民大會。會後示威遊行時，李大釗高擎紅旗走在最前面，隨後緊跟的是女師大學生會主席劉和珍和進步學生楊德群等，受到軍警早有預謀的血腥屠殺。李大釗頭負重傷，劉和珍、楊德群等血沃京華。這是就是震驚全國的「三‧一八慘案」！魯迅聞之，拍案而起，怒斥段祺瑞政府的罪行，又奮筆疾書〈紀念劉和珍君〉的深情誄文，盛讚這些女性是「真正的猛士」，「敢於直面慘淡的人生，敢於正視淋漓的鮮血」，並為

改造「慘淡的人生」，獻出了「淋漓的鮮血」，溶百丈冰崖，釀出反帝反封建革命和婦女解放的一天春雨，滋潤萬樹梨花……

在血與火的革命鬥爭中，確有一株令人慘不忍睹的「血染的梨花」，她就是犧牲於國民黨白色恐怖中的革命烈士李芬。單說就義前，為免遭敵人強暴甚至姦屍的厄運，李芬裡裡外外穿了三層結實的襯衣、褲，層層都用針線密密匝匝地連綴在一起，不露一針縫隙……接著，噩耗傳來了，那是每個正常人聽到，都會血管迸裂、燃燒出最狂熱的愛和最強烈的恨的慘痛消息……可歎李芬，言之磊磊，行之皎皎，一位人品、學識都十分出眾的妙齡少女，其才華閃光如晶瑩的珍珠，其人品高潔如璀璨的美玉，卻被蹂躪得體無完膚後拋屍荒野，令目擊者無不心顫神悸……面對如此女性「犧牲」，我們不想再寫，也不能再寫下去了……為革命理想大義凜然犧牲的英雄是幸福的，聖潔的獻身者是崇高的，但身心俱遭蹂躪、褻瀆，心靈怎能不滴血。男權專制社會對女性的絞殺，何等慘絕人寰！但是，女英雄精魂不死。一個李芬倒下了，千千萬萬個李芬，**集合在鐮萬斧頭旗幟下，神州大地出現了眾多新時代的「巾幗英雄」**：共產黨內有最早的女革命家，旅歐支部有最早的女黨員，工廠有女工罷工，農村有女赤衛隊員，北伐軍中有女戰士，青紗帳裡有女遊擊隊員，白山黑水間有女抗聯，南海椰林有娘子軍連……女性的社會主體價值，在社會革命的征途上實現了跨時代的超越……

中國社會發展終於翻開了嶄新的華章——1949年中華人民共和國成立！新一代中華女兒颯爽英姿地走過來了——她們直奔馬克思主義婦女觀的歷史彼岸。並將為彼岸「性別平等社會」的科學建構添磚加瓦、營造著神州大地性別和諧的伊甸樂園。

生態社會學中的生命存在法則曉喻世界：沒有太陽便沒有生命；

也就沒人類；當然也就沒有人類社會。正是基於太陽之於人類社會的重要性，才把政界首腦人物比作太陽。不過這「太陽」僅指男性。千百年來，再傑出的女性也不過是暗夜中的群星、燃燒著冷光的盈月、被遮蔽的「日蝕」。但是，二十世紀以來，女性政治首腦的崛起，堪比輝煌的日出……

從政治社會學角度看，千百年來，政壇一直是男權獨霸的世襲領地。但是如今，站在現代時空立交橋巔放眼世界，女性政治首腦的「太陽」不在天上而在人間。我們首先來看二十世紀以來各國的政界女首腦「輝煌的日出」。從1911年瑞典婦女獲選舉權算起，1917年前蘇聯女性始獲參政權；1920年，婦女參政權寫入美國憲法；1928年，英國婦女獲得法律許可的參政權；1949年，中國婦女獲得了真正的參政權……從最早的算起，婦女參政議政的群體權力獲得法律認同，才不過百年。從形式上的參政議政到實質性的掌權執政，二十世紀已先後崛起了令人刮目相看的女性政界首腦，在政壇升帳掛帥、縱橫捭闔……

二十世紀以來是女性社會首腦崛起、實現社會主體價值超越的變革時代，且具有全球性普遍發展特徵，昭示著政壇女性的全球性崛起之勢。**這是輝煌壯麗卻又無比艱辛的社會性別關係變革進程。**

先看乾旱酷熱的印度半島上，被稱頌為滋潤萬物的「銀河女神」、先後出任印度總理二十年之久的英迪拉・甘地夫人，領導十億多人口的泱泱大國，展示了非凡的政治才華。卻被尼克森咒罵為「老巫婆」……最終，甘地夫人也沒有擺脫男權專制的魔爪——被暗殺死於非命！除卻其他政治因素，女性秉政為男權觀念所不容，則是甘地夫人被暗殺的社會性別問題的實質。

再看西麗瑪沃・班達拉奈克夫人1956年出任錫蘭總理、1970年再度重登寶鼎。她結束了「英聯邦成員國錫蘭」四百五十年殖民統治

的歷史，創建了獨立的斯里蘭卡共和國。這個以盛產藍寶石、紅寶石、紫水晶馳名於世的國度，為人類奉獻出比寶石、水晶更為精妙絕倫的女性政治社會精英——造就了本國的第一位女總理。在古僧伽羅文中，「斯里蘭卡」意為「光明富繞之地」。原來多災多難的「錫蘭」，也許正因為女性首腦精神太陽普照，才成為光明富饒之地的。

世界之大，無奇不有。政壇亦不例外——菲律賓1986年2月的總統大選，是一場聳動視聽的「創世紀選舉」：兩位競選對手分別宣稱競選獲勝，各自宣誓「就任總統」。一時間鬧得滿城風雨，舉世譁然。事實是男性競選者敗北出逃，女性競選者獲勝：科拉松・阿基諾就任菲律賓總統。1988年，女總統代表菲律賓政府向英國出版商提出強烈抗議。他們出版的《牛津詞典》把「FILIPINA」（菲律賓婦女）解釋為「DOMESTICHELP」（內助）。在涉及民族尊嚴、女性尊嚴的原則問題上，外柔內剛的女總統針鋒相對、義正辭嚴。在決策內政外交事務中，她那剛柔相濟的領導藝術，頗得民眾擁戴。

阿基諾夫人祖籍中國福建，是菲律賓第四代華裔。丈夫參加總統競選遭槍擊身亡後，阿基諾夫人以家庭婦女身份參加總統競選成功，成為世界上第一個華裔女總統。1986-1992年執政期間推行多項改革，撤消美軍在菲基地，平息七場軍事政變……以柔性力量領導不流血革命，獲諾貝爾和平獎提名。阿基諾夫人2009年8月1日病逝。繼任女總統阿羅約為其舉行長達十天的國哀。菲律賓這個海中島國，擁有數千個鬱鬱蔥蔥的島嶼，宛若晶瑩剔透的翡翠鑽石，星羅棋佈地鑲嵌在太平洋的萬頃碧波中，而她們的女總統，則是最美的「金剛鑽石」。2007年，世界部分國家「男女平等狀況排名」榜中，菲律賓排名世界第六位，走在世界前列，女總統功不可沒。

再看韓國，2006年4月19日，韓明淑以182：77的高票當選韓國建國以來的首位女總理。在此之前，女部長、女事務官已相繼出現。韓國總統和官方都一再強調，女性政務高官的出現，「不是對女性進行照顧，而是因為她們在能力和業務評價等方面的競爭力突出」。目前，聯合國評估結果，認為韓國男女平權在亞洲排位第一。

還有伊斯蘭社會的奇蹟！1988年11月6日，在伊斯蘭教問世一千幾百年間、在四十多個伊斯蘭國家裡，巴基斯坦爆出個大冷門：三十五歲的貝娜齊爾‧布托出任總理。「真主」聞之必然驚詫萬分：《古蘭經》欽定女人為「男人的一塊耕地」，如今一個女人竟然乾坤倒置地躍居男人之上當了國家總理……1993年10月19日，屢受挫折、飽經政治風波的貝‧布托再次當選巴基斯坦新政府總理。雄糾糾的男性再次拜伏在「溫柔的面紗」之下。「巴基斯坦」在波斯文中，意為純潔、清真的國家（巴基：純潔、清真；斯坦：國家）。正因這個國家有一位「清無染、真獨一」的女首腦。但政敵卻以她丈夫受賄、腐敗為由，讓貝‧布托飽嘗下臺、監禁、流亡之苦，但她卻不改初衷，被譽為百折不撓的「鐵蝴蝶」。

2007年10月，貝‧布托被迫流亡海外多年回國，雄心不減當年。11月，巴基斯坦各派政治力量緊鑼密鼓開展競選活動，貝‧布托當仁不讓，於2007年12月27日發表競選演說時，突然被刺身亡。從秉政到被暗殺身亡的二十年間，貝‧布托在政壇上的大起大落，必定殃及丈夫紮爾達里，政治暗殺的威脅時刻與之相隨。但與貝‧布托政見相同的紮爾達里對妻子始終不離不棄……儘管扎爾達里這位電影院老闆的兒子聲稱「對政治毫無興趣」，卻在2008年9月，以最高票當選巴基斯坦總統。可見，貝‧布托競選被刺殺並非僅僅「政見不同」，也未必是丈夫腐敗問題。不然為什麼把她暗殺、與她政見相同的丈夫當選

總統？答案只能是性別問題——因為貝・布托是女人……

　　1991年5月25日，在「公正而自由」的全國大選中，卡莉達・齊亞夫人領導的民族主義黨一舉奪魁。四十六歲的女黨魁當仁不讓地登上了孟加拉國總理的寶座，孟加拉人80%信奉伊斯蘭教，在南亞次大陸又崛起一位女總理。女總理外貌十分溫柔嫻雅，但肩負「不發達」重擔，縱橫捭闔，苦力拼搏，已勢在必然。卡・齊亞夫人強調「自力更生發展經濟、尤其發展民族經濟」，是其基本國策之一。纖柔的肩膀挑著千鈞重擔，必須有冠蓋群雄的魄力、韜略和膽識……

　　伊斯蘭的另一奇蹟：1993年6月14日，出生於伊斯坦布爾的經濟學教授坦蘇・齊萊爾，躍居土耳其國家總理寶座——她結束了土耳其高層領導向無女性的歷史。咋看起來，這位溫文爾雅的女教授高高的鼻樑、大大的眼睛、修長的眉毛，加上滿頭漂亮的金髮和動人的微笑，頗具女性柔美的魅力。但明察秋毫的記者們卻強調：這位溫柔面紗後的伊斯蘭女性，有的是「鋼鐵般的神經」。自1991年出任土耳其經濟事務國務部長以來，齊萊爾全面施展了殺伐決斷的『鐵腕』，使土耳其通貨膨脹大幅度下降。

　　齊萊爾因政績卓著，被擢升為國家總理，躍上男權統治的政治巔峰，成為土耳其史無前例的奇蹟——女性社會主體價值政治超越的奇蹟。齊萊爾的丈夫是位實業家。他隨妻子改姓「齊萊爾」。這在男主女從的伊斯蘭世界，更是女性社會超越的奇蹟。女總理的施政綱領是「以變革的精神將土耳其帶入二十一世紀」。她的治國名言是：「做我的祖國需要我做的一切」；「用我的誠心擁抱所有的人」，社會和諧、性別和諧，是她的執政目標。

　　在北美洲，自詡「自由平等」的美國至今尚未崛起過女總統，但每位競選成功的總統身後，都有眾多女性智囊人物功不可沒。克林頓

主政時代已經有了聲名顯赫的女國務卿奧爾布賴特。繼續主政二十一世紀的布什總統最為倚重的國務卿是康多麗扎‧賴斯女士。在她溫文的外表下掩蓋著鋼鐵般的意志。她那綿裡藏針的外交手腕被稱作「天鵝絨大錘」，她把總統意志轉化為具體形式的政治才華是「獨一無二」的。賴斯被譽為白宮灼灼耀目的「黑珍珠」。奧巴馬總統主政美國後，2009年1月21日，參議院以九十四票贊同、兩票反對的結果通過希拉里女士為美國國務卿。美國最近連續三任國務卿都是女性。她們離總統寶座只有一步之遙……除卻政治原因是否還有性別原因，美國寧可選擇黑人總統也不要女總統，是謂何故？

而在南美洲，卻早已出現了奇蹟：1974年，曾在國家芭蕾舞團飾演「白天鵝」的伊莎貝拉‧馬丁內斯‧德庇隆，出任阿根廷總統。「阿根廷」在西班牙語中，是「銀之國」之意。在共和制實施二百多年後，阿根廷第一次崛起了一位女魁首，是個體態輕盈的「白天鵝」女總統──銀之國的銀色女王，歷盡政海風波，捨命叱吒政壇風雲……其實是位「金不換」的女政治家。作為世界上第一位女總統，仍被政敵貶損為「下賤的舞女」……

無獨有偶，2007年，阿根廷又崛起一位民選女總統克裡斯蒂娜‧費爾南德。在其秉政時期，截止2008年10月，內閣成員中女性比例上升到25%。克里斯蒂娜內外兼修，被譽為「阿根廷玫瑰」，頗受擁戴，卻與丈夫輪流執政，可謂政治社會學中的「性別和諧之最」。但是另一方面，男權觀念利用宣傳機器對女總統進行「黑手黨式的攻擊」，女性執政者總是男權觀念的「眼中釘」……

二十世紀八十年代，加勒比海熱浪奔湧，搏擊出女政治家瑪麗‧尤金妮亞‧查爾斯小姐──她並非雅典娜，卻比智慧女神更具現代女性的價值華彩：她以17：0的絕對優勢擊敗十六位男性競爭對手，宣

誓就任多米尼加聯邦總理——這是加勒比海地區出現的第一位女總理。素有「加勒比海明珠」之稱的多米尼加，為世人奉獻了一顆最璀璨的政治明珠。熱浪之後面對冷峻的現實。女總理獻身事業無暇他顧，年過古稀獨身未婚。這是女人躲不掉的陰影呢，還是女性政治家的特異風彩呢？

二十世紀九十年代第一春，加勒比海又湧春潮。95%以上是黑人的拉丁美洲國家海地共和國最高法院女法官宣誓就任臨時總統。自1804年1月1日海地共和國宣告獨立以來兩百多年間，這個世界上第一黑人共和國，有了第一個女總統。她實現了種族、性別的雙重社會超越。但遺憾的是只能是曇花一現的「臨時總統」。

1990年4月25日，又一個拉丁美洲國家尼加拉瓜崛起了一位女元首。六十歲的巴里奧斯·查莫羅，宣誓就任尼加拉瓜共和國總統。尼加拉瓜是拉丁美洲主要產金國。她獨立一百七十年來，第一次贏得了一位「金不換」的女總統。她的內閣中的女性比例超過30%。

2006年，五十四歲的米歇爾·巴切萊特，當選智利總統。她是1818年智利共和國成立至今的第一位女總統。在皮諾切特獨裁統治時期，她因政見不同被關進集中營，也曾多年被迫流亡國外，歷盡滄桑。這位帶著三個孩子的單身母親既無顯赫家世，更無雄厚資本，有的是智慧才幹、魅力。她通曉英、法、德、俄和葡萄牙語，也曾作過智利國防部長，可謂文武全才。2008年，女總統帶頭拒絕按慣例給自己的10%加薪，並呼籲內閣成員們同舟共濟、廉潔奉公，共渡經濟危機的難關。巴切萊特坦言：我是仇恨的受害者，所以我一生致力於把仇恨轉化為理解、寬容，以及——幹嗎不說呢——愛。她一直呼籲民族團結、性別平等、社會和諧。巴切萊特執政至今，女部長占40.9%的比例，可謂身手不凡。

　　2005年大選時，非洲大陸爆出個冷門──第一位非洲民選女總統埃倫・約翰遜─瑟利夫被選為利比里亞新總統。她是哈佛大學碩士，為改變祖國面貌，立志從政，歷任國家婦女部長、財政部長等要職。也多次被逮捕，流亡國外，歷盡政壇滄桑。利比里亞被稱作是「廢墟中的國家」，80%人口失業，執政興國，談何容易。臨危受命，迎難而上的女總統決心力挽狂瀾，為國家繁榮昌盛、社會平等和諧奉獻終生。

　　2008年4月13日，現年六十五歲的昆庭・布萊斯被提名為澳大利亞總督。作為前州長和優秀律師的布萊斯女士，有卓越的政績，成為澳大利亞首任女性國家元首。

　　再看地中海中部的島國馬耳他著名女政治家阿加莎・巴巴拉。為反對英殖民主義者，巴巴拉曾被捕監禁服苦役多年。她的愛國主義精神和高尚品德深得民眾擁戴，巴巴拉具有超絕的政治領導才幹和社會活動能力，又有極高的文化素養。作為全國第一位女議員、第一位女部長，巴巴拉曾任教育、勞工、就業、福利、文化各部部長，同時還兼任銀行董事長和許多俱樂部、協會的主席，兩次代總理，是個全面發展的「通才」。1982年她被選為馬耳他總統。馬耳他是大西洋航達地中海、印度洋的交通要道，戰略地位十分重要。為自己祖國的獨立和繁榮昌盛，巴巴拉也是終生未婚。她把女性的生命和愛情完全奉獻給自己的祖國。是無私奉獻呢，還是無奈捐棄？這一政治社會學中的性別關係問題，至今未有準確答案。

　　再看處於意大利領土環抱中的「國中之國」聖馬力諾。1984年4月，年僅二十七歲的格洛里亞娜・拉諾基尼就任聖馬力諾共和國元首。如眾所知，聖馬力諾面積只有六十多平方公里，這個地處別國「股掌」中維護民族獨立尊嚴的「袖珍國」，在生存競爭的殘酷較量

中，顯示了巨大的民族活力和強大的國力——聖馬力諾如今已步入發達國家行列。格洛里亞娜這位年輕的女國家元首，以女性政治統帥的輝煌業績，締造了自己國家的繁榮昌盛，委實難能可貴。

2009年5月17日的總統大選中，瀕臨地中海的立陶宛爆出個「冷門」——從十八世紀立國至今，將迎來首位女總統。五十三歲的達利婭‧格里包斯凱特以遙遙領先於其他六位男性競選者的票數勝出，當選總統。此次總統競選正值立陶宛遭受國際金融危機重創的危難時刻，原為政治經濟學教師、先後任職立陶宛財政部長和歐盟財政預算委員的達利婭，以自身的資質和能力贏得了國人的信任。外貌溫文爾雅的達利婭酷愛武術，是空手道黑帶高手。英國前總統撒切爾夫人是其偶像。達利婭深知大選獲勝意味著責任重大。她發誓要使深受世界金融危機重創的祖國「走出政治和經濟的陰影」。

我們將拭目以待達利婭將如何重整乾坤。同樣關注現任拉脫維亞女總統弗賴貝加如何帶領自己的祖國走出金融危機陰影，走向國家富強、社會和諧之路。

說到歐洲，在古希臘神話中，歐洲的女始祖是歐羅巴公主，歐洲即以她命名；二十世紀歐洲的神話是猶太血統的法國女政治家西蒙娜‧韋伊。

平日裡，秀外慧中的韋伊靜若處子，楚楚動人，頗有「小鳥依人」的女性美韻致，故有「雛鳥」之暱稱。但搏擊政壇宦海，她是叱吒風雲，獨領風騷的「雄鷹」。懾於她冠蓋群雄的才幹，男性競爭對手以「調虎離山」之計，將她巧妙推出法國總統競選圈外。「政壇男權」剝奪了她為法蘭西服務的權利，她卻以特殊的「女性主體價值」贏得了獻身歐羅巴的社會價值——韋伊被推舉為「歐共體」最高權力機構——歐洲議會議長。韋伊成了整個歐羅巴的「日出」，卻無奈

「法蘭西太陽的日蝕」……

確實，更普遍的社會問題仍是政壇女傑的「日蝕」。即使是號稱男女平權的「社團主義的德法模式」、即使在素稱女性為「無冕之王」的法國，女性高官也是鳳毛麟爪。1991年5月15日，面帶優雅微笑的埃迪特・克勒松成為法國歷史上第一位女總理。處理內政外交、國務大事，她殺伐決斷、鐵腕驚人，其政風堪比撒切爾夫人。但平日裡，她春風拂面，恬淡優雅，頗具女性魅力。人稱她是「面帶微笑的鐵女人」。但有人卻把克勒松總理的模擬像擺在大街上瘋狂砍殺，以泄其憤——何止是毀損，簡直是欲置之於死地。其中不獨政治、更有性別偏見。

時至2008年，法國總統薩科齊訪英時，隨訪的法國財政部長、內政部長、司法部長和人權副部長均為女性。而未出訪的文化部長、高等教育部長，也均為女性。因女部長之多，被稱為**「彩虹內閣」**，但**其實質還是男為「恆星」、女為「行星」……甚至連「行星」位置也難保。時任法國司法部長的達蒂**，即為個案典型。她2009年以四十二歲高齡剖腹產後，僅五天就上班了。作為一個單身母親，達蒂不休產假，只為證明女人並非因生育影響公務，以免被「下課」。儘管法國法律保證女性有享受產假的權利，儘管當時達蒂自己就是司法部長，卻不能保證自身享受產假的權益。因為面對職業角色和家庭角色的衝突的實際困境，不能兩全只好選擇犧牲：犧牲女性權益、犧牲女性健康……以保證職場競爭的一席立足之地。

事實證明，即使在立法男女平等的國家、即使身為司法部長達蒂這樣政壇高端職業女性，尚且困厄在「角色衝突」二難選擇中無法解脫！說明男女平權任重道遠，問題遠非爭幾個名額那樣簡單。達蒂如此自尊自強，良苦用心的選擇，卻遭致多方非議、指責……我們是

應為達蒂的堅強喝彩呢，還是為她的犧牲扼腕呢？**達蒂的「顧此失彼」，是對「社團主義的德法模式」的肯定還是揶揄呢？**

如今，歐洲聯盟委員會副主席瑪戈爾・瓦爾斯特倫成了「歐洲最有權勢的女人」之一。儘管她在二十世紀末就擔任了該會的委員，但對歐洲社會政壇重男輕女的潛規則仍束手無策，因為「男人們選出的還是男人」，一語道破當代社會性別關係「男女平權」的隱秘。

歐洲政壇所謂男女平權的「盎格魯・撒克遜模式」，有一奇崛景觀令人刮目相看。在與男權觀念社會鐵三角困厄的苦力拼搏中，有一位雜貨店老闆的女兒成了眾口皆碑的「鐵女人」，她就是三次入主唐寧街十號的前英國首相馬格麗特・撒切爾夫人。如眾所知，她從政以來，政治、經濟、軍事鐵腕「三管齊下」，問鼎內政外交的女首相力鼎千鈞，冠蓋群雄。單就其「三連冠」而言，縱覽英國政壇，最傑出的麥克米倫、邱吉爾等男性巨擘，也未獲「三次蟬聯」英國首相的殊榮，獨「鐵女人」創造了英國政壇上的奇蹟。

應當承認，鐵女人之「鐵」，不獨殺伐決斷的政治家鐵腕，還有堅韌無比的「鋼鐵神經」——超人的意志力，決定她在政治、經濟、軍事外交等諸多國務政務活動中縱橫捭闔，統領男性閣員，殺伐決斷，所向披靡。但在家庭生活中，撒切爾夫人是個「非常、非常女性化的女人」。她擅長烹飪、精於配菜，甚至換電燈保險絲、裱糊牆壁紙等居家瑣事，也樣樣在行。治國治家兩由之，且各逞其妙的撒切爾夫人，並無祖宗蔭庇、更無丈夫鋪路，卻能「獨上高樓」、「登臨絕頂」，實現主體價值。她甚至跨越了馬斯洛「Y理論層次」的高峰型、躍上『Z理論層次』的超越型——實現了女性社會主體價值（對自身、對男性）的雙重超越，躍上女性主體價值的現代政治社會頂峰。

　　基於不同的性別觀念，一些人將其作為男女平權的「盎格魯・撒克遜模式」的典型代表，推崇備至地探討「撒切爾現象」、「撒切爾要素」體現的女性主體價值的現代超越。另些人辱罵她是「冥頑不化、剛愎自用的鐵女人」，「可惡的專制巫婆」，貶損她「毫無女性美可言」。在與男權觀念社會鐵三角的桎梏頑強碰撞了十一年之後，鐵女人揮淚辭職。之後，她全力以赴撰寫自傳。她認為，一個女人可以沒有聲名、官位⋯⋯但不能沒有智慧、思考。退而言之，這也許是她難以自解的女人「第二性」的社會真諦──鐵女人也無法擺脫男權觀念的困厄。在「鐵娘子」功德圓滿之後，2008年的英國，出現了女內政大臣，女交通大臣，還有社區事務大臣，內政部次官，文化部次官等，均由女性出任，撒切爾夫人為先行者。此之謂女性參政議政的**「盎格魯・撒克遜模式」，既有成功，也有局限。**

　　二十至二十一世紀以來，社會性別關係變革的實踐表明，男女平權的「斯堪的納維亞模式」已超越「盎格魯・撒克遜模式」和「社團主義德法模式」等，走在了世界的前列。

　　早在二十世紀八十年代，北極圈上的冰島就成了世界矚目的熱點。這個素以「冰與火王國」的自然地理奇觀聞名於世的島國，爆出了一大聳動視聽的社會奇觀：專修文學專業的平民知識女性維格迪斯・芬博阿蒂爾，既無前輩庇蔭、又無丈夫輔佐，僅靠自身價值被選民擁戴至總統寶座──獨身敬業，是女性的困厄呢，還是女性的超邁？是女性政治社會角色的高標俏拔呢，還是難以兩全的無奈？2009年出任冰島總理的約翰娜，也正在求解這些難題⋯⋯

　　2009年英國《每日電訊報》網站2月7日有篇奪人眼球的報導，題為：〈冰島：婦女結束「睪丸酮時代」〉。如眾所知，冰島政府是第一個被全球金融危機掀翻的政府，總理和內閣成員一起辭職。66歲的

約翰娜・西於爾扎多蒂女士在摘出腦腫瘤手術僅僅幾天後，迎戰金融危機狂風惡浪，臨危受命任冰島總理。女總理內閣半數部長職務由女性擔任，宣告了男性內閣將國家帶入破產邊緣的「睾丸酮時代」的終結。女總理將以戰勝癌症的意志、膽識帶領國家度過金融危機的難關，使冰島成為世界金融危機中的一個特殊「亮點」。世人將拭目以待……

再看芬蘭。二十一世紀伊始，首次當選芬蘭總統的哈洛寧雖來自左翼陣營，卻頗受選民擁戴並得以連任。芬蘭的男女平等立法甚至改變了王位的繼承人必須由男性長子繼承的皇家法規，改成不論男女，長子、長女都行，只看誰是先出生的。可謂是對封建王權和男權制度的雙重挑戰和反叛。

總的來看，如果說上述各位政壇女傑雄居各國政壇寶鼎，在男權專制獨霸的世襲領地巍然挺立，只是個體峰巔現象的話，那挪威已開始實踐女性群體的社會主體價值超越。體現了「斯堪的納維亞模式」的男女平權特色。

較之灑淚辭職的撒切爾夫人，迄今為止，歐洲唯一一位**真正實現「三連冠」的女首相是挪威的哈萊姆・布倫特蘭夫人**。她以優異成績從奧斯陸大學畢業後，曾獲公共衛生碩士和醫學博士學位。三十五歲出任環境大臣，三十六歲任工黨副主席；四十二歲為工党主席並出任政府首相。看似一路青雲直上，其實是千難萬險絕非等閒。布倫特蘭夫人以忘我的精神實踐著自己的施政綱領：建立福利國家、實現公平分配和男女平等。為此，她每天工作十二小時，其敬業精神和領導才幹，令男性閣僚望其項背。致使布倫特蘭夫人備受國民擁戴，先後三次榮登首相寶鼎。

布倫特蘭夫人不僅在國內享有絕對的社會威望，在國際社會舞臺

上，也以女性政治社會活動家的特殊魅力蜚聲世界。她是國際帕爾梅委員會和勃蘭特委員會的重要成員，還出任聯合國一個專門委員會的主席。她注重生態保護，領導世界環境與發展戰略的實施，卓有成效地改善了自然生態環境，使之成為譽滿全球的「綠色女神」。正是這位綠色女神，給自己的祖國注入了繁榮昌盛的「綠色」青春活力，努力創造性別平等、社會和諧、「可持續發展」的未來；給女性帶來了創造自身價值、成為社會棟樑之材的「綠色希望」，從而為女性參政的「斯堪的納維亞模式」收穫一枚金色的碩果……

　　按照聯合國男女平等「性別賦權指數」來衡量，挪威已超額完成男女平權指標。近十幾年中，挪威女首相秉政，目前內閣成員十九人中，有九位是女性，國內有的地區女性參政比例高達70%，國家各類公共機構中婦女占40%以上的比例，國內適齡女性五分之四以上從事社會工作，特別是內閣成員中的女性所占比例，最高曾達51%──簡直是乾坤倒置！顯而易見，在「男權本位」未被根本改變的當今世界，挪威女性群體問鼎男性獨霸的政壇「世襲領地」，可謂「異軍突起」；實現女首相、女內閣「女性群體參政議政」，──這便是布倫特蘭夫人無與倫比的女性主體價值及其特異風彩。堪稱當今政治社會學中，性別平等和諧發展的最佳個案典型。即使僅僅是數量上的「男女平等」，也實屬鳳毛麟角。何況從量變到質變，絕非僅僅是數量增加，況且沒有數量，何談質量……

　　稍有文化常識的人都知道，挪威是「奧迪叢書」──埃達古文明的搖籃，是使「浪子回頭」的女性索爾維格的故鄉，卻長年是「男尊」的嚴冰閉鎖著「女卑」的嫩綠。可如今，「綠色女神」的華光解凍著千里冰封，用真善美慧的「光合作用」給女性的「枯株弱枝」注入了主體價值的高分子血漿，使之向著太陽崢嶸茁長，成為社會棟樑

之材。「綠色女神」春風化雨、潤物無聲的引領，喚來了百舸爭流，萬木蔥蘢的女性崛起的新世紀大潮，已成洶湧澎湃、勢不可擋之勢，衝擊著男權觀念的社會積垢……

從社會性別關係變革的特色看，作為「斯堪的納維亞模式」的重要代表之一，挪威的男女平等，首先開闢了男女平權的社會通道。須知在古挪威語中，「挪威」是「北方航道」、「北方大道」的意思。今天，由女首相導航的「北方航道」，成了負載「男女平等社會之舟」的跨世紀新航道；成了實現女性主體社會價值的「實驗大道」——要想男女平等，首先男女平權。也許它未必一定是最理想的「通衢」，但畢竟豎立了一座沖決困厄、探索政壇女性群體超越的里程碑。

應當承認，二十世紀末至二十一世紀以來，在全球語境下「男女平等」的社會進程中，與挪威並駕齊驅、甚至**超越挪威的還有瑞典。她們共同奠造了當代男女平等性別和諧的「斯堪的納維亞模式」，其實踐品格在當今世界首屈一指。**

早在1911年，瑞典婦女已獲得了選舉權，但只落在「紙」上。二十世紀後半葉，瑞典的男女平等從民主政治到男女平權的實現，重點突破「權利結構的重心」，贏得參政、議政甚至秉政的男女平權。如今在瑞典，直接由選舉產生的政治團體（包括國家最高層）中，當選者男女比例大約各占一半，關鍵在於選舉前，確定的男女競選人必須保持各二分之一的性別比例，而不是故弄玄虛的「作戲」——「照顧婦女一個名額」。儘管不是每次入選者都是絕對的男女各占50%，但基本保持50%左右的平衡狀態。當下，瑞典內閣和議會中，女性均據半壁江山，國有企業女性首席行政官比例已高達56%，確實是「一馬當先」走在各國前列。

　　從性別視角看，以性別賦權比例為證，瑞典的婦女解放、男女平等，已提前超額完成了聯合國新千年發展報告提出的性別賦權指標。更主要是，瑞典的男女平等不僅關注女性，同時也關注男性的要求，標誌著瑞典的男女平等已跨越了單純的「女權」要求，向著兩性互相關愛、角色相輔相成的平等和諧社會邁進。這既是「斯堪的納維亞模式」的特色，也是其優勢所在。須知性別和諧、社會和諧才是男女平等的社會指歸。

　　不帶政治偏見、客觀求實地分析，除了發達、雄厚的經濟基礎作保障外，強有力的政治驅動和制度保障，也是瑞典駛入男女平等快車道並一舉奪魁的重要原因。多黨制的瑞典甚至專門成立了一個主張信仰男女平等的政黨，其領導人正是前瑞典共產黨的領導人。由共產黨領導人來主持男女平等大政，也是成效顯著原因之一。美國著名評論家喬納森‧鮑爾在《國際先驅論壇報》上評議：與咄咄逼人的女權主義不同，「斯堪的納維亞模式」充滿活力生機，更傾向社會主義模式。實踐證明，以挪威、瑞典等國為代表的「斯堪的納維亞模式」，在男女平權、性別和諧社會的創構等方面，已經走在世界各國的前列。其發展進程和未來取向的成敗得失，還有待實踐的進一步檢驗。

　　相比較來看，一向以「盎格魯──撒克遜模式」的男女平等自詡的前英國首相布萊爾，面對「斯堪的納維亞模式」自歎不如，曾為此親往瑞典取經。因為聯合國新千年發展報告要求各締約國於2015年前「實現男女平等」，並規劃了系統的評估體系進行考量。據此，英國預測本國要兩百年後才能真正實現男女平等。

　　還有「社團主義的法德模式」，如前所述，雖然女總理出現、女部長不少，男女平權發展趨勢體現了社會的進步，但「利維坦式」虛假平等問題不少。一方面，男女平權不能僅僅用女性參政議政的數量

（比例）去衡量，而應強調其實質性問題。另一方面，沒有數量、何
談質量，何況數量（比例）問題還遠未解決，何談男女平權？所以聯
合國將「性別賦權指數」放在性別平等發展指標首項，不無道理。當
下，世界範圍內的男女平權目標，即使從數量看，仍遙不可及。男女
平等、性別和諧社會的真正實現，委實任重道遠。

　　總之，二十、二十一世紀，傳統的性別關係在不斷融突中產生了
巨大的社會變革，目標直指男女平等首先指向是男女平權問題。借助
性別視角宏觀鳥瞰地球村，**儘管相對而言，以瑞典為代表的「斯堪的
納維亞模式」一馬當先，但絕大多數國家離男女平等、性別和諧的整
體目標還相距甚遠**。如當下公認的最為權威的世界經濟論壇（world
Economic Forum, WEF）在2007年《性別平等報告》中所列有代表性的
「世界部分國家性別平等狀況排名」，請見下表：

世界部分國家性別平等狀況排名（2007）

國別	總排名	總得分	經濟參與與機會	受教育程度	政治賦權	健康與福利
中國	73	0.644	60	91	59	124
瑞典	1	0.815	6	27	1	73
菲律賓	6	0.763	2	1	14	1
英國	11	0.744	32	1	12	67
美國	31	0.700	14	76	36	69
芬蘭	3	0.804	22	21	2	1
莫桑比克	43	0.688	1	120	22	57

（資料來源：復旦大學性別發展與研究中心專項調研數據）

　　此表與聯合國主管機構對「中國男女平等現狀」（2007）總排名
第七十三位，所作的國際評估是一致的。面對「政治賦權」領域（排
名五十九）中國高層權力結構女性比例偏低和「健康與福利」領域

（中國排名一百二十四）的現實，再看總評估結果，中國（總排名第七十三位）遠遠落在瑞典、菲律賓（排名第六）、甚至落在莫桑比克（排名第四十三）之後，委實令人深思。也許此表排名未必完全符合中國男女平等發展實際狀況，但可以說是部分地表明瞭實際狀況之一斑，也表明當今的國際共識。

　　總之，將中國男女平等現狀與世界其他諸國模式相比對，在充分肯定成就巨大的前提下，還提醒我們不可盲目樂觀。中國男女平等、性別和諧社會構建的理論和實踐，都必須百尺竿頭更進一步。

　　儘管任重道遠，但矢志不渝──男女平等雲蒸霞蔚追尋香格里拉，性別和諧千呼萬喚人間伊甸樂園。

| 註釋 |

1. 安東尼娜・瓦朗坦：《愛因斯坦和他的生活》，世界知識出版社，1989年，第86-87頁。

2. 是亞歷山大・多羅贊斯基：《愛因斯坦夫人是被埋沒的天才嗎？》一書中，摘引的愛因斯坦給當時夫人瑪瑞克的信。

3,4,5,6,7,8是亞歷山大・多羅贊斯基：《愛因斯坦夫人是被埋沒的天才嗎？》一書中，摘引的愛因斯坦給當時夫人瑪瑞克的信。

9. A.佩斯：《上帝是微妙的——愛因斯坦的科學與生平》，科學技術文獻出版社，1988年，第162頁。

10.《馬克思致恩格斯的信》1868年3月25日於倫敦，《馬克思恩格斯選集》第4卷，人民出版社，1976年，第366頁。

11.《外國名女百人傳・亞歷山德拉・克倫泰》，中國青年出版社，1988年，第383頁。

12.歐建平編著：《世界舞蹈剪影》，人民郵電出版社，1989年，第91頁。

13.歐建平編著：《世界舞蹈剪影》，人民郵電出版社，1989年，第95頁。

14.伊奧爾斯卡：《鄧肯最後的歲月》，百花文藝出版社，1990年，第152-第154頁。

15.歐建平：《世界舞蹈剪影》，人民郵電出版社，1989年，第91頁。

16.伊奧爾斯卡：《鄧肯的最後歲月》，百花文藝出版社，1990年，第274頁。

17. 文潔華：《兩性視野》，知識出版社，2003年，第91頁。

理想社會男女平等性別關係和諧

科學之解　存在與超越　喜劇時代
性別和諧社會

> 任何一種解放都是把人的世界和人的關係還給人自己。
> ──馬克思

　　社會是什麼？中國最古老的解讀，在其起點上，社會是為「母之群族」；馬克思分析五種社會形態，認為社會是以共同物質生產活動為基礎而相互聯繫的人們的總體，「是人們交互作用的產物」。[1]社會學家認為，社會「是一種組織，是由一個個人組成的巨大而有機的組織網。」[2]我們說，在其現實性上，社會是由無數「社會關係的總和」（即人）交互作用，產生的大網路組織系統。保證這個組織系統良性運作的血脈和精魂就是和諧。

　　和諧是什麼？和諧具指關係範疇。沒有關係，也就無所謂和諧。從社會學角度看，和諧不僅指關係和社會關係的狀態，更是社會發展目標的指歸，也是社會學研究的價值視界取向。這狀態、目標、價值三位一體的關節點，是「以人為本」的關係，從性別視角來看，就是男人與女人的社會性別關係由不和諧到和諧的變革和追求。

　　當代著名社會學家魯曼曾論證「社會」之於人類，不僅是組織系統，還是一個自我觀察系統。從發展社會學角度看，對社會運動軌跡進行歷時性實踐檢索和理論檢討，確實有助於人類社會的自省、自審……新世紀也是新千年，人類社會最有意義的自審自省、發展創新和自我超越，就是科學發展觀的確立和構建和諧社會的發展取向。從

聯合國《新發展觀》的面世到中國共產黨十六屆三中全會提出以人為本「全面、協調、可持續發展」的科學發展觀和構建社會主義和諧社會的發展目標；從世界著名人類學家瓦爾登·貝羅在斯德哥爾摩接受「2003年度優秀民生獎」時，做了題為〈平衡的未來〉的專題演講，到阿雷格裡召開的「世界社會論壇」口號——「未來應當屬於平衡」，眾口一詞呼喚平等和諧世界。這意味著地球生態平衡發展、人類社會和諧發展，男女兩性平等發展，已成為人類共識，「和諧」已成為全球話語。

　　如果說馬克思的辯證唯物主義和歷史唯物主義社會發展觀為我們解答了人類社會發展的「歷史之謎」的話，那「以人為本」的科學發展觀則對社會發展的「現實之惑」作出了科學之解，從而為和諧社會構建的「人本主題」、我們這裡具指男女平等的性別和諧的社會實踐和理論創構，提供了「新的指導思想和新的社會眼光」。這裡創構的「性別社會學」，聚焦的就是社會學視域的新視點，拓展社會性別關係和諧的新視角。

　　從社會學理論最新發展動態來看，2009年《學術月刊》載文強調：「理論總結、學術深化與視野擴展，將成為2009年社會學研究的主要趨勢」。我們正是在科學發展觀「人本」思想指導下，努力通過「社會性別關係」問題的理論總結、學術深化，拓展社會學研究的大視野。理論聚焦點正是人、特別是男人和女人的社會性別關係這一最難參悟的「司芬克斯之謎」。

　　由性別視角聚焦社會性別關係問題，兼涉男人、女人，等於關涉「一切社會關係的總和」，所以這一視角具有無限廣闊的大視野……就其存在的社會語義特徵來看，宏觀鳥瞰社會結構系統，是由相互指涉的諸多因素、諸多關係、諸多條件相互參照、比對、指涉、關聯，

縱橫、經緯的大網路體系。從語境特徵看，二十一世紀的人類已置身於「Cyberspace」──多維信息空間，換句話說，信息時代已在人類的社會生活中布下了「天羅地網」，我們智識地順應時代發展、自覺地應對時代的挑戰，努力探索出新，在比較借鑒別國模式的基礎上，構建求真務實的、中國特色的性別和諧社會及其社會保障體系。在社會學理論研究中，創構與之相匹配的、指歸性別和諧的性別社會學。

　　是謂：道行之而成，物謂之而然也。

| 註釋 |

1. 《馬克思恩格斯選集》第4卷，人民出版社，1972年，第320頁。
2. 金觀濤、唐若昕：《西方社會結構的演變》，四川人民出版社，1985年，第61頁。

第十二章 | 科學發展觀的「人本」核心與和諧社會的性別平等視域

> 每個時代，在其獲得了新思想時，也獲得了新的眼光。
>
> ——海涅

社會學是研究社會發展變革的學科理論。新世紀也是新千年之交，人類社會最大的發展創新和自我超越，就是科學發展觀的確立，從而為和諧社會「人本」主題對「性別視角」的關注，和人類對自身性別關係的自審自省和自我超越，確定了科學的指導思想和新的社會眼光。

對於人類社會而言，就發生學闡釋和認知特徵而言，馬克思曾要言概括「每個原理都有其出現的世紀」，恩格斯則進一步闡釋「每一時代的理論思維、從而我們時代的理論思維，都是一種歷史的產物」。科學發展觀的產生有其深刻的歷史背景和特定的語境特徵。歷史地看，它是中國共產黨人對馬克思主義「人本」發展觀在新時代的發展創新；現實地看，它是當今世界、當代中國發展變革的產物。

從發展社會學角度看，馬克思主義道理千頭萬緒，歸根到底就是發展——人類社會怎樣發展、人本身怎樣發展的問題。此二者中，社會是「人造的」，從而是「為人而造的」，由一定經濟基礎和上層建築構成的整體；又是人類鑄造自身的大熔爐、推進時代發展的大舞臺。兩者間，在其現實性上，作為「一切社會關係的總和」的人，是社會發展的主體；社會是其生存發展的客觀環境、重要保障，影響、制約著人的發展。二者是辯證統一關係，一方也不能偏廢，更不能相互倒置。

拷貝一部人類社會發展史，就是人類改造客觀世界推動社會前進的歷史，同時又是人類改造主觀世界提升自身的進化發展史。馬克思主義從來認為，「歷史不過是追求著自己目的的人的活動而已」，而人，「不僅是社會生產主體」，還是「社會聯繫的主體」，歸根結底是「歷史的創造者」。馬克思創立了「人本」發展觀，是基於對社會發展規律的正確認知，是對發展真理的肯定。藉此，我們得以系統研究社會學原理的要義和精髓。

從哲學社會學角度看，現象形態遠非真理那樣明晰。對「人本」發展觀的認識，歷經「肯定──否定──否定之否定」的艱辛曲折發展過程。

從發展觀的歷史沿革、特別是科學發展觀全面評估體系的形成來看，正像人類一直生生不息地呼吸，直到十九世紀才知道空氣為何物一樣，人類一直進化不止地發展，直到馬克思主義問世、對「人本」發展觀的肯定，才找到「發展主體」原來就是「一切社會關係總和」的人類自身。但是，置身於「萬花筒」般錯綜複雜的社會環境中──蜜蜂和蒼蠅同時在人頭上嗡嗡叫，正確判斷誰能釀造生活的甜蜜、誰會導致腐敗下蛆，不過生活常識。而在理論層面上，難免認識誤區，導致方法失當、價值取向倒錯或偏執。

從經濟社會學角度看，遠的不說，單說近二百多年間，在「見物不見人」的傳統發展觀指導下，西方列強以損害其他國家、民族利益為代價，通過不平等交換和變相攫掠塞鼓了自己的腰包，實現了本國經濟的快速增長。在國內推行管、卡、壓的經濟管理模式，以壓榨工人的血汗換取資本增值、以人的異化和犧牲換取物的膨脹，簡直把人當成了機器──「卓別林式的黑色幽默」演衍到二十世紀……但是，「主體」不能顛倒、真理不容踐踏，違背發展規律必受懲罰──就像

打開了「潘朵拉之盒」，GDP增長一寸、綜合平衡破壞一尺、社會犯罪增加一丈。傳統發展觀「重物輕人」的偏執和誤導，帶來了貧富不均兩極分化、社會動盪政治腐敗、生態破壞精神危機等種種社會弊端，產生有增長無發展的悖論，導致對全面、協調和可持續發展的反動。如果說馬克思的發展觀是對發展真理的肯定的話，那傳統的發展觀是對發展真理的否定。

特別是二十世紀以來，在經濟迅猛發展的同時，人們卻尷尬地面對主體倒置、目的和手段倒錯、增長異變為負發展的種種悖論，特別是金融危機導致經濟危機的嚴峻現實，警醒人們對傳統發展觀的反思和質疑，新發展觀呼之欲出。從時間發展向度的語義變革和空間發展向度的全球語境變革來看，新發展觀就是新世紀新千年變革的產物，是知識經濟信息時代的科學發展觀。

宏觀鳥瞰，科學發展觀的產生，有其特定的全球性國際背景。1979年聯合國召開「研究綜合發展觀」的專題會議，《新發展觀》1983年面世。書中指正傳統發展觀把發展簡單化地等同於經濟增長現象，直言單一的經濟增長指數「毀滅」了它所不能取代的文化價值，導致人們對「物」的過份依賴……《新發展觀》把發展的聚焦點由「物」轉向「人」，成了否定以物為本的傳統發展觀、確立「以人為本」新發展觀的理論宣言，在社會各界引起普遍反響。與《新發展觀》緊密呼應，1986年，聯合國發佈《發展權宣言》，鄭重強調「人是發展進程的主體」，並大力呼籲「創造有利於人民和個人發展的條件是國家的主要責任」，在世界各國引起普遍反響。

與理論層面上的「廣而告知」相結合，在實踐層面上，還把推進新發展觀的貫徹落實，正式列入聯合國重點工作議程。

從1990年開始至今，聯合國進行大量調查研究，通過數據統計進

行科學論證,每年發表一份針對不同主題的《人類發展報告》,突出一個共同的發展主體:「人」,至今已二十二年。除了在理論層面對新發展觀的闡發外,還在可操作層面上規劃了最新評估體系,那就是聯合國《人類發展報告》中重點強調的人類發展指數「HDI」(與「GDP」相匹配)。「HDI」是個超越單純經濟增長量的、以人為本的綜合評估體系。它由預期壽命指數、教育成就指數和生活水平指數「三個維度」構成。具體作法是:先期進行三個維度的分別測評,然後計算平均值,得出「HDI」。在評估過程中,從0-1、由低到高,分三等進行測評統計:低等人類發展指數值是0-0.50;中等為0.5l-0.79;高等為0.8-1。這裡是用相同的變量值進行不同維度的測評,再綜合出平均值,得出HDI。

從性別視角來看,1995年,在人類發展指數「HDI」的基礎上強調性別視角,又提出性別發展指數「GDI」和性別賦權指數「GEM」;1997年又提出人類貧困指數「HPI」(女性占貧困人數的70%以上)⋯⋯樁樁件件都是以人(特別是女人)為發展核心。及至二十世紀末、二十一世紀初,我們已經有了GDP、HDI、GDI、GEM、HPI在內的全面評估體系。在經歷了相當長時期「GDP」一葉障目的傳統發展觀對發展真理的偏離後,現代人終於找到了失落的「草帽」:人的主體價值的冠冕。由馬克思主義發展觀對「人的主體性」的肯定到傳統發展觀對其的否定,直至今天對傳統發展觀否定之否定,人類終於找到了跨世紀的全新發展觀,確立了「人本」核心的科學發展觀,特別是把女性「人本」發展列入社會發展主題。

這裡必須特別強調的是,中國作為聯合國常任理事國,對「新發展觀」的形成、確立的作用和影響,是不可低估的。特別是對女性社會發展的「人本」關注,一貫秉持積極態度。

　　從中國特色的政治社會學角度來看，科學發展觀是中國共產黨建黨九十多年、建國執政六十多年經驗和教訓的歷史結晶，是改革開放三十多年實踐經驗的總結和理論昇華，是當代中國共產黨人對發展理論的創新和實踐。

　　在科學發展、和諧發展的「人本」主題中，除了人與自然的和諧發展，我們還要強調人與人、人與社會的和諧發展，必須「堅持最廣泛最充分地調動一切積極因素，不斷提高構建社會主義和諧社會的能力」。[1]從性別視角來看，針對前述眾多社會性別關係二律背反問題，我們這裡重點強調、具體探究學習實踐科學發展觀的性別和諧主題。這是人與人和諧發展、人與社會和諧發展不能迴避的要務。

　　首先，實踐科學發展觀指導下性別和諧社會的構建，要注意以下幾方面問題：

1. 強調男女平等基礎上的性別和諧。性別平等是性別和諧的基礎。要體現在兩性的尊嚴和價值的平等，以及機會、權力和責任的平等基礎上的性別和諧。

2. 突出以人為本的性別和諧。以人為本的性別和諧要特別關注和關懷「第二性」群體，應在發展規劃、政策和項目的制定和實施中，體現女性的生存和發展需求使其受益，使之在社會發展中獲得自身的發展。以人為本的性別和諧在平等和公正的基礎上求大同存小異，在推動性別平等中要尊重個體的發展選擇和感受，不追求形式化的一致，使兩性個體都具有相對自由的發展空間，形成兩性互惠共生的性別和諧狀態。

3. 注重加速婦女發展的動態性別和諧。在加速婦女發展過程中，在打破舊的平衡，建立新的平衡中求得性別和諧。

4. 保證全面和可持續發展的性別和諧。其全面性既體現在政治、

經濟、文化、社會發展的各個方面，也體現在人的物質和精神
的全面發展、實踐與理論的創新發展。要使性別和諧可持續發
展，就要建立保障性別和諧的長效機制。

再看當前中國性別平等與發展狀況，先從客觀評價來看中國性別
平等與發展水平。

一、首先看國際評估要點：

當下，男女平等、性別和諧，是全球性話語。特別是近半個世紀
以來，聯合國將婦女問題作為社會和發展領域關注的重點之一。二十
世紀七十年代中期發起了「國際婦女十年」活動至今，召開了四次世
界婦女大會，並組織各國政府簽訂了一系列有關國際公約。其中作為
性別評估指標的主要有：

1979年第三十四屆聯大通過了《消除對婦女一切形式歧視公約》
（簡稱《消歧公約》），並成立「聯合國消除對婦女歧視委員會」負
責執行監督。1980年7月17日簽署，1981年9月3日開始生效，到2006
年11月2日，已有一百八十五個成員國簽署，中國也積極參加，成為
締約國之一。《消歧公約》要求締約各國至少每四年要向委員會提交
一份國情報告，由消除對婦女歧視委員會進行審議。該委員會還就有
關消除歧視婦女的問題，向締約各國提出了總的建議。

《消歧公約》包括序言和六個部分，共三十條。序言宣稱，消
除對婦女的歧視和促進男女平等是聯合國的核心原則。第一部分（第
一到六條），界定了對婦女歧視的定義，要求締約各國採取立法、行
政、暫行特別措施等一切適當措施，提高婦女地位，改變社會和文化
行為模式。第二部分（七到九條），規定締約各國承諾保護婦女參與
公共和政治生活的權利。第三部分（十到十四條），要求締約各國承

諾在教育、就業、健康、經濟、社會和文化生活中消除歧視。第四部分（十五到十六條），要求締約各國在法定權利行使以及婚姻家庭法方面，給予婦女與男子平等的地位。第五部分（十七到二十四條），設立消除對婦女歧視委員會，規定了消歧委員會的職能以及締約國的報告義務和要求。第六部分（二十五到三十條），加入公約、保留權利、爭端解決、作準文本等執行機制。

　　1985年第二次世界婦女大會通過了《到2000年提高婦女地位內羅畢前瞻性戰略》，1995年第四次世界婦女大會通過了《內羅畢前瞻性戰略行動綱領》（簡稱《行動綱領》）。《行動綱領》的核心是平等、發展與和平，提出了十二個重大關切領域及其戰略目標和具體行動措施，包括：婦女與貧困、婦女的教育和培訓、婦女與保健、對婦女的暴力行為、婦女與武裝衝突、婦女與經濟、婦女參與權利和決策、提高婦女地位的機制、婦女的人權、婦女與媒體、婦女與環境、女童。要求各締約國執行《行動綱領》，條條都要落實在具體行動措施上。

　　2000年9月8日，在美國紐約，聯合國千年首腦會議通過了《聯合國千年發展目標》。中國外交部與聯合國駐華系統曾分別於2003年、2005年和2008年合作出版了《中國實施千年發展目標進展情況報告》。從1996年起，聯合國計劃開發署逐年編輯的《人類發展報告》對性別發展狀況進行監測和評估。其採用的測量工具包括HID、GDI、GEM指標體系：

　　人類發展指數HDI（Human Development Index）是人類發展的概要度量尺度。其從人類發展的三個基本維度出發測量一個國家所取得的平均進展，即：健康長壽（按出生時預期壽命度量）；知識（識字率，小學、中學和大學毛入學率度量），體面的生活（按人均國內生產總值度量）。

性別發展指數GDI（Gender-related Development Index，也稱為按性別開列的發展指數）是對HDI度量人類發展的平均成就進行調整，以反映男性和婦女在健康長壽、知識、體面的生活三個維度的不平衡，即男女平等程度在上述指標上的表現。

婦女權利指數（也稱性別賦權指數）GEM（Gender Empowerment Measure），關注三個關鍵領域的兩性不平等，著重於婦女的機會，即參與政治決策的權力（用女性和男性占議會席位的份額衡量）、參與經濟決策的權力（用女性和男性占立法人員、高級官員和管理人員的份額，以及女性和男性占專業和技術崗位的份額衡量）、對經濟資源的支配權（用女性和男性的估計收入衡量）。

總之，上述指標體系突出女性「人本」特徵，注重性別機率差異分析、測評。既有科學性，又有務實性，關鍵是如何實施。

二、再看聯合國對中國的評價。

首先是具體的指數評估：

已公開發佈的是2007年，中國的性別發展指數排第七十三位（一百五十七個國家），處於中間水平；婦女權利指數數為0.534，排在第五十七位（九十三個國家），處於中間偏下水平；都低於中國（自測）人類發展指數在世界排位的中上水平。中國的性別發展指數2007年比2002年上升了四位，比2005年下降了九位。主要影響因素是女性（包括女大學生、女研究生）就業困難、男女出生性別比、男女實際收入差距持續拉大。中國的性別發展指數值由於起點較低，儘管發展居中，整體趨勢仍保持平穩上升的發展勢頭，2007比2000年提高了0.076，但由於其他國家的進步快、變化較大，排位有較大的震盪。2007年中國性別發展指數為0.776，世界排名卻低於前兩年。它高

於世界中等收入國家的平均水平，但低於高發展水平國家，也低於泰國、烏克蘭、委內瑞拉等七個中等發展國家。2007年中國婦女權利指數位次世界排名五十七位，比1997年世界排名二十八位有較大下滑，婦女在議會中的席位和女性立法人員、高級官員和管理人員兩項數值太低，儘管女性專業和科技工作者和兩性收入指標有較大提高，但婦女權利指數整體水平太低，原地徘徊，而國際婦女權利水平進展迅速。（請見下表）

中國HDI, GDI, GEM排行

年代	人類發展指數（HDI）		性別發展指數（GDI）		婦女權利指數（GeM）	
	指數值	排名（國家數）	指數值	排名（國家數）	指數值	排名（國家數）
1990	0.716	66（130）	-	-	-	-
1995	0.594	111（127）	-	-	-	-
1996	0.609	108（174）	0.601	79（137）	0.478	29（104）
1997	0.626	108（175）	0.617	90（146）	0.481	28（94）
2000	0.706	99（174）	0.700	79（143）	-	-
2002	0.726	96	0.724	77（146）	-	-
2003	0.721	104（175）	0.718	83（144）	-	-
2005	0.755	85（177）	0.754	64	-	-
2006	0.768	81（177）	0.765	64	-	-
2007	0.777	81（177）	0.776	73（157）	0.534	57（93）

430

2007年和2006年中國性別指數

年代	按性別開列的發展指數 GDI		出生時預期壽命（年）2005		成人識字率（占15歲及以上人口的百分比）1995-2005		小學、中學和大學毛入學（%）2005		估計收入（PPP美元）2005		（HDI）位次減 GDI 排名
	位次	指數值	女性	男性	女性	男性	女性	男性	女性	男性	
2007	73	0.776	74.3	71.0	86.5	95.1	69	70	5220	8213	1
2006	64	0.765	73.7	70.2	86.5	95.1	70	71	4561	7159	2

2007和1997年中國婦女權利指數對照

年代	婦女權利指數（GeM）		婦女在議會中的席位（占總席位的百分比）	女性立法人員、高級官員和管理人員（占總數的百分比）	女性專業和科技工作者（占總數的百分比）	女性與男性之間估計收入之比
	位次（國家）	指數值				
2007	57（93）	0.534	20.3	17	52	0.64
1997	28（94）	0.481	21.0	11.6	45.1	0.38

評估後發佈的審議意見

　　按照《消歧公約》的要求，中國於1982年5月向聯合國提交了執行《消歧公約》的初次國家報告；於1989年6月提交了第二次國家報告；於1997年5月提交了第三、四次聯合報告，於1998年編寫了第三、四次聯合報告的補充報告和香港特別行政區的初次報告。2003年8月提交了《關於〈消除對婦女一切形式歧視公約〉執行情況第五次和第六次定期報告》。按照《行動綱領》的審議要求，2000年5月中

國向聯合國提交了《中華人民共和國1995年第四次世界婦女大會〈北京宣言〉〈行動綱領〉執行成果報告》，2005年3月提交了《中華人民共和國執行〈北京行動綱領〉（1995年）和第二十三屆聯大特別會議成果文件（2000年）情況報告》。

　　2006年8月7-25日聯合國消除對婦女歧視委員會（簡稱「消歧委員會」）第三十六屆會議在紐約聯合國總部召開，審查了包括中國等十五個國家執行《消歧公約》的報告。此次審查的是中國政府2003年8月提交的第五、六次聯合報告，包括香港特區政府的第二次報告和澳門特區政府的首次報告。中國大陸的報告以《消歧公約》的前十六條為重點，逐條介紹了1998年7月至2002年12月執行《消歧公約》的新進展。2006年初，消歧委員會曾就中國的國家報告提出了包括三十四個問題在內的問題清單（其中二十五個問題是有關中國大陸的，三個香港的，六個澳門的）。同年五月，中國提交了《對聯合國消歧委員會審議中國報告問題單的答覆》，對消歧委員會提出的「消歧公約的法律地位和執行機制」、「婦女參政」、「拐賣、工作場所的性騷擾、侵害婦女權益的案件和針對婦女的暴力等」、「改變傳統性別角色定型」、「出生性別比」、「農村婦女土地權益」、「《中國婦女發展綱要》的實施和評估」等問題做了專門回答。

　　消歧委員會對中國政府為履行《消歧公約》義務而不斷完善法律、政策和社會發展規劃，派遣高級代表團與會，在香港、澳門回歸後即履行《消歧公約》等方面，給予了充分肯定。消歧委員會認為，中國在促進婦女發展和保護婦女權益方面取得的成績顯著，對其它國家有示範作用。[2]消歧委員會對中國的結論性意見共五十六條，其中程序說明一條，導言三條，積極的方面三條，對大陸的主要關切領域

和建議二十七條，對香港特別行政區的主要關切領域和建議十條，對澳門特別行政區的主要關切領域和建議四條，對締約國的呼籲和要求八條。主要提出下列關切領域和建議[3]：

（1）建議締約國按照《消歧公約》要求，著力理解實質性平等和不歧視的含義，在國內法律中做出對婦女的歧視，包括直接歧視和間接歧視的定義。

（2）建議將《消歧公約》及相關國內立法，作為對法官、律師、檢察官等司法人員進行法制教育和培訓的內容，並確保熟悉《消歧公約》和承擔義務；促請締約國提供有效法律援助，以使婦女能夠加以利用。

（3）促請締約國研究在收集和提供按性別、地區和民族分列的統計資料方面遇到的障礙，促進提供資料工作，以增強制訂和實施旨在促進性別平等和婦女享受人權的定向政策和方案的能力；在下次定期報告中提供此類統計資料及演變趨勢，以深入評估在執行《消歧公約》方面取得的進展。

（4）促請締約國加強監測經濟發展和變革對婦女的影響，定期對所有社會經濟政策和減貧措施進行性別影響分析；採取定向措施，以防止和消除經濟結構調整對婦女，特別是農村和偏遠地區婦女或少數民族婦女的任何負面影響。

（5）促請締約國制訂全面辦法，包括法律、政策和提高認識措施，消除傳統上對婦女和男子在社會中的作用的陳舊定型觀念，應讓公務人員和民間社會參與，並以全體居民特別是男子和男童為對象；促請締約國評價自2000年以來的課程和教科書改革的性別敏感性，並進一步確保清晰闡述男女平等的原則。

（6）促請締約國制定一項全面的法律禁止暴力侵害婦女行為，並確保公、私領域一切形式的暴力侵害婦女和女童行為構成應依刑法治罪的犯罪；立即向暴力侵害的婦女和女童提供補救和保護；加強收集有關一切形式的暴力侵害婦女行為的數據系統，並將這種資料列入下次報告中。

（7）針對婦女包括少數民族婦女，在公共及政治生活和決策職位（包括在外交部）中任職人數仍然偏低，村民委員會組織法沒有規定村民委員會中男女人數應當相等的問題，消歧委員會鼓勵締約國採取持續的措施，制訂足夠的數字目標、指標和時間表，從地方至國家一級，在一切公共生活領域爭取人數相同的婦女正式參與民選機構和委任機構的工作，在政府各部門包括國家外交部任職。

（8）建議締約國採取一切必要措施，努力爭取農村婦女積極參與農村發展政策和方案的設計、制訂、執行和監測，以加強《消歧公約》第十四條的執行；請締約國在下次報告中提供全面的資料，包括按性別分列的數據，說明農村婦女，包括少數族裔婦女的狀況，特別是有關其教育、就業、健康和遭受暴力的情況。

（9）消歧委員會建議締約國採取進一步的措施克服縱向和橫向的職業隔離，加強監測和有效執行立法框架，確保婦女同工同酬、平等獲得社會福利和服務，防止婦女在公、私部門的就業領域遭受歧視，包括性騷擾。

（10）針對對性別選擇墮胎、殺害女嬰、不登記和拋棄女孩和強迫墮胎等等非法行為，消歧委員會敦促締約國加強監測禁止性別選擇墮胎和殺害女嬰的現行法律的執行情況，並通過懲罰

434

越權官員的公平法律程序來執行這些法律；建議對計生官員進行強制性的兩性平等教育，加大力度從根源上解決在農村仍然很流行的要有兒子的觀念，通過擴大保險制度及養老金，惠及廣大百姓特別是農村地區的百姓。

三、再看國內評估

（一）評估的依據和具體內容

「紅皮書」：[4]《中國婦女發展綱要》實施的評估

1992年中國頒佈了第一部關於婦女權益的基本法《婦女權益保障法》。1995年和2001年國務院分別頒佈了1995-2000年和2001-2010年兩個關於婦女發展的專門規劃《中國婦女發展綱要》。

《中國婦女發展綱要（2001-2010年）》根據中國國民經濟和社會發展第十個五年計劃綱要確定的社會與經濟發展的總體要求，針對2001-2010年中國婦女發展迫切需要解決的重點、難點問題，提出了婦女發展的新目標。新目標更加注重在社會主義市場經濟條件下，保障婦女的合法權益，提高婦女的整體素質，促進婦女的全面發展。婦女發展綱要設置了婦女與經濟、婦女參與決策和管理、婦女與教育、婦女與健康、婦女與法律、婦女與環境六個領域共三十四項主要目標、一百項策略措施，涉及經濟社會發展的方方面面，涉及政府工作的各個領域。

婦女發展綱要明確各級政府是實施綱要的責任主體，將策略性措施分為國家、部門和社會三個層次，明確了各責任主體在實施綱要中的職責和任務。國家把中國婦女發展綱要確定的三十四項主要目標具體分解落實到中央和國家機關以及群眾團體的四十三個相關部門，下達了目標責任分解書，並將其寫入年度政府工作報告，列入政府工作

的重要議事日程。

國務院婦兒工委和地方各級婦兒工委都設立了實施《中國婦女發展綱要》和地方婦女發展規劃的監測評估領導小組，下設統計監測組和專家評估組，開展綱要和規劃實施情況的年度監測和階段性評估，分析性別差異，提出對策建議。國務院婦兒工委於2007年5月發佈了《婦女發展綱要（2001-2010年）實施情況中期評估報告》，在可量化的六個領域四十五項指標中提前達標的有二十八項，可望達標的三項，無數據的四項，十項未達標。未達標的指標集中在政治參與和健康領域（具體見434頁統計表2005年數據）。

2003年，全國婦聯婦女研究所研究「全面小康與社會性別平等與婦女發展指標體系」。性別平等與婦女發展指標包括：兩性權益享有狀況指標、兩性資源分享狀況指標、女性需求滿足和權益保障程度指標，以兩性無差距為一百分。把女性享有率和兩性享有率之比，平均賦權合成綜合指數，以反映婦女發展和性別平等兩個方面的狀況。性別平等與婦女發展綜合指數有整體的，也分為經濟、教育、健康、家庭等反映某領域狀況的綜合指數。2004年，全國婦聯婦女研究所與國務院婦兒工委、國家統計局社會與科技統計司合作完成「中國性別平等與婦女發展指標研究與應用課題」，應用其所設計的社會性別平等與婦女發展指標體系，從健康、教育、政治與決策、家庭和環境六個方面，主要利用1995年、2000-2004年的政府統計和大型調查數據，對中國各省市的性別平等與婦女發展狀況進行了評估，撰寫了《中國性別平等與婦女發展評估報告（1995～2005）》。該所在此基礎上，組織編寫了《1995～2005：中國性別平等與婦女發展評估報告》一書，作為系列定期出版物的首本。

婦女綱要主要指標完成情況（2005年數據）

達標判斷	序號	主要指標	達標判斷	序號	主要指標
提前達標指標	1	全社會婦女就業人員所占比重	可望達標指標	1	城鎮企業職工生育保險覆蓋率
	2	參加養老、醫療、失業、工傷保險的人數		2	女性成人識字率
	3	農村貧困人口		3	女青壯年識字率
	5	農村最低生活保障人數	未達標指標	1	執行了女職工特殊勞動保護規定的企業比重
	6	全國人大常委中女性比例		2	全國人大代表中女性比例
	7	全國政協常委中女性比例		3	省政府領導班子中女幹部配備率
	8	全國政協委員中女性比例		4	市（地）政府領導班子中女幹部配備率
	9	省（部）級女幹部比例		5	縣（市、區）政府領導班子中女幹部配備率
	10	地（廳）級女幹部比例		6	村委會成員中女性比例
	11	縣（處）級女幹部比例		7	婚前醫學檢查率
	12	女幹部比例		8	孕產婦死亡率
	13	居委會女委員		9	全國當年報告女性艾滋病病毒感染人數
	14	小學適齡女童淨入學率		10	當年女性性病報告例數
	15	小學適齡女童5年鞏固率	無數據指標	1	高中階段女性毛入學率
	16	初中女童毛入學率		2	高等教育女性毛入學率
	17	婦女平均受教育年限		3	城市垃圾無害化處理
	18	婦女平均預期壽命		4	婦女自我支配時間
	19	孕婦產前醫學檢查率			
	20	農村孕產婦住院分娩率			
	21	計劃生育知識普及率			
	22	法律援助機構數			
	23	得到法律援助的婦女數			
	24	農村飲水安全普及率			
	25	農村衛生廁所普及率			
	26	城市汙水處理率			
	27	大氣環境按功能區達標的地級以上城市所占的比重			
	28	水環境按功能區達標的地級以上城市所占的比重			

　　從該報告評估指數看，中國性別平等發展呈現3個特點：

　　一是總體上處於中等水平，穩步發展（見下表）。2004年綜合指數68.23，比2000年上升了2.12。與2000年相比，2004年各領域的性別平等與婦女發展指數都有不同程度的提高：其中提高幅度最大的是環境領域和教育領域，分別增加了5.45分和4.28分；而政治和決策參與領域的進步幅度最小，僅提高了0.58分。

　　二是各領域性別發展不平衡的程度差異大（見下表）。教育和健康領域的指數分別達到了82.32分和80.13分，遙遙領先於其他領域；經濟領域、家庭領域以及環境領域的評價指數也達到了60分以上，而在政治和決策參與領域，中國的婦女發展和性別平等狀況則還亟待改善。

　　三是區域發展不平衡。2004年，北京的綜合指數值達到了77.95分，位居各省區市之首，上海、天津緊隨其後，分值也在70分以上。而中部地區的安徽、江西和西部的陝西、重慶、西藏等及南部的海南等省區市綜合指數相對較低，最大分差近20。

各領域性別平等與婦女發展指數及綜合指數如下：

年代	健康指數	教育指數	經濟指數	政治和決策指數	家庭指數*	環境指數	綜合指數
2000年	78.76	78.04	71.20	40.08	-	57.95	66.11
2004年	80.13	82.32	72.83	40.66	67.01	63.40	68.23
變動	1.37	4.28	1.63	0.58		5.45	2.12

注：家庭領域的指數因數據缺乏，只有2004年的數據，但在綜合指數的計算中為了保持評價體系的一致性，2000年借用了2004年的數據。

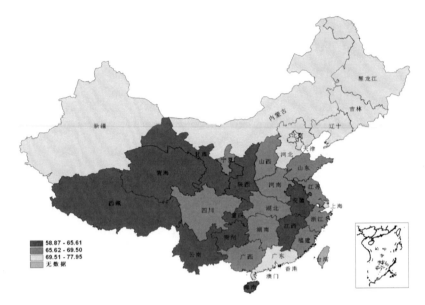

圖 性別平等與婦女發展評估綜合指數一覽（2004年）

圖片來源：全國婦聯婦女研究所《1995-2005：中國性別平等語婦女發展評估
報告》

「藍皮書」：[5]國家統計和專項調查評估

國家統計局加強了分性別的統計。1995和2004年，國家統計局社
會與科技統計司編寫，並由中國統計出版社出版了《中國社會的女人
和男人──事實和數據》。全國婦聯婦女研究所於2000年開展「第二
期中國婦女社會地位調查」，與1990年的第一期中國婦女社會地位調
查數據進行比較分析。

（二）近十年中國男女平等性別和諧的突出進展

依據「性別機率差異」評估和數據考量結果等，中國男女平等在
以下領域進展突出。[6]

（1）女性就業比例上升，就業結構發生變化

　　在強大的就業壓力下，在產業結構調整變動中，女性就業比例穩步上升，就業結構趨於合理。中國城鄉婦女就業人數從1995年的3.19億增加到2005年的3.41億，增加了6.9%；2006年全國城鄉女性就業人數達3.47億人，占就業人口總量的45.4%，[7]高於婦女發展綱要提出的40%的目標。隨著國家產業政策的調整，女性就業結構變化較大。第三產業正在成為吸納女性勞動力就業的主要渠道，2002年已占女性就業總數的43.8%。據統計，2005年進入計算機、通訊、金融、教育、衛生、社會保障等高新技術行業的城鎮女性有1645.1萬，比2003年增長了6.8%，成為這些行業發展的重要力量。2004年底，國有企事業單位專業技術人員中的女性比例達到43.6%，比1995年的37.3%提高了6.3個百分點。2000-2005年，女性參加養老保險的職工增加了1133萬人，增長近一倍；農村貧困人口減少了844萬，其中女性占一半。

（2）兩性受教育差異程度顯著縮小

　　中國教育領域的性別平等狀況有較大的提高。2004年教育性別指數為82.32，比2000年提高了4.28。目前中國婦女平均受教育年限已上升到7.3年，[8]比1995年增加了1.2年，男女差距縮小0.7年，已將達到發展中國家先進水平。

　　2004年用於農村義務教育的國家財政性教育經費達1393.62億元，是1995年的2倍。2004年，小學女童淨入學率為99.14%，男女差距由1995年的0.7個百分點下降到0.02個百分點，提前實現了2010年婦女發展綱要的目標。聯合國教科文組織在2003年發佈的有關社會性別和全民教育的全球監測報告中，認為中國在2000年已經在初級教育層次達到了性別平衡（即在初級教育階段沒有男女差異）。[9]婦女接受高等教育的人數和比例持續增長。2005年在校女研究生42.46萬人，占

43.39%，比1995年提高了15個百分點。2004年在校普通初中、高中、本專科女生比例分別達到47.4%、45.8%、45.7%，接近一半。

（3）婦女健康服務改善，婦女預期壽命提高

在政府和社會各界的積極努力下，婦女健康水平顯著提高。2006年婦女預期壽命為75.25歲，比2000年提高了1.95歲，比男性高3.55歲，達到了中等發達國家水平。

婦女健康服務指數有較大提高，2004年比1995年提高了11.75[10]。國家不斷增加婦幼保健資金投入，逐步完善婦女保健服務網路，到2005年已經擴展至全國1000個縣，覆蓋人口3億多。2004年全國有三分之一以上的65歲以下已婚婦女，每年都可以享受到婦科病檢查，檢查率為37.3%。農村孕產婦住院分娩率穩步上升，2005年達81%，比2000年提高了24.8個百分點。孕產婦死亡率由1995年的的61.9／10萬下降到2005年的47.7／10萬。以人為本的計劃生育優質服務項目已經推廣到全國800多個縣（市、區），項目以育齡婦女的需求為中心，開展避孕方法知情選擇、鼓勵男性參與生殖健康等活動，並為青春期少女提供生殖健康咨詢服務，維護了婦女的生育權利。

（4）各級女幹部比例有所提高

中共中央有關部門多次與全國婦聯聯合召開培養選拔女幹部會議，重申「同等條件下優先選拔女幹部的原則」，制定了專門政策、規劃和目標。2005年，全國各級女幹部共有1500萬人，占幹部總數的38.5%，比2000年提高了2.3%。2003年，全國新錄用公務員的女性比例為27.8%，中央國家機關新錄用公務員中的女性比例達到37.7%。全國居民委員會成員中女性占53.1%，略高於男性。

（5）男女平等和婦女生存環境逐步改善

在包括社會安全環境、生活環境、資金支持、環境參與四個指標

的性別平等環境領域指數2004年為63.40，比2000年提高了5.45。2001-2004年，中央政府先後安排國債資金97億元，解決農村人口飲水困難問題；「十五」期間，為3240多萬農村婦女提供安全可靠的飲用水，改善了婦女生存環境。

男女平等逐漸成為社會公眾的主流意識。中國家庭性別平等綜合指數為67.01，處於中等發展程度。這對於歷史上長期處於封建社會的中國來說是個巨大的進步。大多數男性不同意「男人以社會為主，女人以家庭為主」（83.9%）的說法，說明公眾對傳統的「男主外女主內」的家庭角色分工的認識有所改變。[11]女性擇偶更自由，個人事務決定權較高。

女性主體意識增強，一批知識女性認同自己的性別身份，致力於推進性別平等與婦女發展，一批女企業家、女院士、下崗創業的女工自強自立，勇於競爭和創新，展現了現代婦女的精神風貌。婦女組織出現新的類型，總體數量快速增長。婦女組織化強度提高。

以上典型數據，足以說明男女平等基本國策的實施，特別是學習實踐科學發展觀，有力地推動了婦女的發展，推進了性別平等、和諧發展的進程。

（三）在取得上述成就的前提下，社會轉型期中國性別平等發展進程中仍存在著一些不和諧問題

新中國成立以來，中國婦女的社會地位、歷史作用與精神風貌發生了翻天覆地的變化；近三十年，婦女與全國人民一樣，生活水平、發展環境與自主自立意識和能力得到較大改善，這是一個不爭的基本事實。同時，也必須看到，在新的國際國內背景和經濟社會發展水平的制約下，中國性別發展的整體水平還不夠高，也面臨著一些新矛盾和新問題，影響社會性別關係和諧發展，有些問題還比較突出。

第一，性別發展不平衡的一些表現，障礙社會性別關係和諧發展。

目前，女性與男性發展不均衡不協調的主要問題有：

從經濟社會學角度看：女性就業和勞動保障權力軟男性欠缺，兩性收入差距加大（見圖3-2）

勞動力市場上用人單位的性別選擇傾向明顯，就業性別歧視正在向隱性化發展。農村失地婦女富餘勞動力的增多，加劇了女性就業壓力。青年女性擇業難，中年女性再就業難，城鎮婦女非正規就業比例大，職業層次低，總體社會保障缺少，收入與男性的差距加大。2005年女性估計收入比男性少2993美元。[12]特別是非公有制企業女職工勞動保護難以落實，對城鎮外來女工的勞動保護更為薄弱，婦女的合法權益不同程度受到侵害。正在推行的生育保險覆蓋率低，2005年僅為46.1%。

圖3-2　2005年按收入分組城鎮就業人口性別構成

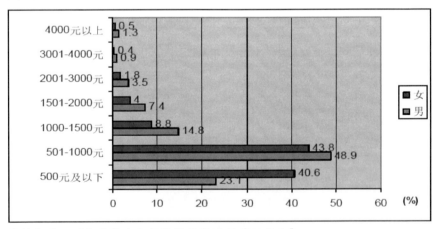

資料來源：《中國實施千年發展目標進展情況報告》

http://www.un.org/chinese/millenniumgoals/china08/3_1.html

從政治社會學角度看：婦女參與決策和管理比例較男性低

中國婦女參政比例與聯合國規定的指標差距很大，國際排名從1995年19位下降到2004年37位。中國婦女發展綱要中可測量的六項未完成指標中有四項與參政有關，它們是：全國人大代表中女性比例（2005年為20.2%，2008年為21.33%）、省政府領導班子女幹部配備率、市（地）政府領導班子女幹部配備率、縣（市、區）政府領導班子女幹部配備率，都未達標。2005年省部級、地局級、縣處級女幹部比例分別為10.3%、12.9%、17.2%。女幹部的數量有所增加，但她們通常集中在那些傳統觀念認為「適合」婦女的領域和職位，且女性擔任副職多，正職少。

特別是占女性人口大多數的農村婦女，參政比例與農村婦女對農業的貢獻之大更不成比例。尤其村級組織更為明顯。雖然《中華人民共和國村委會組織法》、《中華人民共和國婦女權益保障法》（2005年修正）都明確規定了在村委會中，「婦女應當有適當的名額」。[13]從實際情況看，這一法律依據往往被解讀為只有一名女性，並且擔當婦女主任，同時作為村委會、黨支部、婦代會三套女性參政的組織體系的成員，而有些農村社區在直接選舉中女候選人只有一個甚至一個都不會產生，所以更談不上更多女性具有被選擇的機會。據民政部數據顯示，2005年村民委員會中女性的比例僅為16.7%。截至2008年底，在全國2338806名村委會成員中，有婦女507272名，婦女在村委會成員中所占比例為21.69%。雖女性委員比例有提升但女性村委會主任比例仍很低，在全國576083名村委會主任中，婦女有58891人，所占比例僅為10.22%。[14]這是導致農村資源和利益的分配更傾向於男性的主要原因，也是踐行男女平等道路上的重要阻梗。

從女性社會學角度看：人口出生性別比偏高，婦女健康狀況有待改善

2005年，中國出生人口性別比已經升高到119.92，男性出生率高過女性，與正常值106相比有嚴重的偏離。[15]男多女少「光棍」增多，必將導致性別關係不平衡、不和諧，並嚴重危及社會和諧、穩定。還有，中國孕產婦死亡率下降緩慢，邊遠地區農村孕產婦死亡率仍較高，也是問題。2005年孕產婦死亡率農村是城市的2.1倍，邊遠地區是沿海地區的4.1倍。農村生殖道感染和性傳播疾病的患病率在40-65%之間，明顯高於城市，已成為影響婦女健康的常見婦科疾病。全國婚前醫學檢查率下降，2005年僅為2.93%。女性艾滋病感染比例上升，已占艾滋病感染者總數的27.6%。這些問題直接間接影響性別和諧社會的構建。

從文化社會學角度看：農村婦女受教育程度偏低

2005年15歲以上女性成人識字率達83.85%，15-50歲女性青壯年識字率達95%。然而，15歲以上的農村成年女性識字率（78%）還是比農村成年男性識字率（92%）低很多。各省之間的性別差距也很大，成年男女的識字率差距達4-27個百分點。[16]2000年第五次全國人口普查數據顯示，農村婦女文化程度小學及其以下的占農村婦女的65.2%，初中占30.6%。經濟困難的農民家庭教育投資傾向男孩，大齡女童失學和輟學現象較多。農村女性實用人才占農村實用人才總數的5.7%。

長期以來形成的男女兩性發展的社會幾率差異以及性別歧視，表現在經濟、政治、文化、社會和家庭等各個領域，是普遍存在的社會現象。可以量化測量的婦女發展和男女平等問題只是很少的一部分。一些婦女弱勢群體的問題，如單身母親、老年婦女等還未及進入監測

的視野。一些問題還難以量化，卻又表現突出，如：大眾傳媒中的性別歧視、家庭暴力和職場性騷擾等。傳統文化的延續，如村規民約和宗族勢力對婦女土地等權利的侵害；經濟發展中資源的再分配使婦女已經或正在減少或喪失生存發展資源等問題，使我們看到改變傳統性別關係存在的社會環境，是個艱難的、複雜的、絕非一蹴而就的歷史任務。

　　總之，從發展社會學的角度看，中國的男女平等進程與世界的總體進程相比還有差距。在聯合國《2007-2008年人類發展報告》「按性別開列的發展指數」中，中國在157個國家中列為第73位。[17]婦女權利指數在93個國家中只排在第57位。一些指標與《聯合國千年計劃》的要求還有較大差距。要使中國的男女平等工作走入世界前列，任重而道遠。

　　第二，實施和貫徹基本國策的差距有如下方面，影響社會性別和諧發展。

　　從性別視角透視男女不平等的若干社會現象，可以看到，目前實施和貫徹男女平等基本國策的規範力度還有待加強，對法律政策的調控還沒有完全到位，尚缺乏政府工作的硬約束機制，社會理解和支持程度還不夠高，貫徹力度不夠強。主要表現在：

（1）法律政策體系不完備

　　國家和地方現有的一切法律和政策應該與男女平等的總政策原則和《婦女權益保障法》相適應。目前，立法部門還沒有專門組織對有關法律、政策與男女平等基本國策的適應性審查。有些法律、法規、規章與解釋性法律條文與之相衝突，有些不配套，還有的體現程度不夠。譬如：女性在求職過程中遇到的性別歧視，在現有的法規中卻不屬於勞動糾紛受害範圍，法律對此並無相關條款，也沒有專門處理就

業性別歧視的監督管理機構；退休年齡的政策規定男女相差五年，違背了男女平等的國策原則；性騷擾和家庭暴力的懲處還存在某些法律空白，等等。

（2）執行機制不夠健全

《婦女權益保障法》是中國全面保障婦女合法權益的基本法，但卻沒有一個常設的執行婦女權益保障的機構。已有的全國維護婦女兒童權益協調組、婦兒工委等機構，只是協調議事機構，不具備執行監督功能；且只限於縣級以上部門。男女平等法律法規的執法監督系統不健全，在經濟體制轉型、社會階層分化、產業結構調整以及中央政府將權力下放到地方的過程中，加大了維護婦女權益宏觀監控的難度，諸如婦女的就業和社會保障權利等，很難得到法律及時、有效的保護。婦聯等婦女組織不具有作為組織代理受害人的法律地位，也無法通過訴訟維護婦女合法權利。

各級政府部門分解了《婦女發展綱要》的目標，卻較少制定本部門、本領域有的放矢的性別平等規劃和實施方略。政府有關部門組織了對侵害婦女權益問題的若干專項行動和突擊檢查，但沒有把性別平等工作嵌入到政府部門的常規管理工作中，沒有進入部門和幹部的職責和考核範圍，沒有形成保障婦女權益的政府常規工作管理機制。

相對而言，目前有些性別統計不能適應實際工作需要，整體統計指標的性別敏感度不高，性別指標體系和基本指標不完善，性別統計數據收集渠道不暢，統計工作人員性別統計專業能力不強。《婦女發展綱要（2001-2010年）實施情況中期評估報告》表明，全國未達標指標十項，其中四項是無數據指標，包括：高中階段毛入學率、高等教育毛入學率、城市垃圾無害化處理率、婦女自我支配時間。同時，統計監測工作質量也需進一步提高。

（3）執行者性別意識不強

2003年底，全國婦聯婦女研究所曾對全國人大、全國政協、衛生部、國家人口與計生委、全國婦聯等五個部門的242位決策者（部、局級）進行了「高層決策者的社會性別平等意識」的問卷調查。調查結果顯示，被調查者贊同男女平等原則，關注婦女平等權利的實現，但在認識程度上仍存在諸多不足：相當一部分決策者還沒有將男女平等上升到基本國策的高度來認識；將性別關係和諧上升到構建和諧社會的重要問題來予以重視。傳統性別關係潛移默化地影響著一部分決策者的思想觀念，認同傳統的社會性別規範與家庭性別角色，對現實生活中的性別差異和不平等的權責關係缺乏深入地辨析，對國家現行政策實施中存在的問題缺乏社會性別敏感；一些人對「將社會性別平等意識納入決策主流」不瞭解。[18]

（四）探究現階段性別發展存在著不平衡、不和諧的主要原因：

從發展社會學角度看，性別不平等是人類社會發展進程中「階段性」的社會問題。中國現階段性別發展一些不平等社會問題的存在，既有歷史根源，也有現實原因，並與中國的國情密切相關。中國正處於社會主義初級階段，處於社會轉型和城市化的進程中。經濟發展水平不高，經濟體制、社會結構、社會管理機制急劇變革，改革開放和全球化過程中多種思潮湧進、多元文化與價值觀念並存，這種社會現實與男女不平等的歷史因素融合，誘發了男女不平等、性別關係不和諧的當代問題。

第一，從經濟社會學的中國國情實際出發，生產力發展水平不高，經濟社會發展不平衡

儘管改革開放三十年，中國經濟體制改革不斷深化，經濟迅速發展，人民生活得到改善。但從全球看，中國經濟還處於發展中國家的

行列，相對於發達國家來看，生產力水平還不高。同時，也存在社會發展與經濟發展不協調，地域、城鄉、群體、階層發展不平衡，貧富差距加大乃至性別關係二律背叛等問題。

從性別視角來看，生產力發展水平制約著男女平等、社會性別和諧發展的進程。經濟體制改革與社會轉軌，東西部和城鄉發展的不平衡，擴大了性別之間和女性個體之間的貧富差距。城市化中土地資源的緊缺，城鄉二元管理體制，城鄉戶籍管理的分割性，加劇了對婦女土地權益的侵害，導致不少農村婦女婚嫁後權益受損，陷入困境，在城市和農村的新貧困群體中女性成為多數。教育、醫療、住房等改革，個人支出的費用增加，加大了貧困家庭，特別是單親母親家庭的負擔。

頻繁的人口流動加大了女性權益保護的難度。勞動力市場的不規範、不安全使婦女就業難度增加，並有可能成為被拐賣的對象。流動婦女往往得不到城市計劃生育服務和婦女的保健服務而影響其健康。社會保障程度低，經濟條件差的老年婦女生活缺少照料，生活質量下降。這些都是障礙社會性別平等和諧發展的因素。

第二，從經濟社會學的世界語境看，市場經濟與當下全球金融危機的某些消極影響。

中國社會主義市場經濟的建立，追求效益成為經濟運行的鐵律；中國加入WTO，經濟和貿易體制改革進一步深化，在投資、商品與服務貿易等領域的對外開放度進一步提高，這給婦女發展帶來機會的同時，也給男女平等和諧發展帶來相應的衝擊和挑戰：

城鄉轉移中出現的「613899現象」（即兒童、婦女、老人留守農村現象），使農業勞動女性化，女性貧困化。雖然農業勞動女性化使農村婦女的勞動力資源從無報酬的單純家務勞動逐漸轉移到有收入的

農業生產活動中，但也加重了她們生產和家務的雙重負擔，限制了她們向非農產業的轉移。非農產業與農業收入的巨大差距，農村社會保障的缺失，生產經營自主權的缺乏，技術與信息資源的匱乏，以及農業資金信貸體系的不完善，都可能加大農村兩性之間發展的差距，成為社會性別和諧發展的障礙。

城市勞動力市場中，女性就業邊緣化、底層化。在市場經濟的導向下，原有的潛在的勞動力市場的性別分割顯性化，女性就業集中在低技術含量、低層級、低工資、少升遷的職業類別上。產業結構與產品結構的調整，技術的密集和更新，使女工下崗多於男工，再就業困難，更多地趨向於非正規部門就業和層次更低的職業崗位。非正規部門社會保障薄弱，女性的經濟壓力進一步增大。

追求利益最大化的市場導向和道德失範、法治的不完善，導致拜金主義和泛商品化氾濫。利用女性的容貌、身體以及性來刺激消費的現象時有發生，黃泛的「美女經濟」有所抬頭。女性最大限度地被身體化，加速職業的性別隔離，限制、甚至異化了女性的發展，導致偏離了「人本」發展的主題。

第三，從發展社會學的中國特色語境看，社會轉型、階層分化加劇[19]的影響

改革開放後，經濟和社會變革，使群體與個體的利益重新劃分，社會階層結構改變。新的社會分層依據人的職業地位和經濟、政治、組織、文化教育資源的佔有，重組社會階層。社會階層的劇烈變動與原有的社會性別等級、性別發展差距互動，使本來擁有各類資源均少於男性的女性處於更不利的態勢。與男性相比，農村婦女在向城市流動和非農轉移中滯後，就業機會和收入少於男性；城市女職工在勞動力市場化和經濟結構調整中，失去正規職業幾率多，社會保障缺失，

社會層級下降；知識女性婚後因生育負擔等性別因素獲得培訓、晉升等機會少於男性，退休早於男性，所能達到的職業職級和層級低於男性，在新的社會階層結構中處於相對較低的層次。

目前，婦女在社會上層、中上層中所占比例較少，而在中下層乃至底層中所占比例逐漸加大。在對各種資源的擁有上，與男子存在著較大的貧富性別差異。1978年，中國的基尼係數[20]為0.22，2006年已達0.458，2007年為0.48，已經超出了基尼係數0.4的「國際警戒線」。婦女在貧困人口中、弱勢群體中的比例大於男性，生存與發展條件同時受到社會關係和自然關係、特別是性別關係的交互性限制，往往是失業與婚姻家庭突變互為因果，生活更為艱難。社會階層的下降，影響婦女獲取社會資源；社會資源的缺失，又導致婦女社會地位的進一步下降，由此形成惡性循環。可見，社會階層分化加劇是現階段存在男女不平等問題的重要社會原因，無疑影響社會性別關係和諧發展。

第四，從政治社會學角度看，政策和管理尚存在著滯後現象

社會政策和管理機制跟不上社會的變化與發展，男女平等的現實問題沒有及時進入政府管理程序，或缺乏管理力度，「將性別意識納入決策主流」實踐滯後。

首先，男女平等社會法律和政策的滯後。譬如，至今中國女職工勞動保護只有法規沒有上升到法律；對有關男女平等就業的規定，散見在一些法律法規中，沒有形成統一法律文本，不利於在就業領域全方位地貫徹男女平等的原則；各項社會保障制度是根據正規就業的情況設計的，不適應於女性的非正規就業，而隨著中國加入WTO，非正規就業的比重加大，婦女的社會保障問題有所增加。現行的社會保障制度缺乏接續性，一旦職業發生轉換或失業，就有可能失去社會保障。政策規定的退休年齡女性比男性小5歲，影響女性人力資源的

充分利用，進而影響兩性資源配置的公平，其輻射效應影響企事業單位兩性就業機會和培訓、晉升、收入的公平，障礙社會性別和諧發展。

　　缺乏專門的反家庭暴力法律，家庭施暴者得不到應有的懲處，一定程度地縱容和保護了家庭暴力。反性騷擾被寫入《婦女權益保障法》，與禁止性騷擾密切相關的《勞動法》、《民法》等其他法律還有待調整配套。

　　長期以來，有關婦女參政的比例也只是體現在有關部門的文件中，沒有在相關法律法規中確定。尤其在農村，婦女參政仍是農村政治發展最薄弱的環節。縱觀《村民委員會組織法》的幾次修訂，都拋開了性別視角使女性的參政權游離於權力核心的視野之外。2008年又提出對村委會組織法進行修訂，重點在選舉程序公開和對農村賄選的監督等七個方面，[21]但仍沒有關注兩性政治平等問題，農村婦女參政的主要法律依據仍然只是一句話「婦女應當有適當的名額」。[22]現實中，村級權力系統中也只有一名女性且大多為婦女主任，主要原因是在制定、評價以及修正法律的權力體系中，女性的聲音很難佔有一席之地，甚或沒有話語權。而且國家立法機關沒有制定「農村禁約規定」，明確規定村民自治章程、村規民約中所不能制定的條款範圍。鄉村集體往往利用傳統的村規民約或村落習慣，對農村婦女土地權利進行「有規矩」或「合情合理」的侵犯。

　　其次，監管機制不健全、執法力度不夠。譬如，性別選擇技術的管理失控是中國出生性別比異常偏高，女嬰出生權受到侵犯的重要原因之一。有的醫療機構和個體診所非法為孕婦進行流、引產，醫藥部門對流產藥物的非限定性公開出售，為私自流、引產和性別選擇提供了方便。由於監管不力，勞動力市場存在性別歧視，用人單位排斥女

性；有些私營企業和外資小型企業單方面解除孕期婦女的勞動合同；目前小額貸款的申領以戶為單位辦理，通常不是戶主的女性因此失去了應得的權利，這種金融政策阻礙了女性的創業和就業活動，加大了男女創業和就業的差距。

第五，從人類社會學角度看，兩性發展社會機率差異歷史積澱過大

人類社會長期的性別壓迫與男女不平等，使兩性發展的社會機率差異不斷擴大：不公平的社會與家庭經濟資源的佔有與分配，剝奪了女性的財產所有權，使其依賴於男子或貧困化，經濟不能自立；長期的家庭禁閉生活和文化教育權利的喪失，使其缺少文化智力資源和社會關係，社會地位、家庭地位低下。女性的資源佔有和知識技能的弱勢狀況是歷史積澱的結果，改變這種情況是個長期、艱難、曲折的變革過程。

在人口流動日益增強的今天，農村女性流動人口低於男性，除受「男主外、女主內」傳統性別分工格局的束縛外，女性適應社會能力弱於男性也是一個不可忽視的原因；且丈夫外出使已婚婦女更牢固地被鎖定在家庭和社區內，兩性社會資源與能力開發的差異繼續加大。虐妻現象的存在與妻子在婚姻家庭中處於相對劣勢、沒有經濟自立能力有密切關係。她們只好選擇留在婚姻暴力中。

第六，從性別社會學角度看，男性中心的性別觀念制度影響的遺存

從社會變革的角度看，男女兩性的關係受生產力發展水平和社會進步程度的制約，男女不平等現象的出現與發展與生產關係變革和社會制度的演變相適應。如前所述，原始社會後期，隨著社會生產力的發展和社會勞動的性別分工，使婦女失去了生產中的優勢與地位，隨

之也喪失了家庭的平等地位。私有制的產生，男性血緣的繼承制度，使男女不平等制度化。男女不平等的制度將性別勞動分工與分配、性別等級社會地位等，用法律的形式固定下來，形成了穩定的社會關係的鐵律——不平等的性別制度。在男權專制的奴隸社會、封建社會和資本主義社會中，雖然生產力水平得到不斷發展，但人類社會仍處於等級結構中，男性中心的性別不平等關係與制度並沒有改變，並長期在社會生活的所有領域發生作用，其影響是全方位的。中國進入社會主義社會後，這種制度的作用與影響無法一下根除。

在一些農村，男性中心的民間、宗族的性別制度仍然存在並起作用。譬如，一些農村家族的登記制度還只在族譜上記錄被稱為「鴻丁」的男子，被稱為「口」（白吃飯的嘴）的婦女則無名無姓或另行記載。如今家庭成員所承包的土地及其收益分配、家庭財產，還大都記錄在男性戶主名下。在中國現存的從夫居的居住制度、夫權制的家庭制度、土地家族內轉的民間法則支配下，在一些農村，無論是外來還是本地的女性婚嫁後，都沒有單獨獲得土地的資格。

第七，從文化社會學角度看，傳統性別文化複製機制的現代餘毒影響

從狹義上說，文化是指社會的意識形態。在等級社會中，性別文化觀念，則是該社會占統治地位的階級對男女兩性地位、作用和價值的認識。在長期的男女不平等的社會中，男權觀念決定人們的意識，再通過精神生產的不斷複製，形成了「女性是第二性」的性別觀念和文化。為維護自身地位，統治者不斷加強這種性別文化的社會壟斷性，使其嚴密和完備，具有更強的統攝力，並經由各種傳播媒介與渠道，廣為宣傳和倡導，使其最終為社會大眾接受並內化為自身價值觀念的主流文化觀念。

　　社會意識，歸根結底來源於社會存在，是一定社會經濟、政治的產物與反映。但它具有相對的穩定性，即使當社會制度發生變革之後，舊的社會意識還會頑固的存在著。中國長達五千年的男權社會中所形成的「男尊女卑」的社會意識與性別文化，在民眾中是根深蒂固的，即使在建立了社會主義制度之後，仍然會在相當長的時期內存在並發生作用。目前在城市勞動力市場上，行業內的93.35%的兩性工資差異是由性別歧視等不可解釋的因素引發的。在行業間的工資差異中，性別歧視等不可解釋的因素占到了88.99%。女性較難「進入門檻高」和壟斷程度高的行業就業。男孩偏好是全國範圍內出生性別比嚴重失調的原因之一。大眾傳媒中存在著性別偏好和性別認識盲點，變相宣揚「男尊女卑」等傳統性別觀念的現象時有發生。

　　歷史形成的男女不平等的制度、文化及其造成的兩性間的社會差異，隨著時間和空間的變化，在現實社會中表現出不同的形態，產生不同程度的影響。而各種性別不平等的社會現象之間，往往也存在著某種因果關係，形成了複雜的因果關係制約網路，構成了性別關係不平等、不和諧的宏觀和微觀的多種原因，必須認真對待，及時解決。

　　以上，在科學發展觀指導下，以基本國策為依據，突出當代中國特色，融進時代新機和世界新潮，我們重點考量當代中國男女平等，性別和諧問題的現狀：既有聯合國綜合評估指標體系的──對照的落實，又有結合中國國情實際、方方面面的具體評估指標體系的測評和各種類列比較研究的評估。「事實勝於雄辯」，在此基礎上，肯定中國實施基本國策以來，在男女平等、性別和諧問題上的突出進展，也提出社會轉型期障礙男女平等、性別和諧發展的幾種突出社會問題，並努力探討問題的成因，目的是對症下藥、認真解決。

　　總之，是在科學發展觀構建和諧社會思想指導下，我們跨越了階級、性別關係「你死我活」的鬥爭哲學非常態時期，遵循「對立統一」規律的社會發展法則，與時俱進的邁入男女平等、性別和諧的新的常態時期。確實，每一時代，在其獲得了新思想時，也同時獲得了新眼光……

　　以全新的眼光概觀「性別社會學」創構的理論新視野：它突出性別關係的社會學理論新視角，聚焦「人本核心」的女性視點、經緯社會學科際整合研究的新視域、指歸男女平等、性別和諧——「人的自由全面發展」的極終價值視界——和諧社會的構建。

　　「構想天地人和理論，務經腳踏實地創構」，「性別社會學」理論構想，急需實踐理性基礎的奠基和社會保障。

| 註釋 |

1. 《〈中共中央關於加強黨的執政能力建設的決定〉輔導讀本》，人民出版社，2004年，第23頁。

2. 《國務院婦兒工委辦公室常務副主任蘇鳳傑在〈關於聯合國審議中國執行〈消歧公約〉報告結論意見〉國家後續行動研討會上的發言》，北京，2007年5月25日。

3. 劉伯紅、蔡一平、蔡勝：《聯合國消除對婦女歧視委員會第36次會議簡述》，《婦女研究論叢》，2006年第6期。

4. 在以下範圍內所引用數據不再一一注明出處：國務院婦兒工委：《婦女發展綱要（2001-2010年）實施情況中期評估報告》，2007年；譚琳：《1995-2005年：中國性別平等與婦女發展報告》，社會科學文獻出版社2006年。

5. 國家統計局社會與科技統計司：《中國社會的女人和男人──事實和數據（2004）》，中國統計出版社2004年；國務院新聞辦公室：《中國性別平等與婦女發展狀況》，2005年。超出此範圍的數據另注明來源。

6. 本文中所引用性別指數數據均源於「中國性別平等與婦女發展指標研究與應用」課題成果。

7. 《中國實施千年發展目標進展情況報告》
   http://www.un.org/chinese/millenniumgoals/china08/3_1.html。

8. 顧秀蓮：《紀念「三八」婦女節98周年中外婦女招待會在京舉行》，2008年3月7日，新華社。

9. 聯合國教科文組織：《社會性別與全民教育》，2003年，第8頁。

10. 本文中所引用性別指數數據均源於「中國性別平等與婦女發展指標研究與應用」課題成果。此數字據該研究數據計算。

11. 譚琳：《1995-2000年：中國性別平等與婦女發展報告》，社會科學文獻出版社2006年，第105-107頁。

12. 聯合國開發計劃署《2006年人類發展報告》。

13. 譚琳、姜秀花：《社會性別平等與法律研究和對策》，社會科學文獻出版社，2007年，第442頁。

14. 范瑜：《村委會選舉：農村婦女發展的機遇與挑戰》，《婦女研究論叢》，2000年第3期，第19-22。

15. 《計生委：中國出生人口性別比嚴重偏離正常值》，
   http://news.xinhuanet.com/newscenter/2005-01/05/content_2419992.htm。

16. 《中國實施千年發展目標進展情況報告》，
   http://www.un.org/chinese/millenniumgoals/china08/3_1.html。

17. 聯合國開發計劃署：《2006年人類發展報告 透視貧水：權力、貧窮與全球水危機》，第363頁。

18. 肖揚：《高層決策者社會性別意識的調查與分析》，譚琳：《1995-2000年：中國性別平等與婦女發展報告》，社會科學文獻出版社，2006年，第194頁。

19. 陸學藝：《當代中國社會階層的分化與流動》，《北京日報》，2006年6月19日。

20. 基尼係數是國際上用來綜合考察居民內部收入分配差異狀況的一個重要分析指標，由意大利經濟學家于1922年提出。其經濟含義是：在全部居民收入中，用於進行不平均分配的那部分收入占總收入的百分比。聯合國有關組織規定：若低於0.2表示收入絕對平均；0.2-0.3表示比較平均；0.3-0.4表示相對合理；0.4-0.5表示收入差距較大；0.6以上表示收入差距懸殊。基尼係數0.4的國際警戒標準在中國基本適用。

21. 據瞭解，民政部提出的修訂草案在內容上由原法的三十條擴充為六章四十八條。修訂、完善的內容，主要體現在七個方面。最明顯的是體例結構的修改完善；其次是明確了村委會的職責任務；"民主選舉的主要環節和程序民主決策的形式和內容也得到了完善；第五個方面是明確了村務公開、民主理財的內容及責任，進一步完善了村級民主管理和民主監督制度；村委會選舉違法行為的認定和處理也被明確。還有其他一些修改完善的內容，如引入「建制村」概念、增加了村委會要按照"有利於經濟發展和社會管理"設立的條款、增加撤村建居的條款等內容。來源於法制網法制日報，http://www.tzsfxz.gov.cn/news32_218_view.php（2009-08-10查閱）。

22. 憲法第四十八條規定：「中華人民共和國婦女在政治的、經濟的、文化的、社會的和家庭的生活等各方面享有同男子平等的權利。」「國家保護婦女的權利和利益，實行男女同工同酬，培養和選拔婦女幹部。」婦女權益保障法也規定：「婦女有權通過各種途徑和形式，管理國家事務，管理經濟和文化事業，管理社會事務。」村委會組織法的這一規定是對憲法有關規定的具體化。http://www.npc.gov.cn/npc/flsyywd/xianfa/2000-10/20/content_8439.htm釋義

第十三章│中國性別平等和諧社會實踐保障體系的構建

中國政府一向認為，實現男女平等是衡量社會文明的重要尺度。
我們十分重視婦女的發展與進步，
把男女平等作為促進中國社會發展的一項基本國策。
我們堅決反對歧視婦女的現象，切實維護和保障婦女
在國家政治、經濟和社會生活中的平等地位和各項權益。
──江澤民

　　既然男人和女人的關係問題是人類社會的基本母題，也是社會學理論研究的重要課題，那麼求解其歷史之謎，現實之惑的理論創構的第一步，就是去社會實踐中尋求其科學之解。當下中國社會性別關係和性別觀念變革的實踐，因其處於國際風雲變幻和國內社會轉型期而顯現出複雜性。因此，消除性別歧視的社會遺毒，建設性別和諧社會，不僅是一個長期的、艱巨的實踐探索，更是一個複雜的社會系統工程，迫切需要新時期社會學理論的指導。

　　既然社會學研究社會科學發展、和諧發展的條件和機制，具有推進社會良性運行的功能和作用，那麼性別社會學構建的理論視點、視角、視域和視界取向，應當首先是實踐理性的聚焦──「一步行動勝過一打綱」。從二十世紀後半葉到二十一世紀，最有效的行動是世界各國先後構建了性別平等、和諧社會實踐保障體系的國家、社團組織保障機構，具體如下表：

國別	機構名稱
中國	全國婦女聯合會等
日本	婦女有權者同盟
朝鮮	民主女性同盟
韓國	國家婦女改革委員會，婦女特別委員會
蒙古國	婦女聯合會
柬埔寨	婦女事務部
老撾	婦女聯合會
馬來西亞	婦女事務局
泰國	全國婦女事務委員會
印度尼西亞	婦女作用事務部
斯里蘭卡	婦女局
孟加拉國	婦女權利專門工作小組
荷蘭	婦女工會
葡萄牙	婦女平等和權利委員會
芬蘭	平等權利理事會
意大利	婦女聯盟
英國	婦女全國委員會
坦桑尼亞	婦女聯合會
冰島	婦女聯合會
國別	機構名稱
俄羅斯	婦女聯盟

國別	機構名稱
丹麥	平等地位理事會
比利時	比利時女企業家協會；比利時全國婦女理事會
德國	男女平等局
瑞典	性別平等調查官辦公室
法國	婦女權利國務秘書處
瑞士	婦女團體聯盟
希臘	男女平等總秘書處
挪威	男女平等事務督察官；男女平等申訴委員會
西班牙	婦女局
斐濟	全國婦女理事會
新西蘭	婦女理事會
南非	性別公正委員會
馬里	婦女協調委員
肯尼亞	婦女局
扎伊爾	婦女地位和家庭部
加拿大	婦女地位皇家委員會；加拿大提高婦女地位研究所
美國	美國勞工部婦女局；美國全國婦女組織；斯潘根博格組織
古巴	婦女聯合會
巴西	全國婦女權力委員會
智利	全國婦女事務辦公室

　　借助「他山之石」，以別國「模式」為參照系，突出新時期中國國情特點，著力打造中國特色的男女平等、性別和諧社會實踐保障功能體系，是「性別社會學」理論創構實踐品格的必然求索。其構建基於以下原則：

　　第一，長效機制原則。中國社會主義初級階段殘存的男女不平等性別不和諧問題，因其深刻的社會歷史文化根源而呈現出長期性。其所依附的不平等的性別制度、性別文化、特別是傳統性別觀念的遺毒，在當代社會還難以完全肅清。因此，短期的、權宜的、局部的舉措無法徹底根除社會中的性別不平等現象。實現社會性別和諧，必須建立性別和諧的長效社會保障機制。性別和諧的制度建設，特別是法律政策體系的完善，是性別和諧社會實踐保障體系的基礎和保證。

　　第二，效力保障原則。性別平等制度的實施是性別和諧社會實現的保障。制度、政策的生命在於執行。提高性別平等制度運行的效力是建構性別和諧社會體系應遵循的重要原則。建立性別平等制度的運行機制，加強運行程序各個環節的控制和執行力，是性別和諧社會實踐保障體系的重要內容。

　　第三，資源統籌原則。社會主義中國歷來重視性別平等，出臺了一系列有關法律和政策，並積極支持婦女組織和其他社會團體推行性別平等和婦女發展。但是，有關性別平等的法律政策系統性不夠完善，人力和物質資源條塊分割、各自為政，信息溝通渠道不暢並沒有形成實用的網路系統。同時，現有的組織資源、人力資源、物質資源等遠遠不能滿足性別平等發展的需要，時而出現重複工作和效率不高的現象。因此，加強協調，統籌資源以提高效能，也是設計性別和諧社會實踐保障體系的原則。

第四，文化促進原則。性別制度的變革和推行是需要人來實現的。性別平等制度的實施，和諧社會的建構，不僅需要物質和人力資源以及程序監控的外部條件，更需要作為主體的人的主觀能動的內部動力，而且人的主觀能動性是核心因素。幾千年的傳統性別文化仍潛伏於人們的意識中，甚至被有意和無意地複製和生產，並以「現代變體時態」滋生蔓延，在當今社會廣為流傳，在一定程度上左右著社會性別關係。建構性別平等的文化及其推行的社會系統，要求每個社會成員、男人女人都不例外，都要通過性別觀念更新促進性別和諧制度的實行和性別關係的改善，也是性別和諧社會實踐保障體系的構想原則之一。

基於上述四項基本原則，性別社會學所構建的性別和諧社會實踐保障體系，應是社會性別制度、運行機制、合作網路、文化促進四位一體和合互動的結構系統。四者的特徵與關係如下：

性別平等制度是性別和諧社會實踐保障體系的基礎與核心，是實現性別平等的長效機制。性別制度是在一定歷史條件下形成的性別關係的制度規範體系，具有權力性和穩定性。其多體現為法律、法規等形式，是調節人們社會性別關係的依據和根本保障。

運行機制是性別平等制度的實施保障。機制是泛指一個工作系統的組織或部分之間相互作用的過程和方式。運行程序包括制定、實施、評估、反饋四個環節。性別平等應貫穿於法律、法規和政策等制度在實踐層面上的運行全過程。

合作網路是性別平等工作的社會平臺，可以統籌協調和共享資源，提高工作效益。網路是指由許多互相交錯的分支組成的系統。組織的網路化，強調個體組織之間的信息與資源溝通、共享與合作。組織的系統化要填補系統的空缺和加強薄弱環節。

性別文化是在社會性別關係中人們的認識和表現，受性別觀念制

約，有作用力和反作用力。通過性別平等文化的建設，可以改變人們傳統的性別觀念，調動人們推行和遵守性別平等制度的自覺性，改善性別關係。性別平等文化的發展是性別和諧社會建設的動力。

　　在上述四原則的基礎上，我們創構的中國「性別平等和諧社會實踐保障體系」，是「性別社會學」性質論、本體論、價值論和實踐論「總體四維結構」中的重要一維，即實踐論範疇的「性別平等和諧社會實踐保障體系」。其結構內涵是由社會性別制度建設、社會運行機制、社會合作網路和社會文化促進四個子系統構建的「四合一」系統工程，具體如下：

子系統一：關於性別平等和諧社會制度建設保障

　　從政治社會學角度看，性別平等制度是在一定歷史條件下形成的有關性別問題的社會綜合管理體系。

　　從性別制度結構來看，從規程、法度到社會綜合管理體系，性別平等制度應包括國策、法律、政策法規三個層面。

　　國策是國家的總政策，處於最高層次，屬於一種政治性「國家規定（方針政策）」，具有抽象性。基本國策的實現必須制定相關法律，並作為立法的正當理由。基本國策可以視為一種規範化作用的「憲法委託」。國家權力（包括立法、行政、司法）有義務促使其內容實現。法律由國家立法機構制定，具有強制力。立法應遵循憲法的基本原則和基本國策。基本法正是國策的法律保障。政策法規是由國家行政機關制定的，政策法規的制定要符合法律的規定和國策的導向，並更為具體。因此，國策、法律和政策法規的位階依次為最高、上位、下位，三個層面互相制約和促進。我們應遵循上位制約下位的制定原則，下位保障上位的實施原則。

（一）中國基本國策基礎地位的確立

1．國家領導提出和重申

在黨的三代中央領導集體運用馬克思列寧主義、毛澤東思想、鄧小平理論和科學發展觀指導婦女運動方針和經驗的基礎上，在國際社會性別平等潮流中，在中國婦女和婦女運動發展需要的召喚下，1990年，時任中共中央總書記、國家主席的江澤民在北京召開的「三八」國際勞動婦女節八十周年紀念大會上，發表了《全黨全社會都要樹立馬克思主義婦女觀》的講話，重申馬克思主義和毛澤東思想關於婦女解放的原理。1995年9月4日上午，在北京人民大會堂舉行中國政府歡迎聯合國第四次世界婦女大會來賓儀式上，江澤民在致辭中向全世界莊嚴宣告：「中國政府一向認為，實現男女平等是衡量社會文明的重要尺度。我們十分重視婦女的發展與進步，把男女平等作為促進中國社會發展的一項基本國策。我們堅決反對歧視婦女的現象，切實維護和保障婦女在國家政治、經濟和社會生活中的平等地位和各項權益。」[1]這是中國政府第一次公開向國際社會承諾，把男女平等作為國家的一項長遠的根本政策，在世界上引起強烈反響，得到聯合國及國際社會的支持，被譽為推進婦女社會發展的一項重要決策。

2003年8月27日，中共中央總書記、國家主席胡錦濤在同中華全國婦女聯合會新一屆領導班子成員和中國婦女九大部分代表座談時指出：「各級黨委和政府一定要充分認識婦女的重要作用和婦女工作的重大意義，牢固樹立馬克思主義婦女觀，堅決貫徹男女平等的基本國策。」男女平等作為一項基本國策，得到新一屆國家領導和政府的重申。2005年8月29日，紀念聯合國第四次世界婦女大會十周年會議開幕式上，胡錦濤再次重申，將堅持貫徹男女平等的基本國策，不斷促進性別平等和兩性和諧發展；堅持落實科學發展觀，在推動經濟社會

發展的進程中促進婦女事業發展；將堅持加強國際交流合作，共同推進世界婦女事業。

2‧法律形式的確定

　　男女平等是中國憲法確立的一條重要原則。1954年，中國制定的第一部《中華人民共和國憲法》明確規定：「中華人民共和國婦女在政治的、經濟的、文化的、社會的和家庭的生活各方面享有同男子平等的權利。」後來雖經數次修改，男女平等始終作為重要原則寫在憲法之中。憲法是國家的根本大法，具有最高的法律地位和法律效力。2005年修改後的《婦女權益保障法》第二條明確規定：「實行男女平等是國家的基本國策。」將男女平等基本國策寫入《婦女權益保障法》，是這一國家總政策在法律形式上的確定。

3‧基本國策的特殊作用

　　第一，強制與規範作用。男女平等基本國策利用國家意志促進男女平等與兩性和諧發展，具有最高權威性和強制性。它把男女平等作為基本原則，強制規範有關機構、團體或個人的行動。作為國家總政策，男女平等基本國策在政策體系中處於最高層次，具有普遍約束性。它適用於中國的家庭和一切社會領域；規範和引導所有的政策法規。男女平等基本國策是國家各種具體法律法規政策制定和實施應遵循的基本原則。男女平等基本國策的國家意志，是通過立法執法等社會管理制度和行動實現的。在這一過程中，政府是行使國家權力的載體，是起主導作用的執行主體，負主要責任，因此，增強政府貫徹男女平等基本國策執行力是關鍵。

　　男女平等基本國策是國家長期實行的根本性政策，將在一個較長的時期內存在並發揮作用，是男女平等、社會和諧穩定持續發展的長久之計。與計劃生育、資源、環境等基本國策相比，男女平等基本國

策強制規範還不足,致使社會知曉率低和貫徹不夠有力。在相當多的部門和地區,男女平等國策並未進入實施程序,尚缺乏硬約束機制。

第二,協調與調控作用。男女平等基本國策是相關領域政策之間有效調控的依據。國家的管理活動,是一個需要協調許多利益關係的複雜系統。在有關資源、利益分配等政策的制定和調整中,往往涉及對一些群體或個體利益是否進行特殊保護的問題。這時,就需要發揮基本國策的協調功能來進行政策之間的調整,按照基本國策的精神,給予一定的政策傾斜。男女平等基本國策還是解決立法衝突的依據。目前,在性別關係問題上中國還存在某些立法衝突。不僅一般的法律文件之間存在著衝突,而且一般法律文件與國家的根本大法之間也有抵觸。中國立法文件在憲法與法律之間,法律與法律之間,法律與法規、規章之間,法規與規章之間,規章與規章之間,法律及法規與解釋文件之間,都存在著相關問題的衝突。立法衝突的產生除了法出多門和急速的社會發展導致政策變化等客觀原因外,在主觀上,立法者的能力有限,甚至一些立法者缺乏性別敏感或受傳統觀念的影響,致使立法中不能或不能完全體現男女平等原則。這就要求依據男女平等基本國策加以解決。

第三,宣傳與倡導作用。對於基本國策,可以通過行政手段調動所有媒體和相關文化、文教單位進行宣傳與倡導,作為主流文化,強力和有效地推動男女平等觀念的傳播,推動男女平等的法律和政策普及,彰顯男女平等的社會行為。改革開放以來,媒體已經走入市場,呈現出多元化和國際化的特徵,其主流化的強勢主導著社會輿論,對社會政策、社會觀念、公民態度和行為發生巨大影響。這種影響有積極和消極的兩個方面。男女平等作為基本國策,可以運用主流媒體作為國家的輿論和宣傳,也可以進入正規教育系統加以倡導,以極大地加強男女平等的宣傳與教育的力度,影響和規範人們的行為。

4．進一步加強男女平等基本國策的基礎地位

正確理解男女平等基本國策是實施的前提。男女平等基本國策是國家調控兩性社會關係的總政策。貫徹落實男女平等基本國策，要準確地理解其含義。

第一，以性別差異為前提的男女平等。

貫徹落實男女平等基本國策，要在承認和尊重性別差異的前提下追求男女平等。現在大多數人對於男女平等含義的理解，已形成這樣一個基本共識：承認男女差別，追求實質平等，而非形式主義上的同等對待。不能用男性的價值尺度和行為方式要求女性，讓女性模仿和複製男性。要在尊重生理、心理和發展水平的性別差異的基礎上，追求性別間在尊嚴、價值、權利、責任和機會等方面的平等。

第二，保障婦女權益和必要傾斜政策的男女平等。

婦女人權的保護是社會對弱勢群體人權的保護。基本國策實質是要解決利益分配問題。由於歷史和現實的原因，部分地區、部分方面性別差異有加大的趨勢，男女兩性在競爭實力上也有差距。貫徹男女平等國策，政府有責任對女性給予必要的政策傾斜，在現階段，要將保障婦女實現發展的權利放到突出位置。在政策傾斜中要充分考慮不同婦女群體的實際狀況，更多地向弱勢群體實行政策傾斜。不能因其聲音弱小、自主程度低，就無視她們的發展要求。同時，也不能因為婦女歷史的弱勢地位而拒絕女性現實更高層次的發展要求。

第三，只有男女兩性相互合作與協調發展才能實現社會性別平等。

男女兩性如一鳥之兩翼、一車之兩輪，只有協調、和諧，才能共同發展。男女平等基本國策是國家調控社會性別關係的總政策。要實現協調的可持續發展，必須堅持公平性原則，追求在公平基礎上的和

諧發展。千百年來，以男性為中心的發展是以犧牲女性的發展機會為前提的，缺少了公平，侵害了婦女的利益，不是科學的發展，是不和諧的發展。今天落實男女平等基本國策，是在變革和調整兩性關係的過程中，增強男性的性別平等意識，調動男性的積極性，支持婦女發展，共同推進男女平等、性別和諧、社會和諧。

第四，重視婦女在經濟社會中的作用，充分發揮婦女的潛能和創造力。

實施男女平等基本國策，不僅要使婦女成為經濟發展的受惠者，而且尤其要創造婦女參與經濟和社會發展的條件，重視發揮婦女在整個經濟社會發展中作用，充分肯定和尊重她們的貢獻，使她們獲得應有的社會地位。在人力資源的配置、管理、投資的過程中，在對兩性人力資源進行性別分析的基礎上，進行合理安排，遵循女性人力資源發展的規律進行管理，發揮女性人力資源的優勢，加大女性人力資源投資，重視挖掘女性的人力資源潛能，使她們的聰明才智和創造力在中國特色社會主義建設中最大限度地發揮出來。在對女性群體實行政策傾斜與援助的時候，也要充分尊重她們的意願，增強她們自強自立的精神和自救能力，使她們在外力的幫助下逐漸成為解脫困境的行為主體。

總之，為進一步強化男女平等基本國策的基礎地位，建議：加強對男女平等基本國策的研究，充分認識男女平等基本國策內涵和功能，用法律形式明確男女平等和性別歧視的概念內涵及其表現形式。在公務員中進行男女平等基本國策的培訓和教育，增強他們的國策意識，自覺遵循國策的原則。要廣泛宣傳男女平等基本國策，使之家喻戶曉。加強男女平等基本國策在政策運行過程的控制和協調，規定在法律和政策制定過程中吸收性別專家和婦女等社會團體代表參加，實行民主監督和決策社會公平。建立男女平等基本國策實施的保障制

度，以便在政策協調、人力物力資源等方面得到有力支持。

（二）建構性別平等法律體系及其完善

法律是由立法機關制定，國家政權保證執行的行為準則。

1．法律體系的框架

性別平等法律體系的建構以適合國情，整體涵蓋，協調一致，提高效力，繼承發展為原則。

目前，中國已形成以《中華人民共和國憲法》為基礎，以《中華人民共和國婦女權益保障法》為主體，包括國家各種單行法律法規、地方性法規和政府各部門行政規章在內的一整套保護婦女權益和促進性別平等的法律體系，為男女平等基本國策的實施奠定了法律基礎。

現行保護婦女權益和促進性別平等的法律體系框架如下圖：

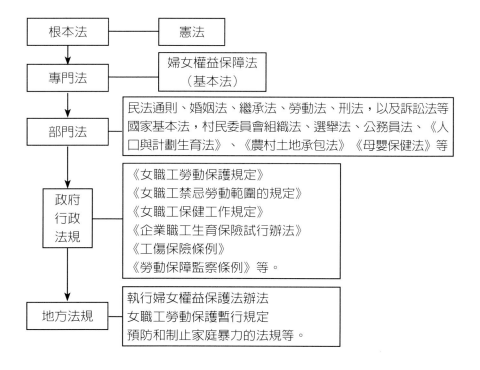

圖中可見，中國法律保護婦女權益和促進性別平等的法律體系由根本法、專門法、部門法、行政法規、地方法規五級結構組成。憲法關於「婦女在政治的、經濟的、文化的、社會的和家庭的生活等各方面享有同男子平等的權利」、「保護婦女的權利和利益」的原則性規定，是中國其他法律、法規確立婦女權利平等保護和特殊保障措施的立法基礎。1992年頒佈的婦女權益保障法是中國保障婦女人權促進性別平等的專門法律，也是處於上位的基本法。婦女權益保障法2005年修改後突顯消除性別歧視的國家責任，明確了執法主體，增強了法的適用性；將男女平等基本國策寫入總則，體現了憲法至上的精神，明確了男女平等基本國策的地位。民法通則、婚姻法等國家基本法是對婦女權利予以保障的部門法，其中有保護婦女權利的相關條款。國務院所屬各部委根據法律和行政法規、決定、命令，有權在本部門範圍內發佈命令、指示和規章。各省、自治區、直轄市的人民代表大會以及常務委員會，在不與憲法、法律、行政法規相抵觸的前提下，可以制定和發佈地方性法規，使現行性別平等法律體系相對完整和切實可行。

2．法律體系的內容

中國婦女權利法律保障體系的內容為三個層次。一是男女平等享有某一類權利的宣言性規定。目的在於確立男女平等的法律地位，確立平等原則。二是突出政府及相關部門促進婦女權利實現的責任。三是特別保障措施，促進婦女權利實現。婦女權益保障法將婦女權利具體化為政治權利、文化教育權益、勞動和社會保障權益、財產權益、人身權利、婚姻家庭權益六大方面。

此外，中國政府批准的有關婦女人權保障的國際公約有：聯合國《消除對婦女一切形式歧視公約》和《經濟、社會及文化權利國際公

約》，國際勞工組織《男女工人同工同酬公約》（第100號公約）和《關於就業及職業歧視的公約》（第111號公約）等。

3‧法律體系的完善

第一，進一步完善《婦女權益保障法》，建議：

為實現男女事實上的平等，將聯合國《消除對婦女一切形式歧視公約》第四條第一款確立的暫行特別措施貫穿於教育、經濟、參政和就業等領域。（根據2004年消除對婦女歧視委員會「第25號一般性建議」，締約各國採取的暫行特別措施主要有定向徵聘、雇傭和晉升，以及與一定時期有關的數額指標和配額制等。）這應當成為中國完善婦女權利法律保障體系內部結構的主要方面。

在《婦女權益保障法》中對「性別歧視」及家庭暴力和性騷擾的概念做出明確界定。

規定基本國策的實施環節、評估環節和反饋環節的體現方式。《婦女權益保障法》已經明確了男女平等基本國策在政策體系中具有基礎性地位。其它政策在制定時，應以基本國策作為依據之一並主動實現與基本國策在條文、導向等方面的協調一致。

增補規定：《婦女發展綱要》的相關目標必須納入經濟社會發展年度計劃和中長期規劃。

第二，填補法律空白。在專門法保障上，目前只有婦女權益保障法，對於社會生活中侵害婦女權利的某些突出現象還缺乏專門性立法。專門立法能夠立足各類侵害婦女權利問題的特點，針對現行法過於原則和有所具體疏漏的不足，採取具有可操作性的專門防治措施，並且在訴訟程序、證據規則、法律責任等方面多有不同於一般法律規則的特別規定。制定專門的關於反就業歧視法、關於家庭暴力防治法、關於性騷擾防治法等，填補法律空白。

　　第三，對現有法律和政策進行性別分析和審查清理，根據《婦女權益保障法》修改與其相抵觸的法律、法規和政策條款，補充相應條文，加強法律體系內部的一致性。

　　例如正值《村民委員會組織法》修改之計，我們可以從性別視角來分析補充條款，以踐行男女平等，具體建議：

（1）立法保障在村兩委會中女性的明確比例，至少按照國際慣例女性參政達到30%的臨界點。

（2）女性委員的候選人由民眾直接選舉產生，摒棄習慣上的「婦代會主任進兩委」。我們要求婦代會主任（有的村甚至沒有婦代會）、其他女性村委會委員、女性黨支部委員的候選人均由村民直接選舉產生，再選舉候選人當選村兩委委員。

（3）專職專選專用實踐機制。需要把婦代會主任、女性兩委委員的職能分開，而並非一人代包，保證在每個組織體系中都有直接選舉出來的女性當選，這樣既保證了婦女參與村民自治的數量，同時也將提高參政質量。

（4）完善對女性委員的群眾考評機制。在體制內監督考評機制運行的同時，可以充分發揮婦代會的作用（前文說明了婦代會與女性委員身份不重疊的情況），建立女性群眾建議和考評機制，定期召開交流會，定期將群眾評價、意見以及問題的處理結果給予公示。

　　第四，進一步提高相關婦女法律的質量。譬如：《治安管理法草案》應對家庭暴力和性騷擾做出相應處罰規定；堅持司法終極救濟原則，明確執法主體、處罰辦法、救濟方式和執法機關的職責，為婦女提供及時、有效、便利的救濟手段。

（三）建構性別平等的行政政策體系

1．政策的特點

政策是國家政權機關或政黨為了實現社會政治經濟文化上的目的，根據歷史條件和當前情況制定的一套措施和辦法，是決策的指南。政策按其手段特徵可劃分為三類，第一類制度性政策，指對經濟、社會行為或具體制度選擇的許可或限制、禁止政策；第二類是目標性政策，即解決經濟、社會重大問題的綜合政策；第三類是工具性政策。按指定主體可分為國務院及其所屬部門、中共中央制定的中央政策和各級政府、中共黨組織制定的地方政策。按法律屬性可以分為法規性政策（稱行政法規，如條例、辦法、實施細則等）和一般性政策（決定、通知、命令、指示等）。

政策是由黨政行政機關制定的，不需要像法律一樣通過國家立法機構和嚴格的立法程序，而且制定單位層次多、系統多，對政策制定的控制難度更大。一般政策與行政法規有所不同。行政法規是行政法的組成部分，可直接適用、有明顯的法律特徵和較強的操作性，以正義公平為基本價值。國務院行政法規的制定依照《行政法規制定程序暫行條例》，需經報請立項、聽取社會意見、政府法制機構審查，政府批准，並由總理簽署命令，《國務院公報》、《人民日報》刊載後實行。一般政策具有抽象性，有明顯的政治性和階段性；由於制定程序較簡易，具有靈活性。因此，一般政策具有補充立法空白，彌補法律法規滯後性缺陷的作用。

2．行政政策的性別平等

多年來，中共黨的系統和各級政府制定了多種推行性別平等的政策，不僅有促進婦女發展的專門的政策，也有蘊含在各種政策中的扶助弱勢婦女群體的傾斜政策。許多促進性別平等的行政法規已經吸收

到性別平等法律之中或與其配套使用。

　　促進婦女發展和性別平等的專門政策，最主要的是國務院於1995年7月和2001年5月先後頒佈實施的兩個《中國婦女發展綱要》（1995-2000年、2001-2010年）。《婦女發展綱要》是政府專項規劃，其制定和實施目的是強化政府的有關職能，動員全社會的力量，為婦女的進步與發展創造更好的社會環境，同時，鼓勵婦女在參與經濟和社會發展的過程中爭取自身的進步與發展。各地普遍將實施《婦女發展綱要》工作納入本地區經濟社會發展總體規劃，並相應地制定了地方婦女發展綱要（規劃），確保婦女發展和男女平等發展與經濟社會和諧發展同步規劃、同步實施。國家和地方各有關職能部門也相應地制定了婦女發展綱要（規劃）實施方案，現已初步形成了國家級婦女發展綱要、各級政府婦女發展規劃與有關部門婦女發展綱要實施方案相結合、全國性目標與地方性目標相結合、整體行動計劃與部門跨部門行動計劃相結合、終期目標與階段性目標年度目標相結合的目標體系。

　　在社會發展綜合政策中也納入了促進婦女發展政策。2006年，中國政府首次將落實男女平等基本國策納入國民經濟和社會發展規劃綱要──《國民經濟和社會發展第十一個五年規劃綱要》中。針對婦女作為弱勢群體在社會轉型中面臨的突出問題，諸如婦女下崗多再就業難、部分農村婦女土地權受到侵害等，政府制定了向婦女傾斜的特殊措施，開展了專項工作。

　　在工具性政策中，體現了向弱勢婦女群體傾斜的原則。如：中央和地方財政逐年加大實施婦女發展綱要的經費投入，優化婦女發展的資源配置。如：2001-2004年，國家扶貧貼息貸款中用於農戶小額信貸的總量達到135.2億元，其中半數以上的承貸人為婦女。

3‧性別平等進入決策主流的建議

如何使性別平等進入決策主流，體現在政策的各個領域，形成性別平等的政策體系，還需要大量的工作。為此建議：

擴展和完善婦女發展和性別平等的目標體系。繼續編制和落實《婦女發展綱要》，將婦女發展的指標和性別平等的原則納入各級政府規劃和計劃體系，在與婦女發展關係密切的部門制定專項男女平等規劃。

加強保護婦女的傾斜原則的制定，對婦女發展中的突出問題給以政策傾斜，加大資金投入和開展專門項目與活動。譬如，加大對農村婦幼保健的投入，西部地區農村孕產婦住院分娩補助，開展農村婦女婦科病普查等工作。

對已有綜合政策進行分析，清理不符合性別平等原則和不適應和諧發展的政策，解決條文衝突。特別加強對一般政策制定的控制。針對一般政策容易政出多門難以控制，局部和地域利益驅動障礙性別平等的情況，適當集中制定政策權限，規定民主監督程序。同時，利用一般政策靈活的優勢，及時制定解決性別平等發展的突出問題的階段性政策；最好能將性別平等發展的新問題利用政策控制在初期階段，以填補因法律法規制定滯後的空白。

總之，性別平等社會制度建設保障：從基本國策確立、法律體系和行政政策體系建構三方面，實現性別平等制度保障。

子系統二：關於性別平等社會運行機制保障

在建設性別和諧社會中，貫徹男女平等基本國策，是憲法和法律賦予各級政府的職責。政府作為最主要的執行主體，應發揮主導作用，必須增強政府對性別平等政策的執行能力。性別和諧社會制度是

通過政策運行來實現的。沒有運行機制的保障，制度就成為空中樓閣。因此要建設性別平等政策的運行機制。要使性別平等貫穿政策運行的全過程，包括：制定、實施、評估、反饋四個環節。在政策制定之後，實施是關鍵。評估和反饋有利於政策實施的調控，提高實施效率；有利於政策評價，促進政策出新。

建設性別平等政策的運行機制主要從管理機制、協調反饋機制、監督評估機制、幹部能力建設幾個方面進行。

（一）管理機制

中國政府已經做了大量的工作落實男女平等基本國策，取得了明顯成效。但從全局看，專項工作較多，局部性、階段性、治理為主的特點突出，而對歧視婦女的經常性問題卻時常管理不到位，沒有充分發揮規製作用。執行效果問題關鍵在於管理問題。因此，要將男女平等納入政府工作管理機制，建立全方位的、全過程的、長期的、預防與治理相結合的工作管理機制。

1・目標管理

嚴格執行制度，責任是關鍵。要將男女平等國策的實施納入政府日常工作管理系統，明確行政監督主體和具體責任。將落實男女平等的責任量化和婦女發展綱要的目標量化，進入相關行政系統和各地政府部門規劃、工作計劃，以及幹部的目標責任制管理體系。性別平等的工作目標要具體，要設計出流程和具體的進度時間表，按照流程加強進度控制。

2・效績考核

性別平等政策的實施要提高幹部的自覺性，但不能單純依靠道德約束，要通過績效考核來實現。為此要加強幹部考核和領導幹部問責。性別平等的工作目標應與幹部的考核、晉升和獎懲制度掛鉤。將

男女平等指標納入主要領導幹部政績考核評價指標體系，並保證一定的權重。幹部性別平等政策的業績評價不只是工作計量，還應瞭解群眾的反應和政策實施的實際效果。有的政府常務會議定期聽取婦女工作彙報，並要求有關成員單位「一把手」作述職報告的做法有助於提高工作效績。

　　3‧性別專家的介入

　　國際勞工組織內部管理的一些經驗，值得借鑒。如：規定領導幹部的性別比例，在所有的部門和地方司局中設立性別平等協調員；專家隊伍中有性別研究專家，性別專家參與對政策和重要項目管理的性別分析；在招聘項目負責人以及項目的評估中考慮性別因素等。

（二）監測評估機制

　　評估鑒定機制建設中包括：評估機構、指標、結果反饋和提高效應等方面的建構和完善。評估工作需要政府部門、性別專家和社會公眾的共同參與。

　　目前，對中國性別發展評估的主要有三種專業機構：一是國際組織。如：聯合國計劃開發署每年發佈的《人類發展報告》和《中國人類發展報告》，世界婦女發展基金會的有關排序等。二是中國政府設立的婦女兒童工作委員會。國務院婦兒工委和地方各級婦兒工委都設立了實施《中國婦女發展綱要》和地方婦女發展規劃的監測評估領導小組，下設統計監測組和專家評估組，開展綱要和規劃實施情況的年度監測和階段性評估。三是中國婦女科研機構——全國婦聯婦女研究所編輯的《中國性別平等和婦女發展報告》綠皮書。

　　三種評估機構各自的評估方法是：聯合國計劃開發署運用人類性別發展指數、突出性別發展指數和性別賦權指數等；國務院婦兒工委依據中國婦女發展綱要監測統計指標體系；全國婦聯婦女研究所採

用自己研製的社會性別平等與婦女發展指標。這三種評估的結果和作
用各有特點：國際組織依據社會性別的理念從機會和賦權兩個方面，
對各國的性別平等發展狀況監測評估後進行排序；國務院婦兒工委依
據《中國婦女發展綱要》，將聯合國《行動綱領》要求緊密結合中國
國情和政府工作，主要通過推動婦女發展促進性別平等。全國婦聯婦
女研究所的評估從兩性發展水平差異的角度，用時間和地域比較的方
法，衡量性別平等發展的進展，各地區和各領域的發展差異。三者之
間難以互通和換算。特別是對於非專業人員來說，統籌三者的總體評
價不大便利。所以，中國階段性地發佈婦女發展的政府報告，作為簽
約國向聯合國提供執行報告。

為了進一步加強和完善監測評估機制，建議：

研究和完善評估指標體系，汲取各家所長，形成更易於掌握和
使用的評估指標體系。婦女發展綱要監測統計指標在一些方面還有空
白，需要根據實際情況不斷補充完善。

建立和完善性別統計制度。國家統計指標中應增加分性別的統
計。要特別加強收集按性別、地區和民族分列的統計資料方面的研
究，監測農村婦女，包括少數族裔婦女的狀況，特別有關其教育、就
業、健康和遭受性侵犯、性暴力的情況。還要加強監測經濟發展和變
革對婦女的影響，定期對所有社會經濟政策和減貧措施進行性別影響
分析。

（三）協調反饋機制

1・信息反饋

信息反饋是工作協調的依據，抓好信息收集和反饋是十分必要
的。主要應抓好以下環節：

要建立動態的信息監測體系，在政府現有工作網路和電子平臺的

基礎上，依據工作目標的需要，建立性別平等工作信息收集制度和信息網路。

專業評估結果的發佈及行政系統的傳遞。如：評估報告的發送、新聞媒體的發表、工作簡報和內部參考的交流和報送等。

工作報告制度。各級黨政主要領導要定期聽取婦女工作彙報，有關部門要定期召開婦女工作會議。如：國務院婦兒工委已經召開了四次工作會議，有總理和各部委的負責人參加。各地黨政也應循此。

收集和梳理社會反應。通過政府信訪系統、婦女組織的咨詢系統、新聞媒體、電子網路、舉報信箱等收集對性別平等政策執行的批評、建議，發揮社會組織和群眾的監督作用。

2．工作協調

協調是採取一定的措施和方法，使組織內各種要素和資源相互配合、協同一致，是推動目標的實現、提高工作效率的重要手段。

性別平等政策的協調主有三個環節：政策和工作的初始階段，分派任務和配置人力物力；運行過程中的動態監測和隨機調整；階段性以工作總結和評價為基礎的工作目標調整。

性別平等政策的協調往往解決地區、部門和環節之間工作的不協調和矛盾。其主要手段有：一是具體目標和任務的調整，具體行政措施的出臺；二是開展專項工作和專門項目，如：打擊拐賣婦女兒童的專項工作、關愛女孩項目等；召開專題會議和現場會議，協調各地區和各部門的任務和資源；建立常規的督導檢查工作制度，如：國務院婦兒工委組織包括有黨政機關部委領導、全國人大等立法機構以及專家參加的對兩綱和婦女法執行情況的巡迴督導，應形成督導制度，在各級黨政系統執行，還應建立監督員隊伍以落實督導制度。

（四）幹部相關能力建設

幹部是管理主體又是執行的主體。要提高幹部的執行能力，在工作中要嚴格要求的同時，還要加強業務培訓；進行有效的溝通，激發他們的工作的熱情，使他們充分瞭解並自覺地落實性別平等政策，提高執行的速度和質量。

建議將男女平等基本國策和性別平等教育納入公務員培訓系統，列入各級黨校和行政院校課程；推廣婦聯和其他女性組織與高校、地方政府合作建立培訓基地的模式。開展培訓首先要增強男女平等的國策意識；其次要培養性別分析和性別統計的業務能力；第三要提高其落實男女平等國策的工作能力，包括執法管理、宣傳咨詢、技術服務、信息管理，等等。

以上是性別平等社會運行機制保障。

子系統三：關於性別平等和諧社會合作網路保障

性別平等工作是整個社會綜合協調的大系統，男女平等基本國策貫徹，性別平等制度和政策的實行，必須以政府為主導，調動以婦女組織為主的社會各種力量，統一戰略目標，統籌人力、物力、信息資源，必須建設性別平等工作的社會合作網路，保障性別平等和諧效益的最大化。

（一）組織網路

性別平等和諧組織網路由政府與非政府組織，實體機構和協調組織，專業人員和志願者共同組成，在國家、社會、社區三個層次上建構。

1·國家層面

應由人大、國務院、政協中的婦女機構和組織，以及全國性的專業性協調機構組成。

（1）加強國務院婦女工作機構的組織和職能建設

目前，國務院婦女兒童工作委員會只有協調功能，推動執行的權力不足。建議採取措施增強其執行的能力。一是探討提升國務院婦女工作機構的層次，建立婦女事務管理部（局）一類的常設的執行機構。二是增加該機構的權限，擴大職能，賦予其參與與婦女和性別相關的法律、政策、規劃等重大政策的審議權。三是進一步加強該機構的行政建設，加強現有地方婦兒工委及其辦公室，特別是基層的機構建設，在人、財、物等行政資源配置上給與充分的保障，特別是職業化隊伍及其待遇的保障。

（2）全國人大婦女權益保障機構

《婦女權益保障法》是中國全面保障婦女合法權益的基本法，但卻沒有一個常設的執行婦女權益保障的機構。已有的全國維護婦女兒童權益協調組只是協調議事機構，不具備執行監督功能。男女平等法律法規的執法監督系統不健全，在經濟體制轉型、產業結構調整、以及中央政府將權力下放到地方的過程中，加大了維護婦女權益宏觀監控的難度，諸如婦女的就業和社會保障權利等，很難切實得到法律的保護。婦聯等婦女組織不具有作為組織代理受害人的法律地位，也無法通過訴訟維護婦女合法權利。目前，全國維護婦女兒童權益協調組已經形成了國家、省市、地市、區縣四級婦女兒童維權協調機構網路，在設立了婦女維權法庭、組建人民陪審員隊伍、建立非訴訟網路等婦女維權合作機制的建設中發揮了作用。建議在全國維護婦女兒童權益協調組的基礎上組建全國人大婦女權益保障機構。這個機構可以吸收全國政協原婦女組的委員，組成專家組，發揮參議作用。

（3）發揮現有的全國性專業協調組織的主幹作用。即全國五好文明家庭創建活動協調小組、全國婦女「巾幗建功」活動領導小組、

全國農村婦女「雙學雙比」活動領導小組。這些組織由黨政有關部委和社會團體組成，已經成為一些方面婦女工作的長期合作平臺。

2 · 社會層面

應包括政府有關部門、執政黨的分管群眾工作的部門、婦女組織、科研教育機構、文化機構、以社會公益事業為目標的非盈利機構等。婦女組織在其中的位置重要，其組織網路更應受到關注。

（1）充分發揮婦聯的特殊作用

婦聯組織是全國最大的婦女組織，具有為黨和政府決策服務和為滿足婦女需要服務的雙重職能。其觸角延伸到全國的各地域、各行政層次、各行業，有著廣泛的社會資源和社會影響力，有協調社會關係的特殊優勢。政府應進一步發揮婦聯在貫徹男女平等基本國策中無可替代的特殊重要的作用。主要是：

一是代表婦女參與立法和公共政策的制定，參與國家和社會事務的民主管理和民主監督。黨和政府要及時聽取婦聯組織所反映的廣大婦女的需求和意見，聽取婦聯組織的進言獻策，促進政策的性別公平。二是要充分發揮婦聯組織作為婦女兒童工作委員會成員單位的作用，協調社會各方面力量，推動男女平等基本國策的落實。鼓勵其與其他婦女組織合作，形成婦女組織網路的合力，提高婦女組織化程度。發揮婦聯組織的潛力，廣泛動員社會力量，組織促進婦女發展和男女平等的專項活動，扶助婦女弱勢群體，促進婦女發展。三是發揮婦聯婦女民間對外交流的優勢，服務於國家總體外交方針和婦女發展，擴大中國婦女和男女平等事業的國際影響，借鑒國外婦女事業的成功經驗，聯繫國際組織，爭取各類援助。

（2）以婦聯為紐帶的婦女工作合作平臺

首先，建立婦女組織的合作網路。婦女組織的類型如圖所示：

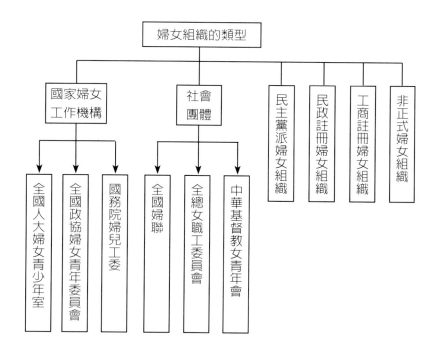

目前僅全國婦聯就有十六個團體會員。[2]這是個開放性的婦女組織合作網路。

建立婦女組織網路，要發揮婦聯的紐帶作用。其他婦女組織與婦聯的關係可以有幾種模式：①本著自願的原則，成為婦聯組織的團體會員；②民間婦女組織作為獨立法人，與婦聯組織平等相處，優勢互補，共同合作，可以聯合行動，開展合作項目；③培育非營利婦女組織支持機構，與民間婦女組織的關係是推動成立、規範運作、支持發展，並為民間婦女組織提供資金和技術支持，推動民間組織的能力建設。

　　建立婦女組織網路方法：一是加強婦聯組織內部的協調和資源整合，加強與婦聯團體會員的聯繫、指導與合作。二是與其他婦女組織增進情感交流，建立共識，找准合作基點。三是加強溝通，形成信息通道。四是靈活應變，協商調解歧見。在符合政策法律和婦女利益的前提下，堅持合作的大原則，對具體問題誠懇協商，找出對方可以接受的方案，必要時作適當的讓步，實現堅持原則與方法靈活的統一。

　　其次，政府支持婦女組織網路平臺的建設。

　　政府可以通過授權、委託和合作等方式，發揮人民團體和非政府組織在貫徹男女平等基本國策中的骨幹作用，建設多方合作促進男女平等的協調機制，在實踐中探索新的工作模式。譬如，在勞動和社會保障部、全國總工會、中國企業聯合會和全國婦聯共同實施的國際勞工組織（ILO）「在3＋1機制中提高社會性別主流化能力」[3]項目中，各機構承擔了不同的任務和職責：勞動部門促進有關積極就業政策的制定和執行，工會將女工維權工作擴展和納入到各個部門的日常工作中，企聯將性別平等與企業的社會責任緊密聯繫在一起，婦聯也在實施項目的過程中，探索突破婦女工作邊緣化的狀況。該項目進展順利，積累了多方合作的成功經驗。

　　政府要珍視非政府婦女組織作為婦女利益的代表，發揮其推動男女平等基本國策貫徹執行的積極性和創造性。要注意傾聽她們的呼聲，加大對非政府婦女組織發展的政策支持。加速社團管理制度改革，為非政府婦女組織和機構獲得合法身份和發展提供政策空間。在政策上支持她們進行監督、協調、倡導、調研和交流，通過實際工作解決婦女發展中的問題，有效地改善不和諧的性別環境。推動各婦女組織之間加強合作，優勢互補，增強社會影響力。

3.社區層面

　　社區是以地域劃分的政府基層政權，包括多個系統的基層機構和組織。社區建設為搭建婦女工作協作的平臺提供了機會。可以建立和發展支持性的非營利性的組織，如：婦女就業指導機構、婦女避險機構、婚姻家庭咨詢機構、婦女法律援助機構等，支持其開展不以營利為目的的經營活動，平衡運營收支；消除婦聯組織內群體與外群體之間的隔閡，通過社會資源動員以實現組織設定的目標。

　　在社區中建立政府主導的多機構合作干預系統。建立城市社區多機構干預家庭暴力網路、社區教育網路、貧困家庭社會支持網路等。但建立綜合的長期穩定的社區多機構合作干預系統，促進社會和諧，需要進一步探索和實踐。中國法學會「反家暴網路」創造了城市社區干預家庭暴力的模式，建立起由政府牽頭，派出所、法院、婦聯、司法所、工商所、居委會共同參加的多機構共同干預的合作網路。城市社區多機構干預家庭暴力示意圖如下：

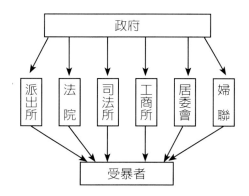

　　圖中各機構制定明確的工作職責和工作程序，追蹤暴力干預的過程；網路成員之間互通信息，實行例會制度；分析重要案例快速並具有全方位干預實效。這一工作模式很有特色，值得借鑒。

（二）資金網路

為了解決性別平等事業發展資金的不足，就要開發資金來源渠道、提高資金使用效益，建立和完善資金網路。性別平等事業資金來源正在經歷從行政經費的單一渠道向多渠道的轉變，逐漸形成行政經費為主，基金、社會捐助和婦女事業經營為輔的網路結構。

1．增加行政經費的配置

性別財政政策的保障。從社會可持續發展和開發婦女潛能的角度，性別平等發展的財政投入會提高資金的社會和經濟效益。從社會公平、性別和諧的視角來看，長期以來婦女在發展機會和資源佔有上都處於劣勢。因此，應加強對財政投入的性別分析和向婦女傾斜的投入。可以根據中國國情，逐步建立性別預算制度。性別預算是將政策調整或許諾進入預算，並非單獨的婦女預算。它包括細目分類支出對性別的影響、機會均等或非歧視的法律制定的回顧、用於性別特殊需求分配的分析等。財政資金的投入要保障已經出臺的性別平等政策的正常運行。

解決婦女工作機構編制和經費問題。中共黨的十七大提出了「加快行政管理體制改革，建設服務型政府」。要將婦兒工委辦公室納入政府行政管理序列；合理配置辦公室人員編制，工作經費列入財政預算。解決婦聯基層婦女主任的待遇問題，解除她們工作的後顧之憂。

婦女工作預算。婦女工作行政經費主要通過對婦聯的計劃性年度行政預算撥款。同時輔以專項資金。根據婦女發展的需要，增加專項資金。同時，婦女組織可以通過與有關部委合作，將性別平等工作列為其重要項目的子項目得到支持。政府還可以通過委託和授權的方式在資金上支持婦女組織的工作。

2．拓展基金渠道

國際國內基金是性別平等事業資金的重要補充渠道。支持中國性別平等事業的基金，國內基金主要有：專門的婦女基金——中國婦女發展基金；非專門婦女基金有中國兒童少年基金、中國人口基金等。國際基金有：聯合國婦女發展基金、聯合國兒童基金、世界衛生組織基金等國際組織基金，還有加拿大基金、德國塞特基金、美國福特基金等外國國家基金和社會基金。中國婦女發展基金是最主要的基金渠道。政府在加強培訓、提高其規範管理能力的同時，可以在社會資源上給予支持，促進發展。在國際基金的爭取中，通過政府的外事渠道幫助婦女組織建立外向型聯繫，通過外交活動爭取外國有關性別平等的基金項目。

同時，爭取各種社會專項捐助，積小成大。社會企業等單位和個人捐助的用於某地和某項促進婦女發展和性別平等項目、活動的善款。如：婦女組織徵集的救助受災或貧困婦女的款項；華僑和港澳同胞的定向捐助等。

3．婦女事業經營融資

隨著婦女工作社會化和經濟社會文化體制改革的深入，婦女事業的發展已出現了某些市場化的經營管理機制，產生了一批企業核算的婦女事業單位。一些為婦女服務的企業以及自籌資金的民間婦女組織，特別是對非營利婦女組織支持的機構出現。如：婦女出版社、婦女活動中心、農家女學校等。這些單位依靠經營手段運作資金，直接為婦女發展和促進性別平等服務。自籌資金民間婦女組織往往生存艱難，需要給予政策和資金的扶助。這些單位在經營策略上要重視品牌的塑造和發揮品牌效應。如：濟南的「陽光大姐」、北京「三八」等家務服務中心。婦女組織採取滾雪球的方式運作小額貸款，幫助一批下崗和農村婦女擺脫貧困，也是不錯的融資方式。

（三）信息網路

建立性別平等和和諧發展的管理與服務信息網路，形成一支貫穿中國中央、省、市、地、縣、鄉、村，集行政管理、專業服務和群眾工作「三位一體」的管理與服務信息網路，保障男女平等、性別和諧信息暢達。

建立性別平等信息網路管理機構或組織，如信息同盟、信息協會、信息辦公室之類的信息管理和交流系統。制定系統信息管理標準、交流制度等，提供信息安全和技術支持，加強信息管理和整合，借助電子網路使分散的信息成為完整有序的信息系統。可以及時發佈信息收集重點和整合後的信息，提高信息利用率。

開展有關性別平等的機構和組織的信息交流活動，如：經驗交流會、聯誼會等，進行面對面的信息交流；還可以採用召開電子網路會議、電話會議、婦女工作沙龍等靈活的信息交流方式。楊瀾女士在這方面有獨特的創新和積極的貢獻。

子系統四：關於性別平等和諧社會文化促進保障

貫徹男女平等基本國策，建立性別和諧的社會，就必須剷除性別不平等的文化根源，促進先進性別文化主流化。在性別文化促進和保障過程中，社會機構和組織要發揮各自的作用。

（一）性別文化系統的設想

性別文化系統的設想理念：從生產和傳播機制著眼，立足中國國情，在繼承中西性別文化精華的基礎上，推進性別平等文化建設，構建全方位的性別平等文化體系。文化是動態發展的，性別平等文化的建構是一個漫長的歷史過程。其建構的目標具有階段性。

性別文化的結構：涉及科研、教育、宣傳、文藝、宗教、民俗等

多種文化生產領域，產出具有兩性平等意識和發展能力的人才，以及男女平等、性別和諧的理論、新聞出版、文化藝術、宗教、民間習俗等文化產品。

（二）性別平等文化管理和生產機制

建立性別平等文化管理和生產機制可以從以下方面入手：

1・性別平等進規劃

性別平等文化體系的建設首先要目標明確。對於《婦女發展綱要》提出的文化領域男女平等的具體目標和措施，需要加強研究給予補充。作為思想政治教育的重要內容，性別平等教育要進入精神文明建設整體規劃，落實責任制和進入評比考核之中。要明確文化產品鑒別性別歧視的標準，對問題產品的生產者和管理者進行處罰，讓文化發展目標的軟尺子變為硬尺子。要將性別研究納入社科研究規劃和教育科研規劃。

2・性別平等進科研

性別平等進入科研主流的重點工作有：

基地建設。繼續建立全國社科院系統、黨校系統、高校系統和婦聯系統四位一體的婦女和性別研究與培訓基地。基地所屬單位應在人才培養、辦公用房、科研項目、課程安排等方面給予支持。

項目落實。組織開展性別平等理論建設、基礎理論研究和實證專題研究，將其納入國家哲學社科基金和教育部人文社會科學科研基金規劃項目。國家社科基金目錄有關女性／性別研究項目有所增加，但所占比例極低，需要擴展。

學科目錄。鼓勵和支持女性／性別學術研究，促進學科建設。女性學是社會學科二級學科，使其進一步發展受到束縛，應促進其發展，提高學科級別。

學術出版。非研究項目支持的婦女／性別學術著作出版需要自費，十分困難，需要支持。

學術骨幹。由於女性／性別研究是跨學科研究的新學科，學術界對其認識和接受程度較低。因為研究成果往往不能進入技術職務評定領域，其研究者只能利用業餘時間研究，影響了學術骨幹的成長和學術帶頭人的出現。應承認女性／性別研究者及其成果的學術水平，保障其職務晉升和進修的機會。

3．性別平等進教育

性別平等應納入正規教育的各個階段，進入成人教育、職業教育和黨政幹部教育系列。

將性別平等課程列入黨政幹部常規教育中，對黨政領導幹部、公務員和婦女幹部進行男女平等基本國策和婦女理論的培訓，加強決策者和執法者貫徹男女平等基本國策的能力建設，特別要加強師資的性別觀念、理論和實際能力培訓。

性別平等教育是學生社會化的重要內容。性別平等要進大綱、進課堂、進教材、進教學評價，進校園文化。要對教材進行性別分析，清理其中不符合性別平等的內容；提高教師的性別平等意識及傳授能力；在學生課餘生活中將兩性健康成長、和諧發展的理念和知識寓教於樂。同時，性別教育不僅可以獨立進行，還要滲透到其他學科教學中和學校教育管理中。

支持中華女子學院等女子教育的發展，發揮女校性別平等教育基地的作用。

4．性別平等進宣傳

國家要借助主流媒體，全方位地宣傳馬克思主義婦女觀、男女平等基本國策和性別和諧社會的構建，並體現在常規的新聞報導計劃

中。改變「三八」節宣傳，平時很少問津的狀況。主流新聞媒體要通過開闢專欄、製作專題、發表評論員文章等方式，向國內外宣傳倡導男女平等、維護婦女權益。開展常規的編輯記者性別培訓，要求主編掌握性別平等的理論和政策，積極組織性別平等的報導策劃和評選獎勵活動。

堅持對媒體的性別監測，並將其作為對媒體行政管理的依據。發揮文化和新聞界制媒者的作用。同時，完善對媒介的監察和執法系統，有力打擊違法犯罪活動，教育傳播陳規陋俗的人。制定電子媒體的管理法規，加強對電子網路的監管和處罰。

促進傳媒理論的性別研究和教學。研究探討性別觀念的傳播規律，提高制媒者的性別敏感，發揮他們自覺倡導性別平等，促進性別和諧的能動作用。同時加強女性學與傳播學、出版學和編輯學等學科理論現有成果的梳理，加速其相互滲透與融合，進行理論創新，促進其進入宣傳教研和培訓體系。如：中國傳媒大學設立了聯合國「女性與媒體」教席，2007年中國傳媒論壇中設立了「女性與傳媒」專題等等，都是積極實踐。全國婦聯婦研所的曲雯研究員，提出「性別編輯理論」構想，把性別理論納入編輯學理論，也是有益的探索。

5‧性別平等進文藝

管理規範文化市場，改善性別文化環境。對文化市場加強規範和監管，運用法律和行政手段阻止各種形式的腐朽沒落的性別文化進入文化市場和交流傳播渠道，對性別歧視的行為給予懲罰。

探討大眾文化的傳播規律特點，對腐朽沒落的性別文化的傳播進行有效的阻斷。如：有研究者在探討亞文化傳播過程，提煉出亞文化商業廣告意義建構基本模式。關鍵是杜絕不健康的性別文化流傳。

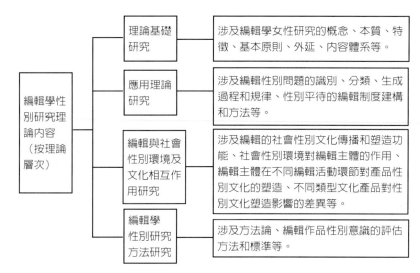

編輯學性別研究理論內容示意圖

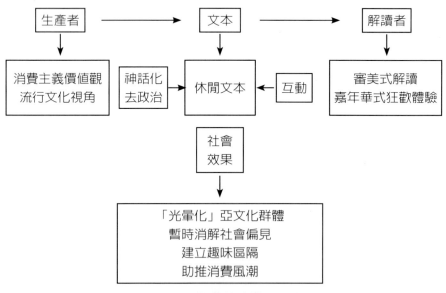

亞文化商業廣告意義建構的基本模式

　　文化部對文化藝術的創作和審查提出倡導性別平等文化的要求，將其作為「五個一」工程的內容。各文化藝術學會、協會加強對文藝作品的性別研究和對創作者的性別培訓。如：女性文學學會的研究十分活躍。文化藝術團體積極組織性別平等的文藝作品的生產。發揮主流文化在社會性別關係問題中的主導作用。

　　6．性別平等進民間

　　改造宗族文化。宗族文化中包含有傳統性別文化，當下，基於血緣關係和鄉土觀念的宗族性別文化在民間、特別是欠發達地區文化中佔有一定的位置。研究宗族文化應剔除其傳統性別觀念糟粕，吸收性別平等的觀念，使其發揮積極的影響。培育農村社會主義新文化，開展健康的民間文化活動，宣傳和倡導男女平等性別和諧的新風尚。

　　建設家庭文明。在推廣文明家庭活動中體現兩性平等觀念。要在評選標準中充分體現夫妻平等互愛、互相尊重、互相扶助的和諧關係。還要增強男性公民的男女平等國策意識，支持女性的社會參與。

　　以上，是《蘋果密碼：性別社會學》總體四維結構中的第四維：實踐論範疇的「社會保障體系」：制度建設保障、運行機制保障、合作網路保障、文化促進保障的四合一建構及其具體內涵。

　　應當強調說明的是，我們在本章大費周章地精心策劃中國特色性別平等和諧社會保障體系的構建，正因為它是《蘋果密碼：性別社會學》四維創構的重要一維，體現其實踐理性的標準和特徵。在強調中國式的「男女平等、性別和諧社會保障體系」創構的同時，實現與「斯堪的納維亞模式」、「盎格魯撒克遜模式」、「社團主義德法模式」等「社會保障」體系類列比較研究，突出了《蘋果密碼：性別社會學》在文化社會學和發展社會學、特別是具體到經濟社會學和政治社會學視域中、區別於世界別國「模式」的又一中國特色。

　　從學理角度看，社會性別平等屬於社會問題範疇，而社會保障原屬經濟學範疇的分配關係問題。從經濟社會學角度看，中國特色的「社會保障」是在按要素分配基礎上，以目標補貼的方式，再進行按需分配的社會分配制度，其直接受益者是「社會受益不足」的那部分群體（如社會性別關係中的所謂「第二性」）。較之資本主義社會在市場機制下按經濟公平原則實施分配的商業保險方式，我們的社會保障則是對其的修正，準確地說，是在市場外、按社會公平的原則實施的一種中國特色形式的按需分配。

　　顯而易見，作為社會再生產總過程中按社會公平付出的成本，中國的社會保障不同於西方資本主義按市場經濟公平原則分配的商業保險，而是社會主義所有制在經濟上的社會調控，是社會主義特有的分配制度。這種「性別平等社會保障」體現了社會性別關係中「正值負化矯正」積極作為的中國特色。故而，中國性別平等與和諧社會實踐保障體系的建構，並非僅指經濟問題，更是社會問題從而也是社會學、特別是女性社會學問題，是《蘋果密碼：性別社會學》四維創構不可或缺的一維，也應視為全書「中國特色」的一個重要組成部分。

　　相對而言，較之當今世界大多數國家，為實現男女平等設立單一保障機構（見P.457-458表）的作法，我們創構的「性別平等和諧社會保障體系」是個縱橫經緯整個社會上上下下，方方面面的大網路結構的系統工程。從社會學實踐理性的社會功能作用來看，其綜合全面性、實踐具效性的特點，是其他國家的「單一保障機構」所無法比擬的。從社會學性質內涵和學理特徵來看，較之西方社會現行的男女平等發展各種「模式」，《蘋果密碼：性別社會學》所創構的中國性別平等和諧社會「實踐保障體系」，體現了經濟社會學中的「社會主

義市場經濟」的中國特色，更突出了政治社會學中制度優越的中國特色。

　　還要補充強調的是，中國特色性別平等和諧社會實踐保障體系的構建，不能停留在紙上談兵，當務之急是儘快地、切實地、全面地運作起來──一步實際行動，勝過一打綱領！

| 註釋 |

1. 江紹高、傅旭、木雅：《出席世婦會各國來賓會聚北京　中國政府舉行盛大歡迎儀式，江澤民、基塔尼、蒙蓋拉夫人先後致辭，李瑞環、朱鎔基、胡錦濤、榮毅仁陪同會見》，《人民日報》，1995年9月5日。
2. 婦聯的團體會員發展到十六個：中華基督教女青年會、中國女企業家協會、中國地質學會女地質工作者委員會、歐美同學會婦女委員會、中國人才研究會婦女人才專業委員會、中國女科技工作者聯誼會、中國旅遊協會婦女旅遊委員會、中國女法官協會、中國女檢察官協會、中國城市規劃協會女城市規劃師委員會、中國女醫師協會、中國女攝影家協會、中國老區建設促進會婦女委員會、中國市長協會女市長分會、中華全國工商聯女企業家商會、中華全國總工會女職工委員會。
3. 所謂「3＋1機制」指的是國際勞工組織特有的協調機制：政府、工人和工人的組織、雇主和雇主的組織，再加上婦女組織協商解決出現的矛盾和問題。

「和而言之道也」

「蘋果密碼」：
性別平等和諧社會的理論解讀

和也者，天下之達道也。
——《禮記·中庸》

　　本課題的論證即將結束，卻意猶未盡。還必須強調的是：婦女解放、男女平等之說，絕非聲討哪位男士，而僅僅是針對男權專制、男權觀念遺毒的社會存在。這種遺毒不僅影響著現實社會中的男人，同時也影響著女人自身的觀念和行為。所以男女平等、性別和諧社會的構建，也不僅僅是女性問題，而應是男女兩性的共識共為、從而是人類社會變革、社會學理論拓展、創新之要務。

　　其一，男女平等、**性別和諧社會的構建，首先是女性自身變革提升問題**

　　用歷史唯物主義的眼光審度性別壓迫中的女性，她們與階級壓迫中的無產階級十分相似：二者都是數目眾多、本質屬性相同的人類群體，一般地都曾處於社會底層。千百年來，女性的經濟狀況和社會地位表明，她們大多是一無所有、從屬男人的「社會存在物」。從時間範疇來看，女性較之無產階級更為長命百歲。無產階級（主要指工人階級）只是近代社會的歷史產兒，它必然隨著階級的滅亡而消亡。而女性卻與人類同時誕生並與人類共存亡。

　　從空間存在特徵來看，無產階級革命佔領人類社會歷史舞臺時間較短，卻演出了最為雄偉、宏大的歷史劇目，承擔了最偉大的社會

使命——推翻剝削制度，奠造平等和諧社會，靠的是最革命、最有覺悟、有鐵的紀律，堅如磐石的階級整體、特別是其政黨的領導。而女性在這一點上與之不同。

歷史地看，過去，女性沒有相關的組織或集團，更沒有團結一致的思想紐帶和整體利益高於一切的巨大凝聚力，無法形成牢固的社會集團或組織結構。女性的這種無組織分散狀態，使人想到馬克思曾把建立在自然經濟基礎之上的人類生存狀態，形象地比作「一袋馬鈴薯」：具有相同性狀的眾多馬鈴薯裝在一個口袋裡，正像同屬一個性類整體、共存於一個世界上的女性，雖為同類實際上卻處於「各歸各」的互不「搭界」狀態，本質上是孤獨無靠的「個體存在物」。不象無產階級已形成了「自為」的階級整體。所以她們無力抵禦男權專制的壓迫，一個個地被肢解、分割成碎片。於是，女性作為「人」，群體性地失落在文明史的長河中。

這是鮮血流淌成的社會史長河，浸漬著無數喋血殞命的女性犧牲——無論是處以磔刑的張秀姑，還是烈火焚身的希帕蒂婭；無論是含憤投江的杜十娘，還是悲痛臥軌的安娜·卡列尼娜；無論是被剁成「人彘」的梅妃，還是蹈海殞命的薩福；無論是飲劍自刎的虞姬，還是服毒殞命的路易絲；無論是才女上官婉兒，還是「聖女」貞德；無論是倒斃在大風雨之夜的祥林嫂，還是瘋顛溺水的奧菲麗亞；無論是披枷戴鎖的玉堂春，還是無辜流放的瑪絲洛娃；無論是統兵掛帥的穆桂英，還是驅逐侵略者的勞倫夏；無論是慘死囚牢的嚴蕊，還是飄泊他鄉的阿莉阿德尼；無論是烹成肉糊的修麋夫人，還是靜修林裡的沙恭達羅；無論是忍辱負重的西施，還是命運多舛的苔絲；無論是「撒提」中的摩訶摩耶，還是屈死丈夫手下的苔絲德蒙娜；無論是含冤的竇娥，還是出走的娜拉；無論是凌遲枉死的宣懿皇后蕭觀音，還是殖

民主義者屠刀下的民族英雄章西女皇……無一能倖免於男權專制的屠戮。

　　即使位及至尊，因家族血統遺傳的原因當了女皇的女性，也不是真正「自由人」，本質上仍是男權專制的工具。她們頭上的那頂皇冠，不過是男權統治的魔箍，鉗制著女性主體價值的發揮、扼殺了女性真正的本質屬性。在男權本位社會中，女皇的存在並不意味著女性群體地位的本質改變。總之，這時的女性整體確實處於「第二性」。

　　二十世紀中葉，隨著社會革命勝利的大潮一起湧進新中國的女性，面臨著主體素質提高、超越「第二性」的問題。事實上，如果女人精神缺氧，即使體魄健康，也只能是精神弱者；如果女人體內缺鈣，即使扶她起來，也無法昂首挺胸自立。不能自強自立的女性自己也有男尊女卑觀念，患了精神軟骨症，沒有主體價值支撐，即使獲得了解放，仍不能自立為人──這裡女性主體素質「自律」問題凸顯出來：如何實現對自身「第二性」的超越，實現「璞玉渾金」之變呢──我們假設「S」指代女性「本我」、「Y」指代女性價值主體，那麼S相當於「璞」，Y就是「玉」；S是「沙」，Y是「金」……。從系統論觀點來看，璞與玉、沙與金分別是相對包含的「混沌、提純」乃至昇華過程。從價值論角度來看，S（璞或沙）是價值判斷必須「入乎其內」的物質存在；Y（玉或金）則是「出乎其外」的價值超越。在這個融突與超越過程中，顯然Y出於S；Y＞S。其價值取向是S→Y。

　　德國哲學家恩斯特・卡西爾認為，人具有「符號系統」是人與動物的主要區別；符號作用是人類社會意識的基本功能。在符號S與Y之間存在著「偏離」關係。另一位德國哲學家同時又是社會學家的馬爾庫塞，不贊成「偏離論」，而強調「背離」──如果「玉」不突破

「璞」的「困厄」、金不背離沙的侵吞，何談主體價值。所以在S與Y之間，僅僅「偏離」是不夠的，絕對須要的是「背離」乃至「造反」——Y對S的突破和超越。

我們認為，S→Y的過程，是個價值實現和確證過程。當前，單就女性社會主體價值的實現而言，已到了自我提升和超越時代。其中Y＞S的部分，便是所謂的「價值超越」。用「自律」的尺度來衡量，如果說一般的女性為S（璞或沙），那麼實現主體價值的女性Y（美玉和真金），必須經由社會實踐「大浪淘沙」實現主體價值鑄造，才能琢璞出玉、淘沙得金，即實現對「S」（即第二性）的價值超越，昇華到「Y」層次（價值人）的社會制高點。這與馬斯洛的「創造—自由」需要價值層次的理論，也很相近。

在這個過程中，Y對S的「造反」，正是女性突破「第二性」的自我超越過程。而衡量這種「突破」程度的重要准尺，只能是「人的尺度」。記得東方聖哲孟子曾謂：萬物皆備於我；蘇格拉底大聲疾呼：理性是萬物的尺度；普羅塔哥拉直達目標：「人是萬物的尺度」；馬爾庫塞「人的尺度」亦言之鑿鑿。馬克思在《手稿》中強調：人懂得按照任何物種的尺度……並隨時隨地都能用內在固有的尺度來衡量對象。什麼時候女性能夠自覺地運用「人的」、「理性的」、「內在固有的」尺度——女性主體價值尺度去衡量萬事萬物、衡量自身，同時實現與「外在尺度」的主、客體對立統一，並「以一種全面的方式……把自己的全面本質據為己有」女性才能真正實現「第二性」的超越。

事實上，任何價值上的超越，同時伴隨著觀念上的超越。女性由S→Y的自我超越，不僅是自身社會實踐的突破，同時是社會觀念的超越；不僅是對男權社會觀念的超越，還包括對自身觀念的超越；不僅

反叛外在束縛，還要突破自我捆綁……總之，誰想改變世界，首先要改變自己。唯其如此，女性才能由「第二性」躍升為社會主體，才會有真正的男女平等和性別和諧。

只有這時候，女人才能真正做到馬克思所說的那樣「瞭解自己本身，使自己成為衡量一切生活關系的尺度，按照自己的本質去估量這些關係，真正依照人的方式，根據自己本性的需要，來安排世界，這樣的話，他就會猜中現代的謎了」。[2]這「謎底」告訴我們，只有此時此刻，女性才有資格成為男女平等、性別和諧社會的實踐者和相關理論的創構者。所以男女平等、性別和諧的構建，首先是女性自身主體素質修煉、鑄造，實現自我超越的問題。

其二，男女平等、**性別和諧社會的構建，也是男人的自我超越問題**

說女人問題也是男人的問題，並非推諉，也不是矯情，只因男人和女人是休戚與共的人類整體，一損俱損，一榮俱榮。所以性別關係問題不僅是女人，也是男人，從而是關乎整個人類自身命運和前途的大問題。

在地球村五百多萬生屬動植構成的自然社會生態圈中，人類一直自詡為「萬物之靈」，卻長期淤陷於「性別壓迫」的社會泥潭中自毀自身，難以自拔。難在男尊女卑觀念將男人奉為聳天拔地的巨靈神，跪伏在腳下的女性成了墊腳石。如此男高女低的性別落差使人類成了「瘸腿巨人」……

時至今日，一些依然困惑著的亞當，執迷不悟地死盯著男權觀念「正值負化」女性主體價值的既得利益不放，對社會性別關係變革——「正值負化矯正」的現實視而不見，無異於患了眼疾病的「獨眼巨人」。

　　患了眼疾病的亞當對性別關係不平等、不和諧的諸多社會現象（如前所述）視而不見，這裡不再一一羅列，單說因男尊女卑觀念導致出生率男女比例嚴重失調已超過社會性別生態平衡警戒線問題，其不可避免的社會惡果將導致諸多「鰥夫」出現，必然引發社會不安定、不和諧的一系列問題……人在新時代卻秉持傳統婦女觀的亞當們，最終將成為「身首異處」的怪物、形單影隻、獨眼瘸腿的「鰥夫」，長此以往，將導致人類的毀滅——這絕非危言聳聽，而是客觀存在的事實。

　　當代夏娃的探索對「困惑的亞當」擊一猛掌，用變革社會性別關係的實踐，奉獻給亞當新智慧果解惑釋疑。遠的不說，單說中國建國六十年的巨變，特別是近三十年，改革的大潮洶湧澎湃於神州大地。男女平等的社會洪流「驚濤拍岸，捲起千堆雪」，大有雪崩壓頂的摧枯拉朽之勢。男尊女卑社會的超穩定勢態、男主外女主內千古不變的傳統家庭結構、男權本位的價值觀念，全都受到了猛烈的轟擊。數之不盡的中國現代娜拉走出家庭，成了社會大舞臺上的主角，演出了有聲有色的時代正劇——振興中華，矢志改革！

　　現代的亞當理應為此拍手叫好，以「第一性」自恃的亞當卻「困惑」了。他們連連大聲驚呼：「『妻管嚴』太多了」、「婦女解放過頭了」等等。在一連串的驚呼之後，「困惑」的亞當提出了十分清醒的對策：「女人回家去！」特別是面對「下崗」問題，一位省人大常委竟提出「女人回家」的議案。有人還自作聰明地用「新時期、新思維」為「女人回家去」塗金掛彩；用策略性變化或戰略性調整的高調掩蓋骨子裡的真相。客觀上等於恢復男主外女主內的傳統家庭模式，繼續保持男性君臨「非我莫屬」的私人領地——家庭；役使家奴——女人的特權。

504

在社會生存競爭的激流中衝浪，希望回家後有個寧靜溫馨的避風港；在腥風血雨的拼殺後，希翼有個賞心悅目的安樂窩。亞當們的這種心態可以理解。但是把自己的幸福建立在女人犧牲的基礎之上，是男權觀念使然。馬克思主義認為性別壓迫根源於私有制、實質是階級壓迫，就是由此而論的。

事實上，千百年來在家庭生活中，男女兩性間普遍存在著正值負化的「代價機制」，依靠著不平等的「代價功能」維繫著傳統家庭的模式。其中主要由女人承擔的「兩項勞動」，是男人特權享受的直接需要，也是千百年來，女性向社會的無私奉獻。可悲的是無償佔有這一切的男性在女性的奉獻和犧牲中獲得了巨大的發展後，竟然恩將仇報地把女人異化為任其驅使的私有物。為了使這一特權永久化，亞當們結成了既得利益者的「神聖同盟」，使「男主外女主內」的傳統家庭代價機制以超穩定的結構態勢固定了幾千年。如果說在原始資本積累時期，處於弱肉強食的生存競爭中，以一部分人的犧牲換來了另一部分人的發展，曾經歷了一段社會蛻變過程的話，那麼，如今在「男女平等」口號震天響的現代社會，仍然明目張膽地要以女性的犧牲去奠基男人的特權，那簡直是有眼無珠、無視現實社會變革。

當今社會性別關係的變革表現為：傳統的兩性角色分工的模式已經打碎；不公平的社會角色形態正在重新調整；不和諧的社會性別關係開始重新矯正……這一系列史無前例的巨變，無疑是向男權社會觀念的的嚴峻挑戰，確實是一場深刻的思想革命和翻天覆地的社會性別關係革命。

企圖維護既得利益者，千方百計阻止這變革。他們以「婦女解放超前」為說辭，提出「婦女回家」的實際對策，是將婦女解放和社會發展對立起來的形而上學觀點，是一種直觀的、片面的、短視的淺

見，實質上是對婦女解放的反動，無論在事實上還是理論上都是錯
誤的：

　　首先是錯誤的對立。將社會發展與婦女解放的辯證統一關係對立
起來。持「超前論」者只強調社會生產力發展過程中，局部的、短期
的、個別的對婦女解放總體趨勢的某些制約現象，並以現象代本質無
限膨脹，沒有看到婦女解放對生產力發展的「酵母」作用和兩者相輔
相成的本質統一性，犯了片面性錯誤。第二，錯誤的對等。持「超前
論」者把男女平等僅僅與體力勞動等同起來。走上社會的婦女無法在
某些重體力勞動中與男性競雄，往往敗下陣來，這是事實。因此謂之
「超前」，未免過於簡單化、片面化了。特別是信息時代「智能化勞
動」條件下，此說更不能成立。第三，錯誤的倒置。在社會整體發展
的戰略目標體系中，人類的解放（包括婦女解放）是目的層次，而生
產力作用則是手段層次。「超前論」者把婦女解放、男女平等僅僅看
作適應生產力發展的手段，違背「人本觀念」，出現了特殊的目的和
手段倒置現象。第四，錯誤的對應。持「超前論」者將婦女解放的總
體戰略目標和具體行動與其創造社會經濟效益的比值關係，簡單化地
比附為數學上單值對應的函數關係，剔除了婦女解放與社會生產力、
生產關係和上層建築諸多因素間多維結構總體上的辯證統一關係。顯
然是以點代面。第五，錯誤的否定。將傳統觀念中的性別角色強加於
女性身上，又用現代經濟法則裁決她。立法者和執法者都是男性，裁
判的結果都是對女性主體價值的錯誤否定。

　　總之，錯誤的對立、對等、倒置、對應、否定，編織出錯誤的
理論：「男女平等過頭了」、「婦女解放超前了」；牽引出錯誤的結
論：「女人回家去！」使我們想起托爾斯泰的「婦女解放在臥室」、
希特勒的「婦女解放在廚房」的錯誤論調。

　　應該承認，現代亞當在幾乎所有問題上，都是走在時代的前列，唯有一遇女性問題，一些亞當便自覺不自覺地折回傳統婦女觀的邏輯軌道，與性別和諧背道而馳。

　　尊敬的現代亞當先生，也許你有著政治家的膽略、思想家的深邃、實幹家的雄風、哲學家的睿智……但是，只要你還保留傳統性別觀念無視其現代變革，那只能是男權觀念的眼疾病患者。不信請仔細照照「鏡子」。尼采說：「女人是我們的鏡子」。只要面對「這鏡子」敞開胸懷，亞當們不僅看到自己困惑的面孔，還能透視出困惑的心態，顯現出思想深處的陰影──男尊女卑觀念的「病灶」，產生了一系列馬太效應的「病理現象」。這便是現代亞當困惑的實質。

　　從社會性別關係變革角度看，「困」，首先是大男子主義的窘境：在社會職場中，女性在改革大潮中甩掉家庭束縛，如魚得水，自主沉浮，奮力搏擊，得躍「龍門」。在家，不再是丈夫的馴服工具；在外，男女平等要「實打實」，不能「空對空」，椿椿件件要兌現。如此這般，使大男子主義如熱鍋上的螞蟻──處於「內憂」、「外患」交困的困境：賞心悅目的鳥兒飛出了籠；一人獨專的私有物變成了社會人；應心得手的工具變成了平等的人；隨意驅遣的家奴相邀當家作主……男女平等的社會潮流衝擊著傳統家庭這個男人獨享尊榮的福地洞天，使他們茫茫然若有所失，預感到諸多特權的喪失：對於「西西夫斯巨石」般永無休止的家務事，他不能永遠袖手旁觀的困頓；事業的高峰從此需要自己獨立攀登，沒有女性犧牲做墊腳石的困難；在社會舞臺上「金雞獨立」沒有女性做「陪襯人」的自我亮相的困窘……糾結成現代亞當困惑的謎團。這「惑」，撕卻了「男子漢大丈夫」不惑於女人的自欺欺人的假面具，露出了內心深處的隱秘之情：唯恐失卻女性奉獻、支撐的惶恐之心、惶亂之情和惶惑之感。

現代「亞當的困惑」欲蓋彌彰地顯示了夏娃的人生變革，能使男權社會尚存的亞當精神生活失常，情感生活失調、心靈重心失控，墮入困惑無主的窘境。說明這些亞當的主體意識也沒有真正成熟，還不具備「自由人」的心態。所以他們不由自主地「困惑」，又不能自我解脫這困惑，實際上他們並未真正認識自己。難怪莎士比亞通過《陰謀與愛情》中羅密歐之口道出了一部分亞當的心聲：我不認識我自己！同時，這些亞當們也不能正確認識夏娃的價值，把她們當成一己的私有物。難怪《威尼斯商人》中聰明的鮑西婭說：我不是我自己！歸根結底，困囿於男權觀念遺毒的「困惑的亞當」根本無法正確認識和對待婦女解放、男女平等發展的社會問題，何談性別和諧。

婦女解放從來不是以男性、而僅僅是以「性別壓迫」為鬥爭目標的。今天的「男女平等」是女性自我解放、自我完善的社會實踐，也是爭取社會和男性對自己人格價值的真正認同和正確評價的政治活動。而這同時也是衡量社會和人類解放程度的天然準尺。因為男權專制在把女人異化為女奴的同時，意味著男人的母親、妻子、姐妹和女兒都是奴僕，那男人自己還能是「自由人」嗎！對此，馬克思早已有言在先：「每個人的自由發展是一切人的自由發展的條件」[3]就社會性別關係而言可謂：女性的自由發展，是男性和整個人類自由發展的條件。

問題的關鍵正在於此。所以迫切需要男女平等、性別和諧社會實踐探索和理論創構為「困惑的亞當」解惑釋疑。當下，唯有努力學習實踐科學發展觀「人本」（也包括女人）核心，實現對傳統社會性別觀念的超越，才能使「困惑的亞當」不再困惑。所以，男女平等、性別和諧社會的構建，不僅是女人、也是男人的問題。

其三，男女平等、**性別和諧社會的構建，是社會發展規律的必然要求**

　　既然男女平等、性別和諧社會的構建是男人、女人，從而是人類自身生存發展的大問題，無疑正是人類社會變革發展的主題。因為社會本來就是「人為」和「為人」而創立，並不斷在發展和變革中前進的。這是社會發展的歷史必然性和主體選擇性的對立統一規律決定的。

　　我們力求用最簡約的筆墨勾勒了人類億萬斯年的社會發展史，是基於歷史唯物主義和辨證唯物主義的認識論和方法論──這是對社會性別關係進行系統的社會學闡發的基準。既然「和諧」是社會發展主題，那麼曾經的原始和諧和性別壓迫的不和諧就不能不談，因為它是和諧要務的起點和動因，所以不可或缺。對立統一規律告訴我們，正因為存在著不和諧，我們才強調要和諧發展；只有瞭解不和諧的危害，才認識和諧的可貴。因為任何問題都是互相聯繫的，我們不能割斷社會歷史去說社會變革，而要歷史地全面地考察其來龍去脈。列寧在「給尹耐斯・阿爾曼德的信」中強調指出：「馬克思主義的全部精神，它的整個體系，要求對某一種情況（1）只是歷史地；（2）只是聯繫著其他情況；（3）只是聯繫著具體的歷史經驗，去加以考察」[4]。對於社會性別關係的「情況」，也必須是歷史地、聯繫著地，而決不能割斷具體的歷史經驗加以考察。不破不立，考證不和諧的社會性別關係及其危害並實施變革，正是構建性別和諧社會的起點和動因──不破不立，「破字當頭，立在其中」。

　　談到社會結構變遷和社會和諧發展，「赫胥黎的桶」是個很有啟發的比附。他把人類社會比喻成一個桶，物質生命的不斷增加就像往桶中不斷地放蘋果，在蘋果的空隙還可加沙子、加水等……由於物質生命生生不息，桶遲早要裝不下乃至被撐破……儘管原先的「桶」有社會支撐和「規範」作用，但隨著社會的發展，它卻具有限制發

展的作用。所以，新的社會結構系統的創構，成了社會發展的必然要求。

確切地說，社會發展規律是歷史必然性和主體選擇性的統一。從社會性別關係變革角度認知社會發展規律，那是「原始性別和諧社會——性別壓迫（融突）社會——性別平等和諧社會」的社會發展「三一律」的運動軌跡：

憶往昔，曾經兩小無猜、互敬互愛的男女兩性朝夕相處、休戚與共，是原始性別和諧的人類共同體，卻歷經「長相廝守、莫相知、且相違」性別對立的千古遺憾。看如今，男女平等、和諧發展已成為社會共識共鳴。當下，正是處於性別融突向性別和諧社會發展過程，這無疑是符合歷史發展規律的社會變革和進步。問題在於認識與實踐、宣言與行動的社會悖反現象依然存在。

實事求是地看，中共建國六十多年來，男女平等社會化程度高、成就巨大，自不待言。特別是改革開放已過「而立之年」的中國，舉世矚目的變革發展令人刮目相看，社會性別關係的變革和進步，也是空前的。但在社會轉型期，仍然存在一些急待解決的不和諧的社會性別關係問題，特別是性別幾率差異問題，導致男女發展不平衡（如前所述），表現在「高端性別幾率差異」上，不獨政界、亦存在於學界。

據《世界週刊》2009年9月30日報導：近年來，「中國女科學家比例越來越低。在兩院院士中，女性所占比例只有5%，「973國家重點基礎研究發展計劃」的175位首席科學家中，女性只有8人，占4.6%，所有高端數據比例都在5%左右。」[5]儘管我們不能把數量問題絕對化，但它畢竟是表明社會性別幾率差異的確鑿數據。奧斯古德把認知關係數量化、用數量法確證不平衡、不和諧之差異關係，社會學中稱為「SD法」。我們則用數量法解答性別發展幾率不平衡導致

性別關係不平等、不和諧的社會現實問題，目的是引起社會和學界重視，為構建性別和諧社會提供實踐和理論例證，推動社會性別關係平等和諧發展。這理應是人類符合社會發展規律的主體性選擇。

談到人的主體選擇、符合人性的主體性選擇，具體到性別關係平等、和諧問題，其深層內涵就是「愛」和「被愛」。而平等即真愛、「公正即和諧」，這是衡量性別關係的社會準則。故而，男女平等、性別和諧的真正內在凝聚點、情感核，無疑是「愛」，是男人女人間包括且又超越性愛的高尚人類之愛。這「愛」，也是人類主體選擇真善美慧「和合」社會價值體系的「合理內核」，也正是無數男人女人、特別是社會賢達之士前仆後繼艱辛探索，揭示的社會發展歷史之謎的謎底。

從政治社會學和文化社會學角度看，「和諧」是我們民族社會傳統文化的精華。

從最早的《周易》說起，強調陰陽和諧、乾坤和合的最終目的，就是「和順於道德而理於義」（《周易・說卦傳》）還有《禮記・中庸》強調的「中和」思想等。及至《周禮》「和合起於差異的對立」說，已具對立統一的辯證觀點。特別是孔子的「和為貴」、孟子的「人和」和荀子的「和則一（一致）」等，體現了古人對和諧社會理念的肯定和追求。

從哲學社會學角度看，西方哲學將「和諧」上升為社會審美高度來推崇。從畢德哥拉斯的「和諧美」到赫拉克里特的「對立造成和諧」乃至柏拉圖的「公正即和諧」等，頗為切近我們的男女平等、性別和諧主題。性別和諧是對立統一、是公正、是美……歸根結底是緣於人類之愛。

康德曾要言「愛就是成為一個人」。男權社會的性別關係將男

人和女人都異化成「非人」。馬克思認為：只有消除階級和性別壓迫的社會主義革命，才能使「非人」復歸為人。二十世紀以來，新康德主義者柯亨等人提出創構「倫理社會主義」，企圖通過道德完善實現人類和諧之愛；法蘭克福派提出堅持社會批判功能，主張用批判的眼光看待社會問題，這裡具指性別關係問題。其代表人之一弗洛姆（1900-1980）主張建立以「愛」為核心的「人道主義社會主義」；西方馬克思主義創始人之一的盧卡奇（1885-1971）主張建立具備真正人類之愛、人性復歸的社會是共產主義……德國空想社會主義者魏特林在《和諧與自由的保證》一書中，強調社會主義的和諧是全體的和諧。特別是羅素（1872-1970），作為跨學科研究大家和聲譽卓著的社會活動家，熱衷社會問題研究、體恤人類命運。他在《自傳》中袒露心懷：「簡單而又無比強烈的三種激情主宰著我的一生：愛的渴望、知識的追求以及對人類苦難的極度同情」[6]。

正是基於這樣的激情，他批評「大多數嚴肅的社會學家對愛完全加以抹煞、而且不把它看作是經濟或政治改革計劃中十分重要的事情之一。我不認為這種態度是正確的。我把愛看作是人生中最重要的事情之一」[7]。他預言：只要社會上的男女都不再企圖得到那些只有通過傷害他人才能獲得的東西，比如階級剝削、性別壓迫，真正的人類之愛才能實現，男女平等、性別和諧社會才會到來。

而我們正是把愛、把男女之愛、性別和諧看作人類最重要的事情，為此，要對不平等不和諧的社會性別關係及其賴以存在的社會制度、社會觀念及其社會學理論，實施變革和重構。

羅素變革重構社會的目標直指社會主義。他坦誠宣示自己創構的理想社會是由身份社會向職業社會轉變的「一種行會社會主義形式的制度」[8]。他一再強調「假如社會主義一朝實現……社會主義的

有益之處才會得到證實」[9]。從性別視角看，那時的社會性別關係：
「……不再含有專制的本能」[10]，換句話說，只有剷除男權專制及其
社會觀念，才會有真正的男女平等、性別和諧。「這樣的世界是可能
實現的，只等著人類願意去創造它」[11]。

我們不再等待，我們正在創造中國特色的、男女平等和諧社會，
不僅訴諸社會實踐，還矢志不渝地進行社會學的理論求索。

還應說明的是，有比較才有鑒別。前述幾種，不論是「倫理社會
主義」、「人道社會主義」還是「行會社會主義」……都僅為一家之
言，存在著各自的認識局限，但共同指歸人類之愛，男人和女人之間
的平等和諧之愛，無疑具有積極的社會意義，但不等於真正的馬克思
主義的社會和社會學理論觀點。

如眾所知，馬克思在《1844年經濟學哲學手稿》、《德意志形
態》等著述中，都一再倡導「和諧社會」。特別是在《共產黨宣言》
中向全世界宣告「提倡社會和諧」。正是基於歷史唯物主義和辯證唯
物主義的認識論和方法論，馬克思發現了人類社會和資本主義社會的
發展規律，揭示了社會發展歷史必然性和人的主體選擇性相統一的規
律性特徵。**其重要結論是：資本主義的滅亡和社會主義的勝利同樣是
不可避免的。**

從性別關係的社會變革來看，**我們的結論是：性別壓迫社會的消
亡和男女平等、性別和諧社會的確立，同樣是不可避免的。**

首先，因為我們的結論符合社會發展歷史必然性的客觀規律，我
們通過「社會發展三一律」進行了論證；同時，這種客觀必然性必須
與人的主體選擇性和能動創造性相統一。

第二，這種主、客觀的辯證統一並非簡單的1＋1，而是以社會經
濟基礎變革的經濟運動對社會變革進程、發展趨勢的根本制約性引起

政治文化觀念等諸多社會因素交互影響的合力作用，引起社會變革，我們用「平行四邊形理論」進行綜合系統的概括。這是第二層意思。

第三，社會發展和進步的變革，本質上是人的主體選擇和能動創造的社會實踐，符合客觀規律的發展變革。科學發展觀「人本」核心確證人是社會發展的核心動力和價值主體。我們從性別視角強調「人」必須包括女人、要把女人視作與男人平等的核心推動力和價值主體。因為婦女解放的程度是人類解放的天然準尺；社會發展進步的程度，恰恰是要用女性發展進步的程度來衡量的；和諧社會的構建同樣離不開性別和諧的社會尺度。

置身茫茫人海，展目大千世界，人既是偶然的生成，又是必然的社會存在，每個人都必須遵循對立統一規律和矛盾運動法則。我們的男女平等、性別和諧社會構建正是符合社會客觀性的發展規律，又體現被失落的女性主體選擇復歸的歷史必然。總之，男女平等、性別和諧社會的構建是符合社會歷史發展規律、體現人的主體選擇創造本性的必然社會要務。我們不僅將其付諸於社會實踐，而且矢志不渝地訴諸社會學理論變革和拓展。

其四、男女平等、性別和諧社會構建，也是社會學理論拓展創新問題

新世紀、新時期男女平等、性別和諧社會構建的實踐，是二十一世紀社會學理論發展創新的基礎，同時它也迫切需要創新的社會學理論指導。此之謂，是為當今社會學界共識。

2004年7月，「第36屆世界社會學大會」在北京召開，這是國際社會學學會成立迄今一百多年來，首次在中國召開的「世界社會學大會」。來自五十多個國家的近千位世界級社會學學者，圍繞「全球化背景中的社會變遷」這一中心議題，突出和諧發展的社會主題，與在

阿雷格裡召開的「世界社會論壇」主題──「未來應當屬於平衡」相呼應。在大會舉辦的九十七個專題研討會和五個特別論壇中,包括「女性社會學」,突出「不同社會中的性別」、「婦女和公共生活中的權利」、「家庭和性別轉型」、「社會運動中的婦女」等相關專題。

可喜的是這些以前被社會學忽略的問題,終於登上了社會學國際論壇的大雅之堂,但問題在於,只將社會性別關係問題列入單個專題討論,遠未形成系統性、全景式的社會學理論拓展和創新。服務於構建和諧社會的實踐的需要,針對2009年社會學研究「理論總結、學術深化與視野擴展」的戰略目標和發展趨勢,我們正是通過對社會性別關係變革問題進行「理論總結、學術深化和視野擴展,實現「性別社會學」全景式、系統性的社會學理論創構的。這是二十一世紀社會學理論變革和創新的現實需要,也是「性別社會學」的積極探索。

應用系統理論和研究方法,《蘋果密碼──性別社會學》對社會性別關係問題的歷史、現狀、變革、特別是對性別平等和諧社會構建相關的理論和實踐問題,進行了歷史連續性的考量。

本書探索從以下八個方面進行中國特色的理論創新:

①從指導思想來看本書中國特色的理論創新。《蘋果密碼──性別社會學》創構的理論基礎是辯證唯物主義和歷史唯物主義的社會發展觀、馬克思主義婦女觀與信息社會時代精神相結合,突出胡錦濤同志提出的科學發展觀指導下,二十一世紀中國特色社會主義和諧社會性別和諧理論,決定了本書認識論、方法論和價值判斷的取捨,必然是十九、二十世紀社會學所未及的新世紀、新時期新主題話語。

②從研究方法來看本書採用系統論研究方法。在男女平等、和諧

發展的全球共性話語的社會主題中，縱觀序時性：不同的社會形態演進中、性別關係不同的性質特點，橫析共時性：中外各民族、國別諸多「性別關係」典型個案的系統分析，突出社會學本體論的「科際整合」系統創構，通過社會學中的「SD法」比對，特別是對當代「性別關係」具有個性特徵的「斯堪地納維亞模式」、「盎格魯——撒克遜模式」、「社團主義德法社會模式」……與中國男女平等、性別和諧社會保障體系建構的系統考量和比較，將眾多子系統縱橫交織、時空經緯成多維4×4的大網路結構。「性別社會學」是系統研究方法的產物。

③從學理角度看本書的中國特色的理論創新。具體表現在四方面：

　　理論視角出新：選擇傳統社會學缺失的社會性別視角，突出社會性別關係變革主題；

　　理論視點出新：聚焦性別和諧社會理論構建的關節點、突破點「正值負化及其矯正」，完成學術觀點出新；

　　理論視域出新：經緯社會學視域中「經濟社會學」(SHM)、「文化社會學」（SHJ）、「科學社會學」（SHL）、「發展社會學」（SHS）等社會學學科理論子系統，完成社會學視域「性別社會學」的科際整合系統研究創新；

　　理論視界出新：完成社會性別「主體間性關係」的創構，指歸中國特色的「性別」社會學理論體系中，性別平等的「人本核心」價值視界（取向）。

　　這裡我們重點從理論視角來看。性別社會學選擇傳統社會學的理論缺失——社會性別視角作為社會學理論視域的新切

入點,目的是強調性別和諧。其實孔德在創立社會學時,就對和諧社會情有獨鍾,只是他主要強調社會組織和諧,我們在此基礎上,強調「社會性別和諧」主題,從而也就確立了本書的與眾不同的邏輯起點和學理指歸。其理論鋒芒所向,經由性別關係問題的多層次、多角度的全方位考量和評說,直指傳統性別觀念的社會遺毒所在。為不使其惡化和擴散,必須在解構之的同時,創構性別和諧之社會學理論,以適應和諧社會構建的實際需要。

④從核心概念來看本書的中國特色的理論創新。本書學術出新的核心概念或曰理論命題就是「正值負化及其全面矯正」。記得美國著名社會學家弗蘭克‧道賓在其《經濟社會學》中直言不諱:以往的社會學對市場問題缺乏研究,進而提出重構經濟社會學理論。《蘋果密碼──性別社會學》提出與經濟社會學、與市場經濟息息相關的「正值負化及其全面矯正」,則是筆者在學術發現中自創的專用名詞,也是世界上任何國家社會學者從未如此「正名」的理論命題,從而是中國社會學理論工作者的首創。它借助市場經濟、價值規律法則,高度概括了求解性別和諧的問題與對策的方方面面(書中有大量具體闡發,這裡只用一句話概括其學術出新價值:如果說馬克思的「剩餘價值」揭示了階級剝削的秘密的話,那麼我的「正值負化」則揭示了性別壓迫的秘密,及解秘的謎底:正值負化的全方位社會矯正。

⑤**從結構特點**來看本書的中國特色的理論創新。圍繞著性別關係視角下,社會發展「原始性別和諧社會──性別(壓迫)不和諧社會──社會主義性別和諧社會」三一律,《蘋果密碼:性

別社會學》的邏輯結構並非僅僅是社會發展史的單一線性結構，而是國別民族、歷史現實、共性解讀與個案剖示縱橫經緯、時空交織，理論實踐、問題對策有機結合，獨闢蹊徑地自創——既體現資訊時代特徵，又體現中國特色的「大網路結構、太極圓體系」。它立足於社會學本體論的4×4科際整合系統，解析「太極圓」中國特色的「陰陽魚」結構，及其對立造成和諧的玄妙題旨和深邃內蘊，突出社會變革中國特色的「平行四邊形」結構，縱橫經緯成多重「4×4」的立體複合式的大網路結構，嘗試中國特色的社會學理論創新。

⑥**從對基礎理論**的具體解讀中，看中國特色的理論創新。

在社會性別關係問題上，性別社會學的觀點是十分鮮明的，那就是秉持男女平等、性別和諧社會構建「人本」核心的理論觀點而不移。問題的起點，過程和落腳點，都是強調社會性別關係中，與男性平等的「女性人本地位」的核心問題。

從社會學基礎理論出新角度看，社會關係指人們在社會活動和相互交往過程中形成的關係；社會性別關係是指男人和女人在社會生活、社會活動和相互交往過程中形成的性別關係。任何社會關係都是具體的、歷史的，隨社會歷史、環境等諸多條件變化而演變。我們強調社會性別關係遵循著「對立統一造成和諧」的規律演變，是符合社會學關於社會發展的基礎理論和基本觀點的。但社會運動主體不同：傳統社會學籠統概括為「人」，我們強調的是被忽略了的「女性人」，探求理論拓展、出新。

從馬克思主義學說相關的基礎理論出新來看，馬克思的「性別關係理論」立論的基礎是與「階級關係」同質共性

的，這並不錯。但一段時間內，人們將其解讀、或者說是僅僅誤讀為「階級鬥爭學說」。在你死我活的階級鬥爭時期，這也不錯。階級關係也好，性別關係也好，矛盾雙方的「對立統一」，應視為其社會存在的常態。但「關係話語」的語義隨語境變革而不同──當常態無法以常態存在時，必然出現非常態。如在奪取政權時期，兩個階級的衝突鬥爭確是「你死我活」的，這是階級關係乃至性別關係在特定社會語境中的特殊語義──非常態狀況。它確實是曾經的客觀存在。

但是，長期以來，有些人不顧社會語境語義的變革，依然片面強調「非常態」並以此取代了「常態」話語，是對馬克思主義「階級關係」「性別關係」的片面理解。特別是當今中國社會，疾風暴雨式的階級鬥爭早已結束，和諧發展、科學發展已成社會主題，階級鬥爭的非常態已轉化為對立統一的社會常態，何況性別關係，更非你死我活。「性別社會學」強調：對立統一走向性別和諧的「常態」時期已經到來，是馬克思主義「鬥爭」學說在新時期變革和發展的「和諧」解讀。

展目大千世界，在與人類共處於一個生存空間的500多萬生屬動植中，唯男人與女人是同呼吸、共命運的生命共同體和休戚與共的社會生存夥伴。特別是在性別對立基本解構的社會主義中國，二十一世紀和諧社會構建的新時代，男女兩性有一萬個理由平等互愛、共存共榮，沒有半個理由你死我活、自毀自身。故而，男女平等、性別和諧社會學理論的構建，是符合當下中國國情的科學的理性選擇，也是對馬克思「性別關係」理論解讀在新時期與時俱進的新發展。

⑦從本書的**語境特徵**看中國特色的理論創新。首先它是華夏大
　地、華夏兒女社會實踐的產物，也是和諧世界、和諧世界全球
　語境中的現代產兒。所以不僅具有全球共性的普遍時代語境特
　徵，更突顯神州大地、社會主義中國國情和本土的民族特色。
⑧從本書的**語義特徵**看中國特色的理論創新。在科學發展觀指導
　下，「性別社會學」遵循社會發展規律，廣納人類社會文明成
　果之精華，特別是繼承源遠流長的中華民族優秀傳統中的哲學
　社會學營養基，借鑒先期社會學優秀成果，融入信息時代社會
　新潮的、努力實踐中國特色的性別和諧社會理論創構。

　　置身大千社會茫茫人海，展目浩浩宇宙、渺渺蒼穹，腳踏實地審
度人類社會，每個人都是偶然的生成，又是必然的社會存在。無論男
人女人，都必須遵守宇宙生成運動發展的自然規律，更要遵循社會矛
盾運動發展、指歸和諧的「對立統一規律」，並通過主體選擇去認識
社會、認識人類自身、特別是科學認識和正確處理社會性別關係的實
踐和理論課題。

　　尊重客觀事實，體現「相反相成」、對立統一構成和諧之事例，
從自然界到人類社會比比皆是。小到微觀、渺觀不可見的受精卵細胞
繁殖、大到宏觀、宇觀質量與能量的制約和轉化、裂變與聚變⋯⋯無
不受對立統一運動自然規律法則制約、又隨著客觀條件的變化而變
化⋯⋯如眾所知，在常人眼中，粒子的能量與波的頻率無法等同起
來，但量子公設把二者用自然結構統一為一理；在平面幾何中，直線
不等於曲線，但在微分中，直線和曲線卻等同起來；在拓撲學中，橄
欖球和圓球是「孿生兄弟」；在音樂世界，布索尼的對比複調奏出了
一個和諧的音樂主題⋯⋯何況男人與女人的對立統一關係，必然指歸
性別和諧之社會常態。

　　就人類自身而言，左右兩個半腦構成一個大腦。左右兩個心室構成一個心臟，正像男性女性構成一個人類整體、保證人類生命的延續、決定人類社會生死存亡……如果社會性別關係只有裂變，將導致人類社會的毀滅。對此，即使不懂社會發展規律的原始人，也有懵懂的感性認識。所以最早的古希臘神話將人類說成是男女兩性是兩個同心圓構成的一個整體；古印度名為「阿羅特那麗斯瓦羅」（梵音）的天神造像是兩性同體合為一人：左半邊是具「三大特徵」婀娜女性體態，右半邊是雄健遒勁具陽剛之盛的男性體態；太平洋群島上的木雕人像等等，均是男女同體。中國廣漢三星堆遺址出土的青銅人像手捧陶罐將生命之水傾注人世，更是獨具匠心的創構：捧陶罐的一雙手，左為女人的手，右為男人的手——雙手（男女）和合開創人類社會。

　　事實上，社會發展規律與自然界運動規律的同一性是都具有客觀性，不同在於社會發展還具有（人的）主觀能動性。社會性別關係的變革既是男人女人的陰陽裂變、融突與和合……更是遵循人類認識社會發展規律客觀性的同時，突顯人類自身主體能動性創造本質的「社會吉尼斯大全」。它成就了「性別社會學」創構的系統工程。

　　基於社會發展主體能動功能的實踐理性，美國學者富勒提出「雌雄同體」理論，《聖杯與聖劍》的作者理安‧艾斯勒提出「男女性別進化理論」……都為我們的性別和合理論提供了例證。而體現性別和諧對立統一規律的哲學社會學最具民族本色的，當屬中國的《易經》。它是構建我們中國特色「性別社會學」理論的原初基色。

　　如概論所述，和合思想的中國特色基因最早可追溯到中國古代的原初哲學——易學。易學理論代表作《易經》最鮮明的標誌符號就是太極圓，它是中華民族獨創的由「黑白陰陽魚」結合成的一個最古

老的「中國圓」。其重要語義之一是表述陰陽（女男）性別和諧的思想。

總之，被譽為東方魔經的《易經》和它的太極（圓）圖，為我們創構性別和諧的社會學理論提供了最初的思想營養基（儒學的「仁」「和」思想，也有中國特色的啟迪）。所以後人贊詡：「易與天地准，故能彌綸天地萬物之道」；宇宙魂由陰陽托著，人類魂由男女捧著——這就是太極的「陰陽和合之道」。而由太極圓升發出男女「喜結良緣」、「龍鳳呈祥」、「鸞鳳和鳴」等圓形圖案，都有中國特色的太極圓體系的象徵和寓義，啟迪我們創構性別和諧的「性別社會學」。

還要強調的是：本課題的論證該結束了，但對性別和諧社會的理論探求才剛剛開始。「性別社會學」創構的成敗得失，有待實踐的檢驗和理論昇華。這裡欲借小結最後「畫龍點睛」：

中國古典文論將理論評析或曰理論創構比附成「文心雕龍」。這裡東施效顰的「雕龍」之作《蘋果密碼——性別社會學》以「小引」開篇，烘雲托日，突出概論之重點，是為「雕龍頭」；

中經其一：經濟社會學「原始共有經濟社會——私有經濟社會——公有經濟社會」的三段論式；其二：政治社會學「原始母系氏族社會——男權社會——公民社會」的三段論式；其三：文化社會學「女神文化社會——女奴文化社會——（女）人文化社會」的三段論式；其四：哲學社會學「肯定（原始性別和諧）、否定（性別壓迫）、否定之否定（重構現代性別和諧）」之三段論式，「四合一」的論述，經緯「社會學科際整合系統」的性質論、本體論、價值論、意義論，構成「4×4」的多維立體複合式大網路結構、太極圓體系，完成「性別社會學」系統工程的創構，是為塑龍身；

得出「本乎道、師乎聖、體乎經、酌乎緯」，變乎理論創新的結論，可謂「畫龍點睛」了──道成之而行，物謂之而言，「性別社會學」及其「彌綸天下萬物人事」之理、體現信息時代特徵的大網路結構和中國特色的太極圓體系，即使不很成熟，亦可為一家之言；即使人微言輕，但理重，重在理論創新──「道可道，非常道；名可名，非常名」──它就是「性別社會學」彌綸中華、赫奕神州、經天緯地的大網路結構，還有華夏民族歷經人世滄桑、社會變革、千融百煉，融鑄「陰陽和合之為道」的太極圓體系，所獨具的中國特色的風神韻骨。

哲人嘗謂：世上凡是立得穩的，無一不是結構得好的；更有大師斷言：誰找到了好的結構，就等於開闢了新紀元。嗟呼，「果能此道，雖愚必明，雖柔必強」（《禮記‧中庸》）。而我們找到的是性別社會學的大網路結構和中國特色的太極圓體系。我們所以強調太極圓體系而不稱太極學體系，因為我們這裡並非精研整個太極學體系，而主要是關涉該體系的核心「太極圓」，其陰陽合構之和諧圓滿，是性別和諧的絕妙表徵，體現性別關係對立統一於和諧社會的全部深邃內涵。突顯華夏民族性別和諧社會理論創構獨特的風骨神韻。

「一切未可名，在此完成」。用老祖宗的話為《蘋果密碼──性別社會學》做結，那就是：「立天之道，曰陰與陽；立地之道，曰剛與柔」，而我更要強調：立人之道，曰男與女；立世之道，性別和合、社會和諧──「和而言之道也」。道可道，非常道：「太和所謂道……和之至矣」；「致中和，天地位焉，萬物育焉」。總而言之，「和也者，天下之達道也」（《禮記‧中庸》）。

｜註釋｜

1. 《馬克思恩格斯全集》第42卷，人民出版社，1979年，第79頁。
2. 《馬克思恩格斯全集》第1卷，人民出版社，1995年，第65頁。
3. 《馬克思恩格斯選集》第1卷，人民出版社，1995年，294頁。
4. 康士坦丁諾夫：《歷史唯物主義》，人民出版社，1955年，第21頁。
5. 《世界週刊》2009年9月30日。
6,7,8,9,10,11　羅素：《真與愛──羅素散文集》，江燕譯，上海三聯書店，
　　　　　　　1990年，第1-2頁；204頁；278頁；279頁；279頁；279頁。

代後記｜謝謝大家

　　《蘋果密碼——性別社會學》是中國國家社科專案《性別平等和諧社會的實踐研究和理論創構》（立項批號：BSH027）正式出版時的定名。回顧其成書過程，雖由張柟撰寫，但課題的反覆論證、申報、立項、撰寫、結項直至出版，凝聚著眾多同事同行的共同心血和奉獻。

　　感謝中國國家規劃辦、省規劃辦和江蘇省行政學院領導的具體指導和大力支持；科研處談鎮、李小紅、資訊處顧明進、圖書館陳曉麗、戚曉熔、顧麗紅、王曉甯、朱珊……特別是全國婦聯婦女研究所曲雯研究員發揮了長年從事婦聯、婦女理論研究的特點和優勢，曾予本課題「中國性別平等狀況」、「我國性別平等保障體系建構」兩篇論文，提供具體的、頗具權威性的文件、文獻資料和自己的研究心得。書中「將性別平等意識納入編輯學」是其觀念創新之點；南京師範大學牛天秀博士強調對農村婦女狀況關注的建言，並從法律政策上提出規範建議等；還有北京梁景和教授、上海余亞平教授和本院教授、江蘇女性人才研究中心的幾位副秘書長等同事、同行；還有我的舅舅、舅媽和妹妹等有關親人的大力支持和幫助等……在此深表謝意！

　　今天，面對學術專著出版難的莫名窘困，《蘋果密碼——性別社會學》面世，無疑是作者精衛填海式的昏默精誠所成就。但我要說這是單薄纖弱的「女孩」站在巨人肩膀上採擷的學術之果——此書玉成，得助於上述各位的無私奉獻，更得益於諸多先輩前賢和當代學者的學術啟迪和實踐先導……

　　此書得以付梓，特別感謝周正章先生主動導引出版路徑，其豁達大氣令人肅然起敬；更有素不相識的主編蔡秀威和編輯鄭伊庭慧眼識珠，其精誠敬業精神令人感佩；還有牛天秀博士在處理出版事宜中帶病進行技術操作的無私奉獻……在此書付梓時一併致以誠摯的謝意。

　　總之，現代東方夏娃奉獻於世的「蘋果」，其實是大家共同的勞動成果。另有二位師長殷殷企望的鼓勵溢美之辭沒有一起付梓，在此深深致歉！並非學子不識抬舉，只因不願「借名人之口自詡」。至於成果的苦辣酸甜……讀者自會品鑒。

　　　　　　張枬　于南京　江蘇省行政學院教研樓2422室

　　　　　　　　　　　　　　　　　　二〇一二年 六月

主要參考文獻

《馬克思恩格斯全集》，人民出版社，1995。

鄭杭生、陸學藝、趙津芳、岳素蘭：《男女平等基本國策簡明讀本》，
　　北京大學出版社，2008。

《江澤民論中國特色社會主義》，中央文獻出版社，2002。

鄭杭生等：《轉型中的中國社會和中國社會的轉型》，首都師範大學出
　　版社1996年版。

陸學藝主編：《社會學》，知識出版社，1996。

鄧偉志：《和諧社會散議》，上海人民出版社，2007。

宋林飛主編：《構建和諧社會讀本》，江蘇人民出版社，2006。

王偉光：《科學發展觀研究》，中共中央黨校出版社，2004。

丁娟主編：《婦女組織能力建設讀本》，中國婦女出版社，2008。

奈斯比特：《大趨勢》，中國社會科學出版社，1984。

艾爾·巴比著：《社會研究方法》，邱澤奇譯，華夏出版社，2006。

艾特斯：《聖杯與聖劍》，社會科學文獻出版社，1995。

安東尼·吉登斯：《親密關係的變革：現代社會中的性、愛河愛欲》，
　　中國社會科學出版社，2001。

喬納森·H·特納著：《社會學理論的結構》，邱澤奇、張茂元等譯，
　　華夏出版社，2007。

達尼洛·馬爾圖切利著：《現代性社會學》，薑志輝譯，譯林出版社，
　　2007。

茨維坦·托多洛夫：《批評的批評》，王東亮等譯，三聯書店，1988。

羅蘭·巴爾特：《符號學原理》，李幼蒸譯，三聯書店，1988。

M·巴赫金：《陀思妥耶夫斯基詩學問題》，白春仁、顧亞鈴譯，三聯
　　書店，1989。

泰倫斯・霍克斯：《隱喻》，穆南譯，北嶽文藝出版社，1990。

赫施：《解釋的有效性》，王才勇譯，三聯書店，1991。

弗萊德・R・多爾邁：《主體性的黃昏》，萬俊人等譯，上海人民出版社，1992。

摩爾根：《古代社會》，楊東崧等譯，商務印書館，1971。

〔美〕貝蒂・弗裡丹著，潘文慶譯：《女性白皮書》，北京文藝出版社，2000。

中國社會科學院、社會學研究所主編：《中國社會學》，上海人民出版社，2002。

安東尼・吉登斯著：《社會學》，趙旭東譯，北京大學出版社，2003。

米・杜夫海納：《美學與哲學》，孫非譯，中國社會科學出版社，1985。

丹尼爾・貝爾：《後工業社會的來臨》，商務印書館，1984。

趙毅衡：《「新批評」文集》，中國社會科學出版社，1988。

靖繼鵬、吳正荊主編：《信息社會學》，北京，科學出版社，2004。

謝立中：《西方社會學名著》提要，江西人民出版社，2001。

張栒：《存在與超越》，中國社會科學出版社，2005。

張慧：《傳統兩性性別特徵的時代變遷：淡化與互滲》，社會，2004。

鮑曉蘭主編：《西方女性主義研究評介》，三聯書店，1995。

西蒙娜・德・波伏娃：《第二性》，中國書籍出版社，1998。

李銀河：《婦女：最漫長的革命》，三聯書店，1997。

朱易安、伯樺：《女性與社會性別》，上海教育出版社，2003。

王政、杜芳琴編：《社會性別研究選擇》，三聯書店，1988。

富士谷篤子：《女性學入門》，張萍譯，中國婦女出版社，1986。

張樹棟：《性構分析》，江蘇人民出版社，1988。

程楊著：《中國社會和諧史鑒》，人民出版社，2007。

文潔華：《兩性視野》，知識出版社，2003。

〔法〕阿蘭圖・海納著：《行動者的歸來》，舒詩偉等譯，商務印書

館，2008。

〔美〕弗蘭克‧道賓主編：《經濟社會學》，馮秋石、王星譯，上海人民出版社，2008。

〔美〕查爾斯‧蒂利著：《身份邊界與社會聯繫》，謝嶽譯，上海人民出版社，2008。

〔美〕塞繆爾‧亨廷頓著：《變化社會中的政治秩序》，王冠華等譯，上海人民出版社，2008。

〔英〕安東尼‧吉登斯著：《批判的社會學導論》，郭忠華譯，上海譯文出版社，2007。

〔美〕金芭塔絲著，〔美〕德克斯特主編：《活著的女神》（馬麗加‧金芭塔絲遺著，由其助手德克斯特修編完成），葉舒憲等譯，廣西師範大學出版社，2008。

薛得震：《以人為本構建和諧社會40論》，人民出版社，2009第二版。

譚琳、姜秀花：《社會性別平等與法律研究和對策》，社會科學文獻出版社，2007。

范瑜：〈村委會選舉：農村婦女發展的機遇與挑戰〉，《婦女研究論叢》，2000。

women at a Glance, Published by the United Nations Department of Public Information May 1997.

Website:http//www.un.org/ecosocdev/geninfo/women/women96.hutm,date of online:1999/2/22.

Barry Carter:MAI and Marginalization of Women.

Website:http//www.earthsystems.org/list/ecolecon/01766.htm,date of online:1998/8/22

聯合國經濟和社會事務部提高婦女地位司：《北京行動綱領》的執行與《千年宣言》及千年發展目標結合過程中的成績、差距和專家組會議報告，阿塞拜疆巴庫，2005年2月7日-10日。

《中華人民共和國婦女權益保護法》（2005年修正）（中華人民共和國

主席令第四十號）。

《中國勞動統計年鑑》，中國統計出版社，2007〔M〕。

《中國性別平等與婦女發展狀況白皮書》，中華人民共和國國務院新聞
　　辦公室，北京，2005。

《中國女性是經濟發展的強大動力》〔N〕，中國網，2006-10-27。

國務院婦兒工委：《婦女發展綱要（2001-2010年）實施情況中期評估報
　　告》，2007。

譚琳：《1995-2005年：中國性別平等與婦女發展報告》，社會科學文獻
　　出版社，2005。

國家統計局社會與科技統計司：《中國社會的女人和男人——事實和數
　　據（2004）》，中國統計出版社，2004。

國務院新聞辦公室：《中國性別平等與婦女發展狀況》，2005。

《中國實施千年發展目標進展情況報告》，http://www.un.org/chinese/
　　meilenniumgoals/china08/3_1.html。

《計生委：中國出生人口性別比嚴重偏離正常值》，http://news.xinhuanet.
　　com/newscenter/2005-01/05/content_241992.html。

《瑞典男女平等最成功》：http://sina.com.cn，2005年08月03日。

《瑞典特色「男女平等」：就業、薪酬差距全球最小》，CCTV.com，
　　2007年12月19日。

《胡錦濤在每十次全國婦女工作大會上的講話》，中央政府門戶網站，
　　www.gov.cn，2008年11月01日。

《黃晴宜在婦女每十次全國代表大會上的報告》，中央政府門戶網站，
　　www.gov.cn，2008年11月。

Viewpoint 06　社會科學類　PF0101

蘋果密碼
——性別社會學

作　　者／張　柟
主　　編／蔡登山
責任編輯／鄭伊庭
圖文排版／張慧雯
封面設計／陳佩蓉

發 行 人／宋政坤
法律顧問／毛國樑　律師
印製出版／秀威資訊科技股份有限公司
　　　　　114台北市內湖區瑞光路76巷65號1樓
　　　　　電話：+886-2-2796-3638　傳真：+886-2-2796-1377
　　　　　http://www.showwe.com.tw
劃撥帳號／19563868　戶名：秀威資訊科技股份有限公司
　　　　　讀者服務信箱：service@showwe.com.tw
展售門市／國家書店（松江門市）
　　　　　104台北市中山區松江路209號1樓
　　　　　電話：+886-2-2518-0207　傳真：+886-2-2518-0778
網路訂購／秀威網路書店：http://www.bodbooks.com.tw
　　　　　國家網路書店：http://www.govbooks.com.tw
圖書經銷／紅螞蟻圖書有限公司
　　　　　114台北市內湖區舊宗路二段121巷28、32號4樓
　　　　　電話：+886-2-2795-3656　傳真：+886-2-2795-4100

2012年10月BOD一版
定價：640元
版權所有　翻印必究
本書如有缺頁、破損或裝訂錯誤，請寄回更換

國家圖書館出版品預行編目

蘋果密碼：性別社會學 / 張柟著. -- 一版. -- 臺北市：
秀威資訊科技, 2012.10
　　面；　公分. -- (社會科學類；PF0101)
BOD版
ISBN 978-986-221-995-9(平裝)

1. 性別研究　2. 性別平等

544.7　　　　　　　　　　　　　　101017560

讀者回函卡

感謝您購買本書，為提升服務品質，請填妥以下資料，將讀者回函卡直接寄回或傳真本公司，收到您的寶貴意見後，我們會收藏記錄及檢討，謝謝！

如您需要了解本公司最新出版書目、購書優惠或企劃活動，歡迎您上網查詢或下載相關資料：http:// www.showwe.com.tw

您購買的書名：＿＿＿＿＿＿＿＿＿＿＿＿＿＿＿＿＿＿＿＿＿＿＿＿＿＿＿

出生日期：＿＿＿＿＿＿年＿＿＿＿＿＿月＿＿＿＿＿＿日

學歷：□高中 (含) 以下　　□大專　　□研究所 (含) 以上

職業：□製造業　□金融業　□資訊業　□軍警　□傳播業　□自由業
　　　□服務業　□公務員　□教職　　□學生　□家管　□其它＿＿＿＿

購書地點：□網路書店　□實體書店　□書展　□郵購　□贈閱　□其他

您從何得知本書的消息？

　□網路書店　□實體書店　□網路搜尋　□電子報　□書訊　□雜誌

　□傳播媒體　□親友推薦　□網站推薦　□部落格　□其他＿＿＿＿＿＿

您對本書的評價：（請填代號　1.非常滿意　2.滿意　3.尚可　4.再改進）

　封面設計＿＿＿　版面編排＿＿＿　內容＿＿＿　文／譯筆＿＿＿　價格＿＿＿

讀完書後您覺得：

　□很有收穫　□有收穫　□收穫不多　□沒收穫

對我們的建議：＿＿＿＿＿＿＿＿＿＿＿＿＿＿＿＿＿＿＿＿＿＿＿＿＿＿＿

＿＿＿＿＿＿＿＿＿＿＿＿＿＿＿＿＿＿＿＿＿＿＿＿＿＿＿＿＿＿＿＿＿＿＿

＿＿＿＿＿＿＿＿＿＿＿＿＿＿＿＿＿＿＿＿＿＿＿＿＿＿＿＿＿＿＿＿＿＿＿

＿＿＿＿＿＿＿＿＿＿＿＿＿＿＿＿＿＿＿＿＿＿＿＿＿＿＿＿＿＿＿＿＿＿＿

11466
台北市內湖區瑞光路 76 巷 65 號 1 樓

秀威資訊科技股份有限公司　　　收

BOD 數位出版事業部

....

（請沿線對折寄回，謝謝！）

姓　　名：＿＿＿＿＿＿＿＿＿　年齡：＿＿＿＿　性別：□女　□男

郵遞區號：□□□□□

地　　址：＿＿＿＿＿＿＿＿＿＿＿＿＿＿＿＿＿＿＿＿＿＿

聯絡電話：(日) ＿＿＿＿＿＿＿＿＿　(夜) ＿＿＿＿＿＿＿＿＿

E-mail：＿＿＿＿＿＿＿＿＿＿＿＿＿＿＿＿＿＿＿＿